能源核算的
最新理论与中国实践

马晓君 著

科学出版社

北 京

内 容 简 介

本书系统梳理国际能源核算的发展进程，以 SEEA-Energy（2019）为理论基础，从能源卫星账户的国际实践经验出发，设计中国能源卫星账户框架，并结合中国能源核算的现状与局限性，试编中国能源卫星账户及其指标体系，从而基于试编的能源卫星账户、能源供给使用核算和能源投入产出核算，在国家、区域、行业三个层面进行能源应用分析。本书主要特色如下：第一，以 SEEA-Energy（2019）作为核心内容，系统梳理能源卫星账户的前沿理论与各国实践经验，设计中国能源卫星账户框架；第二，综合考虑最新国际标准与中国实际情况，初次尝试编制中国能源卫星账户，并以此为基础对中国能源问题进行实证分析。

本书可供能源核算领域的相关研究人员和高校师生阅读、参考。

图书在版编目（CIP）数据

能源核算的最新理论与中国实践 / 马晓君著. --北京：科学出版社，2024. 12. -- ISBN 978-7-03-080715-1

Ⅰ . F426.2

中国国家版本馆 CIP 数据核字第 2024H48L31 号

责任编辑：邓　娴 / 责任校对：贾娜娜
责任印制：张　伟 / 封面设计：有道设计

科学出版社 出版
北京东黄城根北街 16 号
邮政编码：100717
http://www.sciencep.com
北京中石油彩色印刷有限责任公司印刷
科学出版社发行　各地新华书店经销
*
2024 年 12 月第 一 版　　开本：720×1000　1/16
2024 年 12 月第一次印刷　印张：24 3/4
字数：450 000
定价：288.00 元
（如有印装质量问题，我社负责调换）

国家社科基金后期资助项目
出版说明

　　后期资助项目是国家社科基金设立的一类重要项目,旨在鼓励广大社科研究者潜心治学,支持基础研究多出优秀成果。它是经过严格评审,从接近完成的科研成果中遴选立项的。为扩大后期资助项目的影响,更好地推动学术发展,促进成果转化,全国哲学社会科学工作办公室按照"统一设计、统一标识、统一版式、形成系列"的总体要求,组织出版国家社科基金后期资助项目成果。

全国哲学社会科学工作办公室

前　言

本书以中国能源核算的改革、编制与应用为研究核心，重点探索中国能源核算由能源平衡表向能源卫星账户的改革路径与核算编制实践，并从核算应用视角展开能源专题研究。形成核算"编制"与核算"应用"全层面的中国能源卫星账户核算研究体系，从前沿理论和核算实践双向推动中国能源核算走向深入，研究结论也将为中国能源卫星账户的实现提供前瞻性参考。

本书分为三篇，共十四章。第一章为绪论，概述本书的研究背景、研究意义、文献综述、主要创新点、研究思路与方法。理论与国际经验篇包括第二章～第六章，以能源卫星账户前沿理论和国际实践经验为基础，构建中国能源卫星账户的理论框架。核算篇包括第七章～第十章，探索中国能源生产账户、能源供给使用表、能源投入产出表及能源资源资产账户的具体表式与试编实践，并构建相应的指标体系。应用篇包括第十一章～第十三章，分别从能源卫星账户、能源供给使用核算、能源投入产出核算视角展开能源转移、能源生态效率、能源碳排放等专题的能源应用分析。第十四章总结本书的主要结论，提出相应政策建议，并展望未来研究方向。

本书力求做到两点：第一，把握国际前沿经验，尽量追溯能源卫星账户相关标准的发展过程，明晰最新标准的重难点，将能源卫星账户引入中国；第二，推进本土化研究，进行能源卫星账户的试编与应用分析，推动中国能源卫星账户与国际接轨的进程。

本书分工如下：东北财经大学马晓君教授负责全书的结构设计、组织、审核及第一章和第十四章的撰写，东北财经大学博士研究生谷越负责第二章～第六章的撰写，东北财经大学博士研究生吕新颖负责第七章的撰写，东北财经大学博士研究生韩苗苗负责第八章的撰写，东北财经大学博士研究生孙雪莹负责第九章的撰写，东北财经大学博士研究生赵雪负责第十章的撰写，东北财经大学博士研究生宋嫣琦和山东工商学院讲师徐晓晴负责第十一章的撰写，河南财经政法大学讲师陈瑞敏和黑龙江省双鸭山市发展和改革委员会刘娜负责第十二章的撰写，河南大学博士研究生郭怡珊和江苏省南京市玄武区国家税务局郭帅负责第十三章的撰写。

由于水平有限，本书难免存在疏漏，敬请广大读者批评指正。

作　者

2023 年 5 月

目 录

前言

第一章 绪论………………………………………………………………1
 第一节 研究背景与研究意义……………………………………1
 第二节 文献综述…………………………………………………7
 第三节 主要创新点及研究特色…………………………………16
 第四节 研究思路与方法…………………………………………17

理论与国际经验篇：能源核算的前沿理论与国际经验

第二章 能源平衡表到能源卫星账户的核算演进……………………23
 第一节 能源平衡表及其局限性…………………………………23
 第二节 能源卫星账户及其特点…………………………………30

第三章 能源卫星账户的理论进展……………………………………36
 第一节 能源卫星账户从 SEEA（1993）到 SEEA-Energy（2019）
    的演变过程……………………………………………36
 第二节 SEEA-Energy（2019）的核算框架……………………39
 第三节 SEEA-Energy（2019）与 SNA（2008）中心框架的
    联系与差异……………………………………………59

第四章 能源卫星账户的国际实践……………………………………64
 第一节 核算范围界定的国际实践………………………………64
 第二节 关键表式编制的国际实践………………………………68
 第三节 能源指标构建的国际实践………………………………73

第五章 中国能源核算的改革方向……………………………………78
 第一节 中国能源核算的现状……………………………………78
 第二节 能源卫星账户对中国的启示……………………………82
 第三节 对中国能源卫星账户的展望……………………………87

第六章 能源-环境一体化卫星账户的建设…………………………91
 第一节 能源-环境一体化卫星账户的核算范围………………91

第二节　能源-环境一体化卫星账户的关键表式⋯⋯⋯⋯⋯⋯⋯⋯ 93
　　第三节　能源-环境一体化卫星账户的指标体系⋯⋯⋯⋯⋯⋯⋯⋯ 100

核算篇：中国能源卫星账户的实践编制

第七章　中国能源生产账户的编制与指标体系⋯⋯⋯⋯⋯⋯⋯⋯⋯⋯ 105
　　第一节　概述⋯⋯⋯⋯⋯⋯⋯⋯⋯⋯⋯⋯⋯⋯⋯⋯⋯⋯⋯⋯⋯⋯ 105
　　第二节　能源生产账户的编制依据⋯⋯⋯⋯⋯⋯⋯⋯⋯⋯⋯⋯⋯ 109
　　第三节　中国能源生产账户的编制思路与具体表式⋯⋯⋯⋯⋯⋯ 114
　　第四节　中国能源生产账户的指标体系⋯⋯⋯⋯⋯⋯⋯⋯⋯⋯⋯ 122

第八章　中国能源供给使用表的编制与指标体系⋯⋯⋯⋯⋯⋯⋯⋯⋯ 131
　　第一节　概述⋯⋯⋯⋯⋯⋯⋯⋯⋯⋯⋯⋯⋯⋯⋯⋯⋯⋯⋯⋯⋯⋯ 131
　　第二节　能源供给使用表编制的国际经验⋯⋯⋯⋯⋯⋯⋯⋯⋯⋯ 135
　　第三节　中国能源供给使用表的编制⋯⋯⋯⋯⋯⋯⋯⋯⋯⋯⋯⋯ 139
　　第四节　中国能源供给使用表的指标体系⋯⋯⋯⋯⋯⋯⋯⋯⋯⋯ 151

第九章　中国能源投入产出表的编制与指标体系⋯⋯⋯⋯⋯⋯⋯⋯⋯ 158
　　第一节　概述⋯⋯⋯⋯⋯⋯⋯⋯⋯⋯⋯⋯⋯⋯⋯⋯⋯⋯⋯⋯⋯⋯ 158
　　第二节　能源投入产出表的编制依据⋯⋯⋯⋯⋯⋯⋯⋯⋯⋯⋯⋯ 162
　　第三节　中国能源投入产出表的编制⋯⋯⋯⋯⋯⋯⋯⋯⋯⋯⋯⋯ 167
　　第四节　中国能源投入产出表的指标体系⋯⋯⋯⋯⋯⋯⋯⋯⋯⋯ 171

第十章　中国能源资源资产账户的编制与指标体系⋯⋯⋯⋯⋯⋯⋯⋯ 181
　　第一节　概述⋯⋯⋯⋯⋯⋯⋯⋯⋯⋯⋯⋯⋯⋯⋯⋯⋯⋯⋯⋯⋯⋯ 181
　　第二节　能源资源资产账户的编制依据⋯⋯⋯⋯⋯⋯⋯⋯⋯⋯⋯ 185
　　第三节　中国能源资源资产账户的编制⋯⋯⋯⋯⋯⋯⋯⋯⋯⋯⋯ 191
　　第四节　中国能源资源资产账户的指标体系⋯⋯⋯⋯⋯⋯⋯⋯⋯ 195

应用篇：中国能源核算的实践应用

第十一章　基于能源卫星账户的中国能源应用分析⋯⋯⋯⋯⋯⋯⋯⋯ 203
　　第一节　基于中国能源生产账户的中国能源产出影响因素分析⋯ 203
　　第二节　基于中国能源供给使用表的中国能源价格波动驱动
　　　　　　因素分析⋯⋯⋯⋯⋯⋯⋯⋯⋯⋯⋯⋯⋯⋯⋯⋯⋯⋯⋯⋯ 217
　　第三节　基于中国能源投入产出表的中国能源消耗路径分析⋯⋯ 224
　　第四节　基于中国能源资源资产账户的中国能源资源状况与
　　　　　　经济影响分析⋯⋯⋯⋯⋯⋯⋯⋯⋯⋯⋯⋯⋯⋯⋯⋯⋯⋯ 236

第十二章　基于能源供给使用核算的中国能源应用分析 ………… 251

第一节　基于能源供给使用核算的中国国民经济全部门能源
消耗转移 ………………………………………………… 251

第二节　基于能源供给使用核算的中国八大综合经济区能源
生态效率测度 …………………………………………… 269

第十三章　基于能源投入产出核算的中国能源应用分析 ………… 284

第一节　基于能源投入产出核算的中国各省区市碳排放
路径分解 ………………………………………………… 284

第二节　基于能源投入产出核算的中美贸易隐含碳排放测算 … 305

第十四章　主要结论、政策建议与研究展望 ……………………… 323

第一节　主要结论 ……………………………………………… 323

第二节　政策建议 ……………………………………………… 329

第三节　研究展望 ……………………………………………… 340

参考文献 ………………………………………………………… 343

附表 ……………………………………………………………… 362

第一章 绪　　论

第一节　研究背景与研究意义

一、研究背景

能源是人类社会赖以生存和发展的物质基础,是城市现代化高效运转的驱动力,在全球经济增长中具有重要战略地位。从薪柴时期强盛的中国,到工业革命时期煤炭撑起的"世界工厂"英国,再到20世纪的"石油帝国"美国,历史的经验一贯证明,即便在瞬息万变的世界格局中,能源始终是大国兴起不可替代的物资因素。戴维·S.兰德斯（David S. Landes）在《国富国穷》中提到,"作为保障和改善人类活动的关键力量,所有经济革命及产业革命都将中心放在能源供应上"。21世纪是"能源时代",国际关系在能源形势演变进程中面临许多问题与挑战,能源发展问题始终与国际政治、国家安全和经济形势密切相关。基于此,世界各国均展开了适应各自国情的能源部署工作,能源核算是认识能源活动发展规律、明晰经济发展过程中能源供需矛盾的关键手段,能为规划、监测、评估能源供给与消耗、能源禀赋状况贡献数据基础与理论参考。本书尝试从能源核算的基础功能、延展内涵、中国改革方向的角度说明开展能源核算的最新理论与中国实践相关研究的必要性。

1. 能源核算之"基础数据武器"

2007年,政府间气候变化专门委员会（Intergovernmental Panel on Climate Change,IPCC）第四次评估报告明确指出,人类社会发展过程中对化石能源的大量需求所导致的碳排放是全球气候变化的重要原因。在《联合国气候变化框架公约》和《京都议定书》所确立的"生产者责任"减排模式中,中国作为高能耗的粗放型发展的出口大国分摊了巨大的碳减排责任。碳达峰、碳中和（简称"双碳"）目标的提出彰显了中国负责任的大国形象,体现了中国积极应对气候变化的国家战略导向——低碳减排。从碳排放产生的源头来看,低碳发展中蕴含着对能源高质量发展的要求。2020年12月,国务院新闻办公室发布的《新时代的中国能源发展》白皮书强调,"走新时代能源高质量发展之路",需"推动能源消费革命"

"推动能源供给革命""推动能源技术革命""推动能源体制革命""全方位加强国际合作"。能源核算致力于评估能源的高质量发展、分析能源消费供给状况、研究能源结构与平衡等,是解决能源问题的依据。

能源核算的基础功能表现在数据层面,通过编制系列账户(如中国现行的能源平衡表、国际上的能源卫星账户),以提供尽可能完备、详尽的数据来源为主要目标,为进一步的理论与实践工作提供基础性数据参考。按照数据类型,将能源核算功能划分为两部分:一部分是存量数据功能,能源资源资产账户数据可用于了解各国能源禀赋状况,有助于对环境、能源存量约束下的经济发展活动进行规范与引导;另一部分是流量数据功能,能源平衡表和能源卫星账户均提供流量数据,有益于对隐含碳排放、能源消耗转移等刻画能源动态过程的热点问题进行研究。一方面,从国际层面来看,明晰能源的来源和去向有利于沿着"消费者责任"的线路对国际碳减排责任进行更为公平的划分,尽可能减少"碳泄漏"(carbon leakage)问题,帮助作为出口大国的中国争取更多的公平话语权、碳排放权。另一方面,能源流量核算从国家、行业、区域层面为其提供监测数据,为在目标年限内完成任务的实践路径提供有力参考与指导。以上说明了能源核算作为基础数据武器的关键性,对其开展研究具有理论与实践层面的双重需求。

2. 能源核算之"逻辑分析思维"

能源核算是国民经济核算概念下的子集,通常理解为国民经济运行背景下的能源核算。参照国民经济核算的定义,能源核算的概念可明确为,从能源全局出发,利用能源核算资料编制能源的各类核算表,①全面核算能源活动、过程及结果,②核算能源各部门、各环节及各要素的情况,③研究能源规模、水平、活动速度、结构、比例、平衡、效益等关系,④研究能源资源的禀赋情况、消耗速度及消耗结构。①~③表明了能源核算的基础数据功能,是核算"编制面"的内容;④体现了能源核算的应用分析功能,提供的是以能源核算思路为中心的逻辑分析思维,是核算"应用面"的体现。该思维指导下的以能源规模、结构、平衡、效益等问题为主体的研究仍属于能源核算领域,本书尝试从以下四个角度对这一理解进行说明。

第一,生产核算从能源生产账户延伸至能源总量分析,体现"总量分析"从编制到应用的延展。能源生产账户编制准确反映了中国能源产业生产过程及能源生产总量特征的详尽数据表,主要贡献在于提供全面而精准的能源产出数据与增加值数据,是常规认识下能源核算的基础功能。在延展内涵中,生产核算应同时囊括生产侧或生产视角的总量分析研究,此类分析以明晰能源规模、水平及结构等总量层面的关系为目的,以编制生产账户过程中所体现的总量核算思路为中心,是一种总量分析方法。

第二,供给使用核算从能源供给使用表延伸至能源供给使用分析,体现"直接影响分析"从编制到应用的贯通。生产账户对总量数据编制完成后,进一步对能源产品细分的供给、使用情况开展核算,产品部门×产业部门的能源供给、使用表(能源供给、使用表行为产品部门,列为产业部门)编制相结合能够反映国民经济各部门能源活动过程的全貌。在核算应用的内涵中,供给使用核算还包括以供给和使用的思路展开的、行业内部的、产品来源和去向问题研究,是一种直接影响分析方法。

第三,投入产出核算从能源投入产出表延伸至能源投入产出分析,体现"间接影响分析"从编制到应用的衔接。部门内部的供给与使用关系厘清后,进一步可对部门间的能源投入产出关系展开研究,所编制的投入产出表是研究部门间能源经济、技术关联的重要方法,并能为能源环境、产业关联等领域的应用研究提供基础数据。相比于发挥国民经济核算框架的功能,中国现阶段的投入产出表更注重发挥其分析功能,加之以能源核算的延伸概念进行理解,能源投入产出核算还应包含以投入产出为思路的应用研究,如能源消耗的部门转移、隐含碳排放测算等。同时,产业链、价值链在投入产出的分析过程中不断延长,能够产生内容丰富的派生研究,因此投入产出分析是一种间接影响分析方法。

第四,存量核算从能源资源资产账户延伸至能源资源存量分析,体现"存量分析"从编制到应用的深入。在部门间的投入产出关系明确后,可对能源资源的存量开展研究,能源资源资产账户通过实物量和货币量的各项能源资源期初、期末存量及增减量数据,可全面刻画一国能源资源的禀赋情况,从而反映该国能源安全程度。在核算应用的内涵中,能源资源存量核算还能够研究能源生产总量、供给使用和投入产出如何影响能源资源存量变化,是一种存量核算方法。

总量分析、供给使用的直接影响分析、投入产出的间接影响分析和存量分析在某种程度上构成了以核算思路为基础的逻辑分析思维,共同致使能源核算的研究范围扩充为编制能源系列账户与能源核算的逻辑应用分析。将以核算的逻辑分析为思路的研究纳入能源核算的范畴,是对核算"应用面"的体现与完善。本书开展的以能源核算分析思路为主的系列应用研究符合这一理论背景,以核算应用的视角达成对能源核算涵盖范围的有效拓展。

3. 中国能源核算之"先进改革需要"

中国参考联合国统计司《能源统计的概念和方法》（Concepts and Methods in Energy Statistics）的经验和方法，并依据《能源统计：定义、计量单位和换算系数》（Energy Statistics: Definitions, Units of Measure and Conversion Factors）、《能源统计手册》（Energy Statistics Manual），编制了《中国能源统计年鉴》，确立了以能源平衡表为核心的能源核算体系。然而，随着国民经济的不断发展及生态环境的持续恶化，能源平衡表逐渐显露出其局限，如能源指标准确性低、核算内容维度单一等，以碳排放为例，其在一定程度上影响单位国内生产总值（gross domestic product，GDP）碳排放量（碳排放强度）等有效指标的准确核算，或对国际碳减排责任的确立产生负面影响。同时，能源数据种类不足限制了数据分析维度，难以实现对能源现状的全面掌握。理论发展的滞后性导致相关应用存在局限性，在双重挑战下，中国能源核算需要先进的理论作为指导并实施改革，以满足中国能源可持续发展的数据需求。

不少国家研究并着手编制了能源卫星账户。联合国颁布的《能源环境经济核算体系》（System of Environmental-Economic Accounting for Energy，简称 SEEA-Energy（2019））提供了能源卫星账户的国际标准，并定义能源卫星账户为组织能源相关统计信息的多功能能源统计工具，是以实物和货币形式对能源的流量和存量进行多维度核算的工具。在国际标准的确立与世界国家的实践参考下，能源卫星账户作为中国能源核算改革的先进方向，为中国能源核算突破现有局限、完善框架体系提供了良好方案。中国可参照 SEEA-Energy（2019）编制能源卫星账户，编制实物流量账户、货币流量账户和资产账户三种账户，并根据三种账户编制能源指标及其他衍生表。中国能源卫星账户能够实现从定义和核算规则、核算内容两方面突破能源平衡表的局限性，为中国能源核算的改革提供较为先进的理论指导，并助推实践核算工作的逐步迈进。

综上所述，中国目前的能源核算发展水平尚不足以支撑中国作为能源供给与使用大国的数据需求现状，须以先进理论作为指导进行能源核算改革。基于上述研究背景，中国能源核算改革需围绕以下关键问题展开。

科学问题一（前沿方向层面）：能源核算体系是如何发展的？以能源核算的最新国际进展与中国实际为鉴，如何分析能源卫星账户可作为中国能源核算改革方向的逻辑脉络？能源卫星账户如何纳入环境核算，从而构建能源-环境一体化卫星账户？

科学问题二（基础理论层面）：中国如何以能源卫星账户为载体，从核算"编制面"与核算"应用面"搭建中国能源卫星账户的研究框架？

科学问题三（核算编制层面）：如何科学合理地提出中国能源生产账户、能源供给使用表、能源投入产出表及能源资源资产账户的编制思路与成果？如何利用该成果构建能源卫星账户的指标体系？

科学问题四（核算应用层面）：如何沿着能源核算的逻辑分析思维，从中国能源卫星账户应用视角、供给使用视角、投入产出视角研究中国能源消耗、能源碳排放，以及国际碳减排责任划分等专题？

二、研究意义

1. 理论意义

第一，探索中国能源核算的改革方向，开展中国能源卫星账户试编工作，将为相关应用研究提供精准数据来源，同时以理论驱动国民经济核算的实践工作在能源领域的不断完善。本书系统梳理国际能源核算的发展进程，从能源平衡表的局限性、能源卫星账户的先进性角度归纳从能源平衡表升级至能源卫星账户的必然性，并以此为指导确立中国能源核算的改革方向——运用能源卫星账户的形式对能源进行多维度核算。其提供的数据能够灵活满足用户丰富的使用需求，同时避免了对中心框架严谨统一性的破坏。一方面，能源平衡表所暴露的与国民经济核算共建指标准确性低、核算维度单一及数据种类不足等问题均能由能源卫星账户修正与完善，其提供的更为精准的数据基础使许多能源有效指标得到准确核算，显著提升以核算数据为基础的应用分析维度与精度。另一方面，以本书开展此研究有助于吸引更多学者跻身能源核算领域、壮大能源核算的理论基础研究队伍，并以此促进国民经济核算的实践工作不断向前发展，切实提升核算体系的分析功能。

第二，以延展概念的视角理解能源核算的研究范畴，将"核算"从核算编制工作拓展至核算分析应用，将"核算功能"从提供数据基础拓展至形成逻辑分析基础。本书从概念延伸的视角对能源核算进行新的解读，认为能源核算并不局限于在数据层面上提供信息，还应囊括以研究能源规模、水平、活动速度、结构、比例、平衡、效益等关系为目的，利用总量分析、供给使用的直接影响分析、投入产出的间接影响分析和存量分析方法展开的应用研究。其中，生产核算从能源生产账户延伸至能源总量分析，供给使用核算从能源供给使用表延伸至能源供给使用分析，投入产出核算从能源投入产出表延伸至能源投入产出分析，存量核算从能源资源资产账户延伸至能源资源存量分析，四者共同构成使能源核算研究的范围从能源系列账户编制延伸至能源核算的逻辑分析。上述四类分析方法从国民经济核算账户编制的整体思路中抽象而来，形成了一套以核算思路为中心的分析思维，是对能源核算下生产核算、供给使用核算、投入产出核算及存量核算范围的延伸，同时将能源核算的功能从提供基础数据发散至提供一套完整的核算逻辑分析思维。

2. 现实意义

第一，以中国能源核算的账户编制与应用思路为基础，建构中国能源卫星账户的核算框架，形成能源核算编制与应用层面"双视角"研究体系，为能源核算领域提供新的研究范本。本书系统梳理能源卫星账户的发展历史与国际实践经验，立足中国国情与理论需要，构建中国能源卫星账户的框架体系，并尝试以已有数据进行账户的编制应用，从而为学术研究与现实决策提供全面且精准的能源基础数据；同时，本书的研究成果有助于国家能源核算实编工作的积极推进，进一步形成国家层面具有权威效力的能源数据供给，数据质量的提升一定程度上将带来研究水平与决策水平的提高。另外，本书提出构建能源核算编制与应用层面"双视角"研究体系，指出核算不仅包括传统工作中的"编制面"，而且囊括从长期的账户编制研究中抽离出的逻辑分析思路，即"应用面"，这是对能源核算的一次新的、具有突破意义的认识与理解，有助于开阔中国能源领域的研究视野，并为中国能源核算提供新的研究范本。

第二，以国家、区域、行业层面的能源应用研究为基础，准确认识国家能源动态流向与禀赋现状，为中国实现能源可持续发展、"双碳"等宏观目标提供路径规划与决策参考。本书国家层面及以下的应用研究中，或以能源核算的最新进展——能源卫星账户的编制数据为精准数据来源，或以能源核算延伸内涵下的逻辑分析思维为主要研究思路，或将以上两方面相结合。其中，能源卫星账户提供的基础数据显著提高了数据质量，确保了相关指标核算结果的可靠性、可比性与准确性；能源核算的逻辑分析思路在分析能源在经济活动中的流量变化、经济效益、平衡状况、碳排放转移等问题上贯穿始终。本书的实证应用从总量角度、供给使用角度或投入产出角度切入，采用对数平均迪氏指数（logarithmic mean Divisia index，LMDI）分解模型、结构路径分析（structure path analysis，SPA）等统计研究方法，针对目前的能源消耗转移、能源生态效率、碳排放路径分解等能源热点问题展开具体分析，是用于评估国家能源发展进程、"双碳"工作推进程度的有效工具，得出的具有创新意义的研究结论有助于为能源管理规划、可持续发展、"双碳"目标统筹提供定量支持和路径参考。

第三，以国际层面的能源应用研究为基础，促进公平确立国家间的碳减排责任，切实推动国际碳减排模式从"生产者责任"向"消费者责任"转变。推动中国能源核算改革的一个重要原因在于，目前能源核算的指标准确性较低，例如，能源平衡表仍以一国地理领土界定该国地理范围，导致由能源消费量除以 GDP 计算的单位 GDP 能耗指标与实际的单位 GDP 能耗有所出入，而碳排放量由能源消费量推算得到，碳排放强度的结果受其影响后并不能核算准确。以能源卫星账户提供的数据计算得到的指标准确性更高，从而全面、客观地反映能源消耗、碳排放等问题。另外，国际上存在隐含碳排放问题，中国作为出口大国在现行的"生产者责任"减排模式中承担了巨大的碳减排责任，然而生产服务于消费，只考虑生产国责任的做法容易造成"碳泄漏"，弱化减排效果，这种责任分摊制有失公允。本书针对国际能源的投入产出关系、来源与使用去向进行细致研究，有助于沿着"消费者责任"的思路对国际碳减排责任进行更为公平的划分，为作为出口大国的中国争取更多的公平话语权。

第二节 文 献 综 述

一、能源卫星账户的前沿理论与国际经验研究综述

《2003 年综合环境和经济核算》（*Integrated Environmental and Economic Accounting* 2003，简称 SEEA（2003））（United Nations et al.，2003）于 2003 年发布，简要介绍能源卫星账户，并举出丹麦能源和空气排放卫星账户（简称丹麦能源卫星账户）的例子。自此，国内逐步对能源卫星账户展开研究。向书坚（2006）认为尽管 SEEA（2003）举出丹麦能源卫星账户的例子，但未阐述能源卫星账户的具体编制方法，仍需对其展开进一步研究。高敏雪和赵碧君（2010）认为中国需要遵循国民经济核算原理，将能源平衡表向能源卫星账户改革。高亚春和付韶军（2010）探讨能源统计、能源平衡表和能源卫星账户的差异后，对能源平衡表与能源卫星账户之间桥接表的结构进行详细阐述。黄登笑等（2011）提出能源内部卫星账户、能源外部卫星账户和能源国民经济核算矩阵的框架。吴开尧和朱启贵（2011）根据《2008 国民账户体系》（*System of National Account* 2008，

简称 SNA（2008））的理论基础，探讨能源卫星账户的范围、概念、核算规则和内容。

在《2012 年环境经济核算体系中心框架》（*System of Environmental-Economic Accounting 2012 Central Framework*，简称 SEEA（2012））（United Nations et al.，2012）发布后，唐洁珑（2017）总结各国矿产和能源资源的核算实践，认为中国需以 SEEA（2012）为指南进行矿产和能源资源核算。联合国于 2019 年发布 SEEA-Energy（2019）。SEEA-Energy（2019）基于 SNA（2008）的视角，从 SEEA（2012）中独立出能源卫星账户，在 SEEA（2012）能源实物流量账户与能源资源资产账户的基础上，新增能源货币流量账户与能源存货资产账户，并讨论能源卫星账户的指标构建方法及功能扩展方式，为各国构建能源卫星账户提供了国际标准。

目前，我国能源统计仍以能源平衡表为核心，监测能源实物量生产、转化和消费状况。SEEA-Energy（2019）的发布为我国突破能源平衡表的局限提供了可能，参考 SEEA-Energy（2019）编制能源卫星账户可更好地满足我国能源可持续发展的数据需求，然而国内尚未对 SEEA-Energy（2019）展开系统研究。

二、中国能源卫星账户的实践编制研究综述

在中国能源生产账户的编制和指标体系方面，传统能源经济学多集中于能源价格和能源消费两个角度的研究（陈晖等，2020；孙倩等，2019；张武英等，2019），忽视了能源生产在经济活动中对能源总产出的影响。目前少数与能源生产相关的研究中，其思路主要分为两类：一类以中国能源平衡表为基础，预测实物型能源生产总量的发展趋势及其构成（崔湛钜和葛建平，2016；缪谢雨和杨晨，2018；商玉萍等，2018；赵志成和柳群义，2019；Holechek et al.，2022；Smirnova et al.，2021）；另一类以构建能源投入产出表为前提，探索各能源产业产出能耗及其变动（谢建国和姜珮珊，2014；黄伟如等，2016；林伯强和吴微，2020；李根等，2019；孙倩等，2019；李国荣等，2021；施青等，2021）。

在中国能源供给使用表的编制和指标体系方面，文献多集中于对水资源（李花菊，2010；Dimova et al.，2014；马忠和王苗苗，2012）、生态（马国霞等，2017；高敏雪，2016）、数字经济（向书坚和吴文君，2019；杨仲山和张美慧，2019；罗良清等，2021）、研发（research and development，R&D）（徐蔼婷和祝瑜晗，2017；陈丹丹，2017）供给使用表进行编制，缺乏针对能源供给使用表的研究。在中国能源供给使用表的指标体系研究方面，国内外学者多选取能源平衡表的能源进口量、能源消费量、能源生产量等指标进行应用分析（张伟等，2013；薛静静等，2014；刘华军等，2015；Yao and Zang，2021），对能源供给使用表的指标体系研究较为缺乏。

在中国能源投入产出表的编制方面，编制能源投入产出表是用投入产出分析（input-output analysis，IOA）法研究能源问题的基础（郝苏霞，2010），通过编制能源投入产出表能够深入挖掘部门之间的能源消耗特征。基于能源投入产出表这一重要特性，不少学者开始编制我国能源投入产出表，并从能源需求量（张炎治等，2007），部门出口贸易完全能源密度和完全污染排放密度（徐盈之和彭欢欢，2010），能源部门的影响力系数、感应度系数和环境成本弹性系数（王博峰等，2012），能源消耗变动的影响效应（周国富等，2017），广东省能源消耗（冯烽和白重恩，2019），隐含碳排放流动（黄会平等，2019），能源回弹效应（冯烽，2018；陈晖等，2020），单位产出能耗变动（李国荣等，2021）等角度进行了实证分析。在 IOA 法应用方面，不少学者从澳大利亚一次能源消费量和温室气体排放量（Lenzen，1998），影响力系数和感应度系数、直接消耗系数和完全消耗系数（间浩等，2013），行业直接能源消耗效率、真实能源消耗效率和能源消耗转移率（姜朗，2020），对外贸易能源消耗（Machado et al.，2001；王娜等，2007；陈雯和李强，2014）等角度展开了研究。

在中国能源资源资产账户的编制方面，自然资源资产负债表作为中国提出的新概念，其编制理论与构建体系并不成熟（范振林，2017）。一方面，自然资源资产负债表核算对象尚未统一，在土壤资源、矿产和能源资源、水资源、土地资源、森林资源、大气资源等资源中进行取舍（耿建新和唐洁珑，2016；封志明等，2014；江东等，2017；李金华，2015；焦志倩等，2018；陈志芳和赵晓宇，2018；邱琳等，2019；徐素波和王耀东，2020）。另一方面，从自然资源资产负债表的平衡关系来看，不同学者主要有两类观点：一类学者从会计学角度出发，遵循传统资产负债表中的平衡关系，资产为负债与所有者权益之和（程进和周冯琦，2017；王然等，2020；孙亚丽和闫军印，2020；史丹和王俊杰，2020）；另一类学者依据 SNA（2008）和 SEEA（2012）等国际标准，遵循"供给=使用"的平衡关系（耿建新和唐洁珑，2016；高敏雪，2016；向书坚和郑瑞坤，2016；李裕伟，2017；葛振华等，2020；王淑等，2020）。国际上对能源资源资产核算的研究则侧重能源资源资产账户方面。能源资源资产账户是针对能源资源从资产账户中延伸而来，反映能源资源的开采量、发现量及耗减量等相关信息的账户。SEEA（2012）定义了 SNA（2008）中心框架定义的矿产和能源资源及其相关的测度范围与分类，展示了能源资源资产实物型账户与能源资源资产价值型账户的具体表式。荷兰、澳大利亚、加拿大等国家均基于不同能源资源资产分类构建了本国能源资源资产账户。

总体来看，现有研究存在以下不足。

第一，缺乏能源生产账户编制和指标体系构建的相关研究。在研究角度方面，大多数学者集中探索能源投入产出表的编制工作，通过构建能源投入产出表进行碳排放、能源消耗、能源强度、能源效率等方面的实证研究，鲜有研究是从供给侧角度的能源生产核算分析，忽视了供给侧能源产业产出的计算，进而无法对各能源产业总产出及构成进行分析。在核算方法方面，关于能源生产核算的研究成果几近空白，主要原因在于至今还没找到一张全面的能源生产账户对能源产出进行核算，进而无法准确反映中国能源产业生产活动的产出特征。在研究思路方面，关于能源生产的研究数据主要是基于能源平衡表或投入产出表获取的能源产业/产品的指标数据，以及由其测算的直接消耗系数、完全消耗系数、影响力系数等，而基于生产账户思路分析各能源产业产出规模贡献度、经济规模贡献度等指标的研究较为匮乏。

第二，能源投入产出表的编制思路较为固定和局限，少有文献对我国各地区的能源消耗情况进行全面测度。目前鲜有研究从国际指南提供的环境扩展投入产出表基本框架出发，构建我国能源投入产出表。尽管我国现有能源投入产出表编制的理论基础较为丰富，但多基于相似的理论框架，仍需要继续开辟拓展思路。现有研究对产业部门能源消耗特征的分析多集中于生产视角。仅从生产视角选取相关指标，忽略了产业部门之间的产业关联特征，无法全面分析各产业部门的能源消耗特征。

第三，缺少对能源供给使用表的编制及其指标体系的应用分析。目前大多数学者集中探索水、生态等资源供给使用表的编制，缺少对能源供给使用表（特别是能源货币供给使用表）编制的研究，主要原因是能源供给使用表是一个全新的概念，不管是理论准备还是实践尝试都相对空白，导致能源供给使用表编制的相关技术方法具有一定的未知性，大量基本问题亟待探讨和回答。中国未编制能源实物和货币供给使用表，导致现有文献中的能源指标多是能源生产、能源消费、能源进出口等总规模或绝对水平的统计指标，很少有关于能源相对指标的研究。进一步，在对能源供给使用分析方面，许多学者对能源供给使用的分析不是在能源供给使用表的基础上进行的，而是以能源生产总量替代能源供给，能源消费总量替代能源使用，其结果难以客观反映中国能源整体的真实情况。

第四，能源资源资产账户的核算对象和平衡关系存在分歧，缺乏相应实践编制研究。首先，现有研究的核算对象不同。例如，不同学者对矿产资源的界定不同，一部分学者将能源资源纳入矿产资源的核算范围内，另一部分学者对能源资源进行单独分类，将其与矿产资源进行区别。其次，平衡关系的使用存在分歧。现有遵循"资产=负债+所有者权益"的平衡关系编制自然资源资产负债表的相关研究在自然资源负债确认方面未达成一致，不同学者对自然资源负债的确认不同导致上述平衡关系存在一定的偏误，成为编制自然资源资产负债表的瓶颈。最后，能源资源资产账户实践编制研究相对空白。从国际经验来看，能源资源资产账户编制的理论相对成熟，在规范能源资源资产分类、明确核算表式、获取数据来源的基础上，编制能源资源资产账户是具有实践可行性的。但近年来国内鲜有尝试对能源资源资产账户进行编制的实践研究，使得此领域与国际编制研究出现断层现象。

三、中国能源核算的实践应用研究综述

在中国能源生产账户的应用方面，国内外学者在影响因素分析领域进行了丰富的研究，涉及的方法主要包括结构分解分析（structural decomposition analysis，SDA）模型、LMDI 分解模型、人口/财富/技术的随机影响回归（stochastic impacts by regression on population，affluence，and technology，STIRPAT）分解模型、时空模型、逐步回归模型等（林伯强和蒋竺均，2009；陈操操等，2014；赵胜男等，2017）。在能源领域的影响因素分析方法主要包括 LMDI 分解模型、SDA 模型和 STIRPAT 分解模型（蔡伟光，2011；汪菲和王长建，2017；李风琦，2019）。其中，LMDI 分解模型具有计算简单、分解结果无残差、可处理零值、分解完全等优良性能，故被众多学者广泛应用于能源消费的因素分解（张黎，2013；Wang et al.，2014；严翔等，2018；沈文涛，2018；孙倩等，2019）和基于能源消费角度的碳排放因素分解（朱勤等，2009；叶晓佳等，2011；宋杰鲲，2012；范丹，2013；邓吉祥等，2014；吴振信等，2014）两方面。

在中国能源供给使用表的应用方面，国内外学者对能源供给使用的应用分析主要分为两类。一类是基于能源的供给侧和需求侧对能源展开分析，例如，王风云（2008）将能源供给与需求结合起来，使用单位根检验和协整关系检验分析能源供需与我国经济增长之间的长期均衡关系，发现能源消费总量、能源生产总量与 GDP 之间存在长期协整关系。王长建等

（2020）基于供需视角对比分析了煤炭消费机制的动态差异，并探索了中国煤炭消费的主要驱动因素。Yao 和 Zang（2021）为了厘清广东省电能的来源和去向，从时空角度探讨了供给侧和需求侧电能的内在差异与演变。另一类是对能源供需进行预测，例如，Qiu 等（2021）采用长期能源可替代规划系统（long range energy alternatives planning system，LEAP）对 2060 年中国能源结构的终端需求总量进行了预测，结果表明 2017~2060 年天然气和煤炭需求先增后降，天然气需求将在 2041 年达到峰值。燕景（2018）采用反向传播（back propagation，BP）神经网络模型对河南省 2018 年能源供需进行了预测。

在中国能源投入产出表的应用方面，现有关于能源消耗问题的研究多从能源效率、能源消耗的驱动因素和能源消耗强度等视角进行（Zhang and Lahr，2014；Chen and Xu，2019；Han et al.，2020；林伯强和吴微，2020；Shi et al.，2021；马晓君等，2021），从编制能源投入产出表的思路出发，深入挖掘各地区产业部门的能源消耗转移流向的文献相对空白。现有对产业部门能源消耗进行测度分析的文献多以传统价值型投入产出表为基础，采用 IOA 法或生命周期评价（life cycle assessment，LCA）法（黄宝荣等，2012；姜朗，2020；Chen et al.，2021）。然而，传统价值型投入产出表与能源投入产出表相比，无法揭示产业部门的能源消耗情况，因此需要编制包含实物流量数据的实物价值型能源投入产出表。此外，IOA 法无法反映能源消耗在产业部门间的具体转移流向，不能对能源消耗的内部结构加以分析；LCA 法主要对研究对象整个生命周期在各阶段的能源消耗情况进行分析。但两者通常需要较为完整的产品生命周期数据，因此在实际应用中具有一定的局限性（张琼晶等，2019）。针对 IOA 法和 LCA 法的应用局限性，Defourny 和 Thorbeck（1984）提出 SPA 在环境问题中的应用。SPA 的优点在于能够追踪产业部门之间相互影响的复杂关系，进而分解生产链上不同产业部门之间的层层影响路径（Lenzen and Murray，2010）。由于 SPA 能够深入探究产业部门之间错综复杂的关系，SPA 在其他领域得到了广泛应用（Yang et al.，2015；冯翠洋等，2017；Wu，2019；Zhao et al.，2019；陈传龙和韩盼星，2020）。

在中国能源资源资产账户的应用方面，国内外学者探究能源资源与经济增长关系的相关研究相对较多（Wang et al.，2011；尹建华和王兆华，2011；于凤玲等，2013；黄研利等，2014；李颖，2021），但基于自然资源资产负债表探索能源与经济增长之间关系的研究相对空白。Banerjee 等（2016）建立了整套经济环境核算体系，该体系不仅包括基本的框架，而且包括具体的计算方式,有助于政府预估经济发展与生态平衡。陈志芳和赵晓宇(2017)对云南省自然资源资产负债表进行编制,并对云南省自然资源总量与经济发展之间的关系进行实证分析,研究发现云南省土地资源、森林资源、矿产资源与经济发展之间的关系最为密切。徐素波和王耀东(2020)编制了黑龙江省2013~2017年自然资源资产负债表,并选取自然资源存量与黑龙江省生产总值数据,回归分析结果显示自然资源与经济发展之间存在显著的黏性关联关系。胡娅(2020)使用2014~2018年相关数据编制蚌埠市自然资源资产负债表,并采用当量因子法、市场价格法等对自然资源价值进行估计,基于此对蚌埠市自然资源资产、负债和净资产进行分析。

在基于供给使用核算的中国国民经济全部门能源消耗转移方面,近年来,随着我国产业结构合理化程度的逐渐加深及部门间经济贸易的不断深入,国民经济各部门间通过要素市场与产品市场间供求逐渐形成了广泛波及、相互促进与互相制约的产业关联(李善同和钟思斌,1998;赵红艳等,2012;杨灿和郑正喜,2014;谢锐等,2011;贾庆英,2014;余典范和张亚军,2015;黄桂田和徐昊,2018),随着学者对产业关联研究的愈加深入及对环境问题研究的愈加重视,产业关联逐渐被纳入环境问题的研究框架(钱明霞等,2014;贺丹等,2016;原嫄等,2017;丛建辉等,2018;郑红玲等,2018;郑正喜,2015)。国民经济网络部门间的依存与制约关系为能源消耗问题的解决提供了重要的思路,但现有文献大多从供给视角对能源消耗问题开展研究,聚焦供给过程中的直接能源消耗情况,未考虑错综复杂的产业关联,忽略了部门间能源消耗压力转移(赵晓丽和洪东悦,2009;岳婷和龙如银,2010;李静和方伟,2011;马海良等,2011;Wu,2012;Nie and Kemp,2013;滕飞等,2013;Zhang and Lahr,2014;Zeng et al.,2014;Yang et al.,2016;马晓君等,2017;Zhao et al.,2018;Wang and Feng,2018;Chen and Xu,2019;Amowine et al.,2019;Zeng and Ye,2019;Han et al.,2020)。基于供给视角存在的不足,考虑产业关联且从使用视角量化能源消耗的研究纷至沓来,能源消耗研究逐渐完善。但现有从使用视角量化能源消耗的研究多采用传统IOA法探究各部门最终使用引起的能源消耗特征(黄宝荣等,2012;杨蕾等,2014;姚红玉,2013)。

在基于供给使用核算的中国八大综合经济区能源生态效率测度方面,目前关于能源生态效率的研究大多集中在测算方法和影响因素两方面,并且研究主体涵盖国家、区域、省际、地级市和行业层面。从测算方法来看,关于能源生态效率的测算主要分为参数与非参数两种方法。由于非参数方法无须对生产函数形式与分布形式进行假设，学者多运用数据包络分析（data envelopment analysis，DEA）法及其衍生模型进行相关研究（关伟和许淑婷，2015；李根等，2019；陈莹文等，2019；于静和屈国强，2021）。但 DEA 法等非参数方法在效率测度时会受到测量误差或其他随机因素的冲击，且不能对技术效率的影响因素直接进行分析，可能导致效率测算结果不稳健。以随机前沿分析（stochastic frontier analysis，SFA）模型为代表的参数方法充分考虑环境变化对生产行为造成的影响，估计稳健性更强、结论更可靠，更符合能源生产消费的本质特征（傅晓霞和吴利学，2007）。目前 SFA 模型已广泛应用于经济管理领域，但运用其对能源生态效率及其影响因素进行研究相对匮乏。由研究主体视角来看，现有对能源生态效率的测度多从国家（王晓岭和武春友，2015）、地区（王腾等，2017；周敏和艾敬，2019；孙伟，2020；唐晓灵等，2021；于静和曲国强，2021）、行业（王向前等，2020；关伟和李丹阳，2021）层面展开研究，其中，从地区层面展开的研究最多。在厘清能源生态效率的测算方法及明确研究主体之后，为明确能源生态效率的影响因素，部分学者对此开展了一系列研究（关伟和许淑婷，2015；杨刚强和李梦琴，2018；周敏等，2019；唐晓灵和曹倩，2020）。

在基于投入产出核算的中国各地区碳排放路径分解方面，目前国内有关地区发展差异的研究较为丰富。学者从区域发展的协调度（李裕瑞等，2014；张鸿等，2015；孟宪超等，2017；田光辉等，2018）、我国高质量发展背景（蔡玉胜和吕静韦，2018；马茹等，2019；魏巍等，2020）、区域经济发展水平（刘彦君，2017；陈梦根和张帅，2020）、区域绿色发展水平（万媛媛等，2020；孙钰等，2021）出发，研究我国区域发展差异。随着区域研究的兴起，一些学者开始关注区域层面碳排放情况，例如，李金铠等（2020）、马晓君等（2018）、夏四友等（2020）、黄和平等（2019）分别研究了区域碳排放效率、能源消费碳排放、农业碳排放和旅游业碳排放。尽管对碳排放进行研究的方法日趋多样，但多数文献仍集中于从宏观层面对地区碳排放进行测度，深入探究各地区生产链上部门之间的碳排放传递路径的文献相对空白。经济社会是一个复杂且庞大的系统，内部不同账户之间存在错综复杂的关系，而 SPA 恰好能够深入探究内部不同账户之间的关系（Feng et al.，2019；冯翠洋等，2017；Hong et al.，2016），因此，IOA-SPA 多用于经济社会领域的研究，分析经济和社会现象之间的关系。Defourny 和 Thorbeck（1984）将 SPA 应用在环境问题中，其结合 Leontief（1973）提出的环境投入产出分析（environmental input-output analysis，EIOA），将环境的外部性考虑在内，更适用于对资源利用和环境排放的研究，因此，环境投入产出分析-随机前沿分析（environmental input-output analysis-stochastic frontier analysis，EIOA-SPA）能够对部门之间碳排放流动情况进行深入分析（Wu，2019；张琼晶等，2019）。

  在基于投入产出核算的中美贸易隐含碳排放测算方面，发展中国家在全球价值链中与发达国家所从事的环节有很大差异，这就导致贸易隐含碳排放问题。针对此问题，国外不少学者展开了研究。关于国际贸易隐含碳排放的测算等相关问题，IOA法多受到学者的青睐。IOA法发展初期，国外学者一般使用单区域投入产出（single regional input and output，SRIO）模型开展贸易隐含碳排放的相关研究（Wyckoff and Roop，1994；Machado et al.，2001；Shui and Harriss，2006）。随着科学技术的发展和研究的深入，多区域投入产出（multiregional input-output，MRIO）模型应运而生。在碳排放测算方面，相比于SRIO模型，MRIO模型可以呈现出多个国家或地区之间的隐含碳排放流动情况（Peters and Hertwich，2008；Dietzenbacher et al.，2012）。在国际贸易隐含碳排放越来越大及隐含碳排放测算方法日趋成熟的背景下，一些学者对碳减排责任分配原则有不同的看法。Rodrigues等（2006）认为消费者和生产者在身份上是对等的，因此应采用共同责任原则进行碳减排责任分配；Weber等（2008）认为中国在国际贸易过程中的大规模生产制造是为了满足发达国家和其他国家的消费需求，在这一过程中产生的碳排放如果都由中国来承担，显然是极度不合理的。但目前基于领土责任原则的碳减排责任分配方案正在将这种不合理公正化，给类似中国这样的出口大国带来沉重的碳减排压力（Peters，2008）。国内对贸易隐含碳排放测算的研究相对较晚，国内学者将国外的已有方法与我国独特的贸易情况相结合进行了分析（齐晔等，2008；周新，2010；鲁倩倩，2017；汪中华和石爽，2018；张少雪，2019；兰天和夏晓艳，2020）。

  总体来看，现有研究存在以下不足。

  第一，由于编制中国能源生产账户、能源供给使用表、能源投入产出表、能源资源资产账户的研究较少，相应的应用分析较为缺乏。从国际经验来看，能源生产账户、能源供给使用表、能源投入产出表、能源资源资产账户编制的理论相对成熟，是具有实践可行性的。但近年来国内鲜有尝试对此类账户进行编制的实践研究，使得此领域与国际编制研究出现断层现象，也导致缺乏此类账户的实证应用分析。

  第二，虽然传统IOA法可以从使用视角测算各部门能源消耗情况，但IOA法无法反映能源消耗在部门间的具体转移流向，不能对能源消耗的内部结构加以分析，存在较大局限性。环境投入产出生命周期评价（environmental input-output life cycle assessment，EIO-LCA）模型可以在考虑部门间环境压力转移的情况下，对最终需求引起的资源或者污染排放数据进行分解，进而完整、全面地反映国民经济各部门间的环境影响。

第三，多数学者使用非参数方法对能源生态效率进行测算，但其测算结果的稳健性仍有待检验，且使用参数方法测算能源生态效率仍在进一步探索中。另外，现有关于能源生态效率区域差异性的研究多聚焦传统三大经济带或四大经济区域的划分视角，但随着全国各地区发展方式的转变，传统的区域划分方法显得较为粗略，不便于深入分析区域差距和制定区域政策。

第四，现有对地区发展差距的研究多从经济、社会、创新三个角度进行，将资源与环境一同纳入评价体系的研究较少。目前文献对地区碳排放的研究不够深入，基于地区综合发展差异从投入产出视角探究各地区不同部门的直接碳排放与间接碳排放转移路径的研究较少。从地区层面进行碳排放的研究无法得到生产链上的碳排放情况；从部门层面展开的碳排放测度分析能够深入挖掘生产链上部门间的碳排放转移特征。此外，尽管已有研究针对我国不同地区提出了相关减排政策，但是未能充分考虑我国区域发展的不平衡特征，即地区减排方案与地区发展特征的结合不紧密。

第五，对外贸易隐含碳排放的相关研究多集中于贸易隐含碳排放总量的测算和碳减排的责任分配。其中，在对外贸易隐含碳排放的测算过程中，IOA法已经趋于成熟，尤其MRIO模型已经成为众多学者使用的主流。在责任分配原则方面，现有文献尚未充分结合贸易隐含碳排放和贸易增加值对一国在对外贸易中的定位进行研究，且国内外学者多聚焦领土责任原则或者消费者责任原则研究隐含碳减排责任分配问题。因此，已有文献未从根本上解决贸易隐含碳排放的责任分配问题。

第三节　主要创新点及研究特色

本书基于能源核算的前沿理论，结合中国能源相关数据编制中国能源卫星账户和构建能源指标体系，并应用各类数理统计方法对中国能源生产、消耗和碳排放的相关问题进行综合分析。本书的创新和特色体现在以下三个方面：研究理论的前沿性、研究视角的新颖性、研究应用的实践性。

1. 研究理论

目前中国能源核算以能源平衡表为核心，其定义及核算规则与国民经济核算体系不一致将降低部分能源指标的准确性,且局限于能源实物流量。为突破中国能源核算的局限性,中国需引入 SEEA-Energy(2019)能源卫星账户,建立中国能源卫星账户,保证其与国民经济核算体系定义及核算规则的一致性,同时增加能源货币流量、能源资源资产及能源行业指标,提高中国能源核算的数据质量。但目前中国尚缺乏对 SEEA-Energy(2019)的系统研究,本书将 SEEA-Energy(2019)能源卫星账户作为核心内容,系统梳理能源卫星账户的前沿理论和各国经验,为中国能源卫星账户框架的构建研究提供编制思路、理论逻辑与前进方向,并探索能源-环境一体化卫星账户的编制方法。

2. 研究视角

以能源卫星账户的理论为基础,搭建中国能源卫星账户编制与应用的框架。本书在借鉴 SEEA-Energy(2019)能源卫星账户的前沿理论下,综合考虑中国能源分类与能源数据来源的现状,初次尝试编制中国能源生产账户、能源供给使用表、能源投入产出表和能源资源资产账户,形成中国能源卫星账户的雏形,并从中国能源生产账户、能源供给使用表、能源投入产出表和能源资源资产账户四方面构建中国能源卫星账户的指标体系。

3. 研究应用

以"双碳"背景下的能源变革和产业重构为目标,基于中国能源卫星账户提供的基础数据对中国能源生产与消耗问题进行实证分析,并搭建基于供给使用核算和投入产出核算的中国能源核算实践应用平台。本书基于中国能源卫星账户中的能源生产账户、能源供给使用表、能源投入产出表及能源资源资产账户对中国能源生产与消耗问题进行实证分析,并从国家、区域、行业三个层面进行能源应用研究,结合能源消耗转移、能源生态效率、碳排放路径分解等能源热点问题,深入剖析中国能源消耗和能源碳排放的发展路径与驱动因素,提出能源高质量发展的路径规划与政策指引,探索新形势下中国能源转型之路。

第四节 研究思路与方法

一、研究思路

本书以中国能源核算的改革、编制与应用为研究核心,重点探索中国能源核算由能源平衡表向能源卫星账户的改革路径与核算编制实践,并从核算应用视角展开能源专题研究：第一，以能源卫星账户前沿理论为基础，探索中国能源核算的改革方案，构建中国能源卫星账户的理论框架；第二，基于核算编制层面，探索中国能源生产账户、能源供给使用表、能源投入产出表及能源资源资产账户的具体表式与试编实践，并构建中国能源卫星账户的指标体系；第三，基于核算应用层面，分别从能源卫星账户、供给使用核算、投入产出核算视角展开能源转移、能源生态效率、能源碳排放等专题研究。由此，本书形成核算"编制"与核算"应用"全层面的中国能源卫星账户核算研究体系，从前沿理论和核算实践双向推动中国能源核算走向深入，研究结论也将为中国能源卫星账户的实现提供前瞻性参考。

二、研究方法

1. 历史分析法

用于第二章～第五章能源卫星账户与中国能源核算的发展历程梳理。能源卫星账户的理论研究与实践工作是不断发展变化的，只有将不同阶段加以联系和比较，才能揭示其发展趋势与发展规律。同样，中国能源核算也需要从历史沿革的角度考察其产生和演进的基本历程，从而明晰中国能源核算发展的历史与制度原因，进而明晰中国能源核算的改革方向。

2. 类比分析法

用于第二章～第六章国际上能源卫星账户的编制对中国能源核算改革方向，以及能源-环境一体化卫星账户建设的启示。国际上的能源核算已更新发展至能源卫星账户，中国现行的能源核算尚以能源平衡表为中心。以先进的国际经验为类比对象，通过对比众多国家从能源平衡表发展至能源卫星账户的必然历程，在充分分析中国国情的基础上，为中国能源核算探寻改革方向，即编制中国能源卫星账户。此外，以环境经济核算体系的其他账户为类比对象，增加与能源相关的环境核算表式，将能源卫星账户拓展为能源-环境一体化卫星账户。

3. 归纳总结法

用于第二章～第十章能源核算的前沿理论与中国能源卫星账户的编制。通过总结归纳能源卫星账户的国际标准与经验，探索中国能源核算的改革方向——由能源平衡表到能源卫星账户，并研究能源-环境一体化卫星账户的建设理论。在前沿理论基础上，构建中国能源生产账户、能源供给使用表、能源投入产出表及能源资源资产账户的编制思路，从而为中国能源卫星账户的构建提供实践基础。

4. LMDI 分解模型

用于第十一章第一节能源总产出及各行业能源产出量的影响因素分析。LMDI 分解模型将影响目标变量变动的各因素均作为时间 t 的连续可微函数,应用微积分理论对时间 t 求导,从而得出各因素对目标变量变动的影响程度。LMDI 分解模型的分解形式有加法和乘法两种,具有全分解、无残差、易使用、结果解释性强等优点。能源、资源和环境研究领域常用 LMDI 分解模型分析驱动因素的影响程度与驱动机理。

5. 广义迪氏指数法(generalized Divisia index method,GDIM)分解模型

用于第十一章第二节制造业煤炭价格波动的影响因素分析。GDIM 通过卡亚(Kaya)恒等式的拓展变形建立多维因素分解模型。相较于传统的指数分解法,GDIM 涵盖的变量之间的关系更为复杂,考虑的影响因素更为全面,能够实现相对因素与绝对因素间关系的灵活构造,因素间关系不受 Kaya 恒等式的限制。

6. SPA 模型

用于第十一章第三节能源消耗路径分解。SPA 模型通过分解产业部门能源转移路径,充分利用 IOA 法的优势,将一个经济体的整体排放量或消耗量分解为无穷多条路径,识别出能源消耗量的关键驱动因素,是联系经济和环境污染问题的有效方法。

7. 灰色关联分析法

用于第十一章第四节能源资源与经济发展分析。灰色关联分析法是指在一个部分信息明晰、部分信息不明晰的系统中,对其中某个指标与其他哪些因素更相关、受其他因素影响的相对强弱情况进行分析的方法。从整体概念出发,灰色关联分析法可以综合评估受多种因素影响的事物。

8. EIO-LCA 模型

用于第十二章第一节能源消耗转移的实证分析。EIO-LCA 模型是一种评估、比较、开发商品和服务潜在影响的环境管理工具,通过改进投入产出模型中的能源消耗系数列向量,以自上而下的核算并分解产品或服务生产对整个产业链造成的环境负荷,实现对具体产品或服务生产过程所产生的环境负荷的有效溯源。

9. 基于谢泼德（Shephard）能源距离函数的 SFA 模型

用于第十二章第二节中国八大综合经济区能源生态效率测度。基于 Shephard 能源距离函数的 SFA 模型由投入距离函数衍生而来，能准确获知实际生产利用过程中的能源利用效率和可节能空间。该模型充分考虑随机因素和外部环境因素对个体差异的影响，且规避了变量间内生性问题，是一种灵活性和包容性很强的变弹性生产函数模型。

10. 改进的标准重要性与标准间相关性（criteria importance though intercrieria correlation，CRITIC）法

用于第十三章第一节地区综合发展水平测度。改进的 CRITIC 法以评价指标之间的对比强度和冲突性为基础来确定各指标的权重。首先，对比强度是指同一指标在不同样本中取值差异的大小，通常以标准差来度量对比强度。其次，冲突性是指标之间相关性的大小，通常以相关系数来度量冲突性。改进的 CRITIC 法可以同时考虑不同地区间和指标间的差异，保证权重更加客观、科学地反映各指标的相对重要程度。

11. MRIO 模型

用于第十三章第二节中美贸易隐含碳排放测算。IOA 法也称为产业部门间分析法，由美国经济学家里昂惕夫（Leontief）于 1936 年提出，用于分析经济系统中产业部门间错综复杂的交易关系。MRIO 模型是指重新编制各国的投入产出表，其中，进出口产品区分为中间产品与最终消费品，各国最终消费品、中间产品及投入产出矩阵汇总为一个矩阵，形成一张新的国家间的投入产出表。

理论与国际经验篇：能源核算的前沿理论与国际经验

第二章　能源平衡表到能源卫星账户的核算演进

20世纪70年代爆发能源危机后,联合国在1976年将能源统计作为单独项目,以能源平衡表作为核心表式,协调能源统计工作并提供能源数据,帮助各国认识和分析能源在经济中的作用。之后,各国逐步建立以能源平衡表为核心的能源核算体系。能源平衡表以实物量统计一个国家或地区一定时期能源产品的供给量、转化量和消费量等流量,再根据能量守恒定律平衡上述流量。能源平衡表作为各国能源统计核心,与国民经济核算体系使用不同的定义和核算规则,所构建的部分能源指标准确性较低;同时,能源平衡表只能核算能源产品实物流量,维度较为单一。这使得能源平衡表逐渐无法满足当今世界各国能源数据的需求。联合国于2019年发布的SEEA-Energy(2019)为能源卫星账户的编制提供了国际标准,能源卫星账户一方面与国民经济核算体系的核算规则一致,提高两者共建指标的准确性;另一方面增加货币流量、能源资源存量及能源行业的产出/增加值等能源行业指标的核算,多维度核算能源。因此,部分国家开始以卫星账户理论为基础,编制能源卫星账户以突破能源平衡表的局限。

第一节　能源平衡表及其局限性

一、能源平衡表的内容

能源平衡表最新的相关国际标准是《国际能源统计建议》(*International Recommendations for Energy Statistics*,简称 IRES(2018))(United Nations, 2018)。IRES(2018)提供了与能源有关的概念和定义、分类、数据来源,并对数据整理方法、数据质量评估方法等主题提出了建议。IRES(2018)的《能源产品国际标准分类》(*Standard International Energy Product Classification*,SIEC)提供了能源产品的第一个标准分类,并介绍了与其他国际产品分类标准的关系。

IRES(2018)编制能源平衡表的主要目的如下:第一,提供一国领土内能源状况全面、统一的数据，加强能源统计的适用性；第二，提供一国领土内能源供给和使用的全面信息，便于了解能源安全状况、能源市场的有效运作情况和其他有关政策目标的实施，并制定相关能源政策；第三，作为质量工具，确保基本统计数据的完整性、一致性和可比性；第四，确保不同参考期之间和不同国家之间的可比性；第五，提供用于核算一国领土内碳排放总量的数据；第六，为每种能源产品在一国经济中的贡献指标提供数据依据；第七，计算一国发生的转换过程效率（如精炼、燃料燃烧发电等）；第八，计算一国供给和使用总量中各种产品（包括可再生能源与非可再生能源）的供给和使用比例。根据能源平衡表的编制目的，IRES（2018）界定了能源平衡表的核算范围和表式结构。

1. 能源平衡表的核算范围

能源平衡表以实物量统计一个国家或地区一定时期能源产品的供给量、转化量和消费量等流量，再根据能量守恒定律平衡上述流量。能源平衡表的核算范围可依据地理范围、产品范围和流量范围划分。能源平衡表以一国领土界定该国的地理范围，将流量分配给生产或消费单位所在的国家。能源平衡表的产品范围包括由生产单位生产，并可用作能源的燃料、电力和热力，建议使用 SIEC 中 10 类能源产品进行分类：①煤炭；②泥炭和泥炭产品；③油页岩/油砂；④天然气；⑤石油；⑥生物燃料；⑦废物；⑧电；⑨热；⑩核燃料和别处未予分配的其他燃料。能源平衡表的流量范围在原则上必须包含所有的能源流量，这是由于能源平衡表应稳固地建立在热力学第一定律（任何封闭系统中的能量都是不变的，除非有能源从该系统流入或流出，否则该系统的能量既不会增加也不会减少）的基础上。能源平衡表的产品范围和流量范围在短期内相对固定，但随着经济发展和技术进步，可能出现新的能源产品类型和能源流量类型，能源平衡表应适时反映新类型的能源产品和能源流量。能源平衡表的核算范围不包括：①被动的能源流入，如植物吸收的太阳能；②能源资源的存量；③开采一次能源的过程中泄漏的能源，如天然气开采过程中的泄漏和燃烧；④用于非能源用途的泥炭、废物和生物质。

2. 能源平衡表的表式结构

能源平衡表（表 2-1）的纵列显示各类能源产品，横行显示各类能源流量的矩阵，反映了能源流量和能源产品之间的关系。在纵列中，能源平衡表首先显示各类互相排斥的能源产品或产品组，其次显示个别能源产品或产品组的总计项目,最后显示可再生能源产品列,提供可再生能源产品单独的解释性说明。在横行中,能源平衡表根据经济学原理,计算能源的一次生产、转化、最终消费和流入或流出国家领土的能源流量之间的关系,包括顶部、中间、底部三个版块的能源流量,在三个版块之外还有统计差异横行。

表 2-1 能源平衡表

能源流量	能源产品			
	能源产品 1	能源产品 2	… 合计	其中:可再生能源
顶部版块				
一次生产量				
进口量				
出口量				
国际海运加油量				
国际空运加油量				
库存变化				
能源供给总量				
统计差异				
中间版块				
转移				
转化过程				
发电厂				
热电联产厂				
热力厂				
焦炉				
型煤厂				
褐煤型煤厂				
煤液化厂				
煤气厂(及其他转化为煤气的工厂)				
高炉				
泥炭型煤厂				
天然气调合厂				
天然气制液体燃料(gas to liquids,GTL)厂				

续表

能源流量	能源产品				
	能源产品1	能源产品2	…	合计	其中：可再生能源
炼油厂					
石化厂					
木炭厂					
其他转换过程					
能源行业自用量					
损失量					
底部版块					
最终消费量					
最终能源消费量					
制造业、建筑业和非燃料采矿业合计					
钢铁					
化工和石化					
有色金属					
非金属矿物					
运输设备					
机械					
食品和烟草					
纸、纸浆和印刷					
木材和木材制品（纸浆和纸除外）					
纺织品和皮革					
建筑					
其他未列明行业					
交通运输合计					
公路					
铁路					
国内空运					
国内水运					
管道运输					
其他未列明运输方式					

续表

能源流量	能源产品				
	能源产品1	能源产品2	…	合计	其中：可再生能源
其他合计					
农业和林业					
渔业					
商业和公共服务					
住户					
其他未列明项					
非能源用途					

顶部版块显示流入或流出一国领土的能源流量及其库存变化，提供一定时期内一国领土内的能源供给信息。流入一国领土的流量包括一次能源产品的生产、一次能源产品与二次能源产品的进口，流出一国领土的流量包括一次能源与二次能源产品的出口和国际加油。一次能源产品的生产是指以适合使用的形式从国家领土内的自然能源流量、生物圈和化石燃料自然储量获取或开采燃料或能源，不包括从开采的燃料中除去惰性物质和回注、放空燃烧或冷放空的量。一次能源产品的生产通常是能源行业的一项活动。然而，一些一次能源产品可以由能源行业以外的行业作为自用生产，也可以由住户生产。能源产品的进出口是指进入国家领土或离开国家领土的能源产品，包括一次能源产品和二次能源产品。国际加油是指在运输货物或旅客的国际航行和飞行中，为供消费而交付给任何国籍的商船（包括客轮）和客机的燃料数量，分为国际海运加油和国际空运加油。库存是指在国家领土内持有的能源产品数量；库存变化是指报告期内库存数量的增加（库存增加）或库存数量的减少（库存提取），计算公式为期末库存与期初库存之差。原则上，最好在某特定时刻及时记录国家领土内的所有库存变化；但一般认为，在实践中，各国往往难以获得关于最终能源用户持有库存变化的满意数据。

中间版块显示能源行业如何转化、转移、自用及在分配和运输过程中的损失。转移在本质上是一种统计工具，用于在各列之间移动能源产品，以解决能源产品由分类变化导致的问题。转化显示把一种能源产品转换成另一种能源产品的过程，通常由能源行业完成，如将煤炭转化为电力。能源行业自用显示能源产品用于能源行业生产能源过程中的能源消耗，如核电厂的照明和空调设备消耗的电量。损失显示能源产品的输送、分配和运输过程中产生的损失。

底部版块显示最终能源消费和非能源用途。最终能源消费显示向所有能源消费者交付的能源产品，不包括用于转化过程的燃料和其他能源产品的交付，也不包括满足能源行业能源需求的能源产品消费。非能源用途包括化学和石化工业、运输业及其他行业对能源产品的非能源利用情况，如润滑剂的制造。能源平衡表把最终能源消费分为三大类：制造业、建筑业和非燃料采矿业，交通运输，以及其他，并根据各国需要进一步分类。其中，交通运输的能源消费计量方式较为特殊，用于渔业、农业和国防的运输燃料（包括军用运输工具的燃料）不是能源平衡表中交通运输的一部分，这是因为这些活动使用燃料的主要目的不是运输，而是服务农业和国防。同样，工业场地上的升降机和工程机械所使用的能源被视为固定消耗，而不是运输。交通运输细分为公路、铁路、国内空运、国内水运、管道运输和其他未列明运输方式。国家领土内管道运输（燃料和电力）中压缩机和泵站使用的能源包含在交通运输中。但是一般认为，在一些石油和天然气产量大的国家，很难区分用于管道运输的能源和油气开采行业消耗的其他燃料。

3. 产品能源平衡表

能源平衡表还可为某种能源产品进行单独编制，称为产品能源平衡表。产品能源平衡表虽然与能源平衡表的结构一致，但由于侧重某种能源产品，其在显示方式上与能源平衡表相比存在一定差异。能源平衡表建议使用统一的能量单位——焦进行编制，但由于产品能源平衡表只针对某种能源产品，可使用吨、立方米、吨油当量或太焦进行编制。能源平衡表应为所有能源产品编制产品能源平衡表，但对于使用量较小的能源产品，出于工作简便的目的，可以将某些能源产品汇总。此外，能源平衡表需要区分化石燃料和非化石燃料，以了解可再生能源总量和准确记录温室气体排放；产品能源平衡表需要更加关注能源产品的消耗数量和方式，例如，汽车汽油产品能源平衡表可同时记录汽油、柴油等化石燃料和玉米乙醇等非化石燃料，而不必拘泥于 SIEC 的分类。

产品能源平衡表原则上可以使用能源平衡表的结构编制，但并非所有能源流量都适用于每一种能源产品。产品能源平衡表常见的能源流量包括生产（初级或二次）、其他来源的生产、进口、出口、国际加油、库存变化、供给、统计差异、转让、转换投入、能源行业自用的流量。由于产品能源平衡表提供了某种能源产品实物流量的详细信息，不考虑不同产品之间的相互关系,产品能源平衡表将二次生产视为生产而非转换产出更符合逻辑,同时不需要将转换投入显示为负数。

4. 统计差异

在能源平衡表中,统计差异是指能源产品供给总量和消费总量之间的数值差异。差异源于采集构成供求关系的相关数据时遇到的各种有关实际限制问题。例如,数据可能受到抽样误差或其他采集误差的影响,数据可能源于不同的时间段、不同的空间覆盖范围、不同的燃料规格,能源平衡表供需双方从体积到质量或从质量到能量含量的换算方式不同。

产品能源平衡表中的统计差异可以解释能源平衡表中的巨大统计差异。例如,如果产品能源平衡表的统计差异可以忽略不计,则需要对能源单位换算因子进行调查,这是因为它们可能是能源平衡表统计差异较大的原因。又如,如果某特定产品能源平衡表的统计差异较大,则应对该特定产品的数据采集工作进行认真调查。

二、能源平衡表的局限性

各国以能源平衡表为核心的能源核算体系为各国能源供给和使用之间的调配提供了数据参考,为世界能源发展做出了一定贡献。然而,随着世界经济的不断发展及全球环境的持续恶化,各国发现能源平衡表存在部分能源指标准确性低和核算内容维度单一的局限性,无法满足各国的能源统计需求。

1. 部分能源指标准确性低

能源平衡表和国民经济核算体系使用不同的定义和核算规则,降低了两者共同构建的能源指标的准确性,影响能源可持续发展政策的制定。例如,能源平衡表以一国地理领土界定该国地理范围,而国民经济核算体系以常住原则界定经济领土范围。能源平衡表中的能源消费量和国民经济核算体系中的 GDP 按两种规则划分地理范围,导致由能源消费量除以 GDP 计算的单位 GDP 能耗与实际的单位 GDP 能耗有所出入,降低了单位 GDP 能耗的准确性。此外,碳排放量由能源消费量推算得到,由其计算的碳排放强度也受到上述问题的影响,与实际的碳排放强度有所出入,而碳排放强度作为目前衡量各国碳排放水平的有效指标之一,其准确性不仅影响我国节能减排政策的制定,而且影响着国际碳减排责任的确立。

2. 核算内容维度单一

能源平衡表只能核算能源产品实物流量，核算内容单一，能源货币、存量和行业数据种类不够丰富。能源平衡表未核算能源货币流量、能源资源存量和能源行业指标，无法反映能源价格、能源资源存量和能源行业发展的状况及其对能源供给和使用的影响，更无法将能源的实物数据与货币数据、流量数据与存量数据、行业数据与产品数据进行有效结合，限制了能源数据分析维度，从而难以将所有能源信息汇聚为整体，难以实现对能源情况的全面掌握。

第二节 能源卫星账户及其特点

在各国核算实践过程中，能源平衡表的局限性逐渐凸显。为此，挪威、丹麦、荷兰等国家开始编制能源卫星账户以突破能源平衡表的局限。但由于各国能源卫星账户均参照本国标准进行编制，缺乏国际可比性，各国急需能源卫星账户的统一国际标准。因此，联合国等国际组织响应各国需求，发布了能源卫星账户的国际标准——SEEA-Energy（2019）。能源卫星账户作为国民经济核算体系的卫星账户，增强了国民经济核算体系在能源领域的核算力量，可得到能源在中观经济①层面的分析数据。

一、能源卫星账户的内容

SEEA-Energy（2019）所介绍的能源卫星账户是组织能源相关统计信息的多功能能源统计工具，界定了能源卫星账户的核算范围，编制实物流量账户、货币流量账户和资产账户三种账户，以实物和货币形式对能源的流量和存量进行多维度核算，并根据三种账户编制能源指标及与能源有关的空气排放供给表。

1. 能源卫星账户的核算范围

由于 SIEC 的能源定义和分类最为详尽，SEEA-Energy（2019）的能源产品定义和分类来自 SIEC。在 SIEC 中，能源产品是指专门或主要作为能源来源使用的产品，它强调使用特性而非物理特性。在 SEEA-Energy（2019）的资产账户中，能源资源是一种独特的环境资产，可以开采并用于经济活动，但是在人类时间尺度内不能再生。在 SEEA-Energy（2019）

---

① 中观经济是在某指定专题下展开的国民经济活动。

中，能源行业按照 IRES 是由以一次能源生产、能源转换或能源分配为主要活动的经济单位组成的行业，其中，分配是指从生产设施或输送系统接收的能源产品输送给最终用户的分配系统。

按照 SIEC，能源产品分为：①煤炭；②泥炭和泥炭产品；③油页岩/油砂；④天然气；⑤石油；⑥生物燃料；⑦废物；⑧电；⑨热；⑩核燃料和别处未予分配的其他燃料。能源资源包括石油资源、天然气资源、煤炭和泥炭资源、铀和其他核燃料资源。能源行业按照《全部经济活动国际标准行业分类 4.0》（International Standard Industrial Classification of All Economic Activities 4.0，ISIC）分为能源生产行业、能源转换行业和能源分配行业，包括采矿业（B），制造业（C），电力、燃气、蒸汽和空调制冷业（D）、运输和仓储业（F）中的一些行业。此外，其他行业参与生产能源产品作为次要活动或辅助活动的情况并不少见，在必要情况下可以对行业进行重新分类，以确保与国民经济核算体系保持一致。

SEEA-Energy（2019）使用的地理范围、记录原则、经济单位和估价原则等核算原则都来自 SEEA（2012）。SEEA-Energy（2019）的地理范围基于常住原则；记录原则基于权责发生制；所识别的经济单位称为机构单位，机构单位分类不区分金融公司和非金融公司，只将其合并为公司，并将国外定义为一个单独的机构部门；在货币流量账户中，按照市场价格估价，在货币资产账户中，由于许多能源资源没有市场，采用净现值法，基于资产市场处于均衡状态的假设，将折现后的未来资源租金之和作为资产估价。

2. 能源卫星账户的核算表式

在实物流量账户中，SEEA-Energy（2019）使用能源实物供给使用表记录能量流从环境进出经济和在经济内部的运行状况，利用能量守恒定律来平衡账户。能源实物供给使用表记录四类能源实物流量，即自然投入能源流量、能源产品流量、余能流量和其他残余物流量，建议使用焦作为共同能源单位。能源实物供给使用表记录能源生产、使用、积累、进出口和进出环境的流量。

在货币流量账户中，SEEA-Energy（2019）使用能源货币供给使用表涵盖一个经济体中不同经济单位之间以货币计算的能源产品流量，以提供关于能源部门活动水平的结构性信息、关于经济内部供给和使用这些能源产品的企业类型信息。能源货币供给表反映各种能源产品的国内产品价值和按基本价格计算的进口价值，并列出每种能源产品的税收和补贴，以及贸易和运输利润。能源货币使用表反映每种能源产品在各行业的中间消耗及其住户消费、积累和出口。能源实物供给使用表和能源货币供给使用表并列编制能源的合并账户，合并账户的流量范围仅限于供给和使用的能源产品。能源供给使用表的合并账户分为两部分，上半部分记录能源产品的货币供给和使用量，下半部分显示能源产品的实物供给和使用量。

能源资源资产账户提供能源资源的存量随时间变化的相关信息，包括期初存量、增加量、减少量和期末存量。SEEA-Energy（2019）能源资源资产账户根据《2009年联合国化石能源和矿业储量资源框架分类》（*United Nations Framework Classification for Fossil Energy and Mineral Reserves and Resources 2009*，简称UNFC（2009）），基于影响开采的三个维度（经济和社会可行性、野外项目状况和可行性、地质知识），将能源资源细分为：①A级，具有商业开采价值的资源；②B级，可能具有商业开采价值的资源；③C级，非商业性或其他已知矿床。A级能源资源的开采和出售将在未来某个时刻带来利润，才能预期其具有正市场价值，因此货币资产账户仅核算A级能源资源。除积累的能源资源外，政府和企业经常持有大量的能源产品存货，也应在能源资源资产账户下设立能源存货资产账户。能源产品存货的范围包括提炼后和加工前积累的初级能源产品和从进一步加工中产生的次级能源产品。

3. 能源卫星账户的指标构建及账户功能扩展

能源卫星账户与其他信息来源结合起来可为这些账户的决策者、研究者和其他用户提供更广泛的建议。SEEA-Energy（2019）指导如何构建和分析能源指标。在能源供给及使用指标中，一次能源生产量与住户最终使用量之比用于衡量能源自给程度，将家庭能源产品的使用和支出数据与家庭收入数据相联系用于反映家庭能源负担能力和能源使用差异。在能源行业与经济指标中，能源行业的产出、中间消耗、增加值、固定资本消耗、净增加值、营业盈余用于反映能源行业的经济状况，能源有关的税收和资源租金、能源的对外贸易情况、能源资源资产与其他资产的比例用于分析能源行业的相关信息。在其他行业指标中，某行业的能源使用量与该行业增加值之比称为能源强度，分解各行业每种能源产品使用量，分析最终需求增长变化和结构变化、行业结构变化和能源强度变化，揭示能源使用变化背后的因素。在可再生能源指标中，各种可再生能源的供给量和进口量总额在初级能源生产和能源产品进口总额中所占的比例用于反映可再生能源的供给份额变化情况。SEEA-Energy（2019）利用能源供给使用表估算空气排放量以制作空气排放供给表。能源供给使用表中每个相关数值乘以代表单位能源排放量的特定技术排放因子可推导空气排放供给表，不仅有助于按能源产品计算空气排放量，而且有助于按行业计算空气排放量，分析与能源有关的空气排放量的影响因素，从而更全面地了解空气排放量。

二、能源卫星账户的特点

能源卫星账户在定义和核算规则、核算内容两方面突破能源平衡表的局限性。一方面，能源卫星账户的定义和核算规则与国民经济核算体系一致，在编制两者共建指标时相比于能源平衡表能大幅提高部分能源指标的准确性。另一方面，能源卫星账户可增加货币流量、能源资源存量和能源行业指标，多维度核算能源。

1. 定义和核算规则方面

能源卫星账户为提高能源指标准确性，其定义和核算规则主要在以下四方面与国民经济核算体系一致。

（1）部分定义。能源卫星账户改变了能源平衡表的供给、库存等部分定义，使之遵循国民经济核算体系。例如，能源平衡表的供给是指第一次进入本国领土的能源产品量减去离开本国领土的能源产品量；能源卫星账户将供给定义为一次能源生产量和能源产品进口量之和。能源平衡表的库存（stocks）与能源卫星账户的存货（inventories）定义相同，是指持有的能源产品存量；能源卫星账户将 stocks 定义为能源资源的存量。

（2）地理范围。能源平衡表按领土原则划界，以一国地理领土界定地理范围，无论地理领土内的机构单位是不是常住单位，均将流量分配给机构单位所在的国家；能源卫星账户遵循国民经济核算体系，按常住原则划分经济领土范围，无论常住单位是否位于该国地理领土，均在常住单位和非常住单位产品所有权变更时记录进出口。

（3）平衡差额。在理论上，能源产品的供给等于使用；但在实践中，由于数据来源不同，供给和使用通常存在平衡差额。能源平衡表允许平衡差额存在，并设立平衡差额项；能源卫星账户遵循国民经济核算体系，在设计上不允许平衡差额存在，并通过两种方法处理平衡差额：①按各生产者或各使用者的比例分配；②调整能源存货量，将平衡差额计入能源存货变动。

（4）数据列报。能源平衡表的数据列报并不严格遵循 ISIC，例如，能源平衡表将以运输活动为目的的能源使用归入按公路、铁路等运输方式细分的运输项目中，显示了所有经济活动以运输目的所消费的能源总量，未将以运输活动为目的的能源使用归入实际使用它们的行业；能源卫星账户的数据列报严格遵循 ISIC，将以运输活动为目的的能源使用归入实际使用它们的行业，与国民经济核算体系的核算规则一致。

2. 核算内容方面

能源卫星账户扩展了以能源平衡表为核心的能源统计内容，在涵盖能源平衡表所统计的能源实物流量数据基础上，重点增加了以下内容。

（1）能源货币流量。由于能源价格剧烈波动使国民经济承受巨大压力，能源货币流量信息愈加重要。能源卫星账户在货币流量账户中编制能源货币供给使用表，以记录能源产品的基本价格和购买者价格、税和补贴、贸易和运输费用，反映能源在生产、运输、贸易、消费过程中的价值规模、结构和变化，从而为能源供需的宏观调控提供重要依据。基本价格和购买者价格可反映能源生产和消费过程中的价值规模和变化；税和补贴是政府实施能源政策的主要工具，可反映政府对能源供给和使用所施加的影响；贸易和运输费用记录能源在贸易过程和运输过程中产生的费用，可反映能源流通过程中的价值规模和变化。由于能源卫星账户的实物供给使用表和货币供给使用表采用共同的基本核算规则，两者可合并为能源供给使用表的合并账户。能源供给使用表的合并账户所依据的原则和结构能使其有效结合经济和环境的相关信息，确定不同生产者生产能源产品的相对成本和不同能源使用者为能源产品支付的隐含价格，将能源供给和使用的实物变化过程和价值变化过程相互对比，综合反映能源供给和使用状况，为政府宏观调控能源服务。

（2）能源资源存量。绝大多数能源资源以自然资源的形式存在于环境中，为能源产品生产提供原料。能源卫星账户设立能源资源资产账户，从实物和货币两方面记录能源资源由开采、发现和灾难性损失等因素造成的存量变化，可反映能源资源的开采和消耗速度，掌握能源资源的总体可用性和可持续性信息，有利于国家管理能源资源，保障能源安全。能源资源存量的实物量核算可反映能源资源实物存量水平，帮助国家掌握能源资源储备数据。能源资源存量的货币量核算可反映一国的能源资源财富总量，一方面能够估计能源资源耗减价值，计算经能源资源耗减调整的 GDP 和经能源资源耗减调整的能源开采业增加值[①]；另一方面能够评估能源资源资产所获收益，并与其他类型资产所获收益相比较，从而分析其差异。

（3）能源行业指标。能源行业为整个国民经济运行过程中的生产活动提供动力源泉，发挥了重要作用。能源卫星账户在能源行业指标中统计能源行业的产出、中间消耗、增加值、固定资本消耗、净增加值、营业盈余。能源行业指标可反映能源行业在能源产品开采、制造、运输、贸易活动中的结构和水平，了解能源行业在能源产品生产过程和再生产过程中的经济状况，从而掌握能源行业在国民经济总体中发挥的作用。

---

① 因能源资源占产出的比例较大，中间消耗占产出的比例较小，故能源开采业增加值结构与其他能源行业的增加值结构相比差异较大，计算经能源资源耗减调整的能源开采业增加值将显著缩小能源开采业与其他能源行业之间的增加值结构差异。

第三章 能源卫星账户的理论进展

在能源卫星账户国际理论中，SEEA-Energy（2019）的发展并非一蹴而就，而是经历了从《1999年综合环境和经济核算》（*Integrated Environmental and Economic Accounting 1993*，简称 SEEA（1993））到 SEEA（2003）编制能源资源资产账户，SEEA（2012）增加实物流量账户，SEEA-Energy（2019）增加货币流量账户、能源资源资产账户和能源行业指标的过程。SEEA-Energy（2019）的核算框架首先界定核算范围，其次逐步编制实物流量账户、货币流量账户和能源资源资产账户，最后构建能源指标和扩展能源卫星账户功能，并介绍能源资源的估价方法和利用能源卫星账户衡量可持续发展目标实现情况的方式。SEEA-Energy（2019）的定义和核算规则及关键表式既与 SNA（2008）中心框架之间联系紧密，又突破了 SNA（2008）中心框架的部分定义和核算规则，存在资产范围、成本范围等五方面的差异，可以从总体和细节上更好地掌握能源的数据信息。

第一节 能源卫星账户从 SEEA（1993）到 SEEA-Energy（2019）的演变过程

一、萌芽阶段：从 SEEA（1993）到 SEEA（2012）

1992 年《21 世纪议程》（*Agenda 21*）作为联合国环境与发展会议的成果，建议各国实施环境经济账户，联合国等国际组织在 1993 年发布 SEEA（1993），提供了环境经济核算的总体框架。SEEA（1993）将矿产和能源资源归为一类资源在资产账户中进行核算，这就是能源卫星账户的萌芽。由于 SEEA（1993）中许多环境经济核算概念和方法尚未结束讨论，SEEA（1993）只能作为环境经济核算的临时成果。联合国等国际组织在 2000 年发布 SEEA（1993）的操作手册——《综合环境和经济核算——操作手册》（*Integrated Environmental and Economic Accounting: An Operational Manual*）（United Nations，2000），提供关于实施环境经济核算体系的分步指导并阐述在制定政策的过程中如何使用环境经济核算体系。

在对 SEEA（1993）进行修订后，联合国等国际组织在 2003 年发布

SEEA（2003），进一步协调统一环境经济核算的相关定义和方法。SEEA（2003）简要介绍能源卫星账户，并举出丹麦能源卫星账户的例子；在SEEA（1993）的基础上，将矿产和能源资源从资产账户中分离，并对矿产和能源资源资产账户的编制方法展开讨论。

SEEA（2003）对能源卫星账户的简要介绍为能源卫星账户从环境经济核算体系中独立创造了机遇，联合国在2007年授权联合国统计司召集能源卫星账户专家组展开能源卫星账户的研究。但SEEA（2003）仅为环境经济核算的临时成果，未成为环境经济核算的国际标准。因此，联合国等国际组织在SEEA（2003）基础上协调统一环境经济核算的概念和方法，开始编制环境经济核算的国际标准——SEEA（2012）。

二、发展阶段：从 SEEA（2012）到 SEEA-Energy（2019）

联合国等国际组织于2012年发布SEEA（2012）。作为首个环境经济核算的国际标准，SEEA（2012）对各种资源的账户编制方法展开更为详细的研究，并对能源卫星账户展开详细讨论。

SEEA（2012）的实物流量账户为能源、水资源和物流流量分别建立子体系，在能源实物流量账户中确定能源流量的定义和范围，详细讨论能源供给使用表的编制方法，使用IRES（2018）中的SIEC作为能源产品分类，讨论能源统计、能源平衡表和能源卫星账户之间的关系，以及能源平衡表和能源卫星账户的关键差异。能源实物流量账户还介绍构成能源实物供给和使用的不同类型的流量，包括生产、消费、存货变化及进出口，讨论按目的分列的能源使用情况，重点剖析能源流量在环境与经济之间的边界，并编制能源实物供给使用表。

在资产账户中，SEEA（2012）在SEEA（2003）的基础上深入讨论矿产和能源资源资产账户的编制方法，首次讨论矿产和能源资源分类标准，将矿产和能源资源按种类分为石油资源、天然气资源、煤炭和泥炭资源、非金属矿产资源和金属矿产资源。同时，SEEA（2012）根据UNFC（2009）划分矿产和能源资源等级；进一步补充矿产和能源资源实物资产账户和货币资产账户的编制方法，确定使用净现值法对矿产和能源资源进行估价并对其进行详细阐述，探讨开采矿产和能源资源所产生的收入和耗减的分配方法。

在合并账户中，SEEA（2012）将SEEA（2003）中实物和货币综合流量账户的设想进一步扩展，将实物和货币资产账户、实物和货币综合流量账户及相关指标一起纳入合并账户的范围，并提供能源数据的合并账户范例。

SEEA（2012）提供了包含能源卫星账户的环境经济核算体系国际标准，能源卫星账户进入发展阶段。SEEA（2012）核算项目范围全面，但对能源项目的针对性较弱，未提出能源货币流量账户的编制方法，并在资产账户中仍将矿产和能源资源归为一类，在能源指标的构建上较为薄弱。因此，能源卫星账户专家组以 SEEA（2012）为出发点研究 SEEA-Energy（2019），作为 SEEA（2012）的能源项目子体系。

三、成熟阶段：从 SEEA-Energy（2019）至今

联合国等国际组织经十余年的研发，于 2019 年发布 SEEA-Energy（2019）。自此，能源卫星账户正式从环境经济核算体系中独立出来，进入成熟阶段。SEEA-Energy（2019）详细介绍能源卫星账户的定义、分类和核算规则、主要账户的编制方法、能源指标的构建方法和账户功能的扩展方式，旨在帮助各国实现三个共同的能源政策目标：改善能源分配和获取、管理能源供给和需求、减轻与能源供给和使用有关的环境压力。各国从此可参考 SEEA-Energy（2019）编制能源卫星账户，促进本国能源可持续发展。

SEEA-Energy（2019）较 SEEA（2012）深入阐述能源卫星账户的具体概念和编制方法。在实物流量账户中，进一步讨论能源统计、能源平衡表和能源卫星账户之间的关系，以及能源平衡表和能源卫星账户的关键差异，并介绍能源平衡表和能源卫星账户的桥联表编制方法。

在货币流量账户中，SEEA-Energy（2019）将 SNA（2008）无法识别的、与能源有关的货币交易分离，编制能源货币流量账户；将能源实物供给使用表和能源货币供给使用表合并，编制能源供给使用表的合并账户。

在资产账户中，SEEA-Energy（2019）将能源资源从矿产和能源资源中分离，编制能源资源资产账户，并参考 IRES（2018）统计能源存货的建议编制能源存货资产账户。

在能源指标和扩展功能中，从能源供给和使用、能源行业与能源经济、其他行业能源、可再生能源四方面提供能源卫星账户的指标构建方法，并利用能源供给使用表编制与能源有关的空气排放供给表，扩展能源卫星账户功能。

能源卫星账户的发展经历环境经济核算体系三个版本，其主要内容逐渐从萌芽走向成熟，如表 3-1 所示。在此过程中，SEEA（1993）在资产账户中核算矿产和能源资源；SEEA（2003）开始编制矿产和能源资源资产账户；SEEA（2012）在能源产品和能源资源的定义和分类中开始分别参

考 SIEC 和 UNFC（2009），并在表式中加入能源实物流量账户；SEEA-Energy（2019）将能源核算从 SEEA（2012）中独立出来，增加能源货币流量账户与能源存货资产账户，并讨论能源卫星账户的指标构建方法及功能扩展方式，有效增强了能源核算力度。

表 3-1 能源卫星账户主要内容的发展历史总结表

主要内容		SEEA（1993）	SEEA（2003）	SEEA（2012）	SEEA-Energy（2019）
核算范围	能源产品	—	—	SIEC	SIEC
	能源资源	SEEA（1993）	SEEA（2003）	SEEA（2012）和 UNFC（2009）	SEEA-Energy（2019）和 UNFC（2009）
	能源行业	—	—	—	SEEA-Energy（2019）
关键表式	实物流量账户	—	—	能源实物供给使用表	能源实物供给使用表
	货币流量账户	—	—	—	能源货币供给使用表
	资产账户	在资产账户中核算矿产和能源资源	矿产和能源资源实物资产账户；矿产和能源资源货币资产账户	矿产和能源资源实物资产账户；矿产和能源资源货币资产账户	能源资源实物资产账户；能源资源货币资产账户；能源存货实物资产账户；能源存货货币资产账户
能源指标和扩展功能		—	—	—	能源供给和使用指标；能源行业与能源经济指标；其他行业能源指标；可再生能源指标；与能源有关的空气排放供给表

说明：其中的关键表式仅包括供给使用表和资产账户，未包括能源平衡表和能源卫星账户的桥联表、能源供给使用表的合并账户等表式。

第二节 SEEA-Energy（2019）的核算框架

SEEA-Energy（2019）从能源卫星账户的核算范围、关键表式、能源指标构建和账户功能扩展、与可持续发展目标的联系四个方面介绍核算框架。

一、核算范围的界定

1. 能源产品核算范围

SEEA-Energy（2019）首先界定核算范围，其能源产品定义和分类使用 SIEC，具有详尽无遗、相互排斥的标准编码方案和通用的类别层级结构，旨在涵盖所有能源产品。

从能源产品种类来看，能源产品可分为：①煤炭，包括由碳化的植物物质组成的固体化石燃料和通过碳化或热解过程、细碎煤聚集或利用包括水在内的氧化剂进行化学反应从各类煤炭中直接或间接得到的煤制品；②泥炭和泥炭产品，包括在高湿度和有限空气条件下（煤化初期）部分分解死植被形成的固体及其产物；③油页岩/油砂，即含有干酪根形式有机质的沉积岩，其中，干酪根是一种蜡状富烃物质，为石油前体；④天然气，即气态烃的混合物，其主要成分是甲烷，一般也包括少量乙烷、丙烷和更高级的烃，以及氮和二氧化碳等不可燃气体；⑤石油，即化石来源的液体烃，包括原油、从天然气中提取的凝析液、原油冶炼中全部或部分加工的产品、来自植物或动物的功能相似的液体烃和有机化合物；⑥生物燃料，即直接或间接从生物质中获得的燃料，包括利用动物脂肪、副产品和残渣生产的燃料间接地从动物食用的植物中获得热值；⑦废物，即其持有者不再需要的材料，在设计用于混合废物或与其他燃料混合燃烧的设施中，配套热回收进行焚烧；⑧电，即通过电荷或电荷在静止和运动时的效应等物理现象进行的能量转移；⑨热，即从物质成分的平移、旋转和振动运动中获得的能量，以及物质物理状态的变化；⑩核燃料和别处未予分配的其他燃料，包括铀、钍、钚和可用于核反应堆作为电源和热源的衍生产品，以及其他未列明的燃料。

从转化来源来看，能源产品可以分为一次能源产品和二次能源产品。一次能源产品是从环境的自然输入中移除或获取能源的结果；二次能源产品是一次能源产品或其他二次能源产品转化为其他类型能源产品的结果。由于生物燃料是一次能源产品，生产生物燃料的所有投入都不属于能源产品。

从环境规划来看，IRES（2018）将能源产品分为可再生能源和不可再生能源。可再生能源的基础是无限期地从自然投入中补充能源，自然投入产生能源的补充速度应与其开采速度相当或快于其开采速度，包括煤炭、泥炭和泥炭产品、油页岩/油砂、天然气、石油、部分废物、利用化石燃料产生的电和热、核燃料和别处未予分配的其他燃料。不可再生能源是指自然投入产生能源的补充速度应慢于其开采速度，包括能源产品中利用水能、风能、太阳能、地热能、波浪能、潮汐能和其他海洋能源产生的电、生物燃料，以及部分废物。

2. 能源资源核算范围

SEEA-Energy（2019）中能源资源的定义必然比 SEEA（2012）中矿产和能源资源的定义狭窄。矿产和能源资源不仅包括非金属矿物（如金刚石和玉石），而且包括不用于能源目的的其他金属矿物（如金和银）。SEEA-Energy（2019）中的能源资源是一种独特的环境资产，可以开采并用于经济活动，但是在人类时间尺度内不能再生，仅包括可用于能源目的的矿产和能源资源。因此，SEEA-Energy（2019）将能源资源从 SEEA（2012）的矿产和能源资源中分离出来以专注能源核算，核算的能源资源包括石油资源、天然气资源、煤炭和泥炭资源、铀和其他核燃料资源。

此外，SEEA-Energy（2019）认为能源资源不包括风能、太阳能、生物质能、地热能、潮汐能等可再生能源。可再生能源不属于能源资源是因为：一方面，SEEA（2012）将可产生生物质能的木材、动植物油脂等资源归为生物资源而非能源资源；另一方面，SEEA-Energy（2019）认为除生物质能外的风能、太阳能、地热能、潮汐能等其他可再生能源在人类尺度上是不可耗尽的，没有存量可供消耗或出售，不属于资产。虽然可再生能源不在能源资源资产账户中记录存量，但由于某些能源流量来自可再生能源，可再生能源将作为流量在实物供给使用表和货币供给使用表中记录。

与 SEEA（2012）一样，SEEA-Energy（2019）根据 UNFC（2009）划分能源资源等级。UNFC（2009）基于影响开采的三个维度（经济和社会可行性、野外项目状况和可行性、地质知识），将能源资源细分为：①A 级，具有商业开采价值的资源；②B 级，可能具有商业开采价值的资源；③C 级，非商业性或其他已知矿床。

3. 能源行业核算范围

SEEA-Energy（2019）记录从自然投入中去除或获取能源资源及能源产品的转化和分配活动，将以上述能源活动作为主要活动的机构单位定义为能源行业，包括采矿业（B）、制造业（C）、电力、燃气、蒸汽和空调制冷业（D）、运输和仓储业（F）中的一些行业，并记录上述能源活动的次要活动和辅助活动。

二、关键表式的编制

SEEA-Energy（2019）随后讨论实物流量账户、货币流量账户和资产账户的编制方法，阐述相关统计项目的概念和范围。SEEA-Energy（2019）的关键表式内容如表 3-2 所示。SEEA-Energy（2019）以实物量和货币量为单位，设置供给使用表核算流量、资产账户核算存量。

表 3-2 SEEA-Energy（2019）的关键表式内容

账户	表式	内容
实物流量账户	能源实物供给使用表	记录自然投入能源、能源产品、余能和其他残余物流量的供给量、使用量、积累量、进出口量、进出环境的量
货币流量账户	能源货币供给使用表	按购买者价格、基本价格、税和补贴、贸易和运输费用记录能源产品的供给量、使用量、积累量、进出口量
资产账户	能源资源实物资产账户	记录 A、B、C 级能源资源的实物期初存量、增加量、减少量、期末存量
	能源资源货币资产账户	记录 A 级能源资源的货币期初存量、增加量、减少量、重估价、期末存量
	能源存货实物资产账户	记录能源存货的实物期初存货量、交易引起的变化、其他变化、期末存货量
	能源存货货币资产账户	记录能源存货的货币期初存货量、交易引起的变化、其他变化、重估价、期末存货量

1. 能源实物流量账户

能源实物供给使用表（表 3-3 和表 3-4）以实物量为单位，记录流量从环境进出经济和在经济内部的运行状况。能源实物供给使用表在 SNA（2008）供给使用表的基础上进行扩展：除经济中能源产品流量外，加入从环境到经济的自然投入能源流量、从经济到环境的余能和其他残余物流量，并记录自然投入能源进入环境、余能和其他残余物流量流出环境的状况，从而每种自然投入能源、能源产品、余能和其他残余物流量的供给、进口和进入环境的量之和必等于使用、积累、出口和流出环境的量之和。无论是实物供给使用表还是货币供给使用表，其供给量和使用量将按 ISIC 对各行业进行数据列报，清晰地反映各行业生产和消费的能源量。由于按实物计算的政府活动记录在各行业中，能源实物供给使用表中没有政府一栏，不区分金融公司和非金融公司，只将其合并为公司，并将国外定义为一个单独的机构部门，住户一栏仅记录消费活动，所有住户的生产活动及相关的自然投入和残余物都记录在生产一栏中。

表 3-3 能源实物供给表

项目	供给							积累	来自世界其他地区的流量 进口	来自环境的流量	供给合计
	农业、林业和渔业	采矿业	制造业	电力、燃气、蒸汽和空调制冷业	运输和仓储业	其他行业	住户				

自然投入能源

  自然资源投入

    矿产和能源资源

    石油资源

    天然气资源

    煤炭和泥炭资源

    铀和其他核燃料资源

    木材资源

  可再生能源投入

    太阳能

    水能

    风能

    潮汐能

    地热能

    其他热和电

  其他自然投入

    对培育生物质的能源投入

  自然投入能源合计

能源产品

  煤炭

  泥炭和泥炭产品

  油页岩/油砂

  天然气（开采量）

  天然气（配送量）

  石油（如传统原油）

续表

项目	供给					积累	来自世界其他地区的流量	来自环境的流量	供给合计
	农业、林业和渔业	采矿业	制造业	电力、燃气、蒸汽和空调制冷业	运输和仓储业 其他行业	住户		进口		

| 石油（石油产品） |
| 生物燃料 |
| 废物 |
| 电 |
| 热 |
| 核燃料和别处未予分类的其他燃料 |
| 能源产品合计 |
| **余能** |
| 开采损失 |
| 配送损失 |
| 储存损失 |
| 转化损失 |
| 其他余能 |
| 余能合计 |
| **其他残余物流量** |
| 非能源用途最终使用产生的残余物 |
| 固体废物焚烧产生的能源 |
| **供给量合计** |

表 3-4　能源实物使用表

项目	中间消耗；能源使用；能源损失接收					最终消费	积累	流向世界其他地区的流量	进入环境的流量	使用合计
	农业、林业和渔业	采矿业	制造业	电力、燃气、蒸汽和空调制冷业	运输和仓储业 其他行业	住户		出口		

自然投入能源

　自然资源投入

续表

项目	中间消耗；能源使用；能源损失接收					最终消费	积累	流向世界其他地区的流量	进入环境的流量	使用合计
	农业、林业和渔业	采矿业	制造业	电力、燃气、蒸汽和空调制冷业	运输和仓储业	其他行业	住户		出口		

可再生能源投入

其他自然投入

自然投入能源合计

能源产品

能源产品转化量

 煤炭

 泥炭和泥炭产品

 油页岩/油砂

 天然气（开采量）

 天然气（配送量）

 石油（如传统原油）

 石油（石油产品）

 生物燃料

 废物

 电

 热

 核燃料和别处未予分配的其他燃料

能源产品转化量合计

能源产品使用量

 煤炭

 泥炭和泥炭产品

 油页岩/油砂

 天然气（开采量）

 天然气（配送量）

 石油（如传统原油）

续表

项目	中间消耗；能源使用；能源损失接收					最终消费	积累	流向世界其他地区的流量	进入环境的流量	使用合计
	农业、林业和渔业	采矿业	制造业	电力、燃气、蒸汽和空调制冷业	运输和仓储业	其他行业	住户		出口		

石油（石油产品）

生物燃料

废物

电

热

核燃料和别处未予分配的其他燃料

能源产品使用量合计

非能源用途产品最终使用量

余能

　开采损失

　配送损失

　储存损失

　转化损失

　其他余能

　余能合计

其他残余物流量

　非能源用途最终使用产生的残余物

　固体废物焚烧产生的能源

使用量合计

  自然投入能源流量包括常住单位从环境中获取的能源，包括自然资源投入的能源（如石油资源、天然气资源和木材资源）、可再生能源（如太阳能、风能）。在 SEEA-Energy（2019）中，这些流量的供给者是环境，使用者是负责从环境中获取能源的经济单位。获取的能源供获取能源的经济单位使用，或供其他经济单位进一步加工或直接使用。由于培育生物质的能源投入（如种植的木材）是在经济范围内生产的，培育生物质的能源投入应记录为能源产品流量。但由于培育生物质的能源产品不能凭空出现，为确保能源产品流量的完全平衡，能源实物供给使用表将培育生物质的能源产品流量作为自然投入能源流量的一部分。能源产品在能源实物使用表中分为两部分：①能源产品转化，记录能源产品向其他能源产品的转化；②能源产品最终使用，记录能源产品在生产非能源产品过程中货物和服务的使用。不论生产过程的性质如何，中间消耗包括各行业将所有能源产品用作生产过程的投入。最终消费是指住户向能源供给者购买或以其他方式获取的能源产品，包括住户自己生产的能源产品。用于能源生产的铀和其他核燃料的能量含量很难衡量，因此只能对使用这一自然投入产生的核电量作出估计。铀和其他核燃料进口用其所产生核电量的 33% 估计，并在能源实物使用表电力部门下能源产品转化一节列出。为区分从环境中开采的天然气和经过加工可供消费的天然气，分别记录开采的天然气和分销的天然气，其他能源产品也可以采用类似的方法。用于非能源目的的能源产品所包含的能源被列为各行业提供的能源，记录在能源实物使用表的积累一栏中并保留在经济内部。

余能是已经返回环境而无法在经济内部进一步使用的能源流量，包括开采损失、配送损失、储存损失和转化损失。开采损失发生在开采过程中的经济单位对开采的矿产和能源资源进行任何进一步加工、处理或运输的过程中。配送损失是指发生在供给能源产品过程中的经济单位在供给点和使用点之间的损失。储存损失发生在储存产品的经济单位蒸发、泄漏、损耗或意外损坏能源产品的过程中。转化损失发生在进行转换能源的经济单位在将一种能源产品转化为另一种能源产品的过程中。开采造成的能源损失包含在从环境开采的资源总量中，可再生能源损失不被记录。

除余能这一残余物流量外，还必须记录其他残余物流量，包括非能源用途（如石油作为化工原料）最终使用产生的残余物和固体废物焚烧产生的能源。固体废物包括由所有者或使用者不再需要而被丢弃的材料，其焚烧产生的能量分别记录在能源实物供给表和能源实物使用表中。为生产能源焚烧的固体废物也是在经济范围内产生的，其所含的能源在成为能源产品之前以残余物流量的形式变为能源，显示为来自经济内部的供给。

由于能源实物供给使用表不包括能源使用目的的具体信息，在编制能源实物供给使用表之后，SEEA-Energy（2019）建议编制显示能源使用目的的实物使用表，为能源产品的使用目的提供详细使用说明。根据 IRES

(2018),能源产品可用于能源目的、非能源目的和转化,其中,能源产品用于加热、运输和电力归为能源目的。因此,SEEA-Energy(2019)在显示能源使用目的的实物使用表中认为能源产品可用于能源目的和非能源目的,其中,能源目的分为运输、加热和其他,能源产品的转化在实物供给表中显示。

2. 能源货币流量账户

能源货币供给使用表(表 3-5 和表 3-6)涵盖一个经济体中不同经济单位之间以货币计算的能源产品流量情况。能源货币供给使用表以货币量为单位,记录流量在经济内部的运行状况,其结构基于 SNA(2008)的供给使用表,以提供关于能源部门活动水平的结构性信息和关于经济内部供给和使用这些能源产品的实体类型信息。在能源货币供给使用表中,每种能源产品的供给量和进口量之和必等于使用量、积累量和出口量之和。即使在没有货币交易发生的情况下,能源的供给或使用也可能成为征税或补贴的依据。如果一项交易与非市场化的能源流量有关,该流量应计入能源货币供给使用表。虽然能源产品的税收和补贴通常由生产者或批发商和零售商代表使用者收取或接受,但由于能源产品的使用者最终支付税收并获得产品补贴,对每种能源产品支付的减去补贴的税收都同时分配给能源产品的使用者。向能源产品用户分配产品税收和补贴是基于模型假设,而非直接观察的结果。与向用户分配税收和补贴一样,基于模型假设,贸易和运输利润分配给能源产品的使用者。

表 3-5 能源货币供给表

项目	供给							来自世界其他地区的流量	总供给(基本价格)	净税收	贸易和运输利润	总供给(购买者价格)
	农业、林业和渔业	采矿业	制造业	电力、燃气、蒸汽和空调制冷业	运输和仓储业	其他行业		进口				
能源产品
煤炭
泥炭和泥炭产品
油页岩/油砂
天然气(开采量)
天然气(配送量)

续表

项目	供给					来自世界其他地区的流量	总供给（基本价格）	净税收	贸易和运输利润	总供给（购买者价格）
	农业、林业和渔业	采矿业	制造业	电力、燃气、蒸汽和空调制冷业	运输和仓储业	其他行业	进口			

石油（如传统原油）

石油（石油产品）

生物燃料

废物

电

热

核燃料和别处未予分配的其他燃料

合计

表 3-6 能源货币使用表

项目	中间消耗						私人消费及其他变化			
	农业、林业和渔业	采矿业	制造业	电力、燃气、蒸汽和空调制冷业	运输和仓储业	其他行业	合计	住户	积累	流向世界其他地区的流量	合计

购买者价格

煤炭

天然气（开采量）

天然气（配送量）

石油（如传统原油）

石油（石油产品）

生物燃料

电

热

合计

产品税减产品补贴

煤炭

……

续表

项目	中间消耗					私人消费及其他变化			
	农业、林业和渔业	采矿业	制造业	电力、燃气、蒸汽和空调制冷业	运输和仓储业	其他行业	合计	住户	积累	流向世界其他地区的流量	合计

（表头列：农业、林业和渔业 / 采矿业 / 制造业 / 电力、燃气、蒸汽和空调制冷业 / 运输和仓储业 / 其他行业 / 合计 / 住户 / 积累 / 流向世界其他地区的流量 / 合计）

贸易和运输利润

　煤炭

　……

基本价格

　煤炭

　……

能源供给使用表在能源实物供给使用表和能源货币供给使用表中使用共同的基本核算规则和原则，这为能源供给使用表的合并账户提供坚实基础。能源供给使用表的合并账户（表3-7）可以确定不同生产者生产各种能源产品的相对成本和不同能源使用者为能源产品支付的隐含价格。将与能源有关的货币和实物信息结合起来，也有助于政策制定。例如，在考虑征收碳排放税时，利用合并账户可以说明征收碳排放税对各种能源使用者支付的能源价格、能源供给商利润的影响。合并账户需要将货币供给和能源产品的使用与这些产品相应的实物供给和使用并列。能源实物供给使用表中考虑的流量包括与自然投入、残余物和能源产品的能源有关的流量；能源货币供给使用表中流量的范围仅限于供给和使用的能源产品。因此，合并账户仅限于能源产品流量。

表3-7　能源供给使用表的合并账户

项目	生产						总产出（基本价格）	来自世界其他地区的流量	总供给	税收	补贴	净税收	贸易和运输利润	总供给（购买者价格）
	农业、林业和渔业	采矿业	制造业	电力、燃气、蒸汽和空调制冷业	运输和仓储业	其他行业		进口						

能源产品（货币量）

　煤炭

　泥炭和泥炭产品

　油页岩/油砂

续表

项目	生产					总产出（基本价格）	来自世界其他地区的流量 进口	总供给	税收	补贴	净税收	贸易和运输利润	总供给（购买者价格）
	农业、林业和渔业	采矿业	制造业	电力、燃气、蒸汽和空调制冷业	运输和仓储业	其他行业							
天然气（开采量）													
天然气（配送量）													
石油（如传统原油）													
石油（石油产品）													
生物燃料													
废物													
电													
热													
核燃料和别处未予分配的其他燃料													
能源产品总供给													
其他产品总供给													
所有产品总供给													
能源产品（实物量）													
煤炭													
泥炭和泥炭产品													
油页岩/油砂													
天然气（开采量）													
天然气（配送量）													
石油（如传统原油）													
石油（石油产品）													
生物燃料													
废物													
电													
热													

续表

项目	生产					总产出（基本价格）	来自世界其他地区的流量 进口	总供给	税收	补贴	净税收	贸易和运输利润	总供给（购买者价格）
	农业、林业和渔业	采矿业	制造业	电力、燃气、蒸汽和空调制冷业	运输和仓储业	其他行业							
核燃料和别处未予分配的其他燃料													
所有能源产品													
能源产品使用（货币量，购买者价格）													
煤炭													
泥炭和泥炭产品													
油页岩/油砂													
天然气（开采量）													
天然气（配送量）													
石油（如传统原油）													
石油（石油产品）													
生物燃料													
废物													
电													
热													

3. 资产账户

能源资源实物资产账户以实物量为单位，记录能源资源实物期初存量、增加量、减少量、期末存量，其中，增加量包括发现、向上重估和重新分类，减少量包括开采、灾难性损失、向下重估和重新分类。能源资源实物资产账户应为 A、B、C 等级的能源资源编制。

能源资源货币资产账户中项目的定义与相应的能源资源实物资产账户中项目的定义完全一致，反映能源资源实物资产账户中项目的货币价值。能源资源货币资产账户除记录能源资源实物资产账户中项目的货币价值外，还加入重估价项目以反映价格因素引起的货币价值变化。能源资源货币资产账户仅核算 A 级能源资源,这是由于只有 A 级能源资源的开采和出售能够在未来某个时期带来利润,预期以货币单位计量的正市场价值。

能源资源的估价主要是为了使用一个共同单位来比较不同资产存量,并描述这些资产的经济效益,这两项工作不能用实物数据来完成。此外,将能源资源与其他资产进行比较可以评估相对收益、国家财富和政府未来可能获得的收入。能源资源的估价是实物资产账户转化为货币资产账户的关键步骤。许多能源资源无法在市场上购买,通常没有可观测的价格,因此缺少关于能源资源存量价格的直接信息。在 SEEA(2012)的基础上,SEEA-Energy(2019)在货币资产账户中提供能源资源估价的应用实例。净现值法基于资产市场处于均衡状态的假设,即资产的市场价值等于折现后的未来资源租金之和,未来资源租金定义为开采收入和开采成本之间的差额。这转化为

$$\mathrm{NPV}_t = \sum_{s=0}^{T_t} \frac{\pi_{t+s}}{\prod_{i=0}^{s}(1+r_{t+i})} = \sum_{s=0}^{T_t} \frac{(p_{t+s}-c_{t+s})q_{t+s}}{\prod_{i=0}^{s}(1+r_{t+i})} \quad (3-1)$$

式中,NPV_t 为 t 时的存量净现值;π_{t+s} 为 $t+s$ 时的资源租金;p_{t+s} 为 $t+s$ 时的单位资源价格;c_{t+s} 为 $t+s$ 时的单位开采成本;$p_{t+s}-c_{t+s}$ 为 $t+s$ 时的单位资源租金;q_{t+s} 为 $t+s$ 时的开采数量;r_{t+i} 为 $t+i$ 时的贴现率;T_t 为 t 时的资产剩余寿命。

在 SEEA-Energy(2019)中,未来开采概况是对由某给定的能源资源通过生产过程进行物理清除而造成未来存量减少的估计。应确保开采情况预估的及时性,必须每年重新评估且符合对商业可开采资源的最佳估计原则,未来年份的开采总额不应大于 A 级资源数量的估值。如果没有获取到未来开采概况的信息,则假定开采水平不变直到资源耗尽或开采停止,或假定开采水平在某确定时间点前不变,但之后线性减少直到开采停止。

除积累的能源资源外,政府和企业经常持有大量能源产品,这些持有的能源产品称为存货。IRES(2018)将存货定义为可持有并用于在供给和需求因正常市场波动情况下维持服务,或在供给中断情况下补充供给的能源产品。能源产品存货的范围包括提炼后和加工前积累的初级能源产品和从进一步加工中产生的次级能源产品。SEEA-Energy(2019)参考 IRES(2018)建议编制的能源资源实物资产账户如表 3-8 所示。能源资源实物资产账户记录 SIEC 中的能源产品,但由于电和热具有非物质特性,难以长期大量保存,能源资源实物资产账户不记录电和热。

表 3-8　能源资源实物资产账户

项目	能源资源类型			
	石油	天然气	煤和泥炭	铀和其他核燃料
能源资源期初存量				
存量增加量				
发现				
向上重估				
重新分类				
存量增加量合计				
存量减少量				
开采				
灾难性损失				
向下重估				
重新分类				
存量减少量合计				
能源资源期末存量				

　　能源存货实物资产账户（表 3-9）以实物量为单位，记录积累的能源产品的期初存货量、交易引起的变化、其他变化、期末存货量。交易引起的变化包括增加、提取及经常性损失，当购买、生产或以其他方式获得能源产品时，记录存货的增加；当能源产品出售、用于中间消耗或以其他方式被放弃时，记录存货的提取；当存货的损失正常发生且可以预期时，记录存货的经常性损失，即使是巨额损失，只要它经常发生，也应将其记录在能源存货实物资产账户中。其他变化包括巨灾损失、无偿没收、分类变化、未另分类的存货其他变化，巨灾损失和无偿没收涵盖地震、火山爆发、海啸、飓风、干旱、洪水和其他自然灾害及战争引起的变化，输油管道中的漏油和火灾也包含在这个类别下。分类变化记录一个机构单位从一个机构部门转移到另一个机构部门的变化，不会引起存货总量的变化，仅对个别机构单位而非整个经济体的能源存货实物资产账户有意义。未另分类的存货其他变化记录修正存货损耗率引起的变化。由于发现量和开采量不适用于能源存货，能源存货实物资产账户中的项目不同于能源资源实物资产账户中的项目。

表 3-9　能源存货实物资产账户

项目	煤炭	泥炭和泥炭产品	油页岩/油砂	天然气	石油	生物燃料	废物	核燃料和别处未予分配的其他燃料
期初存货量								
交易引起的变化								
增加								
提取								
经常性损失								
交易引起的变化总量								
其他变化								
巨灾损失								
无偿没收								
分类变化								
未另分类的存货其他变化								
期末存货量								

能源存货实物资产账户所记录的期初与期末存货量之差即供给使用表中能源产品的积累量，能源存货实物资产账户中的能源产品类别与供给使用表中的能源产品类别一致，编制能源存货实物资产账户有助于核实供给使用表中的能源产品积累量。能源存货货币资产账户除记录实物存量及变动的货币价值外，还加入重估价项目以反映价格因素引起的货币价值变化。

总之，SEEA-Energy（2019）的账户相互关联，能够组成一个能源核算系统，其资产账户从资源和存货、实物和货币四方面反映与能源有关的活动结果，其流量账户从实物和货币两方面反映与能源有关的活动过程。在此系统中，能源的实物流量（如石油开采）与货币流量（如石油的税和补贴）、实物资产（如石油资源的减少）与货币资产（如石油资源的市场价值减少）可相互联系，从而反映与能源有关的活动全貌。

三、能源指标的构建和账户功能的扩展

1. 能源指标的构建

SEEA-Energy（2019）最后介绍如何构建能源指标和拓展能源卫星账

户功能，指导如何利用能源卫星账户在能源供给和使用、能源行业与能源经济、其他行业能源、可再生能源四方面构建能源指标（表 3-10）。SEEA-Energy（2019）有效结合能源卫星账户与国民经济核算体系，使用相同的定义和核算规则编制能源指标，提高了部分能源指标的准确性。SEEA-Energy（2019）利用各账户信息并结合其他信息即可计算相应指标，但并未详尽无遗地提供能源卫星账户的每种能源指标的构建方法和账户功能扩展方式，决策者、研究者和其他用户可将能源卫星账户与其他信息来源结合起来对能源指标和扩展功能进行补充，以提供更多信息。

表 3-10 SEEA-Energy（2019）的能源指标总结

指标	内容	备注
能源供给和使用指标	能源供给量和使用量、能源自给程度、住户能源负担能力、企业能源负担能力	能源自给程度=一次能源生产量/住户最终使用量 住户能源负担能力=能源产品的支出量/住户最终消费量 企业能源负担能力=能源产品的支出量/企业中间消耗量
能源行业与能源经济指标	能源行业指标包括能源行业的产出、中间消耗、增加值、固定资本消耗、净增加值、营业盈余 能源经济指标包括与能源有关的税收和资源租金、能源产品进出口量、能源资源耗减、能源资源财富量、能源脱钩程度、能源资源资产与其他资产的比例	能源资源财富量=能源资源货币价值 能源脱钩程度=能源使用量/GDP
其他行业能源指标	某行业能源使用量、能源强度、能源使用量与就业人数的比率	某行业能源强度=该行业能源使用量/该行业增加值
可再生能源指标	可再生能源的供给量和使用量	可再生能源定义与分类见 IRES（2018）的附件 A

2. 账户功能的扩展

由于大多数经济活动与能源产品燃烧有关，由能源燃烧引起的空气排放是负外部效应的重要原因之一，与能源产品燃烧有关的空气排放也是大多数类型空气排放的主要来源。许多生产和消费活动，如供暖、电力生产、各种工业过程和运输，都需要能源产品提供必要的投入。由能源燃烧造成空气排放的环境污染影响空气质量，引发温室效应，给国家环境造成了严重破坏。能源供给使用表可作为建立与能源有关的空气排放供给表的基础，以详细统计由能源产品燃烧引起的空气污染状况。SEEA-Energy

（2019）利用能源供给使用表中的能源使用量乘以单位能源使用量的特定技术排放因子，编制与能源有关的空气排放供给表（表3-11），以测算与能源有关的碳排放量，扩展能源卫星账户功能。

表 3-11 空气排放供给表

项目	行业								住户		合计
	农业、林业和渔业	采矿业	制造业	电力、燃气、蒸汽和空调制冷业	供水业等	批发和零售业等	运输和仓储业	其他行业	所有行业	来自世界其他地区的常住单位	自有账户运输	其他消费	总消费	常住单位总空气排放供给

能源相关排放

煤

泥炭和泥炭产品

油页岩/油砂

天然气

石油

生物燃料

废物

电

热

核燃料和别处未予分配的其他燃料

能源相关排放合计

非能源相关排放合计

总排放

不同于排放清单，空气排放供给表通常使用按照国际公约（如《联合国气候变化框架公约》和《远距离越境空气污染公约》）商定的温室气体排放和空气污染物排放数据。以技术为导向的排放清单可以适当地作为侧重以技术为导向的问题和分析的基础。相比之下，SEEA-Energy（2019）中与能源有关的空气排放供给表以经济为导向，将空气排放量分配给那些实际开展排放源活动的经济实体。

四、与可持续发展目标的联系

2005 年由国际原子能机构、联合国经济和社会理事会、国际能源机构、欧盟统计局和欧洲环境署发布的《促进可持续发展的能源指标：准则与方法》提供了 30 个能源指标。2015 年通过的《2030 年可持续发展议程》确定了人类可持续发展的目标和指标，其中涉及与能源有关的部分指标。以上两份文件所编制的绝大多数能源指标可通过 SEEA-Energy（2019）编制，SEEA-Energy（2019）将为可持续发展目标的实现提供有力的数据保障，促进全世界经济可持续发展。

1. 与《2030 年可持续发展议程》目标的联系

《2030 年可持续发展议程》中目标 7（确保人人获得可负担、可靠、可持续和现代的能源）下的具体目标及目标 12 下的部分具体目标的实现情况可通过能源卫星账户了解。编制能源卫星账户有助于从多方面实现《2030 年可持续发展议程》中与能源有关的目标。

在目标 7 中，目标 7.1（到 2030 年确保普遍获得负担得起的、可靠的和现代的能源服务）、目标 7.2（到 2030 年大幅增加可再生能源的全球占比）及目标 7.3（到 2030 年全球能源效率提高速度增加一倍）可通过能源实物供给使用表和能源货币供给使用表反映的住户的能源供给使用情况、可再生能源的供给使用情况及各行业的能源强度帮助实现；目标 7.a（到 2030 年加强国际合作以促进清洁能源研究和技术开发，包括可再生能源、能源效率和先进/清洁的化石燃料技术，并促进投资于能源基础设施和清洁能源技术）和目标 7.b（到 2030 年，根据发展中国家特别是最不发达国家、小岛屿和内陆发展中国家的支持计划，扩大基础设施和升级供给技术，为这些国家的所有人提供现代和可持续的能源服务）可通过能源行业指标反映的能源行业发展情况，并通过能源实物供给使用表和能源货币供给使用表反映的能源供给使用情况帮助实现。

在目标 12 中，目标 12.2（到 2030 年实现自然资源的可持续管理和有效利用）可通过能源资源资产账户反映的能源资源存量状况帮助实现；目标 12.c（合理调整鼓励浪费性消费的低效化石燃料补贴，根据国情消除扭曲市场的现象，包括调整税收和逐步取消现有的有害补贴，以反映其对环境的影响，同时充分考虑发展中国家的具体需求和条件，以保护贫困人口和受影响社区，尽量减少对其发展可能产生的不利影响）可通过货币供给使用表反映的能源产品的税收和补贴帮助实现。

2. 与《促进可持续发展的能源指标：准则与方法》目标的联系

能源卫星账户收集的数据可用于构建《促进可持续发展的能源指标：准则与方法》中的能源指标。《促进可持续发展的能源指标：准则与方法》将指标分为社会、经济和环境三个层面，通过能源卫星账户可构建《促进可持续发展的能源指标：准则与方法》中的绝大多数指标。

在社会层面，包括可获取性（没有电获取或非常严重依赖非商业能源的人口）、可负担性（住户能源消费与收入的比例）、差距性（按收入组和能源分类的住户能源使用量）和安全性（单位能源生产事故死亡人数）指标。除可获取性指标外，其余指标均可通过能源实物供给使用表和能源货币供给使用表构建。

在经济层面，包括全面使用（人均能源使用量）、全面生产率（单位GDP能源使用量）、供给效率（能源转化效率和分配效率）、生产（储采比）、最终用途（农业、工业、服务业、住户、运输的能源强度）、多样化（燃料、非碳能源、可再生能源的占比）、价格（按能源分类的最终使用价格）、进口（净能源进口依存度）、战略燃料存货量指标。其中，生产指标可通过能源资源资产账户构建，战略燃料存货量指标可通过能源存货资产账户构建，其余指标均可通过能源实物供给使用表和能源货币供给使用表构建。

在环境层面，包括气候变化（单位和人均与能源有关的空气排放量）、空气质量（城市空气污染物的环境浓度和来自能源的空气污染物量）、水质（来自能源的液体污染物排放量）、土壤质量（超过临界值的土壤酸化面积）、森林（用于能源的森林砍伐率）、固体废物生产与管理（单位能源生产量造成的固体废物生产量及其处置比例、单位能源生产量造成的放射性废物生产量及其处置比例）指标。除水质、土壤质量和森林指标无法通过能源卫星账户构建外，其余指标均可通过能源实物供给使用表和能源货币供给使用表，以及与能源有关的空气排放供给表构建。能源卫星账户的与能源有关的空气排放供给表有助于按 SIEC 的能源产品分类和 ISIC 的行业分类计算空气排放量，从而更全面地了解排放量。

第三节　SEEA-Energy（2019）与 SNA（2008）中心框架的联系与差异

SNA（2008）的卫星账户是国民经济核算体系的灵活应用，以 SNA

（2008）中心框架为基础，通过灵活修改部分 SNA（2008）中心框架的定义和核算规则，使国民经济核算原理运用至某特定领域。SEEA-Energy（2019）的能源卫星账户详细记录能源的相关数据，与 SNA（2008）中心框架之间既存在联系又存在差异。SEEA-Energy（2019）与 SNA（2008）中心框架中经济总体的数据相互联系，可在保证 SNA（2008）完整性、统一性和国际可比性的前提下突出能源在经济总体中的相对作用，两者的差异又帮助能源卫星账户突破了 SNA（2008）中心框架只针对经济总体而不能针对能源的局限，有效增强能源领域的核算力量。

1. SEEA-Energy（2019）与 SNA（2008）中心框架的联系

SEEA-Energy（2019）的定义和核算规则，以及关键表式与SNA（2008）中心框架的联系十分紧密。除特殊说明部分外，SEEA-Energy（2019）的定义和核算规则与 SNA（2008）中心框架的定义和核算规则保持一致，可保证 SNA（2008）中心框架的完整性和统一性，从而借助 SNA（2008）中心框架的定义和核算规则使各国的能源数据基本一致，增强能源数据的国际可比性。例如，SEEA-Energy（2019）的地理范围按常住原则划分，与 SNA（2008）中心框架保持一致；SEEA-Energy（2019）存货变化的定义也与 SNA（2008）中心框架保持一致。由于 SEEA-Energy（2019）的定义和核算规则大部分与 SNA（2008）中心框架保持一致，能源卫星账户中的指标可与 SNA（2008）中心框架中经济总体的数据相互作用，所编制的共建指标准确性较高，可突出能源在经济总体中的相对作用。

SEEA-Energy（2019）所编制的能源卫星账户的关键表式整体上仍以 SNA（2008）中心框架中的账户为基础，并在此基础上进行细化和延伸。SEEA-Energy（2019）以流量账户和资产账户核算能源流量和存量，与 SNA（2008）中心框架以生产账户、收入形成账户等流量账户和资产负债表等存量账户核算经济总体的流量和存量的思路一致。SEEA-Energy（2019）的实物流量账户和货币流量账户细化了供给使用表与能源相关的分类，扩展了自然投入能源流量和残余物流量的核算，是 SNA（2008）中心框架中供给使用表的延伸。SEEA-Energy（2019）的能源资源资产账户详细核算 SNA（2008）中心框架资本账户和资产其他变化账户中自然资源部分的能源存量，并将核算范围延伸至 SNA（2008）中心框架之外的所有能源资源。能源存货资产账户细化了 SNA（2008）中心框架中与能源产品相关的存货变化项目。

2. SEEA-Energy（2019）与 SNA（2008）中心框架的差异

SNA（2008）第 29 章从卫星账户的功能分类、关键部门卫星账户的编制方法、卫星账户改变 SNA（2008）中心框架定义和核算规则的方法、卫星账户的相关内容四方面凝练地总结编制卫星账户的一般方法，并提供旅游卫星账户、卫生卫星账户等实例供使用者参考。SEEA-Energy（2019）所编制的能源卫星账户遵循 SNA（2008）第 29 章关于卫星账户的编制方法，特别是关键部门卫星账户的编制方法和卫星账户改变 SNA（2008）中心框架定义和核算规则的方法部分。SEEA-Energy（2019）在以下方面与 SNA（2008）中心框架的定义和核算规则存在差异，从而详细记录能源领域的相关数据，突破了 SNA（2008）中心框架只针对经济总体而不能针对能源领域的局限，增强能源领域的核算力量。

第一，扩展资产范围。SEEA-Energy（2019）涵盖所有已知的能源资源，实现能源资源的全面核算。在 SNA（2008）10.179 段中，矿物和能源储备是指位于地球表面以上或以下的，在给定的现有技术和相对价格下具有经济可开采性的矿物和能源储备。在 SNA（2008）1.46 段中，资产是指某些或某个单位所拥有的实体，其所有者会因它们的持有或一段时间内的使用而获取经济利益。SNA（2008）核算使所有者获取经济利益的资产仅包括具有经济价值的 A 级能源资源。SEEA-Energy（2019）为实现能源资源的全面核算，扩展了 SNA（2008）的资产范围，无论能源资源是否使所有者获取经济利益，均对其进行核算，不仅包括具有经济价值的 A 级能源资源，而且包括不具有经济价值的 B 级和 C 级能源资源。

第二，将能源资源耗减视为成本。SEEA-Energy（2019）将能源资源耗减计入资源价值的减少和企业开采能源资源所获收入的成本。SNA（2008）6.240 段将固定资本消耗定义为在核算期内由自然退化、正常淘汰或正常事故损坏导致的、生产者拥有和使用的固定资产存量现期价值的下降。SNA（2008）6.241 段将属于非生产资产自然资源的耗减排除在固定资本消耗外。SNA（2008）将作为生产资产的固定资产消耗视为成本，但未将自然资源等非生产资产的耗减视为成本。SEEA-Energy（2019）将能源资源耗减视为成本，扩展了 SNA（2008）成本的概念，一方面可计算经能源资源耗减调整的 GDP，另一方面可计算能源开采业经能源资源耗减调整的增加值，从而反映自然资源中能源资源所消耗的、在经济之外的环境成本。

第三，记录与能源相关的外部效应。SEEA-Energy（2019）核算与能源有关的碳排放的外部效应。SNA（2008）1.81 段指出单方面的经济活动会对其他经济单位产生影响（即外部效应）。外部效应是指个体行为对社会和他人造成了影响而未承担相应义务或获取相应回报。外部效应分为正外部效应和负外部效应。正外部效应是指增加他人和社会的福利的外部效应，包括教育、公共卫生计划等。负外部效应是指使他人和社会的福利受损的外部效应，包括环境污染、不文明行为等。SNA（2008）的生产范围是指在机构单位控制和负责下，利用劳动、资本、货物和服务作为投入以生产货物或服务的活动。SNA（2008）的生产范围仅核算交易，并不记录外部效应。SNA（2008）的生产范围无法体现经济活动的外部效应，而外部效应对生态环境、社会福利等具有重要影响。外部效应使得经济的外在规模与其实际规模并不对等，从而使核算的结果与经济发展的实际情况并不完全符合，甚至歪曲经济运作的客观事实。SNA（2008）1.82 段、3.95 段和 29.42 段表示卫星账户可以测算外部效应，有利于加强对生态环境、社会福利等领域的统计，掌控真实的经济发展状况。SEEA-Energy（2019）利用能源供给使用表编制与能源有关的空气排放供给表，用于测算与能源有关的碳排放的外部效应，加强生态环境统计，有助于保护生态环境。

第四，扩展生产活动的记录范围。SEEA-Energy（2019）分离能源次要活动，并识别、确定能源辅助活动。SNA（2008）将在生产单位向市场供给货物和服务的活动中增加值最大的活动称为主要活动，其余生产单位向市场供给货物和服务的活动称为次要活动，生产单位不向市场供给货物和服务的活动称为辅助活动。一些企业选择或受限于环境生产自用能源或向其他单位供给能源，能源生产是其次要活动或辅助活动。这些企业内部使用的自营生产能源广泛存在且具有一定规模，SEEA-Energy（2019）将自用能源流量单独记录在能源实物供给使用表的自用一栏，遵循能量守恒定律，实现供给和使用平衡。SNA（2008）的生产者单位是基层单位，按其主要活动根据 ISIC 进行分类，以反映经济活动的全貌。SNA（2008）29.33 段和 29.34 段指出如果基层单位在主要活动之外从事次要活动和辅助活动，则基层单位在 ISIC 的某行业层次是不同质的，卫星账户可以将次要活动从主要活动中分离出来，并能够识别和确定辅助活动，提高所研究活动的同质性并反映所研究活动的全貌。SEEA-Energy（2019）分离次要活动，有效识别并确定辅助活动，遵循能量守恒定律，扩展了 SNA（2008）下的生产活动记录范围，提高能源卫星账户中与能源有关活动的同质性，反映了能源活动的全貌。

第五，划分能源行业。SEEA-Energy（2019）将其他行业中从事能源活动的基层单位划入能源行业。SNA（2008）为避免重复核算和保证国民经济总体核算结果的完整性，根据 ISIC 划分的主要活动，仅将一个基层单位归入一个行业。SNA（2008）29.3 段建议行业核算可打破 ISIC 标准顺序与排列层级，对某基层单位可按不同划分角度将其归为多个行业，以专注某关键行业的核算。例如，SNA（2008）29.24 段认为石油和天然气的核算可能包括石油和天然气的开采（ISIC 06 门类），石油炼制品的制造（ISIC 1920 小类），管道运输（ISIC 4930 小类），固态、液态、气态燃料与相关产品的批发（ISIC 4661 小类），汽车燃料的零售（ISIC 4730 小类）。SEEA-Energy（2019）从 ISIC 中分离出其他行业中从事能源活动的基层单位，并将其归入能源行业，专注能源的行业核算。

第四章 能源卫星账户的国际实践

在能源卫星账户的国际实践中，各国现行能源卫星账户主要参考 SEEA（2012），尚未参考 SEEA-Energy（2019）开展工作。各国能源卫星账户在核算范围上参考 SIEC 和 UNFC（2009）并依据本国国情进行适当调整。在关键表式上，主要编制能源实物流量账户和能源资源资产账户，各国在实践中均采用净现值法作为能源资源的估价方法，但具体技术假设存在显著差异。在指标构建上，从能源供给和使用指标、能源行业与能源经济指标、其他行业能源指标和可再生能源指标四方面，根据各国关注的重点编制多种能源指标以监测能源可持续发展状况。随着 SEEA-Energy（2019）的发布，英国、澳大利亚等国家开始研究 SEEA-Energy（2019），准备引入 SEEA-Energy（2019）编制能源卫星账户。

第一节 核算范围界定的国际实践

在能源卫星账户的国际实践中，挪威是第一个编制能源卫星账户和能源平衡表的国家。挪威早在 1975 年就建立能源平衡表和能源卫星账户对能源进行核算，在 1997 年将环境核算纳入国民经济核算体系。荷兰在环境核算方面也有着悠久的历史，在 1991 年编制包含环境核算的国民经济核算矩阵，在环境核算中包含能源卫星账户。SEEA（1993）发布后，能源卫星账户可突破以能源平衡表为核心的能源核算体系的局限，澳大利亚、英国等国家的能源核算体系由能源平衡表分步向能源卫星账户过渡，环境经济核算体系中含有的能源卫星账户成为能源统计新的改革趋势。2006 年以前，能源卫星账户缺乏统一的国际标准，英国（Office for National Statistics，2016）、澳大利亚（Australian Bureau of Statistics，2019）、新西兰（Statistics New Zealand，2020）、丹麦（Statistics Denmark，2018）、挪威（Statistics Norway，2018）、荷兰（Statistics Netherlands，2013）、德国（Federal Statistical Office，2017）、南非（Statistics South Africa，2017）8 个国家按本国标准编制能源卫星账户，各国的标准不一致，导致各国能源卫星账户之间不具有可比性（Sjoerd，2007）。

随着 SEEA（2012）的发布，各国考虑 SEEA（2012）的一般性，能源卫星账户的核算范围、关键表式和指标构建均以其作为主要参考标准，使得各国能源卫星账户的差异大幅减少，各国能源卫星账户的可比性有所提高。但各国根据本国国情和关注重点，能源卫星账户的实践仍有一定特殊性。这些国家作为能源卫星账户的探索先驱，在多年编制能源卫星账户的过程中积累了丰富经验，为开发 SEEA-Energy（2019）和其他国家编制能源卫星账户提供了参考。

各国核算范围的界定基本与 SEEA（2012）一致。大部分国家对能源产品的定义和分类基本参考 SIEC，但德国和丹麦根据国情未参考 SIEC。能源资源的定义和分类基本参考 SEEA（2012），等级划分参考 UNFC（2009），但未核算所有种类和等级的能源资源，而是根据国情适当选择部分种类和等级的能源资源进行核算。由于各国能源卫星账户均未计算能源行业指标，各国能源卫星账户未对能源行业进行定义和分类。总之，在核算范围方面，各国能源卫星账户除参考国际标准外，会适当根据本国国情进行调整。

一、能源产品核算范围界定的国际实践

大部分国家能源产品的定义和分类基本参考 SIEC，部分国家能源产品的定义和分类由于历史原因需要保持数据在长期过程中的一致性，未参考 SIEC。在能源产品的分类上，各国均核算煤炭、石油、天然气、电力，且适当选择生物燃料、废物等供给使用占比小的能源产品进行核算。德国和丹麦能源产品的定义和分类未参考 SIEC。德国遵循国民经济核算体系，使用《中心产品分类》（*Central Product Classification*，CPC）作为能源产品的定义和分类，核算的能源产品包括硬煤、褐煤、原油、天然气、可再生能源。丹麦使用本国的能源产品定义和分类，其分类较其他国家更为详细，将能源产品按 8 种能源类型分类，包括 46 种能源产品，其中，石油包括原油、炼油厂原料、炼厂气、液化石油气、轻质直馏石脑油、运输用液化石油气、有色车用汽油、无铅车用汽油、含铅车用汽油、喷射推进燃料（jet propellant 4，JP4）、煤油、航空汽油、喷气石油，以及丹麦在国外经营飞机的喷气式石油燃料、汽油，丹麦在国外运营车辆的柴油燃料、柴油、燃料油，丹麦在国外经营船舶的燃料油、废油、石油焦、奥里油；天然气包括北海和进口天然气、大规模消费和出口天然气，以及工业和住户使用的天然气；煤炭和焦炭包括煤、焦炭和褐煤；废物指不可再生的废物能源；可再生能源包括可再生废物、风能、水能、太阳能、太阳热量、地热能、稻草、木柴、木片、木屑、木材废料、沼气、生物柴油、生物乙

醇和生物油、热泵；转化能源包括上述能源产品转化的电力、热力和煤场气煤气。

在2006年已编制能源卫星账户的8个国家中，除德国和丹麦外的其他国家基本参考SIEC作为本国的能源产品定义和分类标准。其中，南非的能源产品包括煤、原油、电、天然气、水力、核能、石油产品和可再生能源，其中，可再生能源包括地热能和太阳能但不包括废物。新西兰的能源产品包括电力、汽油、柴油、煤炭、天然气和可再生能源。英国的能源产品包括煤炭、石油、天然气、电力和可再生能源，其中，可再生能源包括太阳能、风能、波浪能、潮汐能、水能，以及木材、稻草和沼气能。荷兰的能源产品包括煤炭、原油和石油、天然气、可再生能源、电力、核能和废物。挪威能源产品的分类符合SIEC，其能源产品是指在经济中（包括住户）用于生产、转换和使用能源的所有产品，可用于能源目的和非能源目的，不包括可再生的生物质（如木材）和不用于能源目的的废物。挪威的能源产品包括煤炭和煤炭产品、天然气、石油和石油产品（不包括生物燃料）、生物燃料、废物、电力和热力。

此外，澳大利亚的能源产品分类较为详细。澳大利亚的能源产品包括适合直接使用的能源形式（如电和热），以及在经历某种化学或其他过程（包括燃烧）中释放能量的能源产品。澳大利亚参考SIEC的能源产品分类，将本国的能源产品细分为20种，包括黑煤、褐煤、冶金焦炭、煤炭副产品（包括高炉煤气、煤焦油、苯、甲苯、二甲苯原料和焦炉煤气）、棕色煤块、天然气（包括煤层气）、原油和原料（包括炼油厂原料、乙烷和其他石化原料）、汽油、柴油、液化石油气、其他成品油（包括航空汽轮机燃料、航空汽油、煤油、取暖油、燃油）、氢、生物燃料（包括乙醇、生物柴油、垃圾填埋场和污泥沼气、其他生物燃料）、木材和木材废物、甘蔗渣、电力、水能、太阳能、风能和铀。

二、能源资源核算范围界定的国际实践

能源资源等级的划分均参考UNFC（2009），但各国能源资源的核算种类差异较大，所统计的能源资源种类根据本国能源资源的存量特点进行调整（表4-1）。各国均核算A级能源资源，且仍将SNA（2008）的经济资产包括的A级能源资源作为主要核算范围，较少核算B级和C级能源资源。由于能源资源等级较为模糊，部分国家的能源资源等级进行了合并，例如，澳大利亚将A级和B级能源资源合并，英国将B级和C级能源资源合并。

表 4-1 各国能源资源核算范围

能源资源	英国	澳大利亚	新西兰	丹麦	挪威	荷兰	德国	南非
煤炭资源	—	√	—	—	—	—	—	√
石油资源	√	√	—	√	√	√	—	—
天然气资源	√	√	—	—	√	√	—	—
铀和其他核燃料资源	—	√	—	—	—	—	—	—

从各国核算的能源资源等级方面分析，按照 SEEA（2012）核算能源资源时在实践中遇到了两个主要困难。第一，数据需要在原始分类中具有足够的详细级别，但实际情况并非如此。第二，各国需要考虑广泛的能源资源等级，以对应 SEEA（2012）的能源资源等级。大部分国家目前更倾向将重点放在最具经济可行性的能源资源和对其统计报告地质可靠程度最高的能源资源上，而 SEEA（2012）采用更广泛的定义。将 2006 年之前编制能源卫星账户的 8 个国家的能源资源存量的国家统计数据与国际数据库进行比较，可以看出即使定义一致，国家统计数据与国际数据库的能源资源存量数据仍存在较大差异。

澳大利亚能源资源储量和种类丰富，核算黑煤、褐煤、原油、凝结物、液化石油气、天然气、铀，基本涵盖了 SEEA（2012）全部种类的能源资源。澳大利亚自然资源存量数据由澳大利亚统计局在澳大利亚国民经济核算体系中公布。澳大利亚统计局只考虑经济论证资源（economic demonstrated resources，EDRs），其定义为地质保证得到论证，且开采在矿藏寿命内有利可图的资源。它近似探明储量和概算储量。澳大利亚地球科学局和自然资源数据提供商认为澳大利亚核算的能源资源对应 SEEA（2012）中 A 级和 B 级能源资源。

南非仅煤炭资源较为丰富，只统计煤炭资源。

英国、荷兰、丹麦和挪威地处油气资源丰富的欧洲北海，只统计石油资源和天然气资源。其中，荷兰拥有大量的天然气资源和少量的石油资源，自发现这些能源资源以来，它们一直被开发用于荷兰经济发展。天然气的开采对荷兰财政和 GDP 做出了重大贡献，其存量包括在荷兰发现的、已证实和商业可生产的天然气和石油资源存量，以及待开发的存量。荷兰能源资源分类的定义和数据遵循自 2013 年以来使用的石油资源管理系统。荷兰在 2011 年之前一直参考 SEEA（2003）的能源资源分类，并在 2012 年改为 SEEA（2012）的能源资源分类，这一分类变化并未导致存量总量出现任何时间序列上的数据偏差。挪威能源资源在 1996 年制定了自己的分类，并在 2001 年进行了修订，在 UNFC（2009）发布后又建立了与其对应的分类关系。挪威的能源资源分为三类：存量、或有资源和未发现资源。存量是指可以用来开发的能源资源；或有资源是指能源资源已经被探明但未批准开发，以及为改善油田开采率暂未开采的石油资源；未发现资源是指经过持续勘探但尚未证实的能源资源。

德国和新西兰由于所处地理位置较为缺乏能源资源，未核算煤炭、石油、天然气等能源资源。其中，德国由于能源资源贫乏，未编制能源资源资产账户，而是核算木材资源和土地。新西兰同样由于能源资源较为匮乏，核算可再生能源的使用能力作为可再生能源资源，即 SEEA（2012）中太阳能、水能、风能、波浪能和潮汐能、地热能、其他电和热六种可再生能源的投入。

第二节　关键表式编制的国际实践

在关键表式方面，各国能源卫星账户参考 SEEA（2012）的表式，基本编制能源实物流量账户、能源资源实物资产账户与能源资源货币资产账户。针对 SEEA-Energy（2019）的新增内容，只有澳大利亚编制能源货币流量账户，所有国家均未编制能源存货资产账户。澳大利亚能源卫星账户在 2001~2014 年的探索中先后建立能源实物流量账户、能源资源实物资产账户、能源资源货币资产账户、能源货币流量账户，其表式风格与 SEEA-Energy（2019）相似度较高。

一、流量账户编制的国际实践

1. 能源实物流量账户的国际实践

各国均完全编制能源实物供给使用表或其中的能源实物使用表，编制方式可归为两种模式。

第一种模式是实物流量完全以能源实物供给使用表核算的模式，如澳大利亚、丹麦和南非编制能源实物供给使用表。

澳大利亚的能源实物供给使用表不包含自然投入能源、余能和其他残余物流量，仅包括能源产品流量，与能源货币供给使用表的核算流量类型一致。澳大利亚的能源供给使用表分为总能源供给使用表和净能源供给使用表。总能源供给使用表记录从自然中提取的能源和从这些能源中加工所得到的能源，包括电力和燃烧以产生该电力的燃料（如煤）。净能源供给使用表记录在澳大利亚国内提取和从世界其他地区供应的不同能源产品，仅记录能源进入经济（进口和开采）和能源离开经济（出口、用于最终使用的能源和在转换过程中的能源损失）。总能源供给使用表和净能源供给使用表的区别在于总能源供给使用表包括生产二次能源所使用的能源，而净能源供给使用表不包括生产二次能源所使用的能源。净能源供给使用表只能使所有能源产品的供给量和使用量相等，而不能使某能源产品的供给量和使用量相等，这是由于净能源供给使用表未包括生产二次能源的能源使用量。澳大利亚的能源实物供给使用表使用总能源供给使用表和净能源供给使用表，而能源货币供给使用表和能源实物供给使用表的合并账户仅包括总能源供给使用表。

丹麦能源供给使用表的行业分类较为细致，可分为 117 个行业，详细记录细分行业的能源使用量，并可推算各细分行业的能源强度。

南非能源供给表的项目包括生产和进口，能源使用表的项目包括使用、出口、配送损失和存货变动，单独记录配送损失的能源产品。

第二种模式是实物流量中的供给部分由能源平衡表核算，使用部分由能源实物使用表核算的模式。由于能源卫星账户和能源平衡表在以运输活动为目的的能源使用量上存在差异，英国、新西兰、挪威、荷兰和德国同时编制能源平衡表和能源实物使用表统计能源实物流量以显示这种差异，并编制能源平衡表和能源实物使用表之间的桥接表，有效衔接能源平衡表和能源实物使用表。此模式借鉴欧盟统计局在 2003 年将能源实物使用表纳入欧盟空气排放卫星账户的方法，应用此模式核算能源实物流量的国家大多来自欧盟。能源实物使用表在欧盟空气排放卫星账户中作为空气排放供给表的数据来源之一，SEEA-Energy（2019）编制与能源有关的空气排放供给表在一定程度上参考了欧盟空气排放卫星账户的编制方法。

此外，挪威能源实物使用表的项目包括各行业的使用、出口、配电损失和存货变动，与 SEEA（2012）略有不同，增加了配电损失项目。通过提供关于挪威能源生产和消费，以及能源产品储存、进口和出口的全面、协调的信息，提高能源统计的相关性。通过一致使用方法和标准化，实现不同年份和国家之间的可比性，允许根据国家总额计算不同能源产品或部门的贡献。

荷兰认为能源作为生产过程的投入品和消费品，对所有经济活动都是不可或缺的。随着全球对能源需求增加，荷兰原油和天然气等不可再生能源资源变得稀缺，能源价格上涨到可能阻碍未来经济发展的程度。经济发展对环境的影响与能源的使用有关。能源的使用往往与温室气体和许多其他环境污染物的排放直接相关。提高能源效率和使能源使用与经济增长脱钩是荷兰绿色增长的重要目标。荷兰能源实物使用表显示了经济内部、环境和世界其他地区发生的所有能源流量，这些数据与国民经济核算体系的概念完全一致。荷兰能源实物使用表可用于确定经济活动的能源使用量如何随时间变化、哪些行业是能源密集型行业、能源使用与增加值的关系，以及经济对能源进口的依赖程度。

2. 能源货币流量账户的国际实践

澳大利亚在 2014 年编制的能源货币供给使用表是国际上较为前沿的能源卫星账户探索实践，目的是提供能源货币流量数据，便于使用者深入了解能源与经济的联系，以及将能源实物数据和货币数据对比，综合反映能源供给和使用状况。澳大利亚利用本国分类较为详细的货币供给使用表，分离出能源产品的数据，从而编制能源货币供给使用表。其余国家尚在探索能源货币供给使用表的编制方法。

由于可再生能源供给量和使用量占比较小，且相关数据源不完善，澳大利亚能源货币供给使用表仅包括煤炭、石油、天然气和电力的货币流量情况，不包括玉米乙醇、氢燃料等可再生能源的货币流量情况。相较于 SEEA-Energy（2019）能源货币供给使用表的能源产品分类，澳大利亚能源货币供给使用表的能源产品类别数量有待提高。

为将能源实物数据和货币数据做对比，原则上能源产品的货币流量应涵盖所有的实物流量，但许多能源实物流量在供给和使用的过程中没有发生货币交易，此类货币流量应根据市场价格进行估值。为此，澳大利亚利用从消费者调查、人口普查等调查中所搜集的数据为能源货币流量估价。澳大利亚在编制完能源货币供给使用表后，将其与能源实物供给使用表合并，编制能源供给使用表的合并账户，以深入分析能源与经济之间的复杂关系。

二、资产账户编制的国际实践

能源资源资产账户在 SEEA（2003）就已出现，经多年发展其编制方法较为成熟。各国均编制能源资源资产账户。在能源资源实物资产账户的项目中，各国重点记录能源资源的期初存量、存量增加量、开采量和期末存量，由于数据匮乏，较少记录存量增加量中发现、向上重估、重新分类此三项细分项目，除开采外较少记录存量减少量中的灾难性损失、向下重估和重新分类此三项细分项目。在 8 个国家中，荷兰的能源资源实物资产账户除重新分类和开采外，对 SEEA（2012）中的其他项目均进行了编制，其表式项目较其他国家更为完整。

由于能源资源的估价困难，各国通常先编制能源资源实物资产账户，再开展能源资源估价工作，从而编制能源资源货币资产账户。其中，挪威只编制能源资源实物资产账户，暂未编制能源资源货币资产账户。SEEA（2012）建议在资产账户中使用净现值法对能源资源存量进行估价，并提供使用净现值估价的一般性方法。各国在实践中均采用净现值法作为能源资源的估价方法，但在贴现率、开采速度、资源租金的未来概况和当前资源租金四方面的具体技术假设存在显著差异（表 4-2）。

表 4-2 各国能源资源估价具体技术假设

国家	贴现率	开采速度	资源租金的未来概况	当前资源租金
澳大利亚	固定名义利率，澳大利亚储备银行提供的大型公司贷款利率	固定	资源租金的名义价格固定，为过去五年的平均值	营业盈余与开采所需生产资本的用户成本和生产资本的回报之差
荷兰	固定实际利率 4%，荷兰财政部提供的贴现三年以上项目未来收入的实际贴现率	线性递减	资源租金的实际价格固定，为过去三年的平均值	营业盈余与开采所需生产资本的用户成本之差
英国	固定实际利率 3.5%，英国财政部提供的使用寿命低于 30 年的资产的绿皮书社会贴现率	预算责任办公室提供	预算责任办公室提供	营业盈余与所有的经营支出、生产资本的用户成本和退役成本之差
新西兰	固定实际利率 6%	基于发电量占比计算	基于发电量占比计算	营业盈余与生产资本的用户成本之差

1. 澳大利亚能源资源估价实践

澳大利亚能源资源的估价主要由澳大利亚统计局完成。澳大利亚的单位开采成本由一家私人咨询公司提供给澳大利亚统计局。澳大利亚统计局将这些成本加成，以计入采矿业净资本存量回报。澳大利亚统计局假设未来价格、开采成本和开采量固定为过去五年的平均值，资源租金的名义价值即固定为过去五年平均值。澳大利亚使用由澳大利亚储备银行编制的大型公司贷款利率作为贴现率。

2. 荷兰能源资源估价实践

荷兰统计局从 2001 年开始假设未来开采量遵循线性递减原则。过去三年开采量的平均值作为该预测的起始值。开采路径斜率的计算方法是在剩余储量耗尽之前，开采量已经接近零。每日单位资源租金是根据荷兰国民账户中原油和天然气开采行业的营业盈余与开采所需生产资本的用户成本之间的差额计算的。开采所需生产资本的用户成本是开采行业净资本存量与等于银行间内部参考利率的外生回报率加上 1.5%的风险溢价的乘积。预测单位资源租金的实际值恒定，等于过去三年单位资源租金的平均值。荷兰统计局使用 4%的实际利率贴现石油和天然气开采产生的未来收入流，是荷兰财政部用来贴现三年以上项目未来收入的实际贴现率。

3. 英国能源资源估价实践

在英国能源资源估价方法中，开采成本是经营支出、生产资本的用户成本和与生产设施拆除相关的最终退役成本之和。尽管 SEEA（2012）明确考虑退役成本，但将其纳入开采成本仍是英国估价方法的一个特殊点。生产资本的用户成本是开采所需生产资本存量净额与 10 年期政府债券利率移动平均值的乘积，一年内发生的退役费用分摊到过去的生产中。预算责任办公室分别预测未来资源租金的不同组成部分（开采量、单位开采成本和商品价格）。英国国家统计局使用 3.5%的实际贴现率，这相当于英国财政部对使用寿命低于 30 年的资产的绿皮书社会贴现率。

4. 新西兰能源资估价实践

新西兰仍使用净现值法对可再生能源进行估价，从而编制可再生能源的货币资产账户，但由于可再生能源相比煤炭、石油、天然气等能源资源较为特殊，其估价方法有所不同。新西兰计算可再生能源发电行业的资源租金，即营业盈余与生产资本的用户成本的差额，均来源于国民经济核算体系。由于没有税收或开采补贴适用于可再生能源发电行业，新西兰没有在营业盈余中加入税和补贴。其中，可再生能源发电行业产生的资源租金通过将发电量占比应用于国民经济核算体系的数据来计算。用户成本是使用生产率统计方法得出的，为资产价格指数乘以经济折旧率和收益率之和，再乘以生产性资本存量（生产性资本存量采用永续盘存法得出）。

新西兰统计局在编制所有行业和所有年份的生产性资本存量和生产力估算时，采用 4%的资本资产实际回报率。为了计算资产价值，新西兰假设可再生能源的可开采年限是无限的，即总有一个极小的流量用于发电的固定资产。用于可再生能源的资产价值为资源租金除以贴现率，其中，贴现率为 6%，这是基于财政部对水和能源资源资产进行成本效益分析给出的建议。在设定贴现率时，新西兰首先考虑其用途，特别是在考虑水电站的水价时，商业费率比较低的社会时间优先费率更合适，可确保估价与市场价格的一致性。净现值法使用上述对实际收益率和实际贴现率的假设，即假设分别为 4%和 6%。在净现值法中，新西兰可再生能源的货币资产价值是对资源净贴现收入流的估价。

第三节　能源指标构建的国际实践[①]

在能源指标方面，各国对能源供给和使用指标、能源行业与能源经济指标、其他行业能源指标和可再生能源指标四类中部分指标的计算方式较为一致。各国均计算能源供给量和使用量、能源自给程度、单位 GDP 能源使用量、各行业单位增加值的能源使用量、能源进出口量、可再生能源的供给量和使用量、能源资源财富量。由于能源卫星账户可结合其他信息来源计算多种能源指标，各国根据本国能源数据的关注重点对上述四类指标进行补充。

1. 澳大利亚能源指标的构建实践

澳大利亚将能源指标分为经济总量指标、行业能源指标和住户能源指标，较为关注能源可持续发展情况，计算可再生能源供给量占能源供给量的比例，衡量可再生能源供给量在能源供给量中的占比情况。

（1）经济总量指标包括能源自给程度、可再生能源供给量占能源供给量的比例、各种能源产品的货币供给量和使用量分别占能源产品货币供给总量和使用总量的比例。能源自给程度为国内能源生产量与净能源使用加损失（相当于净国内使用加出口）之比，能源自给程度超过 100%表明该国是能源净出口国。

（2）行业能源指标包括各行业能源的实物使用量、货币使用量和各行业能源强度。各行业能源强度是行业能源使用量与行业增加值之比，包括农业、林业和渔业，采矿业，制造业，建筑业，电力、燃气、蒸汽和空调制冷业，运输和仓储业的能源强度。各行业在能源上的支出量通过能源货币使用量反映。

[①] 各国将与能源有关的空气排放供给表作为空气排放卫星账户的数据源，显示在空气排放卫星账户中，而非能源卫星账户中。因此，本章只讨论各国能源指标构建的国际实践。

（3）住户能源指标包括人均和户均能源使用量，人均和户均天然气、石油和电力使用量，住户能源支出占住户总收入的比例，以及各州住户的平均能源支出。住户能源支出占住户总收入的比例，以及各州住户的平均能源支出可通过能源货币使用量计算。

2. 英国能源指标构建的国际实践

英国的能源指标主要包括行业能源指标和交通运输能源指标。行业能源指标包括行业的能源使用量、化石燃料使用量、电力使用量、未细分行业的可再生能源使用量和行业能源强度，以及由能源使用量计算的按燃料类型划分的碳燃料使用空气排放量。

英国特别关注交通运输能源指标，具体包括航空能源使用量、航运能源使用量、私家车能源使用量、货车能源使用量和客车能源使用量，这些数据来自能源平衡表。英国基于能源卫星账户和能源平衡表的地理范围差异对此类数据进行了调整。在航空能源使用量中，起飞、着陆及巡航中飞机的所有能源使用量都建立在常住单位基础上。为了对常住单位进行调整，航空能源使用量增加了运行往返英国国际航班的英国航班运营商的航空能源，减少了运行往返英国国际航班的外国航班运营商的航空能源。航运能源使用量的调整遵循与航空能源使用量相似的方法，根据英国航运运营商在海外购买的燃油量减去外国航运运营商在英国购买的燃油量进行调整。在私家车能源使用量中，私家车包括所有不用于商业货物或客运的车辆，英国居民在海外的购买量是根据行驶距离乘以每公里平均燃油使用量计算的，行驶距离是根据居民开车到海外的次数除以平均车辆占有率乘以平均行驶距离来计算的，海外居民在英国的购买量基于同样的计算方式。货车能源使用量和客车能源使用量采用与私家车能源使用量同样的计算方式。

3. 挪威能源指标构建的国际实践

挪威的能源指标包括行业能源指标、住户能源指标、各种能源使用方式的能源指标、各种能源产品的能源指标、能源生产厂的能源指标，以及可再生能源指标。各部分内容具体如下。

（1）行业能源指标，包括制造业各类废物的能源使用量、制造业的能源使用量、农业中某些能源产品的消耗量。

（2）住户能源指标，包括住户某些能源产品的消费量和住户燃料消费量、户均和人均能源产品使用量、户均和人均电力能源使用量。

（3）各种能源使用方式的能源指标，包括 JP4 和航空汽油的使用量、游艇燃料消耗量、各类液化石油气消费量。

（4）各种能源产品的能源指标，包括天然气销售量、石油产品销售量。

（5）能源生产厂的能源指标，包括炼油厂和码头存货量、在炼油厂生产的炼厂气和石油焦气的生产量、炼油厂的生产量和消费量、天然气厂的能源使用量。

（6）可再生能源指标，包括可再生能源发电量、可再生能源发电量在总用电量中所占的比例、用于加热和冷却的可再生能源使用量、用于运输的可再生能源使用量，以及用于公路运输的可再生能源使用量。

4. 德国能源指标构建的国际实践

德国较为关注人类与环境的互动情况，其能源卫星账户有一定特色，属于环境经济账户。在 SEEA（2012）发布后，德国的环境经济账户基本参考 SEEA（2012）中的概念和框架进行编制，整体上符合经济合作与发展组织（Organisation for Economic Co-operation and Development，OECD）的压力-状态-响应（pressure-state-response，PSR）模型理论，由环境压力、环境状态和环境响应三部分构成。

（1）在环境压力部分中，物质流和能源实物流量账户与反映环境状态的土地和森林资源实物资产账户不同，德国使用货币账户反映环境保护措施。德国从两个角度考虑经济活动的环境压力（物质原料、土地使用和环境服务）：第一，环境因素在多大程度上进入经济活动中或在住户的生产或消费中产生不利影响，以及了解环境因素的数量和最终目的；第二，环境不仅将直接消耗的要素组成部分分配给特定的使用类别（如住户消费活动），而且分配了从事制造业的住户（在生产过程的所有阶段）所使用的能源数量，此类住户将间接使用能源参与其他产品的生产。

（2）在环境状态部分中，由于自然资源较为匮乏，德国环境经济账户的环境状况报告模块只显示土地和森林资源，其中，土地以土地面积表示，显示土地面积由何种经济利益相关者使用，住房和交通用地是其重点。景观和生态系统是生态系统自然资源的另一个重要组成部分，原则上应纳入环境经济账户，但此类数据由德国联邦自然保护局收集和展示，而非由环境经济账户收集和展示。

（3）在环境响应部分中，环境经济账户将国民经济核算体系中与环境保护活动相关的部分分离出来，并进一步细分。例如，环境保护措施部分显示了与环境相关的车辆税、燃油税等税收。

德国基于环境经济账户，并参考 OECD 的压力-状态-响应模型理论对能源指标进行构建，采用流量账户统计压力指标以反映人类对环境施加的破坏和干扰，采用资产账户统计状态指标以反映一定时间内环境的状态和变化，采用环保税等统计响应指标以反映人类环保措施，从而详细统计环境状态和人类对环境的破坏与保护。

综上所述，各国编制了能源卫星账户的核算框架（表 4-3）。其中，各国能源卫星账户在核算范围上参考 SIEC、SEEA（2012）和 UNFC（2009），并依据本国国情进行适当调整；在关键表式上，主要编制能源实物流量账户和能源资源资产账户；在指标构建上，从能源供给和使用指标、能源行业与能源经济指标、其他行业能源指标和可再生能源指标四方面，根据本国关注重点编制多种能源指标以监测能源可持续发展状况；在能源资源估价上，各国在实践中均采用净现值法作为能源资源的估价方法，但具体技术假设存在显著差异。

表 4-3 各国能源卫星账户的主要内容

	主要内容		英国	澳大利亚	新西兰	丹麦	挪威	荷兰	德国	南非
核算范围	能源产品	SIEC	√	√	√	—	√	√	—	√
	能源资源	SEEA（2012）和 UNFC（2009）	√	√	√	√	√	√	—	√
关键表式	实物流量账户	能源实物使用表	√	—	√	—	√	√	√	—
		能源实物供给使用表	—	√	—	√	—	—	—	√
	货币流量账户	能源货币供给使用表	—	√	—	—	—	—	—	—
	资产账户	能源资源实物资产账户	√	√	√	√	√	√	—	√
		能源资源货币资产账户	√	√	√	√	√	√	—	√
能源指标		能源供给和使用指标	√	√	√	√	√	√	√	√
		能源行业与能源经济指标	√	√	√	√	√	√	√	√
		其他行业能源指标	√	√	√	√	√	√	√	√
		可再生能源指标	√	√	√	√	√	√	√	√

能源卫星账户最新国际标准 SEEA-Energy（2019）的发布一方面可进一步促进各国能源卫星账户减少实践差异，增强各国能源卫星账户之间的可比性；另一方面可促进各国编制能源货币流量账户与能源存货资产

账户，丰富各国能源数据种类与核算表式，反映能源活动全貌。各国能源卫星账户的主要参考标准开始由 SEEA（2012）向 SEEA-Energy（2019）改革，澳大利亚、英国目前正着手研究能源卫星账户国际标准由 SEEA（2012）到 SEEA-Energy（2019）的进展，准备引入 SEEA-Energy（2019）。

第五章 中国能源核算的改革方向

中国以能源平衡表为核心的能源统计核算体系需要向能源卫星账户改革，SEEA-Energy（2019）将成为中国能源卫星账户的重要编制启示。基于 SEEA-Energy（2019）的核算框架，中国存在一定的能源数据基础，应根据数据基础逐步确定中国能源卫星账户的核算范围、关键表式、能源资源估价方法，进而编制中国能源卫星账户，并构建中国能源指标，以提升中国部分能源指标的准确性及能源数据种类的丰富度，从而促进中国能源可持续发展。此外，由联合国编写的《农业、林业和渔业环境经济核算体系》（System of Environmental-Economic Accounting for Agriculture, Forestry and Fisheries，简称 SEEA-AFF（2020））（Food and Agriculture Organization of the United Nations and United Nations Statistics Division, 2020）和《环境经济核算体系 2012 应用与扩展》（System of Environmental-Economic Accounting 2012 Applications and Extensions，简称 SEEA-AE（2017））（United Nations，2017）将为中国能源卫星账户的编制提供更多的指导方向，中国能源卫星账户可借鉴上述指南，扩展编制能源行业活动账户、能源投入产出表、能源数据的合并账户，从而全面发展中国能源卫星账户。

第一节 中国能源核算的现状

一、中国能源核算的发展

能源是促进国家经济快速发展的关键，也是世界持续运转的原动力。然而，能源的过度消耗所导致的环境、气候等问题也对人类生存构成了严峻挑战。为合理配置能源并减少环境污染，世界各国开展了能源统计工作，对能源状况进行及时监测。由于能源在社会经济发展中发挥着重要作用，各国一直注重收集高质量的能源数据，OECD 国家在 20 世纪 60 年代开始编制能源平衡表综合能源数据。

在 20 世纪 70 年代发生能源危机后，联合国统计委员会将能源统计单独作为项目，同意将能源平衡表作为核心表式协调能源统计工作和提供能源数据，以认识和分析能源在经济中的作用，还建议编写能源统计国际标准分类。能源平衡表以实物量统计一个国家或地区一定时期能源产品的供给量、转化量和消费量等流量，并根据能量守恒定律平衡上述流量。根据联合国统计委员会的建议，联合国统计司于1982年发布《能源统计的概念和方法》，介绍能源统计的概念和方法；于1987年发布《能源统计：定义、计量单位和换算系数》，介绍能源统计的计量单位和换算系数。联合国统计司于1991年发布的《能源统计：发展中国家手册》及国际能源署和欧盟统计局于2004年发布的《能源统计手册》为以上两份手册的概念和方法做出补充。其中，《能源统计手册》介绍能源统计的基础知识，澄清一些能源统计中的概念与难点问题；阐述电力与热能、天然气、石油、固体燃料与人造煤气、可再生能源与废物五种燃料的定义、单位、换算方式、流量、供给、消费和调查问卷要求；讨论如何编制能源平衡表。此外，IRES（2018）提供了能源产品的第一个标准分类，并介绍了与其他国际产品分类标准的关系。IRES（2018）考虑新能源和新技术的统计处理，对数据整理方法、数据质量评估方法、制度建设、元数据和传播方式等联合国出版物未明确的主题提出了建议。

上述能源统计手册为中国能源核算提供了重要参考标准，因此，中国于1986年开始参考《能源统计的概念和方法》的经验和方法，建立以能源平衡表为核心的能源核算体系，并依据《能源统计：定义、计量单位和换算系数》《能源统计手册》进行修订，编制《中国能源统计年鉴》，统计包括能源建设、能源生产和能源消费在内的实物数据，在能源生产和消费数据的基础上编制能源平衡表，进而形成以能源平衡表为核心的能源核算体系。

二、中国能源核算的内容

中国能源核算的方法主要载于《能源统计工作手册》（国家统计局能源司，2010），中国能源核算的数据载于各年《中国能源统计年鉴》。中国能源核算以能源平衡表为核心，涉及能源行业投资，以及中国香港、中国澳门、中国台湾的能源数据。除中国外，《中国能源统计年鉴》还简要记录其他国家的能源数据。

1. 能源行业投资情况

中国在能源平衡表之外统计能源行业的投资情况，其结果发布于《中国能源统计年鉴》第二章，包括国有经济能源行业分行业（在生产部分，分行业指煤炭开采和洗选业，石油和天然气开采业，电力、热力生产和供应业，石油、煤炭及其他燃料加工业，燃气生产和供给业5个行业）、分地区固定资产投资；能源行业分行业、分地区投资。

2. 能源平衡表

首先，编制能源平衡表中的生产部分，其结果发布于《中国能源统计年鉴》第三章，包括：①一次能源生产总量及构成；②分地区（即31个省、自治区、直辖市，不涉及港澳台）能源生产量，包括原煤、焦炭、原油、汽油、煤油、燃料油、天然气生产量；③分地区发电量，包括水力、火力、核能、风力、太阳能发电量；④分地区城市能源供应情况，包括天然气供应、人工煤气供应、液化石油气供应、集中供热情况。其次，编制能源平衡表中的消费部分，其结果发布于《中国能源统计年鉴》第四章，包括：①工业分行业终端实物量和标准量的能源消费量；②分行业分能源产品（煤炭、焦炭、原油、汽油、煤油、柴油、天然气、电力）消费量。最后，基于能源平衡表生产部分和消费部分，汇总编制能源平衡表，包括：①分能源产品种类的能源平衡表，其结果发布于《中国能源统计年鉴》第五章；②分地区的能源平衡表，其结果发布于《中国能源统计年鉴》第六章。

3. 中国香港、中国澳门、中国台湾的能源状况

中国在31个省、自治区、直辖市之外，统计中国香港、中国澳门、中国台湾的能源生产和使用情况，其结果发布于《中国能源统计年鉴》第七章及附录1。其中，中国香港包括香港电力、煤气、水消费量，油产品净进口量，煤产品净进口量，电力生产量、消费量和进出口量；中国澳门包括电力供应量及消费量，电力燃料及水消费量；中国台湾包括分行业电力消费量、能源供给总量及构成、能源消费总量及分部门消费构成、发电量和售电量。

4. 其他国家能源状况

除中国的能源统计情况外，中国还记录有关国家的能源数据，其结果发布于《中国能源统计年鉴》附录2，包括：①各国能源总体情况，含人口数、GDP、能源生产总量、能源自给率（能源生产量与能源供应总量之比）、能源供应总量与GDP之比、人均能源供应量；②各种能源产品的情况，含煤、原油和天然气凝析液、天然气生产量，终端能源消费总量，煤炭、石油、天然气供应量，总发电量，GDP电耗，人均电力消费量，

煤炭、石油、天然气净进口量；③主要高耗能产品单位能耗中外比较，含中国火电厂发电煤耗和供电煤耗，电源结构，钢可比能耗，电解铝交流电耗，水泥、乙烯、合成氨、纸和纸板的综合能耗与国外主要国家的情况比较。

三、中国能源核算的问题

1. 能源统计口径不全

第一，能源产品口径不全。中国能源产品主要包括煤炭、石油、天然气和电力，对能源产品的理解限定于传统能源，将生物质能、潮汐能、地热能等可再生能源视为生产电力的方式，未将可再生能源视为能源，对可再生能源的统计薄弱。近年来，中国非常重视生物质能这种可再生能源，2019年上半年生物质能发电量同比增长21.3%，达到529亿千瓦·时，但中国将生物质能利用归入火电中，不单独对生物质能统计，而且缺乏对通过低效率炉灶直接燃烧用于炊事和取暖的木材、玉米芯等生物质能统计。中国将水电、地热电等作为一次能源统计，但水能、地热能等能源除发电外还可生产其他能源，中国缺乏潮汐能、地热能等能源统计。中国对可再生能源的统计薄弱也导致中国能源行业统计缺少可再生能源的相关部门，如垃圾焚烧发电、生物质能发电等部门。

第二，能源行业口径不全。中国能源统计对能源行业的理解仅限于能源产品的开采和制造行业，包括煤炭开采和洗选业，石油和天然气开采业，电力、热力生产和供应业，石油、煤炭及其他燃料加工业，燃气生产和供给业。但中国能源统计将视角锁定在能源产品的自身生产过程，而能源产品除自身生产过程外，还有投向其他产品的再生产过程。能源产品的运输与贸易行业在能源产品投向其他产品的再生产过程中追加产品价值，对能源产品价格产生影响。中国能源统计没有考虑能源再生产过程中的运输与贸易环节，未将能源产品的运输和贸易部门归入中国能源行业中，导致能源行业链不全，难以对能源行业进行全口径核算。

2. 未能统计能源货币流量

由于能源价格剧烈波动使国民经济承受巨大压力，能源货币流量信息变得越来越重要。能源平衡表只能以实物量核算能源流量，无法以货币量核算能源流量。能源生产者生产的能源产品价格只能以货币量核算，无法以实物量衡量。能源产品从能源生产者到能源消费者的过程虽然在实物量上无变化，但此过程中经过政府对其的税收和补贴、贸易和运输对其的利润附加，能源产品价值已发生巨大变化。能源产品经税收和补贴、贸易和运输环节追加的产品价值也无法以实物量衡量。能源消费者将能源产品投入各行业再生产其他产品和住户对能源进行最终消费的价值规模和结构更无法以实物量衡量。总之，能源平衡表以实物量核算能源产品，缺乏能源的基本价格和购买者价格、税收和补贴、贸易和运输利润，无法反映能源生产、运输、贸易、消费过程的价值规模、结构和变化。能源平衡表缺乏能源货币量核算，将影响能耗指标的构建，降低中国能源经济政策的有效性。能源平衡表只能通过单位 GDP 能耗指标反映能源脱钩程度，而能源消费量的实物单位与 GDP 的货币单位不同，难以直观反映能源脱钩程度。能源平衡表缺乏能源货币量核算，未能将能源供给和消费的实物变化过程和价值变化过程相互对比，综合反映能源供给和使用状况，难以为政府能源宏观经济调控、能源消耗降低、企业微观经济管理提供服务。

3. 未能统计能源资源存量

能源资源绝大多数以自然资源的形式存在于环境中，为能源产品的生产过程提供投入。要想获取能源资源必须先进行开采，而经开采的能源资源不能随时间推移增加。在对能源进行不断开采的情况下，能源平衡表只能统计能源流量，无法统计能源资源存量。难以确定现有能源资源可持续开采多长时间，就难以了解未来能源进口需求和对国家能源安全是否有威胁。统计能源资源存量比统计能源流量更影响中国未来发展，但中国对能源资源存量的统计意识不够，中国能源统计未掌握能源资源存量及存量变化的类型和程度，更未将能源资源存量统计提升到战略高度。由于能源资源对几乎所有类型的经济活动都是极为重要的投入，能源资源存量的货币价值可衡量一个国家的能源财富总量。中国既未统计能源资源的货币量，又未统计能源资源存量，就无法评估能源资源资产价值，衡量中国能源财富总量，也无法将能源资源资产与其他资产进行对比以反映包含能源资源的资产变动信息。

第二节 能源卫星账户对中国的启示

中国能源核算调查、收集和汇编关于能源产品的生产、进出口和使用等基本能源统计数据，以能源的供给、转化及使用为侧重点，使用能源平衡表组织基本能源统计数据（国家统计局能源司，2010）。中国现行能源统计制度以能源平衡表为核心，主要通过能源统计报表收集能源实物流量数据，并汇总能源统计报表的数据以编制能源平衡表。在能源平衡表无法满足中国能源可持续发展数据需求的情况下，中国可参照 SEEA-Energy（2019）编制能源卫星账户。基于 SEEA-Energy（2019）的核算框架，中国在以下三方面存在一定的数据基础：第一，能源平衡表与能源卫星账户中实物流量账户的内容基本一致、相互匹配，可为能源实物流量账户提供较为完善的数据来源；第二，自然资源部的能源资源统计和国家能源局的能源存货调查较为完善，可为资产账户提供数据来源；第三，尽管尚无能源货币流量的数据来源，但中国可以能源统计报表为基础，增加货币流量项目以获取货币流量数据。此外，中国应以编制能源卫星账户的数据为基础，逐步确定中国能源卫星账户的核算范围、关键表式、能源资源估价方法，进而编制中国能源卫星账户，并构建中国能源指标，以提升中国部分能源指标的准确性及能源数据种类的丰富度，从而促进中国能源可持续发展。

在引入能源平衡表时，中国能源平衡表的能源消费量结合中国实践，严格按照 ISIC 列报，未将以运输活动为目的的能源使用归入其实际使用行业。由此，一方面应将 SEEA-Energy（2019）一般性理论和中国现行能源统计实践状况相结合，编制中国能源卫星账户；另一方面应在能源卫星账户的实践中积累经验，进行中国能源卫星账户的研究，将中国的实践经验和研究成果融入 SEEA-Energy（2019）的修订中，增强能源卫星账户国际标准制定的话语权，而非仅仅执行 SEEA-Energy（2019）（邱东，2021）。因此，中国能源卫星账户的编制可尝试从以下方面展开。

1. 扩展能源核算口径，全口径核算能源

作为核算工作的基础，编制能源卫星账户首先要确定核算对象和解决与核算对象有关的一系列基础问题。由于能源卫星账户中各统计项目与特定的核算对象紧密联系，确定中国能源卫星账户的口径是构建中国能源卫星账户的前提条件。参考 SEEA-Energy（2019）明确能源卫星账户的核算范围，可确保能源卫星账户信息能够随着时间推移、跨越国家并用于不同的分析领域。

中国能源核算将能源产品限定在煤炭、石油、天然气和电力等传统能源上，将潮汐能、地热能和生物质能等可再生能源视为生产电力的方式而非能源，导致对可再生能源的统计较为薄弱。首先，中国应扩展能源产品口径，调整相关能源分类标准，加强对太阳能、风能、潮汐能、地热能和生物质能等可再生能源的统计，实现所有能源产品的全口径核算。其次，中国应增加运输和贸易行业，形成完整的能源行业链，并将次要活动和辅助活动纳入核算范围。最后，中国应依据调整的能源分类标准，配套制定相应的能源统计数据收集方法，提高可再生能源统计数据的可获得性。

2. 调整现有能源统计制度，建立能源实物流量账户

鉴于各国调整现有能源数据和能源平衡表作为能源实物流量账户数据来源的经验，以及 SEEA-Energy（2019）编制实物流量账户以调整现有能源数据和能源平衡表作为数据基础的建议，调整现有能源统计数据和能源平衡表是目前中国编制能源实物流量账户较为经济的办法。

首先，中国应调整能源统计报表，使其收集数据的定义和核算规则符合能源卫星账户的编制要求，进而编制能源实物流量账户。根据 SEEA-Energy（2019）所讨论能源平衡表与能源卫星账户的关键差异，调整数据首先要明确定义的区别，转化生产、供给、最终消费、库存等定义，在编制能源卫星账户的过程中消除平衡差额；转化地理范围，将能源平衡表使用的领土原则转化为能源卫星账户使用的常住原则。其次，SEEA-Energy（2019）已详细介绍能源平衡表与能源实物流量账户的转化办法——编制能源平衡表与能源卫星账户的桥联表，以显示转化能源平衡表和能源卫星账户之间需增加或减少的国外常住单位购买量、出口量、存货变化等数据。中国应参考 SEEA-Energy（2019）中两者的转化方法，收集桥联表所需数据，从而编制能源平衡表与能源卫星账户的桥联表，以向使用者说明能源平衡表与能源卫星账户之间各能源产品供给量和使用量的具体区别。

3. 利用其他部门数据和调查，建立货币流量账户和资产账户

中国以能源平衡表为核心核算能源的实物流量，无法满足中国能源可持续发展的数据种类需要。中国能源卫星账户应增加能源核算表式，编制货币流量账户和资产账户，以实物量和货币量多维度核算能源的流量和存量，丰富能源核算内容，反映中国与能源有关的活动全貌。对于能源卫星账户中能源货币流量账户、能源资源资产账户、能源存货资产账户等新增内容，中国可开拓新的数据来源以开展能源卫星账户的编制工作。

首先，在能源货币流量账户编制方面，由于实物流量数据和货币流量数据同为流量数据，两者的收集方式相似，中国农林渔产品采取实物流量

数据和货币流量数据同时收集的办法，有效降低了农林渔产品数据的收集成本，并为能源货币流量数据提供了收集思路。因此，中国可借鉴农林渔产品收集流量数据的方法，在能源统计报表中新增货币流量的相关项目，同时收集能源实物流量与货币流量数据，以降低能源统计成本，从而开展能源货币流量账户的编制工作。此外，中国应选择适当的数据来源，关注数据来源在能源生产者和能源消费者两方面的问题：第一，能源生产者往往集中于特定能源或整个能源供给链的一部分，大多数能源数据由企业直接提供，其他能源生产者只占国家能源资源生产的一小部分，从事与能源相关的次要活动和辅助活动，它们必须纳入能源卫星账户，但难以提供详细的能源数据；第二，能源消费者几乎包括国民经济的所有行业，能源消费者的复杂性将给数据质量造成巨大挑战，一些能源（如生物质能）很可能通过能源消费者特别是住户部门提供数据，这类数据质量存在一定问题。

其次，在能源资源资产账户和能源存货资产账户的编制方面，自然资源部对能源资源的勘探和调查较为详尽，国家能源局主要负责中国能源存货的调查与统计，因此，中国可通过自然资源部和国家能源局的调查数据分别编制能源资源资产账户和能源存货资产账户。中国在首次编制能源卫星账户时应对能源资源存量进行全面调查，每五年或十年应进行能源资源的全面调查，非全面调查年份可根据每年能源资源存量变化数据调整能源资源资产账户。

4. 完善现行统计制度，准确进行能源资源估价

完善的统计制度是实现能源卫星账户数据完整性和可靠性的重要保障，强大的法治框架是建立健全中国能源核算制度的重要先决条件之一。法治框架由《中华人民共和国统计法》及其他相关国家法律和条例提供，这些法律和条例在不同程度上规定了数据提供、收集、编制使用的权利和责任。在建立能源实物流量账户、货币流量账户和资产账户后，中国应完善法治框架，设计良好的能源卫星账户数据收集法律和条例，确保能源数据质量。编制能源卫星账户必须以可靠的数据来源为基础，数据来源稳定而连续，且具有国际可比性。能源卫星账户作为一种综合核算账户，有别于单一的能源统计，数据来源将直接决定能源卫星账户的质量。

目前，大多数国家采用 SEEA（2012）和 SEEA-Energy（2019）推荐使用的净现值法进行能源资源估价，但各国具体技术假设不同，导致各国

对能源资源的估价存在较大差异。SEEA（2012）建议针对不同矿床收集数据，并在不同资源范围内进行分类汇总，以获得能源资源的总价值。其优点在于，一方面，考虑不同矿床开采成本的异质性[①]，准确估计资源租金的未来概况；另一方面，考虑不同矿床的产量限制，降低开采速度的计算难度。但是，该方法将大幅提高数据收集工作的难度（Pierre and Shunta，2018）。中国应详细制定能源资源的估价方法，根据实际情况确定净现值法的具体技术假设和是否针对不同矿床收集数据，从而准确地进行能源资源估价。

5. 分步编制能源卫星账户，多方面构建能源指标

能源卫星账户虽然是一致且完整的系统，但 SEEA-Energy（2019）认为独立编制各账户并不影响其发挥功能。澳大利亚、荷兰等多数国家采取分步编制的措施以编制能源卫星账户；中国可借鉴各国编制能源卫星账户的经验，根据实际状况进行分步编制。例如，能源平衡表可提供能源实物供给使用表所需的大量基础数据，能源实物供给使用表实施难度较小，而能源货币供给使用表因缺乏能源货币交易数据而实施难度较大。因此，中国可先实施能源实物供给使用表并展开能源货币交易调查，再实施能源货币供给使用表。实物资产账户是货币资产账户的基础，且实物资产账户编制难度较货币资产账户低。因此，中国可先编制实物资产账户，再编制货币资产账户。

在能源卫星账户编制完成后，SEEA-Energy（2019）详细介绍了能源指标的构建方法，中国可在一定程度上参考 SEEA-Energy（2019）的指标编制方法；同时，中国可依据自身发展特色构建多方面的能源指标，如编制反映发展水平和规模的静态总量指标与反映对国民经济贡献的直接贡献指标（许宪春和张美慧，2020；杨仲山和张美慧，2019）。在能源供给和使用指标方面，中国可使用能源供给量和使用量反映能源的供给使用水平，通过国内能源消费量占一次能源生产量的比例反映能源自给程度，通过能源进出口量反映能源的外贸情况。由于几乎所有行业都将能源作为直接投入，中国还可通过单位 GDP 能源使用量反映能源投入对国民经济的直接贡献。在能源行业与能源经济指标方面，中国可使用能源行业的产出、增加值、固定资本消耗等能源行业指标反映能源行业发展水平，通过能

---

① 如果首先开采成本最低和价值最高的储量，那么忽略这种异质性将使当前开采成本对未来开采成本的预测能力较差，导致资源租金的未来概况预测不准。

产品消费总额反映能源的交易规模,通过能源资源的货币价值反映能源资源财富量。在其他行业能源指标方面,中国可通过各行业的单位增加值能源使用量反映行业能源投入对各行业经济的直接贡献。在可再生能源指标方面,中国可通过可再生能源的供给量和使用量反映可再生能源的供给使用水平。在上述指标中,能源供给量和使用量、能源进出口量、能源行业指标、能源产品消费总额、能源资源财富量、可再生能源的供给量和使用量可作为静态总量指标,单位 GDP 能源使用量和各行业的单位增加值能源使用量可作为直接贡献指标。中国的决策者、研究者和其他用户还可将能源卫星账户与其他信息来源相结合,进一步补充能源指标。

第三节 对中国能源卫星账户的展望

SEEA(2012)发布后,联合国逐步编写环境经济核算体系的其他部分,并于 2017 年发布 SEEA-AE(2017),于 2020 年发布 SEEA-AFF(2020),为环境经济核算提供了更多范例。中国能源卫星账户可从以下方面根据已有范例进行扩展,并为现有核算内容提供更多信息,从而全面发展中国能源核算。

1. 将行业指标扩展为行业活动账户

SEEA-AFF(2020)编制农业、林业和渔业活动生产和收入扩展账户,包括农业、林业和渔业的产出、中间消耗、增加值、劳动者报酬、营业盈余和混合收入、固定资本形成总额、固定资本消耗和就业人数。SEEA-Energy(2019)虽计算能源行业指标,但统计项目数量少于农业、林业和渔业活动生产和收入扩展账户,且无法提供能源行业中各子行业的状况。因此,中国能源卫星账户可参考 SEEA-AFF(2020)将行业指标扩展为行业活动账户,编制能源行业活动生产和收入扩展账户,一方面提供更多行业统计项目,另一方面详细显示能源行业中各子行业的状况。

2. 加强能源扩展投入产出表的编制力量

SEEA-AE(2017)根据环境经济核算体系提供的供给使用表,将 SNA(2008)的投入产出表扩展为环境扩展投入产出表,其中的能源数据部分来源于 SEEA(2012)的能源卫星账户。相较于 SEEA(2012),中国参考 SEEA-Energy（2019）的新增内容编制的能源卫星账户能够为编制环境扩展投入产出表提供更多能源数据，从而有效加强环境扩展投入产出表的编制力量。此外，中国可在环境扩展投入产出表中分离出与能源有关的部分，编制能源扩展投入产出表。

3. 扩展编制能源数据的合并账户

能源生产账户、能源资源资产账户、能源存货资产账户、能源扩展投入产出表均与能源供给使用表之间有联系，能源供给使用表是能源生产账户、能源资源资产账户、能源存货资产账户、能源扩展投入产出表之间的联系桥梁。能源卫星账户各表式之间的联系可作为编制能源数据合并账户的基础，以综合展示所有能源数据，绘制能源数据的全景图。

能源货币供给使用表和能源生产账户之间的关联在于能源生产账户中能源特征行业与能源相关行业生产的能源产品产出量与能源货币供给使用表的能源产品产出量一致。能源实物供给使用表的自然投入能源流量与能源资源资产账户中的自然资源开采量的联系较为密切，环境中开采的能源资源将投入经济体中加工为能源产品，能源资源资产账户能源资源开采量作为自然投入能源流量记录在能源实物供给使用表中。能源存货资产账户详细反映了能源供给使用表中存货变化情况，能源实物供给使用表与能源货币供给使用表的存货变化分别为能源存货实物资产账户和能源存货货币资产账户的期初存货量与期末存货量之差。能源实物供给使用表与能源扩展投入产出表的联系在于自然投入能源流量和余能流量，能源实物供给使用表的自然投入能源流量和余能流量反映在能源扩展投入产出表中，作为环境投入经济体的能源流量和经济体流出环境的能源流量。

SEEA（2012）编制能源数据的合并账户（表5-1），虽然 SEEA-AFF（2020）可编制农业、林业和渔业数据的合并账户，但 SEEA-Energy（2019）仅编制能源供给使用表的合并账户，未编制综合所有能源数据的合并账户。中国能源卫星账户可根据 SEEA（2012）能源数据的合并账户，参考农业、林业和渔业数据的合并账户的编制方法，结合新增的能源货币供给使用表和将来可能编制的能源行业活动账户与能源扩展投入产出表，扩展编制能源数据的合并账户，以综合展示所有能源数据。

表 5-1 能源数据的合并账户

项目	农业、林业和渔业	矿业	制造业	电力、燃气、蒸汽和空调制冷业	运输和仓储业	其他行业	行业合计	世界其他地区	税收减产品补贴、贸易和运输费用	住户最终消费	政府最终消费	资本形成	合计
能源产品供应/货币单位													
产品供给量合计/货币单位													
中间消耗和最终使用/货币单位													
能源产品													
合计（能源产品和非能源产品）													
增加值总额/货币单位													
天然能源耗减（货币单位/拍焦）													
按照耗减做出调整的增加值													
就业人数													
能源产品供应/拍焦													
能源产品的最终使用/拍焦													
天然能源的期末存量（货币单位/拍焦）													
石油资源													
天然气资源													

续表

项目	农业、林业和渔业	矿业	制造业	电力、燃气、蒸汽和空调制冷业	运输和仓储业	其他行业	行业合计	世界其他地区	税收减产品补贴、贸易和运输费用	住户最终消费	政府最终消费	资本形成	合计
煤和泥炭资源													
铀													
天然能源耗减/损耗													
固定资本形成总额/货币单位													
用于能源开采													
用于能源产品供应													
用于能源开采的固定资产期末存量/货币单位													
用于能源开采矿产和能源资源													
用于收集可再生能源													
用于配送能源产品													

第六章　能源-环境一体化卫星账户的建设

能源供给使用过程中的空气排放、水体排放和固体废物严重污染环境，这一问题由政府通过征税解决。能源卫星账户难以核算能源的污染排放和税收数据，在环境经济核算体系中，除 SEEA-Energy（2019）记录能源数据外，SEEA（2012）的空气排放账户、水体排放账户、固体废物账户、环境税账户记录与能源相关的污染排放和税收数据。将以上账户纳入能源卫星账户中，建立能源-环境一体化卫星账户，并编制相应的指标体系，有利于更为广泛地解决能源供给使用过程中引发的环境问题，促进能源可持续发展。

第一节　能源-环境一体化卫星账户的核算范围

SEEA-Energy（2019）的能源卫星账户仅记录能源的流量和存量数据，但能源供给使用过程中将引发一系列环境问题，包括能源的污染排放和税收方面的问题。具体而言，与能源相关的环境核算问题包括以下方面，需在能源卫星账户的基础上将以下问题纳入能源-环境一体化卫星账户的核算范围，从而建立能源-环境一体化卫星账户。

1. 空气排放核算

目前能源使用产生的碳排放是碳排放最主要的原因，与能源有关的碳排放核算是能源统计的功能扩展，由能源平衡表或能源卫星账户中的能源使用量乘以单位能源使用量的特定技术排放因子推算得到碳排放量。能源卫星账户中与能源有关的空气排放供给表专门核算能源使用产生的碳排放量。利用能源平衡表或能源卫星账户的能源使用量推算碳排放量也是目前碳排放核算的主要数据来源。由于能源平衡表的部分定义和核算规则与国民经济核算体系不同，通过能源实物使用量推算得到的碳排放量与国民经济核算体系共同构建出的一些碳排放指标准确性较低。例如，由此计算的碳排放强度存在能源平衡表和国民经济核算体系按两种规则划分地理范围的问题，与实际的碳排放强度有所出入。能源卫星账户与国民经济核算体系的地理划分规则一致，通过能源卫星账户中的能源使用量推算碳排放量，进而计算碳排放强度则不存在这一问题。能源卫星账户中与能源有关的空气排放供给表可更好地满足当前能源可持续发展背景下碳排放核算的数据需求，较以能源平衡表进行碳排放核算有一定优势。

尽管能源卫星账户中与能源有关的空气排放供给表在碳排放核算方面较能源平衡表有一定优势，但其仍无法满足全部的碳排放核算需求，这是因为在能源使用之外存在其他碳排放的因素，如牲畜因消化产生的碳排放（主要为甲烷）、人工培育森林火灾所造成的碳排放、生产沼气所产生的碳排放等。仅依赖编制与能源有关的空气排放供给表进行碳排放核算将使人们对碳排放的原因产生误解，将能源使用完全与空气污染挂钩，忽视能源在能源使用之外存在其他碳排放的因素，不利于减少碳排放。能源-环境一体化卫星账户需要将空气排放卫星账户纳入其中，以将能源使用产生的碳排放之外的碳排放纳入核算范围，正确了解各类因素产生的碳排放，进一步减少碳排放。

2. 水体排放核算

水体排放物是指基层单位和住户在生产、消费和积累过程中向水资源中排放的物质。能源供给使用过程中，开采、选矿环节将对水体造成大量污染，包括酸性废水排放、营养富集和燃料泄漏等问题。在开采能源排放酸性废水的过程中，酸性废水将溶解重金属，加剧水体毒性，抑制水中的生物生长。当饮用含酸量较高的水时，人体将烧伤肠胃甚至死亡。在开采能源的过程中，部分营养富有的硝酸盐、磷酸盐等矿物将进入水体，促进藻类等生物迅速繁殖，降低水体中的含氧量，从而恶化水质，使鱼类等生物大量死亡。在船舶航行过程中发生事故后，船舶内的燃料将泄漏在水体中，对水域生态环境造成恶劣影响。能源-环境一体化卫星账户需要将能源供给使用过程中的水体排放纳入核算范围，从而为政府解决与能源相关的水体排放问题提供数据基础。

3. 固体废物核算

固体废物是指业主或用户不再需要的弃物。固体废物包括固态物质和液态物质，但不包括废水和排放到大气中的细小颗粒物。能源供给使用过程中将产生大量固体废物，包括生产能源而进行的固体废物焚烧、开采煤炭等矿物的矿渣废物、能源燃烧所排放的固体废物，以及核燃料生产能源所遗留的放射性废物。与能源相关的固体废物若不进行有效处理，将引起侵占大量土地、降低土壤质量、引发传染疾病等问题。但若对能源相关的固体废物进行处理，部分废物可通过燃烧产生能源，在降低固体废物危害的同时生产能源，产生经济效益，如垃圾焚烧厂通过焚烧垃圾发电。

能源-环境一体化卫星账户需要将能源供给使用过程中的固体排放物纳入核算范围,从而为政府解决与能源相关的固体废物问题提供数据基础,进一步减少能源相关的固体废物。

4. 环境税核算

能源相关空气排放、水体排放和固体废物等污染物的处理需要政府的有力支持,而政府处理能源相关污染物的资金来自税收。税收是指由机构单位按义务无偿支付给政府的现金或实物,分为按单位货物或服务应缴纳的产品税,除产品税以外企业因从事生产活动而应缴纳的其他生产税,基于收入、利润和资本所得缴纳的收入税,对资本征收的其他经常税,以及对资产价值征收的资本税。五种税收中都有部分税收与环境相关,以确实具有特定负面环境影响的实物单位为税基征收的税称为环境税。环境税为环保措施提供资金,与能源相关的环境税称为能源税,为与能源相关的环保措施提供资金。能源-环境一体化卫星账户需要将与能源有关的环境税纳入核算范围,从而为政府解决与能源相关的环境问题提供税收数据基础,从而制定相应措施以治理环境污染问题。

第二节 能源-环境一体化卫星账户的关键表式

SEEA(2012)和 SEEA-AFF(2020)中的部分表式与能源相关,其部分项目记录了能源的污染排放和税收数据,可纳入能源-环境一体化卫星账户,作为能源-环境一体化卫星账户的关键表式,以解决能源的污染排放和税收核算问题。具体而言,能源-环境一体化卫星账户的关键表式包括以下四类账户。

1. 空气排放账户

与能源相关的空气排放供给表相比,空气排放账户可全面记录空气排放,包括牲畜因消化产生的碳排放、人工培育森林火灾所造成的碳排放、生产沼气所产生的碳排放,能源-环境一体化卫星账户应将空气排放账户作为关键表式之一。SEEA(2012)记录了空气排放账户的编制方法与表式结构(表6-1)。在数据基础较好的情况下,空气排放账户可将能源燃烧产生的二氧化碳排放与生物呼吸产生的二氧化碳排放区分开,也可将住户空气排放物按用途进行细分,以详细记录空气排放的来源,帮助政府进一步减少空气排放。

表 6-1 空气排放账户 单位：吨

项目	空气排放实物供给表							空气排放实物使用表	
	排放物的产生量						积累	排放总供给量	进入环境的流量	排放总使用量
	行业				住户			填埋场产生的排放		进入环境的排放	
	农业、林业和渔业	采矿业	制造业	运输业	其他	运输	供热	其他				

二氧化碳

甲烷

一氧化二氮

氮氧化物

氢氟化碳

过氟化碳

六氟化硫

一氧化碳

非甲烷挥发性有机化合物

二氧化硫

氨水

重金属

长期性有机污染物

颗粒（包括 PM_{10} 和尘埃）

说明：PM_{10} 是环境空气中空气动力学当量直径小于等于 10μm 的颗粒物。

2. 水体排放账户

水体排放账户记录基层单位和住户在一个核算期内向水中添加的物质数量，SEEA（2012）中记录了水体排放账户的表式结构（表 6-2 和表 6-3）与编制方法。在水体排放账户中，部分项目包括与能源相关的水体排放物数据：重金属排放包括能源开采过程中所排放的酸性废水；磷和氮排放包括能源开采过程中所排放的硝酸盐和磷酸盐；固定资产产生的排放包括船舶因燃料泄漏导致的水体排放。能源-环境一体化卫星账户应将水体排放账户作为关键表式之一。水体排放账户可在相应项目旁单独记录与能源相关的重金属、磷和氮水体排放量，突出与能源相关的水体排放量占水体排放总量的比例。

表 6-2　水体排放实物供给表　　　　　　　　单位：吨

项目	水体排放物总生成量			积累	来自世界其他	来自环境	总供
	污水处理行业	其他行业	住户	固定资产产生的排放	地区的流量	的流量	给量
按物质类型分列的排放							
生物需氧量/化学需氧量							
固体悬浮物							
重金属							
磷							
氮							
向其他经济单位的排放							
生物需氧量/化学需氧量							
固体悬浮物							
重金属							
磷							
氮							

表 6-3　水体排放实物使用表　　　　　　　　单位：吨

项目	水体排放物总收集量			积累	进入世界其他地区的流量	进入环境的流量	总使用量
	污水处理行业	其他行业	住户	固定资产产生的排放			
环境接收的排放量							
生物需氧量/化学需氧量							
固体悬浮物							
重金属							
磷							
氮							
其他经济单位的收集量							
生物需氧量/化学需氧量							
固体悬浮物							
重金属							
磷							
氮							

3. 固体废物账户

固体废物账户测算固体废物产生和进入回收设施、填埋场或直接进入环境的固体废物流量数据,其中的数据可成为环境压力的主要指标。根据SEEA（2012）对固体废物的定义,固体废物是指业主或用户不再需要的弃物,与能源相关的固体废物主要包括能源燃烧产生的废物,以及开采能源所涉及的矿物废物。SEEA（2012）记录了固体废物账户的表式结构（表6-4和表6-5）和编制方法。固体废物账户的部分项目可清晰记录与能源相关的固体废物流量。在固体废物账户中,放射性废物包括生产核能所产生的核废物；非金属可回收物、动植物废物、居民和商业混合废物包括废物焚烧所产生的能源,焚烧以产生能源清晰地列出焚烧以产生能源所使用的废物数量；矿物废物和土壤包括开采能源资源所产生的矿物废物,可在其中单独列出与能源相关的矿物废物和土壤数量；燃烧产生的废物包括能源燃烧后产生的废物；来自环境的流量包括沿海发生燃料泄漏后回收的能源流量。

表 6-4　固体废物实物供给表　　　　单位：吨

项目	固体废物的产生量					世界其他地区的流量	来自环境的流量
	废物收集、处理和处置行业				其他行业	住户	固体废物进口量	残余回收量
	填埋场	焚烧		回收和回用	其他处理方式			
		总量	其中:焚烧以产生能源					
固体废物残余的产生								
化学和医疗废物								
放射性废物								
废金属								
非金属可回收物								
丢弃的设备和车辆								
动植物废物								
居民和商业混合废物								
矿物废物和土壤								
燃烧产生的废物								
其他废物								

续表

项目	固体废物的产生量					世界其他地区的流量	来自环境的流量
	废物收集、处理和处置行业				其他行业 住户	固体废物进口量	残余回收量
	填埋场	焚烧总量	其中:焚烧以产生能源	回收和回用	其他处理方式			

固体废物产品的生成

化学和医疗废物

放射性废物

废金属

非金属可回收物

丢弃的设备和车辆

动植物废物

居民和商业混合废物

矿物废物和土壤

燃烧产生的废物

其他废物

表 6-5　固体废物实物使用表　　　单位：吨

项目	中间消耗：残余收集					最终消费	世界其他地区的流量	进入环境的流量	总使用量
	废物收集、处理和处置行业				其他行业	住户	固体废物出口量		
	填埋场	焚烧总量	其中:焚烧以产生能源	回收和回用	其他处理方式					

固体废物残余的收集和处置

化学和医疗废物

放射性废物

废金属

非金属可回收物

续表

项目	中间消耗：残余收集					最终消费	世界其他地区的流量	进入环境的流量	总使用量
	废物收集、处理和处置行业				其他行业	住户	固体废物出口量		
	填埋场	焚烧		回收和回用	其他处理方式				
		总量	其中：焚烧以产生能源						
丢弃的设备和车辆									
动植物废物									
居民和商业混合废物									
矿物废物和土壤									
燃烧产生的废物									
其他废物									
固体废物产品的使用									
化学和医疗废物									
放射性废物									
废金属									
非金属可回收物									
丢弃的设备和车辆									
动植物废物									
居民和商业混合废物									
矿物废物和土壤									
燃烧产生的废物									
其他废物									

4. 环境税账户

环境税是指国民经济核算体系中以确实具有特定负面环境影响的实物单位为税基征收的税。税分为产品税、其他生产税、收入税、其他经常税和资本税。五类税都与环境有关，包括一部分环境税。环境税分为能源税、运输税、污染税和资源税。SEEA（2012）记录了环境税账户和可转让碳排放许可账户的表式结构（表6-6和表6-7）和编制方法，能源-环境一体化卫星账户可将环境税账户作为关键表式之一，以记录能源税的数量。在环境税账户中，与能源相关的税被单独划分为能源税，包括对运输和定态使用的能源产品征收的税款，分为运输燃料税、碳税和其他能源税。其中，SEEA（2012）将碳税特殊处理，记录为能源税而非污染税。

表 6-6　环境税账户　　　　　　　　　　单位：万元

环境税种	产品税	其他生产税	收入税 公司	收入税 住户	其他经常税	资本税	合计
能源税							
碳税							
运输燃料税							
其他能源税							
运输税							
污染税							
资源税							
环境税合计							
非环境税							
税收总量							
环境税所占比例/%							

表 6-7　可转让碳排放许可账户　单位：亿吨二氧化碳

项目	公司	广义政府	住户	为住户服务的非营利机构	合计
期初许可存量					
免费分配的许可					
购买的许可					
出售的许可					
损失（撤销的许可）					
为抵消排放而交还的许可					
期末许可存量					

碳税中为可转让碳排放许可证支付的款项在可转让碳排放许可账户

中详细记录。可转让碳排放许可账户记录可转让碳排放许可证所支付的款项,属于能源税。可转让碳排放许可账户结构与资产账户结构一致,显示期初和期末许可存量,以及因新发(免费分配)、购买、出售和撤销许可证产生的存量变化。如果有可能,还应记录免费许可流量、非免费许可流量和多国计划的许可流量之间的差别。

第三节 能源-环境一体化卫星账户的指标体系

在确立能源-环境一体化卫星账户的关键表式后,可将表式中的数据与其他国民经济核算数据相结合,编制指标体系,清晰了解与能源相关的污染排放和税收情况,绘制能源-环境数据的全景图,以帮助与能源相关的环境数据分析和政策制定。

1. 与能源相关的空气排放指标

可从以下方面构建与能源相关的空气排放指标,以深入了解能源与空气排放之间的内在关系与变化机理。第一,在空气排放账户将能源燃烧产生的二氧化碳排放与生物呼吸产生的二氧化碳排放区分开后,计算与能源相关的空气排放指标包括能源燃烧产生的二氧化碳排放量占二氧化碳总排放量的比例,可明晰能源使用对空气的污染程度。第二,计算各行业能源燃烧产生的二氧化碳排放量,以及其占各行业二氧化碳总排放量的比例,可掌握各行业二氧化碳排放的数量与结构。

2. 与能源相关的水体排放指标

可从以下方面构建与能源相关的水体排放指标,以深入了解能源与水体排放之间的数量关系。第一,在水体排放账户将与能源相关的水体排放单独列出后,可计算与能源相关的水体排放量占水体排放总量的比例,了解能源对水体的污染程度。第二,计算重金属、磷等物质排放量占与能源相关的水体排放量的比例,可掌握与能源相关水体排放的污染物质成分结构。第三,计算与能源相关的水体排放量占住户排放量的比例,可明确住户使用能源对水体造成的破坏程度。

3. 与能源相关的固体废物指标

可从以下方面构建与能源相关的固体废物指标,以深入了解能源与固体废物之间的联系。第一,计算焚烧产生的能源的固体废物数量占固体废物总量的比例,可了解固体废物循环利用的程度。第二,计算矿物废物和土壤的数量及其占固体废物总量的比例,可掌握能源开采过程对环境的污染程度。第三,计算燃烧产生的废物数量及其占固体废物总量的比例,可明确能源使用过程对环境的污染程度。

4. 能源税指标

可从以下方面构建能源税指标,以深入了解能源与税收之间的关系与变化。第一,计算能源税占环境税的比例和占税收总量的比例,可了解基层单位和住户负担能源税的程度。第二,计算碳税、运输燃料税和其他能源税的数量及其占能源税的比例,可掌握能源税的内部结构。第三,计算碳税、运输燃料税和其他能源税内产品税、其他生产税等税种的比例,可明确能源税内各税种的结构。第四,能源税率可由能源税和能源使用量的比例计算得出,可了解环境保护成本在何种程度上被内部消化,能源税是否正在影响能源使用量。

核算篇：中国能源卫星账户的实践编制

第七章　中国能源生产账户的编制与指标体系

能源总产出作为衡量宏观经济总量的基础,其核算方法是保证中国能源产出数据真实性和有效性的前提。为全面准确地量测中国能源产业产出的情况,厘清能源产业生产活动与其他非能源产业的经济技术联系,本章以 SNA（2008）和 SEEA-Energy（2019）中生产范围的界定、产出的测定方法、产品及产业的分类依据等理论为基础,借鉴自然资源生产账户,以及农业、林业和渔业生产和收入扩展账户的编制经验,界定能源生产范围及能源产业和产品部门划分方法,从产业分类、框架体系、表式内容等方面构建能源生产账户,详细描述整个能源经济货物与服务的生产活动,为丰富中国能源生产核算体系进行积极探索。

第一节　概　　述

一、研究背景

能源是经济发展的主要驱动力,能源生产总量是衡量一个国家能源生产水平与生产规模的总量指标,更是反映国家生产技术和人民生活水平提高程度的关键指标。2014 年,习近平主持召开中央财经领导小组会议,强调积极推动我国能源生产和消费革命[①]。自此,中国能源供应范围不断扩张,煤炭、天然气等能源资源的供给不断增强,可再生能源（如风、光等）占比不断提升。《中华人民共和国国民经济和社会发展第十四个五年规划和 2035 年远景目标纲要》提出,"推进能源革命……提高能源供给保障能力"。由此可见,确保能源供需平衡是保障国家能源安全、推动能源高质量发展的必然要求。如今我国已成为世界能源生产第一大国,全国能源供需总体处于紧平衡状态,科学研究能源生产水平与生产规模、准确分析其背后的驱动机理对于中国实现节能减排、落实低碳发展战略、打赢

---

① 中国政府网. 习近平：积极推动我国能源生产和消费革命[EB/OL]. (2014-06-13)[2024-04-30]. https://www.gov.cn/xinwen/2014/06/13/content_2700479.htm.

蓝天保卫战具有重要指导意义。

能源生产核算是衡量能源供给侧结构性改革的重要基础。能源产出测度是能源生产核算和国民经济总量指标核算的关键环节，其核算方法是产出测度的前提。总之，能源生产核算中核算方法是核心，总产出数据是基础。但目前国家统计局仅通过能源平衡表核算实物型能源生产总量及其构成数据，缺少创新的能源生产核算方法用于核算价值型能源产出。因此，有必要探索能源生产核算的新领域，创新能源产出数据核算方法。SNA（2008）指出生产账户可用于生产活动的记录，进而测算出各产业产出、中间消耗和增加值等数据。经济总体的生产账户作为账户序列的第一个账户，是各生产单位类似账户的汇总，从而反映生产活动的产出和各项投入，进一步揭示 GDP 的规模和国民经济的总水平。能源生产账户作为能源生产核算的基本工具，能够测算出各能源产业产出、中间消耗、增加值等数据，直观描述整个能源经济货物与服务的生产活动及生产成果，其中囊括的基础数据信息可以进一步探究能源生产结构、经济效益等重大问题。因此，编制中国能源生产账户是推进中国能源生产核算改革的积极探索，是丰富能源核算理论基础的必然选择，亦是构建多元清洁的能源供给体系的坚实支撑，更是推动新时代中国能源高质量发展的重要举措。

二、文献综述

就能源产业而言，传统能源经济学多集中于能源价格和能源消费两个角度的研究（陈晖等，2020；孙倩等，2019），忽视了能源生产角度在经济活动中对能源总产出的影响。目前少数与能源生产相关的研究中，其思路主要分为两类：第一，以中国能源平衡表为基础，预测实物型能源生产总量的发展趋势及其构成；第二，以构建能源投入产出表为前提，探索各能源产业产出能耗及其变动。

在预测能源生产总量的发展趋势及其构成的相关研究中，崔湛钜和葛建平（2016）为揭示资源型产业发展对居民收入的影响，利用向量自回归（vector autoregression，VAR）模型探究山西省能源生产总量与居民人均收入的关联机制，得出当产业结构不变时，资源型产业的发展很难通过刺激内需与扩大能源消费总量而得到持续增长的结论。缪谢雨和杨晨（2018）应用无偏灰色模型预测方法探析 2017～2021 年中国能源生产总量及构成，通过能源生产结构的发展趋势提出解决中国能源产能问题和优化环境质量的政策建议。商玉萍等（2018）以 2005～2014 年中国能源生产总量数据为基础，通过最小组合预测模型，准确预测未来三年中国能源生产总量的上涨趋势和增长率。赵志成和柳群义（2019）基于自回归积分移动平均（autoregressive integrated moving average，ARIMA）模型预测中国短期能源生产总量，并进一步对中国能源战略规划的实践成效进行实证研究。Smirnova 等（2021）利用相关回归模型识别影响中国、印度和俄罗斯政府支持可再生能源生产的因素，研究发现可再生能源在研究国家具有良好的发展前提，但其实施需要政府和企业有目的、协调的行动。

在构建能源投入产出表的能源产出能耗及其变动的相关研究中，谢建国和姜珮珊（2014）基于投入产出模型测算了中国进出口贸易隐含的能源消耗数据，得出中国的出口产品结构正由高能耗向低能耗发展的结论。黄伟如等（2016）在非竞争型投入产出表基础上分别测算了中国、日本两国贸易的内涵能源数据，并应用 SDA 模型进一步探究中国、日本两国进出口内涵能源变化的影响因素，研究发现，中国对日本出口和进口内涵能源均呈现增长的态势。Bagheri 等（2018）提出了新的多因素扩展能源投入产出模型，定量评估最终需求变化对能源流动、二氧化碳排放、经济扩张和能源就业收入的影响程度。林伯强和吴微（2020）基于构建的全球能源投入产出数据库建立全球面板模型，应用 SDA 模型对能源强度进行分解，并进一步探索全球经济与能源强度的关联机制。李根等（2019）通过考虑生产过程中的非期望产出深入剖析制造业能源生态效率的影响因素。孙倩等（2019）通过 LMDI 分解模型探究城市能源消费总量的影响因素，并通过各影响因素的权重构建指标评价模型。李国荣等（2021）以编制的不变价格实物价值型能源投入产出序列表为基础，对各能源产业产出能耗及其变动情况进行实证分析。施青等（2021）运用投入产出价格影响模型发现煤炭、原油、电力等能源价格对各类价格指数的影响呈现逐年下降的态势。

总体而言，国内外学者关于能源生产角度的研究仍然存在以下不足。

第一，在研究角度方面，大多数学者集中探索能源投入产出表的编制工作，通过构建能源投入产出表进行碳排放、能源消耗、能源强度、能源效率等方面的实证研究，鲜有研究从供给侧角度对能源生产核算进行分析，忽视了供给侧能源产业产出的计算，进而无法对各能源产业总产出及构成进行分析。

第二，在核算方法方面，关于能源生产核算的研究成果几近空白，主要原因在于至今还没找到一张全面的能源生产账户对能源产出进行核算，进而无法准确反映中国能源产业生产活动的产出特征。

第三，在研究思路方面，关于能源生产的研究数据主要基于能源平衡表或能源投入产出表获取能源产业/产品的指标数据，从而测算直接消耗系数、完全消耗系数、影响力系数等,基于生产账户思路分析各能源产业产出规模贡献度、经济规模贡献度等指标的研究较为匮乏。

综上,能源总产出作为衡量宏观经济总量的基础,其产出核算方法是保证中国能源产出数据真实性和有效性的前提。因此,急需改进中国能源生产核算的实践,探索全面且详细的能源生产账户以对能源产出、中间消耗、增加值等数据进行核算,从而保证能源产出数据的科学性、准确性与全面性。

三、本章主要工作及创新点

基于已有研究,本章以 SNA(2008)和 SEEA-Energy(2019)为基础,借鉴自然资源生产账户,以及农业、林业和渔业生产和收入扩展账户的编制经验,界定能源生产范围及能源产业和产品部门划分方法,从产业分类、框架体系、表式内容等方面构建全面且详尽的中国能源生产账户,以更为全面地量测中国能源产业产出的情况。基于此,本章在以下方面进行创新。

第一,探索能源生产核算的新视角。基于 SNA(2008)和 SEEA-Energy(2019)中关于生产账户的生产范围、产出测度、产品及产业分类理论,结合自然资源生产账户,以及农业、林业和渔业生产和收入扩展账户的主要特征,阐明构建中国能源生产账户的理论基础及现实依据,创新性地编制中国能源生产账户,提供能够准确反映中国能源产业生产过程及能源生产总量特征的详尽基础数据表,为中国能源生产核算理论的改进提供一定参考。

第二,提供全面且精确的指标体系数据。基于编制的能源生产账户,精确核算 2012 年与 2018 年中国不同能源产业产出、中间消耗与增加值等数据,从系统和结构视角分析能源产业的生产情况,探析能源产业生产结构状况,厘清产业间能源产出关系及其变化规律,为后续针对能源产出影响机制的探究提供科学且全面的基础数据支撑。

第三,提高中国能源生产核算的国际可比性。以 SNA(2008)和 SEEA-Energy(2019)为指导,同时借鉴已有生产账户的国际经验,将构建的能源生产账户实践于中国能源生产核算,全面展现各能源产业经济运行过程的内在联系与规律性,缩小与国际标准的差距,增强中国能源生产核算的国际可比性。

第二节 能源生产账户的编制依据

在能源统计学中，当能源同时涵盖燃料、热能及动力时，将使用"能源产品"一词。能源产品提供热源和动力源。围绕能源产品展开的经济活动囊括能源开采、加工、转换、零售、运输、储存等过程，因此，国民经济核算体系用"生产"这一概念来表示这些生产性活动，生产账户则反映这些生产性活动的产出和各项服务。本节通过梳理 SNA（2008）与 SEEA-Energy（2019）中生产账户的相关理论，同时参考自然资源生产账户与农业、林业和渔业生产和收入扩展账户的构建思路，以期为中国能源生产账户的构建提供坚实的理论依据。

一、SNA（2008）框架下编制能源生产账户的理论基础

1. 生产范围的界定

SNA（2008）指出，生产账户覆盖了机构单位在国民经济活动中的生产成果（产出）及生产过程中所消耗的货物与服务（中间消耗），生产范围明确了机构单位生产过程中生产的货物与服务的一般特征，因此，生产范围的界定是开展能源生产核算的首要前提。SNA（2008）6.24 段将生产定义为利用劳动、资本、货物和服务作为投入以生产货物和服务的活动，在 SNA（2008）生产范围内的货物与服务必须具有市场性的特征，即能够进行市场交易或通过向其他机构单位进行有偿（或无偿）交易过程。具体而言，SNA（2008）中的生产范围为只包括为自身自产自用货物的生产，而不包括为自身最终使用服务的生产。将 SNA（2008）界定的生产范围聚焦能源生产账户，其生产范围不应局限于能源领域生产产品的货物与服务，还应包括能源相关的货物与服务，即所有和能源相关的产品，因此将能源产业的生产范围界定如下。

（1）有形能源产品的生产，如煤炭开采和洗选产品，石油和天然气开采产品，石油、煤炭及其他燃料加工品等。

（2）市场性交易活动的无形能源相关服务的生产，如非金属矿和其他矿产品及开采辅助活动等。

（3）自身消费进行的能源服务的生产，如自用能源的使用等。

2. 产出的测度

SNA（2008）中明确指出针对基层单位的产出测度可能包括一个或者

多个生产过程，而不包括的部分主要有两方面：一方面是基层单位在生产过程中不承担风险的货物和服务价值；另一方面是同一基层单位消耗的货物和服务价值。产出可以按照市场性原则进行分解，也可以按照生产活动进行分解。以市场性原则分类，市场产出主要包括基层单位销售的货物和服务，非市场产出主要包括常住单位自身消耗的货物和服务，以及该单位为住户服务的非营利机构或政府生产的货物和服务两部分。以生产活动分类，SNA（2008）将其划分为主要活动、次要活动和辅助活动。若生产单位所创造的增加值大于其他所有活动，则该项活动为本单位的主要活动；若生产单位中某项活动的增加值小于主要活动的增加值，则该项活动为次要活动；同理，辅助活动则是生产单位主要活动的附带活动。因此，基于SNA（2008）对生产活动的分类，辨析能源产业中的主要活动、次要活动和辅助活动，以其作为划分能源产业的依据，分解各能源产业和产品的总产出、中间消耗和增加值，为能源卫星账户的构建奠定理论基础。

二、SEEA-Energy（2019）框架下编制能源生产账户的理论基础

1. 产品分类

能源产品是指专门或主要用作能源的产品。这类产品包括适合直接使用的能源（如电和热）和在经历某种化学或其他过程（包括燃烧）时释放能量的能源产品。具体而言，能源产品包括以下几种：①由经济单位生产用作能源的各种燃料；②经济单位的发电；③由经济单位生产并出售给第三方的热能。

SEEA-Energy（2019）对能源产品的分类遵循国际标准，以能源产品的用途为标准而不依据物理特性。在此分类标准下，一种能源产品可能用于非能源目的，相反，某些不被视为能源产品的产品也可能用于能源目的。针对主要用于能源目的的原油等产品，尽管其可能用于非能源目的，如生产塑料，但SEEA-Energy（2019）仍将其描述为能源产品。能源产品既可以来自可再生能源（如风能、太阳能和生物质能），也可以来自不可再生能源（如煤和原油）。在SEEA-Energy（2019）中，货币流量账户和实物流量账户的能源产品分类与SIEC一致，按其来源和特性进行划分，并对不同燃料、电力、热力进行简单介绍。例如，SEEA-Energy（2019）将燃料划分为煤炭、泥炭和泥炭产品、油页岩/油砂、天然气、石油、生物燃料、废物、核燃料和其他燃料八种能源产品类别，代表了广泛的燃料类型。

2. 产业分类

能源产业部门作为国民经济行业中的重要产业部门，为其他经济部门的生产过程提供必要的能源投入。SEEA-Energy（2019）通过介绍能源产业分类的基本结构，使各种矿产和能源资源与从事开采这些资源的产业之间建立关联。因此，了解与开采矿产和能源资源、生产和使用能源产品以及进行能源相关交易的行业有关的知识，对能源产业分类至关重要。

SEEA-Energy（2019）指出，国际标准行业分类包括与描述从自然输入中移除或捕获能源及能源产品的转换和分配相关的所有经济活动，这些活动主要分为：①采矿业；②制造业；③电力、燃气、蒸汽和空调制冷业。其中，作为主要活动从事矿产和能源开采的机构包括在采矿业活动中，主要涵盖煤炭和褐煤开采、原油和天然气开采、金属矿开采、其他采矿业等；在制造业活动中，能源产品的生产主要为焦炭和精炼石油产品的制造，分为焦炉产品制造和精炼石油产品制造两类产业，这些行业通过石油精炼技术，将采矿业输送的原油和煤炭转化为其他能源产品；电力、燃气、蒸汽和空调制冷业活动包括了从一次能源中获取热量和电力的主要活动，即供暖、供电和其他目的的蒸汽等。大部分能源产品由上述产业进口或生产，其他产业通过次要活动或辅助活动参与能源产品（如电或热）的生产过程也可获取能源。针对此类活动的记录，SEEA-Energy（2019）指出，在编制国民经济核算体系时，有必要将能源产品的流动重新分配给农业、建筑业、能源供给业、贸易业等行业，例如，当第二产业活动相关的基本统计数据输入账户时，应将这些数据转移到相关的第一产业，以确保与国民经济核算体系的一致性。

三、自然资源生产账户的理论借鉴

SNA（2008）10.164 段将自然资源定义为非生产性自然发生资产，其中，非生产性意味着资产不是由经济生产过程创造的。自然资源可分为可再生资源（未开垦的森林和鱼类资源）、土地和不可再生资源，自然资源产业包括采掘业及其主要活动为自然资源产业生产的其他产业，主要指开采矿产和能源资源的行业及相关行业。《国民账户自然资源分析指南》（*The Guide to Analyzing Natural Resource in National Accounts*）基于 SNA（2008）中自然资源的概念框架，提出并解释了一套标准自然资源生产账户表式，为了解自然资源产出和价格变化对公关经济的影响提供借鉴。自然资源生产账户将自然资源所有者因提供开采这些资源的权利而收到的付款视为租金,使其成为收入分配,而不是购买服务或税收(在向拥有资源的政府付款的情况下)。自然资源生产账户描述了基于详细数据的自然资源行业生产活动的信息,其基本表式如表 7-1 所示。

表 7-1 自然资源生产账户的基本表式

项目	产出	增加值	产品税	产品补贴	增加值+税收-产品补贴	自然资源产业增加值占 GDP 的比例
煤炭和褐煤开采						
原油和天然气开采						
金属矿石开采						
其他采矿业						
采矿支持服务活动						
基本贵金属和其他有色金属的制造						
管道运输						
陆路运输附带服务活动						
自然资源产业						
经济中的所有行业						

自然资源生产账户的核算对象是进入国民经济生产的自然投入,反映一定时期内自然资源的投入对国民经济生产的贡献。从表 7-1 中可以看出,自然资源生产账户深入探索了对资源环境经济综合核算的方法、体系及自然资源领域的具体应用,其框架结构以产业单位形式呈现,产业部门分类主要包括煤炭和褐煤开采、原油和天然气开采、金属矿石开采、其他采矿业、采矿支持服务活动、基本贵金属和其他有色金属的制造、管道运输、陆路运输附带服务活动八个部门,核算项目包括自然资源产业的产出、增加值、产品税、产品补贴及自然资源产业增加值占 GDP 的比例等项目。其中,对自然资源产业产出征收的产品税是政府收入的重要来源。这些税项以生产或销售的自然资源产品的数量或价值为基础。在国民经济核算账户体系中,产品税是由产品的买方而不是卖方支付的。然而,无论谁被视为支付这些税款,自然资源行业销售的产品的税收都是政府从自然资源中获得的收入的一部分。除此之外,各行业基本价格增加值占比是分析自然资源产业相对重要性的标准方法。尽管如此,国民经济核算总额经常以自然资源产业增加值占 GDP 的比例(按购买方价格计算)而不是自然资源产业增加值占所有行业增加值的比例(按基本价格计算)显示。产品税通

常超过产品补贴,因此 GDP 通常大于所有行业增加值。因此,当计算 GDP 时,应在所有行业增加值基础上增加产品的减税补贴。

由自然资源生产账户的构建可知:第一,自然资源生产账户将资源、环境与经济等信息进行全面整合,并嵌入国民经济核算体系中,但其在数据收集、整合、平衡及价值量估算方面存在较大难度,不利于从理论体系到实践核算的过渡;第二,自然资源生产账户以生产者价格增加值占 GDP 的比例衡量,显示了自然资源产业在 GDP 中的重要性;第三,自然资源生产账户不仅包含物质类自然投入,而且囊括没有被国民经济核算显性形式体现的自然资本服务类的投入,如采矿支持服务活动。

四、农业、林业和渔业生产和收入扩展账户的理论借鉴

SEEA-AFF(2020)是 SNA(2008)核算框架的延伸,提供了农业、林业和渔业产出指标计算、监测的综合框架,描述了环境与农业、林业和渔业相关经济活动之间的联系,为衡量生产、贸易与其他农业、林业和渔业产品的流动提供统计基础。SEEA-AFF(2020)在 SNA(2008)生产账户的基础上,将与农业、林业和渔业生产相关的信息整合于农业、林业和渔业生产和收入扩展账户中,描述农业、林业和渔业产业在经济活动生产过程中的产出情况。因此,农业、林业和渔业生产和收入扩展账户是拓展农业、林业和渔业相关的环境和经济活动信息后列出的一个完整的生产功能。其中,农业、林业和渔业产业列在行中,总产出、中间消耗、增加值及其构成项等核算项目分列在栏中。对于每一行,总产出等于中间消耗与增加值之和。

从农业、林业和渔业生产和收入扩展账户的构建中可知:第一,农业、林业和渔业生产和收入扩展账户基于 ISIC 的活动视角构建,与宏观经济活动直接相关行业的经济信息相符合,涉及各类农业活动,如种植、牲畜、林业和渔业的生产和收入的核心资料;第二,农业、林业和渔业生产和收入扩展账户的中间消耗核算项目进一步分解为水、能源、肥料、其他四项,更加直观地描述农业、林业和渔业在生产过程中所消耗的物质产品和劳务价值;第三,农业、林业和渔业生产和收入扩展账户除增加值构成项外,还列出了就业核算项目,通过描述就业中实际农业、林业和渔业转移就业人口的规模,充分展示从事农业、林业和渔业的劳动力构成情况。

综上,SNA(2008)明确指出当前所存在的机构部门生产账户,其产出与中间消耗项目仅以合计数的形式列出,没有进行产品细分。此外,SNA(2008)仅阐述了生产账户可以按照产业及产品部门构建的观点,并未深层次地进行详尽解释。因此,本章以 SNA(2008)和 SEEA-Energy(2019)

中生产账户的理论为基础,界定能源生产范围及能源产业和产品部门划分方法,同时借鉴自然资源生产账户,以及农业、林业和渔业生产和收入扩展账户(表7-2)的编制经验,力求探索全面且详尽的中国能源生产账户构建视角,为丰富中国能源卫星账户的理论框架提供参考。

表 7-2 农业、林业和渔业生产和收入扩展账户

项目	总产出	中间消耗				增加值	劳动者报酬	营业盈余	固定资本形成总额	存货增加	固定资产折旧	就业
		水	能源	肥料	其他	合计							
农业													
种植													
动物产量													
混合经营													
支持农业活动													
狩猎和诱捕													
农业总量													
林业和伐木													
测井													
林业支助服务													
林业和伐木总量													
渔业													
渔业-海洋													
渔业-淡水													
水产养殖-微咸水													
水产养殖-海洋													
水产养殖-淡水													
渔业总量													
农业、林业和渔业总量													
经济总量													

第三节 中国能源生产账户的编制思路与具体表式

生产账户是国民经济核算的重要表现形式,也是生产核算的重要工具

和方法。能源生产账户是对国民经济各行业中与能源生产活动相关的统计核算，反映能源产业与其他产业部门、能源产业内部各行业之间的经济技术联系，从而测算出能源生产活动在各产业的产出中所占的比例，以进一步剖析中国能源生产结构与发展趋势。本节从编制思路与具体表式等方面构建能源生产账户，刻画和描述能源产业在整个核算期内所产生的经济活动流量，提供能源产业生产活动的相关信息和数量指标，以期准确反映能源生产对国民经济和社会发展的影响。

一、能源生产账户的编制思路

经济账户序列从生产账户开始。SNA（2008）指出，生产账户既可以按照机构单位和机构部门编制，也可以按照基层单位构成的产业编制。但 SNA（2008）仅给出机构单位和机构部门生产账户的基本表式，未对产业部门生产账户进行详细阐述。因此，本节结合我国能源产业实际情况，基于机构单位和机构部门生产账户，按照产业部门编制能源生产账户。

SNA（2008）指出，生产账户的编制使用价值型供给使用表中的产出和中间消耗条目。2008 年，欧盟统计局出台《欧盟统计局手册——供给使用表和投入产出表》（*Eurostat Manual of Supply, Use and Input-Output Tables*），指出依据供给使用表的表式结构与平衡关系，可使用直接分解法编制供给使用表，即直接利用调查部门统计得到的各产业活动的数据编制。因此，本节借鉴直接分解法的编制思路，基于能源产业分类，采用由总到分的步骤，将生产过程中每个产业单位中间投入的产品与最终产出的产品呈现于能源生产账户中，进而通过能源生产账户中的平衡关系反映整个国民经济运行的状况。根据能源产业生产的平衡关系，将能源生产账户的编制分为三个步骤：①能源生产账户的产品及产业分类；②能源生产账户的核算项目；③能源生产账户的组合。

1. 能源生产账户的产品及产业分类

能源生产账户对能源产业进行准确核算基于其标准化的概念、定义和分类，因此能源产品及产业的统计分类是采用能源生产账户核算能源产出的基础，也是所有有关能源生产核算研究的基石和支撑点。本节根据能源数据条件和能源生产核算研究的需要，共分为 19 类能源产品与能源产业，其详细分类结果见表 7-3。

表 7-3　能源生产账户中产品分类和产业分类

能源产品分类	能源产业分类
能源特征产品	**能源特征产业**
煤炭开采和洗选产品	煤炭开采和洗选业
石油和天然气开采产品	石油和天然气开采业
石油、煤炭及其他燃料加工品	石油、煤炭及其他燃料加工业
电力、热力生产和供应	电力、热力生产和供应业
燃气、水生产和供应	燃气、水的生产和供应业
能源相关产品	**能源相关产业**
金属矿采选产品	金属矿采选业
非金属矿和其他矿产品及开采辅助活动	非金属矿和其他矿采选及开采辅助活动
农副食品加工产品	农副食品加工业
食品制造业产品	食品制造业
木、竹等加工制品和家具	木材加工和家具制造业
造纸、印刷及相关制品	造纸印刷和文教体育制造业
化学原料和化学制品	化学原料和化学制品制造业
非金属矿物制品	非金属矿物制品业
黑色金属冶炼和压延加工品	黑色金属冶炼和压延加工业
有色金属冶炼和压延加工品	有色金属冶炼和压延加工业
金属制品	金属制品业
铁路、船舶、航空航天和其他运输设备	铁路、船舶、航空航天和其他运输设备制造业
电气机械和器材	电气机械和器材制造业
其他制造产品	其他制造业
非能源特定产品	**非能源特定产业**

说明：后续测算过程中，农副食品加工业、食品制造业合并为食品制造及加工业；农副食品加工产品、食品制造业产品合并为食品制造及加工产品；黑色金属冶炼和压延加工品、有色金属冶炼和压延加工品合并为金属冶炼和压延加工品；黑色金属冶炼和压延加工业、有色金属冶炼和压延加工业合并为金属冶炼和压延加工业；加上通用设备、专用设备、通用设备制造业、专用设备制造业两类能源产品和能源产业。

产品及产业的分类对生产账户的构建至关重要。SNA（2008）建议以产品分类的支出结构和观察提供这些货物和服务的活动为标准，区分为特征货物和服务及有联系的货物和服务。针对能源产业，可将能源产品分为能源特有的产品和其他产品两类，其中，能源特有的产品可分为能源特征产品和能源相关产品两类。目前，《旅游卫星账户：方法框架建议》（*Tourism*

Satellite Account: Recommended Methodological Framework）按此思路将旅游产品分为旅游特征产品和旅游相关产品。为此，本章参考 SNA（2008）的建议，首先，按照所有货物和服务与能源消费的紧密性，将所有能源产品分为能源特定产品和非能源特定产品两类；其次，依据能源特定产品与能源需求的相关程度，进一步将其划分为能源特征产品和能源相关产品。其中，能源特征产品是指在能源生产中占有主要地位的产品或服务，能源相关产品则是指能源产业生产范围内的但其属性未被广泛认可的产品，其重要性远低于能源特征产品。非能源特定产品是指除能源特定产品之外的所有产品。

根据能源生产账户的编制要求，同样需要确定能源产业的分类结构。SNA（2008）将基层单位活动分为主要活动、次要活动和辅助活动三种活动，IRES 中也指出能源不仅可以由能源行业生产，而且可以由把能源生产作为其次要活动或辅助活动的企业或基层单位生产。因此，本章结合《国民经济行业分类》（GB/T 4754—2017），以能源产业主要活动和过程为基础，从活动分类的角度将能源产业分类为能源特定产业和非能源特定产业，能源特定产业又可分为能源特征产业和能源相关产业。其中，能源特征产业是指由以一次能源生产、转换或分配为主要活动的经济单位组成的产业，即生产能源特征产品的产业；能源相关产业是指以能源生产、转换和输送或分配作为次要活动或辅助活动的产业，其与能源消费的密切性和相关性远低于能源特征产业；非能源特定产业是指除能源特定产业之外的其他国民经济产业。

2. 能源生产账户的核算项目

本章的能源生产账户按产业编制，详细分解主要活动、次要活动或者辅助活动的能源特征活动和产品的总产出、中间消耗和增加值，最终汇总得到各能源特征活动的总产出、中间消耗和增加值。因此，能源生产账户的核算项目包括总产出、中间消耗、增加值。

（1）总产出。总产出是指在一定时期内产业生产的总规模与总成果。在能源生产账户中，以货币量统计的总产出反映了某地区能源产业所生产的所有能源总量，并且总产出按照不同类型分解为各能源特定产业与非能源特定产业所产出的能源特定产品与非能源特定产品的产出。因此，总产出能够观察能源产业生产水平、发展速度、内部结构和经济效益，评估能源政策执行效果，为能源核算提供基础数据。

（2）中间消耗。在能源生产账户中，中间消耗是指能源产业部门生产经营过程中所消耗的原材料、燃料、动力等各种货物与服务,能够反映能源产业的投入产出水平,为政府等相关部门决策服务提供基础信息。

(3)增加值。增加值作为能源生产账户中的平衡项,用来衡量能源生产过程中所创造的价值,是各能源产业部门对 GDP 所做贡献的指标,能够代表能源产业部门劳动和资本对生产过程的贡献。从中观层面讲,各能源产业部门增加值之和等于能源产业 GDP,充分反映能源产业部门生产过程的独立劳动成果;从微观层面讲,增加值能够反映能源产业的投入、产出、效益等情况。能源产业增加值核算项目可分解为劳动者报酬、生产税净额、固定资产折旧和营业盈余四项,其中,劳动者报酬是指常住单位在核算期内支付给从事能源生产活动劳动者的报酬,包括工资、津贴等;生产税净额相当于各种税金、附加费和规费减去亏损补贴、价格补贴等生产补贴后的余额;固定资产折旧反映了资本在核算期内生产单位的转移价值;营业盈余则等于国民经济中常住单位所创造的增加值减去劳动者报酬、生产税净额、固定资产折旧后的余额。

3. 能源生产账户的组合

首先,将能源特征产品、能源相关产品、非能源特定产品分布于主栏,将能源特征产业、能源相关产业、非能源特定产业分布于宾栏。其次,将各核算项目中间消耗、增加值、总产出分布于表的下半部分,编制中国能源生产账户。

二、能源生产账户的具体表式

本节依据 SNA(2008)生产账户的基本结构,依据能源产业生产过程中产品分布情况,构建出一张纵横交错的棋盘式平衡表,即能源生产账户,具体表式结构见表 7-4。能源生产账户的上半部分行向是按能源特征产品、能源相关产品、非能源特定产品的分列,下半部分为能源各产业部门的总产出、中间消耗、增加值及其构成项;列向的前半部分涵盖能源特征产业、能源相关产业、非能源特定产业的产出信息,最后合计为能源产品的总产出。简言之,行向反映能源产品的供给,即各类能源产品分别由哪些能源产业生产;列向则反映能源产业及相关产业部门的生产情况,即各类能源产业分别生产哪些能源产品,其具体产值为多少。因此,能源生产账户能够充分展示能源产业产出情况及产业活动过程,反映能源产业与产品之间的流量特征,最终将能源产业与国民经济各产业之间相互依赖的生产过程整合于一张表式中。能源生产账户在总体上有以下基本平衡关系:

表 7-4 能源生产账户的表式结构

项目	能源特征产业					能源相关产业				非能源特定产业	总产出
	煤炭开采和洗选业	石油和天然气开采业	石油、煤炭及其他燃料加工业	电力、热力生产和供应业	燃气、水生产和供应业	金属矿采选业	金属制品业	...	其他制造业	农林牧渔业	...
能源特征产品 煤炭开采和洗选产品											
石油和天然气开采产品											
石油、煤炭及其他燃料加工品	X_{ij}^1					X_{ij}^2				X_{ij}^3	X_i
电力、热力生产和供应											
燃气、水生产和供应											
能源相关产品 金属矿采选产品											
非金属矿和其他矿产品及开采辅助活动											
食品加工产品及制造业产品	Y_{ij}^1					Y_{ij}^2				Y_{ij}^3	Y_i
木、竹等加工制品和家具											
...											
金属制品											

续表

项目	能源特征产业 煤炭开采和洗选业	石油和天然气开采业	煤炭及其他燃料加工业	电力、热力生产和供应业	燃气、水的生产和供应业	能源相关产业 金属矿采选业	金属制品业	...	其他制造业	非能源特定产业 农林牧渔业	...	总产出
能源相关产品 铁路、船舶、航空航天和其他运输设备 电气机械和器材 其他制造产品			Y_{ij}^1					Y_{ij}^2			Y_{ij}^3	Y_i
非能源特定产品 农产品												
总产出			Z_i^1					Z_i^2			Z_i^3	Z_i
中间消耗			U_i^1					U_i^2			U_i^3	U
增加值			V_i^1					V_i^2			V_i^3	V
劳动者报酬			G_{ij}^1					G_{ij}^2			G_{ij}^3	G
生产税净额 固定资产折旧 营业盈余			G_{ij}^1					G_{ij}^2			G_{ij}^3	—

1. 行平衡关系

行平衡关系反映各类能源产品部门下能源产业的产出情况。行平衡关系为

$$X_{ij}^1 + X_{ij}^2 + X_{ij}^3 = X_i \qquad (7-1)$$

$$Y_{ij}^1 + Y_{ij}^2 + Y_{ij}^3 = Y_i \qquad (7-2)$$

$$Z_{ij}^1 + Z_{ij}^2 + Z_{ij}^3 = Z_i \qquad (7-3)$$

$$G_i^1 + G_i^2 + G_i^3 = G \qquad (7-4)$$

式中，X_{ij}^1、X_{ij}^2、X_{ij}^3 分别为能源特征产品、能源相关产品、非能源特定产品生产能源特征产品的产出，X_i 为能源特征产品的总产出；Y_{ij}^1、Y_{ij}^2、Y_{ij}^3 分别为能源特征产品、能源相关产品、非能源特定产品生产能源相关产品的产出，Y_i 为能源相关产品的总产出；Z_{ij}^1、Z_{ij}^2、Z_{ij}^3 分别为能源特征产品、能源相关产品、非能源特定产品生产非能源特定产品的产出，Z_i 为非能源特定产品的总产出；G_i^1、G_i^2、G_i^3 分别为能源特征产业、能源相关产业、非能源特定产业生产各类能源产品的增加值，G 为所有能源产业的增加值，不仅包括能源产业活动中能源特征活动与相关活动引起的增加值，而且包括能源产业与非能源相关活动引起的增加值。

2. 列平衡关系

列平衡关系反映各类能源产业部门下能源产品的总产出。列平衡关系为

$$X_{ij}^1 + Y_{ij}^1 + Z_{ij}^1 = U_i^1 \qquad (7-5)$$

$$X_{ij}^2 + Y_{ij}^2 + Z_{ij}^2 = U_i^2 \qquad (7-6)$$

$$X_{ij}^3 + Y_{ij}^3 + Z_{ij}^3 = U_i^3 \qquad (7-7)$$

$$X_i + Y_i + Z_i = U \qquad (7-8)$$

式中，U_i^1、U_i^2、U_i^3 分别为能源特征产业、能源相关产业、非能源特定产业生产各类能源产品的产出，U 为能源产业的总产出。

3. 总平衡关系

总平衡关系反映各产业部门总产出等于中间消耗与增加值之和，即总产出=中间消耗+增加值，表示为

$$U_i^1 = V_i^1 + G_i^1 \qquad (7\text{-}9)$$

$$U_i^2 = V_i^2 + G_i^2 \qquad (7\text{-}10)$$

$$U_i^3 = V_i^3 + G_i^3 \qquad (7\text{-}11)$$

$$U = V + G \qquad (7\text{-}12)$$

式中，V_i^1、V_i^2、V_i^3分别为能源特征产业、能源相关产业、非能源特定产业的中间消耗，V为能源产业的总中间消耗。

综上，本节构建能源生产账户的思路主要体现在三方面：第一，考虑数据的可获得性，能源生产账户的构建采用大类部门的划分方法，虽没有投入产出表、供给使用表中细分多个产业、产品部门，但囊括大部分能源产业、产品的信息，能准确反映经济系统内部能源产业与产品之间的流动关系，具有较强的可操作性；第二，突出能源产业与产品之间的经济技术联系，通过将能源产业细分为能源特征产业、能源相关产业与非能源特定产业，将能源产品归并为能源特征产品、能源相关产品、非能源特定产品，直观地反映核算期内能源产业与产品之间的产出流动情况，以进一步刻画国民经济中能源产业生产的总成果；第三，为能源产出核算的应用奠定基础，通过账户形式将能源产业产出、中间消耗、增加值等信息直观地呈现于表格中，充分反映能源产业内部各产业间的结构组成及转换关系，在此基础上进行能源产业生产的建模分析，具有较强的实践性。

第四节　中国能源生产账户的指标体系

"产业×产品"的能源生产账户主要展现能源产业/产品的总产出、中间消耗和增加值三个指标，其以科学合理的结构与指标体系全面、系统地描述了各能源产业和能源产品之间的相互转换关系，能够全面反映各能源产业在经济运行过程中的内在联系与变化规律，从而清晰展现能源供给体系的运行状况。因此，本节将构建的能源生产账户实践于中国能源生产核算，并对能源生产账户的相关指标体系进行深入、全面的数据解读。

一、能源总产出及其分析

1. 能源总产出

表7-5展现了2018年中国煤炭开采和洗选业、石油和天然气开采业等能源特征产业，以及金属矿采选业、食品制造及加工业等能源相关产

表 7-5　2018 年能源生产账户测算结果

单位：亿元

	项目	能源特征产业 煤炭开采和洗选业	石油和天然气开采业	石油、煤炭及其他燃料加工业	电力、热力生产和供应业	燃气、水生产和供应业	金属矿采选业	非金属矿和其他矿采选及开采辅助活动	能源相关产业 食品制造及加工业	木材加工和家具制造业	造纸印刷和文教体育制造业
能源特征产品	煤炭开采和洗选产品	21270.66	0	221.65	216.36	0	3.34	22.5	4.56	0.31	0.61
	石油和天然气开采产品	34.78	9504.81	42.88	0	73.83	0	7.47	0	0	0
	石油、煤炭及其他燃料加工品	608.12	172.09	39733.29	13.97	107.54	0	7.32	12.93	3.69	0.89
	电力、热力生产和供应	539.74	7.22	146.83	59847.84	35.12	1.57	93.52	34.35	3.19	73.64
	燃气、水生产和供应	39.20	18.01	231.03	39.60	8166.39	0.07	46.55	1.56	0	0.72
	金属矿采选产品	0	0	30.38	0	0.77	8601.45	37.98	5.27	4.90	5.75
	非金属矿和其他矿产品及开采辅助活动	42.25	40.52	11.94	3.11	33.24	49.96	8275.46	44.45	6.27	41.43
能源相关产品	食品制造及加工产品	1.58	0	3.28	11.5	0.41	0.01	14.36	86018.23	11.45	27.43
	木、竹等加工制品和家具	0.01	0	3.48	0	0	2.35	0	2.33	25262.38	635.39
	造纸、印刷及相关制品	20.72	0	0	0	0	0	0.05	42.90	34.75	25739.39
	化学原料和化学制品	551.18	35.99	4503.33	24.65	26.11	79.08	53.23	254.18	22.19	180.75
	非金属矿物制品	52.09	0	48.17	10.37	0.03	40.78	150.56	11.08	53.12	448.93
	金属冶炼和压延加工品	131.64	0	108.52	12.08	0	771.30	1.03	140.86	9.76	207.88

续表

项目	能源特征产业					能源相关产业			
	煤炭开采和洗选业	石油和天然气开采业	煤炭及其他燃料加工业	电力、热力生产和供应业	燃气、水的生产和供应业	金属矿采选业	非金属矿和其他矿采选业及开采辅助活动	工业	食品制造及烟草制品加工业	木材加工和家具制造业	造纸印刷和文教体育制造业
金属制品	34.57	0	0.23	10.39	2.29	13.25	0.82	1.36	74.17	182.97
通用设备	104.86	0	1.86	0.29	10.96	0.25	50.35	1.06	4.99	71.56
专用设备	91.04	2.40	5.42	0.39	6.16	0.19	0.44	14.30	28.01	47.20
铁路、船舶、航空航天和其他运输设备	1.15	0	0	0	0	0	0	0	9.00	12.54
电气机械和器材	6.33	0	0	0	8.29	0	0.49	0.46	33.15	17.07
其他制造产品	73.03	0	140.05	12.42	24.66	2.46	13.53	775.44	190.84	1751.80
非能源特定产品	0.04	0	3.85	14.09	0	4.42	0.04	0.71	58.96	13987.65
总产出	23602.99	9781.04	45236.19	60217.06	8495.80	9570.48	8775.70	87366.03	25811.13	43433.60
中间消耗	13953.58	4070.57	35384.32	43137.60	5246.71	7512.61	6461.49	73343.21	19620.60	33380.69
增加值	9639.40	5710.47	9851.84	17079.46	3249.10	2057.88	2314.20	14010.30	6190.52	10052.91
劳动者报酬	3603.16	1200.13	1248.33	5158.98	1202.80	688.19	1094.30	5925.31	3401.01	4960.21
生产税净额	1301.46	772.64	4986.09	197.69	36.50	236.28	275.07	1205.88	400.68	735.09
固定资产折旧	1522.66	1822.99	1127.26	8592.74	1036.84	442.54	386.53	2076.55	686.39	1470.01
营业盈余	3212.11	1914.71	2490.16	3130.05	972.96	690.87	558.30	4802.56	1702.44	2887.60

第七章 中国能源生产账户的编制与指标体系 125

右续上表

		能源相关产业								非能源特定产业	总产出合计
项目	化学原料和化学制品制造业	非金属矿物制品业	金属冶炼和压延加工业	金属制品业	通用设备制造业	专用设备制造业	铁路、船舶、航空航天和其他运输设备制造业	电气机械和器材制造业	其他制造业		
煤炭开采和洗选产品	37.73	22.83	47.58	1.00	0.86	1.28	0	0	47.44	0	21898.71
石油和天然气开采产品	2.28	0	0	0	0	0.34	0	0.21	0	0	9666.60
石油、煤炭及其他燃料加工品	2025.87	54.10	467.96	5.84	0.40	24.85	0.05	0.21	24.61	0	43263.73
电力、热力生产和供应	229.45	40.90	1195.67	2.78	10.65	5.65	0.44	101.21	99.03	0	62468.80
燃气、水生产和供应	34.57	2.61	160.73	2.56	5.19	25.82	0	18.40	21.28	0	8814.29
金属矿采选产品	47.89	26.14	581.67	93.96	3.34	3.68	1.44	6.39	32.58	0	9483.59
非金属矿和其他矿产品及开采辅助活动	135.65	521.81	17.87	14.52	14.09	36.70	1.38	3.67	29.95	0	9324.27
食品制造及加工产品	326.21	26.60	1.53	1.46	9.06	10.07	2.21	0.45	942.59	0	87408.43
木、竹等加工制品和家具	18.33	82.20	57.27	172.63	9.25	33.06	3.00	29.22	177.47	0	26488.37
造纸、印刷及相关制品	64.60	18.71	1.35	42.19	20.55	24.81	0.17	2.57	276.50	0	26289.26
化学原料和化学制品	72407.29	248.51	715.60	63.71	31.02	83.97	12.53	150.60	2395.56	0	81839.48
非金属矿物制品	282.15	70417.49	174.14	192.00	93.28	122.16	23.46	123.42	498.16	0	72741.39
金属冶炼和压延加工品	243.43	59.30	107098.56	3155.98	280.85	237.54	126.73	791.00	670.98	0	114047.44

续表

| | 项目 | 能源相关产业 ||||||| 非能源特定产业 | 总产出合计 |
		化学原料和化学制品制造业	非金属矿物制品业	金属冶炼和压延加工业	金属制品业	通用设备制造业	专用设备制造业	铁路、船舶、航空航天和其他运输设备制造业	电气机械和器材制造业	其他制造业		
能源相关产品	金属制品	49.32	175.79	1855.55	42285.54	857.53	585.72	281.48	444.82	825.53	0	47681.33
	通用设备	198.06	53.63	293.00	956.78	40296.07	1980.13	262.07	1443.81	1593.36	0	47323.09
	专用设备	81.62	82.18	65.78	397.01	1139.96	30198.50	106.71	314.23	1319.65	0	33901.19
	铁路、船舶、航空航天和其他运输设备	7.09	15.29	73.00	92.09	109.83	261.15	14003.71	47.72	345.82	0	14978.39
	电气机械和器材	168.70	64.30	113.80	232.70	697.72	258.51	126.77	59561.14	2639.18	0	63941.03
	其他制造产品	1645.85	475.03	931.62	849.91	1631.77	1834.13	607.95	3051.85	356979.35	0	370993.36
	非能源特定产品	19.96	48.72	7.84	37.58	21.73	16.82	21.51	25.64	261.00	1263108.01	1277624.48
总产出		78026.05	72436.14	113860.52	48600.24	45233.15	35744.89	15581.61	66116.56	369180.04	1263108.01	2430177.23
中间消耗		63189.98	56995.23	95958.65	38184.05	33650.57	26580.46	11682.05	52601.51	276127.67	676359.54	—
增加值		14836.06	15440.91	17901.86	10416.18	11582.58	9164.44	3899.55	13515.05	93052.39	586748.47	—
劳动者报酬		4447.83	5577.13	5023.05	5550.20	5950.30	4641.64	2257.89	6359.31	41188.28	365549.40	—
生产税净额		1448.52	1290.17	1669.52	552.17	489.67	461.07	223.98	781.40	9438.19	4473.38	—
固定资产折旧		3237.40	2646.76	4162.11	1548.18	1638.44	1280.31	586.32	1906.41	11844.48	85683.36	—
营业盈余		5702.31	5926.86	7047.17	2765.63	3504.16	2781.42	831.36	4467.94	30581.45	131042.34	—

和非能源特定产业的产出情况。从表 7-5 中可以看出，2018 年中国能源产业总产出为 2430177.23 亿元。在能源产品总供给中，石油、煤炭及其他燃料加工品，电力、热力生产和供应，食品制造及加工产品，化学原料和化学制品，非金属矿物制品，金属冶炼和压延加工品生产总量较大，其供给量占总量的 3.75%、5.42%、7.58%、7.10%、6.31%、9.90%。从能源产业产出中发现，能源生产主要来自煤炭开采和洗选业，石油、煤炭及其他燃料加工业，电力、热力生产和供应业三个部门，而金属制品业，通用设备制造业，铁路、船舶、航空航天和其他运输设备制造业三个部门的供给能源特征产品相对较少。

2. 能源产出规模贡献度

从各能源产出规模贡献度的整体态势（表 7-6）可以看出，在能源特征产业中，石油、煤炭及其他燃料加工业，电力、热力生产和供应业两个部门的产出规模贡献度相对较高，分别为 3.88%、5.16%，而石油和天然气开采业，燃气、水的生产和供应业两个部门的产出规模贡献度相对较低，仅有 0.84%、0.73%；在能源相关产业中，食品制造及加工业、化学原料和化学制品制造业、非金属矿物制品业、金属冶炼和压延加工业、电气机械和器材制造业的产出规模贡献度较高，分别为 7.49%、6.69%、6.21%、9.76%、5.67%。因此，能源特征产业产出规模贡献度较低，制造业中核心产业产出规模贡献度较高。其他制造业是除能源相关产业中制造业之外的所有制造业之和，因此其产出规模贡献度最高。这表明制造业对国民经济的高质量发展具有重要的支撑作用。

表 7-6 各能源产出规模贡献度 单位：%

类别	能源产业	产出规模贡献度
能源特征产业	煤炭开采和洗选业	2.02
	石油和天然气开采业	0.84
	石油、煤炭及其他燃料加工业	3.88
	电力、热力生产和供应业	5.16
	燃气、水的生产和供应业	0.73
能源相关产业	金属矿采选业	0.82
	非金属矿和其他矿采选及开采辅助活动	0.75
	食品制造及加工业	7.49
	木材加工和家具制造业	2.21

续表

类别	能源产业	产出规模贡献度
能源相关产业	造纸印刷和文教体育制造业	3.72
	化学原料和化学制品制造业	6.69
	非金属矿物制品业	6.21
	金属冶炼和压延加工业	9.76
	金属制品业	4.16
	通用设备制造业	3.88
	专用设备制造业	3.06
	铁路、船舶、航空航天和其他运输设备制造业	1.34
	电气机械和器材制造业	5.67
	其他制造业	31.61

二、能源增加值及其构成分析

1. 能源增加值

表 7-5 还描述了 2018 年中国煤炭开采和洗选业、石油和天然气开采业等能源特征产业，以及金属矿采选业、食品制造及加工业等能源相关产业和非能源特定产业的增加值情况，2018 年能源产业增加值总计 269965.10 亿元，其中，电力、热力生产和供应业，化学原料和化学制品制造业，非金属矿物制品业，金属冶炼和压延加工业，电气机械和器材制造业的增加值贡献度较大，分别为 6.33%（17079.46/269965.10）、5.50%（14836.06/269965.10）、5.72%（15440.91/269965.10）、6.63%（17901.86/269965.10）、5.01%（13515.05/269965.10），如表 7-7 所示。

表 7-7　各能源产业增加值贡献度　　单位：%

类别	能源产业	增加值贡献度
能源特征产业	煤炭开采和洗选业	3.57
	石油和天然气开采业	2.12
	石油、煤炭及其他燃料加工业	3.65
	电力、热力生产和供应业	6.33
	燃气、水的生产和供应业	1.20

续表

类别	能源产业	增加值贡献度
能源相关产业	金属矿采选业	0.76
	非金属矿和其他矿采选及开采辅助活动	0.86
	食品制造及加工业	5.19
	木材加工和家具制造业	2.29
	造纸印刷和文教体育制造业	3.72
	化学原料和化学制品制造业	5.50
	非金属矿物制品业	5.72
	金属冶炼和压延加工业	6.63
	金属制品业	3.86
	通用设备制造业	4.29
	专用设备制造业	3.39
	铁路、船舶、航空航天和其他运输设备制造业	1.44
	电气机械和器材制造业	5.01
	其他制造业	34.47

2. 能源增加值构成

能源增加值包括劳动者报酬、生产税净额、固定资产折旧和营业盈余四项。从表7-5中还可以看出，就煤炭开采和洗选业而言，能源增加值为9639.40亿元，其中，劳动者报酬为3603.16亿元，生产税净额为1301.46亿元，固定资产折旧为1522.66亿元，营业盈余为3212.11亿元，各构成项占增加值的比例为37.38%（3603.16/9639.40）、13.50%（1301.46/9639.40）、15.80%（1522.66/9639.40）、33.32%（3212.11/9639.40）。

三、能源中间消耗

中间消耗是指能源产业在生产能源产品过程中消耗和使用的所有非固定资产货物和服务的价值。因此，2018年中国能源产业中间消耗总量为1573441.09亿元。从各能源产业的中间消耗看，能源特征产业中间消耗为101792.78亿元，占比为6.47%（101792.78/1573441.09）；能源相关产业中间消耗为795288.77亿元，占比为50.54%（795288.77/1573441.09）。在能源特征产业中，石油、煤炭及其他燃料加工业，电力、热力生产和供应业的中间消耗最大，分别为 35384.32 亿元、43137.60 亿元；在能源相关产业中，食品制造及加工业、化学原料和化学制品制造业、金属冶炼和压延加工业的中间消耗较大，分别为 73343.21 亿元、63189.98 亿元、95958.65 亿元。

第八章 中国能源供给使用表的编制与指标体系

能源是国民经济和社会发展的重要基础,其供给与需求平衡事关现代化发展建设全局。本章全面梳理能源供给使用表编制的国际经验,并在 SEEA-Energy（2019）的核算框架下衔接中国各能源统计部门数据,明确中国能源供给使用表的产品分类与产业分类,探索编制 2018 年中国能源实物和货币供给使用表。能源实物供给使用表记录经济内部及经济与环境之间的全部能源流量,能源货币供给使用表记录国民经济核算体系划定的生产范围内所有能源产品的流量。根据 SEEA-Energy（2019）和 SNA（2008）的基本理论,从绝对和相对两个视角确定能源供给使用表的指标体系,解释复杂能源供需现象,了解和掌握能源供需运行状况。本章编制的能源供给使用表在能源经济学领域具有较为乐观的应用前景,以期为构建能源供给使用表这一概念下完整的能源测算体系贡献绵薄之力。今后在能源供给使用表编制日常化的基础上,可以探讨利用能源供给使用表开展动态对比分析的方法和模型,满足社会各界对能源统计数据的不同需求。

第一节 概 述

一、研究背景

完善能源统计报表制度,加强"双碳"基础统计,能够为推动构建人与自然生命共同体提供可靠信息支撑。"双碳"目标是党中央、国务院审时度势提出的重大战略决策,是我国能源行业革命性的变革,将对全球能源供需格局产生深远影响,为我国能源核算未来发展指明方向。我国作为世界最大的能源生产国和消费国,煤炭资源储量丰富,石油、天然气、铀等能源生产无法满足市场需求。受自然资源禀赋、重工业化发展阶段和以煤为主的能源消费结构等驱动因素作用,与发达国家相比,我国实现碳中和目标面临更加严峻的挑战。因此,加强能源核算是实现"双碳"目标、推动生态经济高质量发展、建设美丽中国的重要抓手。

在能源核算中，最重要的是能源供给使用核算。2000~2020 年，中国一次能源生产量年均增长 5.5%，"十三五"期间中国一次能源生产量较"十二五"期间增长 6.4%。经济的高速发展是中国能源消费快速上升的首要推动力，2000~2020 年，中国一次能源消费量年均增长 6.3%。中国能源生产量持续增加，但是能源生产量的稳步增长目前无法满足经济增长对于能源的需求，导致能源进口量持续增加，能源对外依存度持续增加，这对国家的持续发展十分不利。在这种情况下，科学化、真实化、及时化地编制中国能源供给使用表成为中国能源决策的重要组成部分。能源供给使用表可以全面反映各种能源的生产、消费、分配及进出口的平衡关系，能够更加准确地量化各种能源对经济发展与提高人民生活水平的实际贡献，为深入开展能源战略规划工作和进行能源应用分析提供基础数据。因此，探索中国能源供给使用表的编制并挖掘其应用功能的重大意义不言而喻。本章利用 SEEA-Energy（2019）提供的能源供给使用表框架，基于中国能源统计资料数据情况编制中国能源供给使用表，根据 SEEA-Energy（2019）和 SNA（2008）的基本理论，确定能源供给使用表一些重要的能源指标。

二、文献综述

自 20 世纪 70 年代可持续发展成为人类社会的议题以来，能源供给使用核算一直是国际社会关注的热点。联合国在 SEEA（2003）中提出了丹麦能源与空气排放卫星账户的例子，其中，丹麦能源实物供给表显示了每种能源产品的国内生产和进口，共同构成了总供给；丹麦能源实物使用表显示了行业的中间消费、存货变化、私人总消费、出口和配送损失等，共同构成了总使用。能源实物供给表与使用表具有完全相同的能源产品，每组能源产品的总使用等于总供给。以丹麦的经验为基础，丹麦从实物角度详细地阐述了能源供给使用表的编制工作。2012 年，联合国以 SNA（2008）中供给使用表的扩展为基础，进一步补充和完善了 SEEA（2003）中的能源核算部分，发布了 SEEA（2012），详细阐述了能源实物供给使用表的一般编制方法。SEEA（2012）能源实物供给使用表阐述了能源开采到进入经济体实现供给与使用情况及回到环境的整个过程。能源实物供给使用表的横行包含以实物计量单位计量的自然投入能源、能源产品、余能和其他残余物，计量依据的原则是每种能源的总投入等于总使用，即能源的总使用等于总供给。能源实物供给表和能源实物使用表第一部分均记录了自然投入能源流量。但 SEEA（2012）只列示了能源实物供给使用表，并未列示能源货币供给使用表。为增强能源供给使用核算的可操作性，联合国发布了 SEEA-Energy（2019），在 SEEA（2012）能源实物供给使用表的基础上，增加了能源货币供给使用表、能源实物和货币供给使用表的合并账户，形成了结合实物量与货币量的成熟能源供给使用表编制方法。SEEA-Energy（2019）更详细地阐述了能源卫星账户与 IRES（2018）提出的能源统计和平衡之间的联系，为各国能源供给使用表的编制提供了理论基础。

现有关于供给使用表编制的文献多集中于对水资源（李花菊，2010；Dimova et al.，2014；马忠和王苗苗，2012）、生态（马国霞等，2017；高敏雪，2016）、数字经济（向书坚和吴文君，2019；杨仲山和张美慧，2019；罗良清等，2021）、研发（徐蔼婷和祝瑜晗，2017；陈丹丹，2017）供给使用表进行编制。其中，李花菊（2010）在 SEEA（2003）和《水资源环境经济核算体系》（*System of Environmental-Economic Accounts for Water*，SEEA-Water）框架下，考虑中国水资源统计资料现状及分析需求，编制了水资源实物量供给使用表。高敏雪（2016）将 GDP 供给使用表核算框架落实到生态系统供给使用表编制实施层面，设计出一套生态系统供应品和服务供给使用表。杨仲山和张美慧（2019）基于 OECD 等国际组织及美国、新西兰等国家编制数字经济供给使用表经验和中国数字经济现状，编制了中国按购买者价格核算的数字经济供给使用表，为中国数字经济卫星账户的编制方案及国民经济核算体系的完善提供借鉴。徐蔼婷和祝瑜晗（2017）提出研发供给使用表的编制难点主要在于实现不同产业分类标准之间的转换与对接，基于当前的科技统计制度和数据基础，尝试编制 T 型研发供给使用表[①]。通过以上分析可以发现，这些学者编制的供给使用表都是以 SNA（2008）供给使用表为起点沿着不同方向往外延伸的，与 SNA（2008）供给使用表仅在核算对象上有所区别。

在中国能源供给使用表的指标体系研究方面，大多数国内外学者对能源指标进行应用分析。例如，张伟等（2013）将能源使用指标作为投入要素，考察我国全要素碳减排效率的变动趋势及其影响因素。薛静静等（2014）选取能源进口、能源消费、能源生产等指标，对近年来中国能源供给安全的等级、演变特征及主要影响因素进行分析，研究表明，2000~2011 年中国能源供给安全指数总体呈上升趋势。刘华军等（2015）选用能源消费指标，利用社会网络分析方法对中国省际能源消费空间关联的网络结构特

---

① T 型指表式形状为两栏。T 型账户分为左右两边，左边使用，右边来源，来源方合计值等于使用方合计值。

征及其效应进行经验考察。Yao 和 Zang（2021）为了厘清广东省电能的来源和去向，选取能源生产和能源消费指标，从时空角度探讨供给侧与需求侧电能的内在差异和演变。

目前学者对中国能源供给使用问题的研究已经取得了丰富的研究成果，但是仍有以下不足之处。

（1）大多数学者集中探索水资源、生态等项目供给使用表的编制，缺少对能源供给使用表的编制，特别是能源货币供给使用表的编制，主要原因是能源供给使用表是一个全新的概念，无论是理论准备还是实践尝试都处于空白，导致能源供给使用表的编制存在一定的困难，大量基本问题亟待探讨和回答。

（2）当前中国未编制能源实物和货币供给使用表，导致现有文献中的能源指标多是能源生产、能源消费、能源进出口等总规模或绝对水平的统计指标，很少有关于能源相对指标的研究。

（3）在对能源供给使用分析方面，许多学者不是在能源供给使用表的基础上进行分析，而是以能源生产替代能源供给、能源消费替代能源使用，其结果难以客观反映中国能源整体的真实情况。

三、本章主要工作及创新点

首先，本章以 SEEA-Energy（2019）为理论基础，勾勒能源供给使用表的整体架构；同时，根据各国编制能源供给使用表的实践选择，提炼能源供给使用表的编制经验，对代表性国家的能源供给使用表的编制实践予以比较与借鉴，期待为中国能源供给使用表的编制和试算提供参考。其次，本章基于中国能源产品分类和能源统计数据资料编制中国能源实物和货币供给使用表，创新性地编制能源货币供给使用表，以此提高中国能源核算数据质量，进而为经济、能源、环境深入研究提供数据支持。最后，本章利用编制的中国能源供给使用表数据，对能源供给使用表的指标体系进行分析与解读。本章主要创新点如下。

（1）以 SEEA-Energy（2019）为理论基础，对比分析挪威、澳大利亚、加拿大、英国、南非、丹麦能源供给使用表的编制经验，从能源指标、能源产品分类、产业分类方面构建符合中国国情的能源实物供给使用表和能源货币供给使用表。其中，在能源实物供给使用表的编制中考虑自然投入能源、能源产品、余能和其他残余物流量的供给和使用情况。

（2）以能源供给使用表作为数据基础，确定能源绝对指标与能源相对指标，并对各能源指标进行解读。能源绝对指标包括能源供给与使用指标、能源进出口指标、能源生产指标、能源中间使用指标和能源最终使用指标，能源相对指标包括产业能源负担能力指标、住户能源负担能力指标和能源价格指标。

（3）根据《中国能源统计年鉴》和中国 2018 年投入产出表的供给使用表部分得到中国能源产品实物和货币综合使用表，同时基于能源产品实物和货币综合使用表核算能源产品价格，分析各产业部门能源产品价格的差异，力求为中国能源行业制定能源产品价格提供一些科学依据，从而为政府有效控制短期能源价格波动风险提供有定量依据的决策参考。

第二节 能源供给使用表编制的国际经验

一、各国编制能源实物供给使用表的经验

灵活性强是能源实物供给使用表的最大特征，能源产品的编制范围可宽可窄、要素安排可烦琐可简便、基本表式不拘一格。如果说理论层面的 SEEA-Energy（2019）编制框架为各国提供了一个编制能源实物供给使用表的可能逻辑，那么各国目前已编制完成或正在开发编制的能源实物供给使用表则是基于统计基础，将理论逻辑与现实需求相协调而做出的实际选择。统计基础不同、现实需求各异，选择就会有分歧，各国的能源实物供给使用表便有差异。本节选取挪威、澳大利亚、加拿大、英国、南非、丹麦能源实物供给使用表的编制方法进行比较分析。

1. 挪威

挪威石油资源较为丰富，可持续发展水平较高，同时也是世界上最早编制能源实物流量账户的国家之一。挪威早在 1978 年就建立了能源实物流量账户，描述了挪威地理区域内所有能源产品（包括生物燃料）的总供给、加工投入转换和总使用，明确了不同能源产品用于不同目的的生产和使用，以及能源产品是可再生资源还是不可再生资源。该账户中的生产量主要来自原油、天然气、水电等初级能源产品，中间使用主要用于农业、渔业、工矿业、运输业、服务业和住户。能源实物流量账户包括国外在内的挪威经济行业生产和使用的所有能源产品。统计数据还包括挪威经济中各行业的能源强度数据及能源消耗变化的分解数据。

2. 澳大利亚

澳大利亚统计局编制的能源卫星账户与联合国的 SEEA-Energy

(2019)在核算框架上大体一致。结合澳大利亚的能源实际情况,澳大利亚从生产者和使用者角度编制了能源实物供给使用表。澳大利亚采用横行与纵列对应的方式编制能源实物供给使用表,其中,能源实物供给表的横行为能源供给来源,包括各行业的生产量、住户的自给性生产量及进口量;能源实物使用表的横行为能源使用去向,包括各行业的中间消耗量、最终消费量、存货变化及出口量;能源实物供给使用表的纵列为多种细分的能源产品的使用情况,如黑煤、褐煤、煤球、焦炭等。澳大利亚能源实物供给使用表没有列示自然投入能源,这主要是因为环境的能源基本来源于自由采矿业。能源实物供给使用表满足行业的总供给+住户的总供给+进口=总供给,即每种能源的总供给等于能源实物供给使用表中的转换损失和总净使用。

3. 加拿大

作为世界第五大天然气生产国、第六大原油生产国,加拿大在国民经济和能源核算方面也走在世界前列(汤文豪等,2020)。加拿大能源实物流量账户记录了加拿大经济与环境之间选定的自然资源投入、产品和残余物流量,提供的数据反映了行业、住户和政府的能源活动,并遵循加拿大统计局供给使用表中使用的行业和产品分类系统。其中,能源实物使用表遵循 SEEA(2012)的方法指南,并使用与国民经济核算体系相同的方法和结构,因此其能源使用量可与 GDP 直接进行比较。

4. 英国

英国也是较早对能源核算进行研究的国家,早在 1990 年就编制了环境账户,而能源实物使用表是英国环境账户的一部分。英国能源实物使用表公布了不同经济领域的能源使用水平,例如,某年份英国住户使用的能源有多少来自可再生能源,以及制造业使用了多少能源,其中,行业按 ISIC 分为 130 个类别。该表还包括一次电力总量,即使用核能、风能、地热能等产生的电力,不包括生物燃料和废物;直接使用化石燃料的能源不包括任何转化为二次燃料的能源,如焦炭或高炉煤气。英国能源实物使用表遵循 SEEA(2012)的方法指南,但未编制能源实物供给表,还没有形成完整的能源实物供给使用表框架。

5. 南非

南非在自然资本账户编制方面拥有多年经验。为确保为社会经济发展提供安全和可持续的能源，南非统计局于 2002 年编制了能源卫星账户。南非能源卫星账户参考 SEEA（2012）框架下的能源卫星账户编制方法，其能源实物供给使用表介绍的能源信息侧重国内生产和进口，以及不同部门的能源使用、出口、转换和损失。能源产品包括煤、原油、电力、天然气、水电、石油产品、可再生能源，其中，可再生能源包括地热能和太阳能，但不包括废物。

6. 丹麦

为应对石油危机，丹麦于 1974 年开始编制能源卫星账户，能源实物供给使用表归属于此账户。丹麦能源实物供给使用表使用产品平衡法编制，以确保生产和进口形式的能源产品数据与消费、存货和出口形式的能源产品数据相等。能源实物供给表描述了丹麦生产和进口的各种能源产品，如原油和天然气、煤炭、石油产品、电力和热力等，以及各种类型的可再生能源；能源实物使用表显示了各行业和住户如何使用相同的能源产品，以及出口。其中，行业基于《丹麦行业代码 2007》（*Danish Industry Code* 2007）分为 117 个类别。丹麦能源卫星账户与国民经济核算体系的投入产出表相结合，可用于计算能源乘数，从而揭示需求变化对能源消费的影响。

各国编制能源实物供给使用表情况见表 8-1。从各国编制的实践经验来看，各国的能源实物供给使用表均是在 SNA（2008）和 SEEA（2012）两个方法指南的基础上编制的，整体框架基本相似，仅在形式上存在差异。能源产品的定义和分类基本参考 SIEC。就核算表式而言，有些国家编制能源实物供给和使用表，有些国家只编制能源实物使用表。

表 8-1　各国能源实物供给使用表内容分布差异

主要内容			挪威	澳大利亚	加拿大	英国	南非	丹麦
能源实物供给使用表	实物供给表	生产	√	√	—	—	√	√
		进口	√	√	—	—	√	√
	实物使用表	中间使用	√	√	√	√	√	√
		最终使用	√	√	√	√	√	√
		出口	√	√	√	√	√	√
		存货变化	√	√	—	—	√	√
		转换和损失	√	√	—	√	√	√

二、各国编制能源货币供给使用表的经验

为从经济角度了解能源供给使用问题,应根据本国情况进行能源货币计量。从国际角度看,澳大利亚是目前世界上少数能定期公布能源货币供给使用表的国家,其他国家能源货币供给使用表还处在探索阶段。因此,本节重点分析澳大利亚编制的能源货币供给使用表。

澳大利亚能源货币供给使用表是从生产者和消费者角度显示能源货币价值。能源产品的分类和核算范围仅限于煤炭、天然气、石油、石油产品和电力,不包括可再生能源。行业分类遵循《澳大利亚和新西兰标准行业分类 2006 年版》(*The 2006 Australian and New Zealand Standard Industrial Classification*),这也是澳大利亚国民经济核算体系的分类依据。

能源货币供给使用表是通过从澳大利亚所有产品供给使用表数据中分离出与能源有关的行业和产品数据而构建的,以确保所编制的能源货币供给使用表与最新国民经济核算体系中供给使用表的一致性。能源货币供给使用表包括按能源产品分类的能源货币价值,按能源产品分类的工业、住户和政府使用的能源货币价值,以及能源产品使用和供给占总量的比例。能源产品的供应和使用分别按基本价格和购买者价格计价,这些定价基础之间的区别源于对税收、补贴和利润的处理。

由于许多能源产品使用在发生(特别是能源自产自用所造成的能源损失)时没有明确货币交易,此类使用记录能源的实物使用量,难以记录其货币使用量。根据 SEEA(2012)和 SNA(2008),能源货币供给使用表和能源混合供给使用表显示的货币流量代表所有能源的实物使用量,包括没有产生明确货币交易的能源流量。为了对能源供给和使用流量进行估值,澳大利亚从澳大利亚能源、环境和水资源调查,澳大利亚环境指标调查,澳大利亚国民经济核算体系数据,澳大利亚投入产出表,澳大利亚人口普查,以及澳大利亚采矿业调查等多渠道得到能源隐性单价和支出数据。由于在数据来源中缺乏一些能源产品的单价数据,木材、废物等一些供给和使用量相对较小的能源产品被排除在能源混合供给使用表之外。

澳大利亚在编制能源实物供给使用表和能源货币供给使用表后,将两者合并,编制能源混合供给使用表,即能源供给使用表的合并账户,以实物和货币单位同时介绍澳大利亚各行业和住户的能源供给和使用情况。

第三节 中国能源供给使用表的编制

中国现行能源核算以能源平衡表为核心,主要通过能源统计报表收集能源实物流量数据,并汇总能源统计报表的数据以编制能源平衡表。中国 2020 年能源核算表格位于《中国统计年鉴》的第九项,其所包含的内容如表 8-2 所示。从表 8-2 中可以看出,目前中国能源核算体系尚不健全。具体来看,能源核算表格大部分是存量方面,仅有综合能源平衡表、石油平衡表、煤炭平衡表及电力平衡表四张流量表。综合能源平衡表、石油平衡表、煤炭平衡表及电力平衡表与 SEEA(2012)构建的能源实物供给使用表大体趋于一致。

表 8-2　2020 年《中国统计年鉴》中的能源相关统计

序号	表格标题	表格内容
1	一次能源生产总量及构成	1978~2019 年每年的一次能源生产总量,以及原煤、原油、天然气、一次电力及其他能源占一次能源生产总量的比例
2	能源消费总量及构成	1978~2019 年每年的能源消费总量,以及煤炭、石油、天然气、一次电力及其他能源占能源消费总量的比例
3	综合能源平衡表	主要年份可供消费的能源总量和能源消费总量
4	石油平衡表	主要年份石油可供消费的能源总量和能源消费总量
5	煤炭平衡表	主要年份煤炭可供消费的能源总量和能源消费总量
6	电力平衡表	主要年份电力可供消费的能源总量和能源消费总量
7	能源生产弹性系数	1990~2019 年能源生产与上年的增加比,电力生产与上年的增加比,GDP 与上年的增加比,能源生产弹性系数,电力生产弹性系数
8	能源消费弹性系数	1990~2019 年能源消费与上年的增加比,电力消费与上年的增加比,GDP 与上年的增加比,能源消费弹性系数,电力消费弹性系数
9	按行业分能源消费量(2018 年)	2018 年各行业和生活不同能源系列的消费量
10	能源加工转换效率	1983~2018 年能源加工转换效率,包括总效率、发电及供热、炼焦、炼油及煤制品
11	平均每天能源消费量	主要年份不同能源品种的每天消耗量
12	居民生活能源消费量	主要年份不同能源品种和生活消耗量
13	人均生活能源消费量	1983~2018 年人均生活能源消费量
14	分地区电力消费量	主要年份 31 个省区市(不涉及港澳台地区)的电力消费总量
15	发电装机容量	2000~2019 年不同电能的装机容量
16	万元 GDP 能源消费量	1980~2018 年万元 GDP 能源消费量,包括煤炭、焦炭、石油、原油、燃料油和电力

总体来看，这些能源数据呈现的内容不够详细，无法准确显示中国能源资源的"来龙去脉"，选取适宜的表格形式及编表技术编制中国能源供给使用表十分迫切。本节借鉴各国编制能源供给使用表的实践经验，从能源指标、能源产品分类、产业分类方面构建符合中国国情的能源实物供给使用表和能源货币供给使用表。

一、中国能源实物供给使用表的构建与编制

1. 中国能源实物供给使用表的构建

SEEA-Energy（2019）的能源实物供给使用表旨在全面记录经济内部及经济与环境之间的所有能源流量。中国能源实物供给使用表是 SNA（2008）中货币供给使用表的扩展（图 8-1），除经济中能源产品流量外，能源实物供给使用表加入从环境到经济的自然投入能源流量，以及从经济到环境的残余物流量，包括余能和其他残余物流量。本节构建的中国能源实物供给使用表包括自然投入能源、能源产品、余能和其他残余物流量的供给和使用情况。

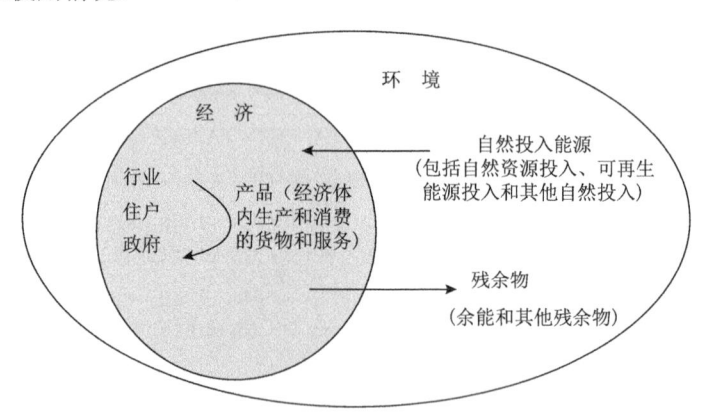

图 8-1　能源实物流量

自然投入能源是指来自环境中，并作为经济生产过程一部分或直接用于生产中的所有实物投入。自然投入能源包括自然资源投入、可再生能源投入和其他自然投入。由于自然资源投入由自然资源在经济领域的实物投入组成，自然资源投入包括来自矿产和能源资源、土壤资源、天然木材资源、天然水生资源、其他天然生物资源及水资源的投入。可再生能源投入是指环境提供的非燃料能源，自然投入能源将可再生能源投入包括在内，为环境与经济之间以含能源计量的能源流量完全平衡奠定了基础。可再生

能源投入按照来源分类,包括但不限于太阳能、水能、风能、潮汐能和地热能,以及其他电和热。其他自然投入理论上包括土壤投入和空气投入,但对于能源实物供给使用表,仅生物质可作为能源投入,因此能源实物供给使用表中的其他自然投入仅包括对培育生物质的能源投入,主要包括人工培育的木材资源。由于培育生物质的能源投入(如种植的木材)是在经济范围内生产的,培育生物质的能源投入应记录为能源产品流量。但培育生物质的能源产品不能凭空出现,为确保能源产品流量的完全平衡,能源实物供给使用表将培育生物质的能源产品流量作为自然投入能源流量的一部分。

余能流量包括:①开采过程中损失的能源资源,即开采损失,如开采过程中通过燃烧损失的天然气;②提取供给点或使用点之间的能源损失,即配送损失,如从配电网进入环境造成的电力损失;③储存过程中损失的能源,即储存损失,如液化天然气等能源产品因泄漏产生的损失;④转化过程中损失的能源,即转化损失,如用煤发电时产生的损失。此外,余能主要涉及终端用户出于与能源相关的目的使用能源产品时产生的热量。

能源产品是专门或主要用作能源的产品,包括经济单位生产或产生的燃料、经济单位产生的电力,以及经济单位产生并出售给第三方的热量。残余物是指基层单位和住户在生产、消费或积累过程中丢弃、排泄或排放的固态、液态和气态物质流量。残余物分为固体废物、废水、向空气排放、向水排放、产品的耗散性使用、耗散性损失和自然资源残余物。

能源实物供给使用表以常住原则作为进出口的依据:当所有权发生涉及常住单位和非常住单位的变更时,应当记录为能源产品进口或出口。将常住单位从非常住单位得到的能源产品作为进口,非常住单位从常住单位得到的能源产品作为出口。从经济领土过境的能源产品一般不列在进口和出口中。能源实物供给使用表记录的原则是自然投入能源流量、能源产品流量、余能流量和其他残余物流量四种能源流量的总供给量等于同种能源流量的总使用量,即总供给量=国内生产+进口=总使用量=中间使用+最终使用+出口。

2. 中国能源实物供给使用表的编制

根据现有能源数据条件,参考《中国能源统计年鉴》的行业分类结果及 ISIC,将基层单位分为七大部门,包括农林牧渔业,采矿业,制造业,电力、燃气、蒸汽和空调制冷业,建筑业,批发、零售、住宿和餐饮业,交通运输、仓储和邮政业,剩下的行业归为其他行业,行业分类及代码见表 8-3。

表 8-3　行业分类及代码

代码	行业名称	涉及行业
P1	农林牧渔业	农业、林业、畜牧业、渔业、农林牧渔专业及辅助性活动
P2	采矿业	煤炭开采和洗选业、石油和天然气开采业、金属矿采选业、非金属矿和其他矿采选及开采辅助活动
P3	制造业	……
P4	电力、燃气、蒸汽和空调制冷业	电力、热力生产和供应业，燃气、水的生产和供应业
P5	建筑业	房屋建筑业、土木工程建筑业、建筑安装业、建筑装饰/装修和其他建筑业
P6	批发、零售、住宿和餐饮业	批发业、零售业、住宿业、餐饮业
P7	交通运输、仓储和邮政业	铁路运输业、道路运输业、水上运输业、航空运输业，以及其他交通运输、仓储和邮政业
P8	其他行业	……

SIEC 在适用的情况下，按照物理特性（如褐煤与硬煤）和所处加工阶段对燃料类别进一步细分。有些产品（如废物、农作物和其他生物质）可作为能源使用但非全部作为能源使用，为避免能源流量的不平衡，通常把它们归为非能源产品。例如，虽然 SIEC 把沼气纳入了能源产品的核算范围，但并不列在能源供给使用表中。中国能源货币供给使用表包括煤炭开采和洗选产品，石油和天然气开采产品，石油、煤炭及其他燃料加工品，电力、热力生产和供应，燃气生产和供应 5 类能源产品。中国能源平衡表包括原煤等 32 种能源产品，较中国能源货币供给使用表的分类更为细致。中国能源平衡表的 32 种能源产品全部包含在中国能源货币供给使用表的 5 类能源产品中，但 SIEC 的能源产品范围较中国能源平衡表和中国能源货币供给使用表中的能源产品范围更为广泛，SIEC 的沼气、废物和天然气凝析液不包含在中国能源平衡表的 32 种能源产品和中国能源货币供给使用表的 5 类能源产品中。考虑能源产品之间的联系，中国能源供给使用表参考《中国能源统计年鉴》的 32 种能源产品及 SIEC，按 CPC 将能源产品分为 5 大类，见表 8-4。

表 8-4　能源产品分类

《中国能源统计年鉴》	能源产品	SIEC
其他原煤、无烟煤、炼焦烟煤、一般烟煤、洗精煤、其他洗煤	煤炭开采和洗选产品	硬煤、褐煤、泥炭

续表

《中国能源统计年鉴》	能源产品	SIEC
原油、汽油、煤油、柴油、燃料油、石脑油、润滑油、石蜡、溶剂油、石油沥青、液化天然气、其他石油制品	石油和天然气开采产品	常规原油、炼油厂原料、油制品
煤制品、焦炭、焦炉煤气、高炉煤气、转炉煤气、其他煤气、石油焦、炼厂干气、其他能源	石油、煤炭及其他燃料加工品	煤制品、油页岩、油砂、生物燃料、核燃料、其他未列明燃料
电力、热力	电力、热力生产和供应	电力、热力
天然气、液化石油气、煤气	燃气生产和供应	天然气、液化石油气、煤气、生物燃料（固体生物燃料）

中国能源平衡表遵循领土原则，以产品进出地理领土划分进出口。由于中国能源实物供给使用表中的数据目前仅可从中国能源平衡表中获取，其进出口也遵循领土原则。2018 年中国能源实物使用表中能源产品部分的编制数据来自中国能源平衡表的分行业能源消费量；分行业的中间使用数据来自《中国能源统计年鉴》分行业终端消费量，最终使用来自居民生活的终端消费量，余能来自损失量。此外，由于目前中国的能源统计中缺少自然投入能源和其他残余物流量，此类数据空缺。首先，由 SEEA（2012）和 SEEA-Energy（2019）的能源实物供给表可知，采矿业，制造业，电力、燃气、蒸汽和空调制冷业是主要的能源产品生产部门。其次，由表 8-4 可知，煤炭开采和洗选产品、石油和天然气开采产品主要由采矿业生产；石油、煤炭及其他燃料加工品主要生产部门是制造业；电力、热力生产和供应，燃气生产和供应主要由电力、燃气、蒸汽和空调制冷业生产。再次，根据能源货币供给表中各产业部门的产出贡献情况，计算能源实物供给表中采矿业，制造业，电力、燃气、蒸汽和空调制冷业三个产业部门的能源供给量。最后，由总供给量等于总使用量得出，采矿业，制造业，电力、燃气、蒸汽和空调制冷业三个产业部门产出的煤炭开采和洗选产品分别为 44735.98 万吨标准煤、810.92 万吨标准煤、454.71 万吨标准煤。能源实物供给表如表 8-5 所示，能源实物使用表如表 8-6 所示。

表 8-5 能源实物供给表

单位：万吨标准煤

项目	生产								进口	供给量合计
	农林牧渔业	采矿业	制造业	电力、燃气、蒸汽和空调制冷业	建筑业	批发、零售、住宿和餐饮业	交通运输、仓储和邮政业	其他行业		
能源产品										
煤炭开采和洗选产品	—	44735.98	810.92	454.71	—	—	—	—	17163.39	63165.00
石油和天然气开采产品	—	4173.53	19.98	32.27	—	—	—	—	80425.71	84651.49
石油、煤炭及其他燃料加工品	—	1253.71	67424.60	193.44	—	—	—	—	1513.45	70385.20
电力、热力生产和供应	—	1044.59	3145.45	97428.55	—	—	—	—	69.91	101688.50
燃气生产和供应	—	272.00	1526.70	20207.13	—	—	—	—	9843.62	31849.45
供给量合计	—	51479.81	72927.65	118316.10	—	—	—	—	109016.08	351739.64

表 8-6 能源实物使用表

单位：万吨标准煤

项目	农林牧渔业	采矿业	制造业	电力、燃气、蒸汽和空调制冷业	建筑业	批发、零售、住宿和餐饮业	交通运输、仓储和邮政业	其他行业	最终使用	出口	使用量合计
能源产品											
煤炭开采和洗选产品	1814.94	2716.86	46698.75	675.77	541.77	2173.12	239.54	2398.68	5489.37	416.20	63165.00
石油和天然气开采产品	2505.85	1296.19	20844.10	190.76	5193.12	751.06	33682.41	4962.79	6142.8	9082.42	84651.50
石油、煤炭及其他燃料加工品	706.86	353.62	63086.48	64.57	152.28	131.79	1388.68	250.46	3031.17	1219.29	70385.20
电力、热力生产和供应	1529.4	3396.24	57185.34	7985.55	1169.67	3870.2	2107.07	7677.92	16510.17	256.94	101688.50
燃气生产和供应	29.70	1875.70	12801.28	81.30	61.04	946.79	3046.26	878.13	11503.98	625.27	31849.45
使用量合计	6586.75	9638.61	200615.95	8997.95	7117.88	7872.96	40463.96	16167.98	42677.49	11600.12	351739.65

中间使用

二、中国能源货币供给使用表的构建与编制

1. 中国能源货币供给使用表的构建

中国能源货币供给使用表将 SNA（2008）中与能源产品有关的部分分离出来，以货币量为单位，提供了从生产者角度评估能源产品的货币估计，充分记录经济内部和不同经济单位之间的能源产品流量。能源实物使用表包含三种主要类型的流量，即自然投入能源、能源产品和残余物流量；由于货币流量仅由经济内部产生，能源货币供给使用表只记录与能源产品有关的流量。能源货币流量如图 8-2 所示。图 8-2 说明了与不同能源类型的生产和使用相关的经济交易，包括在国外生产的能源（进口）和在中国生产并在国外消费的能源（出口）的国内消费。原则上，能源货币供给使用表的能源产品分类和能源实物供给使用表产品之间需要保持一致，以便编制能源实物和货币供给使用表的合并账户。能源货币供给表记录能源产品从何而来、由何部门生产，以及进口的情况；能源货币使用表反映产品如何被使用和出口。能源货币供给表和使用表结合起来揭示能源产品在各部门之间生产、流转和平衡的数量关系。

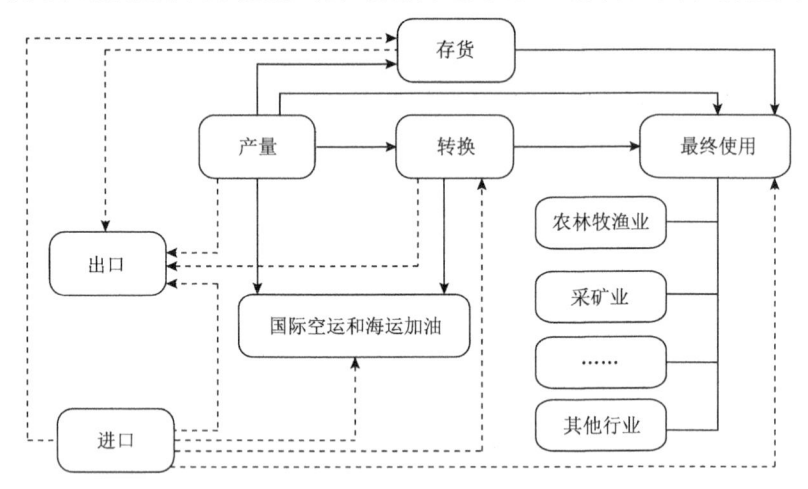

图 8-2 能源货币流量
实线表示国内流量，虚线表示国外流量

能源货币供给表包括各种能源产品的国内生产价值和按基本价格计算的进口价值、税收、贸易和运输费用的总和。当能源产品通过批发商和零售商出售时，此类活动被分配给批发和零售业，贸易费用记作该行业的产出。贸易费用是能源产品生产者产生的基本价格和使用者支付的购买者价格之间的差额的一部分。除可能的批发和零售活动之外，能源产品的交付通常涉及某种形式的运输活动，这些活动可能会也可能不会向买方单独

收费和开具发票。如果能源产品的生产商进行运输活动是单独收费的,无论是从事这些活动的生产者还是与生产者签订合同的第三方,收费都记为运输费用。如果能源产品的生产商进行运输活动而没有明确向买方收取费用,或者如果买方直接从生产商那里收取产品,则不记录运输费用。运输费用、贸易费用和税收构成了生产者价格和购买者价格之间的差额。

能源货币使用表包括中间使用和最终使用,其中,中间使用包括各行业生产所需要的中间投入,最终使用包括农村居民消费、城镇居民消费、存货变化和出口。农村和城镇居民消费既包括直接以货币形式购买能源产品的消费支出,也包括以其他方式获得能源产品的消费价值。存货变化等于存货期末与期初的差额,核算能源存货变化时要将存货按种类对应到不同的产品部门。出口包括经海关出口的能源、向境内非居民销售的能源、外国船舶和渔船在境内加油、外国飞机在境内加油,以及外国游客和商务旅客在境内购买的能源。

对于每种能源产品,按购买者价格计算的总使用量等于按购买者价格计算的总供给量,这反映了货币能源流量的平衡:按购买者价格计算的总供给量=按基本价格计算的国内生产量+进口+进口税+不可抵扣增值税+贸易和运输费用=按购买者价格计算的总使用量=中间使用+最终使用。

2. 中国能源货币供给使用表的编制

能源货币供给使用表涵盖国民经济核算体系划定的生产范围内所有产品的流量。中国能源货币供给使用表是将中国货币供给使用表中能源产品部分分离所编制的。首先,分离出煤炭开采和洗选产品,石油和天然气开采产品,石油、煤炭及其他燃料加工品,电力、热力生产和供应,燃气生产和供应这 5 类能源产品;其次,将生产和中间使用进行分行业合并。2018 年能源货币供给使用表(表 8-7 和表 8-8)的数据来自 2018 年中国供给使用表,其中,能源货币使用表不包含中国能源货币使用表中的政府消费支出和固定资本形成总额,政府消费支出划分至各行业的中间消费,而能源从理论上而言没有固定资本形成。

3. 中国能源供给使用表的合并账户编制

能源实物供给使用表的流量包括自然投入能源、能源产品和残余物流量,但货币供给使用表的流量仅限于能源产品。因此,能源实物和货币供给使用表的合并账户仅可用于能源产品流量。由于能源供给表所缺数据较多,仅构建能源产品实物和货币综合使用表,如表 8-9 所示。

表 8-7 能源货币供给表

单位：万元

项目	农林牧渔业	采矿业	制造业	电力、燃气、蒸汽和空调制冷业	建筑业	批发、零售、住宿和餐饮业	交通运输、仓储和邮政业	其他行业	进口	进口税	生产者价格总供给量	不可抵扣增值税	贸易和运输费用	购买者价格总供给量
能源产品														
煤炭开采和洗选产品	0	212864982	3858553	2163630	0	0	0	0	17067536	189320	236144020	17184829	31583234	284912083
石油和天然气开采产品	0	95470574	457105	738252	0	0	0	0	181295520	5821	277967272	32747488	15628713	326343473
石油、煤炭及其他燃料加工品	0	7875305	423534025	1215112	0	0	0	0	28533657	2621099	463779198	14818239	67513893	546111331
电力、热力生产和供应	0	6420406	19333025	598829653	0	0	0	0	167347	0	624750434	20261054	0	645011487
燃气生产和供应	0	718178	4031030	53353953	0	0	0	0	0	0	58103162	972928	6370744	65446833
产业部门总产出	0	323349445	451213738	656300600	0	0	0	0	227064060	2816240	1660744086	85984538	121096584	1867825207

说明：本章数据直接从 2018 年中国供给使用表中获取，可能由于年鉴表在编表过程中先汇总再四舍五入引起，下同。

第八章 中国能源供给使用表的编制与指标体系 149

表8-8 能源货币使用表

单位: 万元

项目	中间使用							最终使用				购买者价格总使用量
	农林牧渔业	采矿业	制造业	电力、燃气、蒸汽和空调制冷业	建筑业	批发、零售、住宿和餐饮业	交通运输、仓储和邮政业	其他行业	农村居民消费	城镇居民消费	存货变化	出口	总使用量	
能源产品														
煤炭开采和洗选产品	707805	48192291	137280915	93676343	902325	181415	158187	2597354	932976	559784	-779372	502060	1215447	284912083
石油和天然气开采产品	0	3126108	276831048	34771371	0	23	1071	136184	0	0	9895102	1582565	11477667	326343473
石油、煤炭及其他燃料加工品	6943370	19254456	218648838	13420563	42282534	5834450	119716889	43629668	6402759	37322159	5605891	27049757	76380565	546111331
电力、热力生产和供应	9493350	33245505	250982149	181035395	35173261	17357183	18497807	39791386	10774249	47664948	0	996252	59435449	645011487
燃气生产和供应	173745	328370	7744886	8354122	43401	2581543	17674058	4870789	1052829	21590487	1032600	5	23675922	65446833

表 8-9 能源产品实物和货币综合使用表

项目	农林牧渔业	采矿业	制造业	电力、燃气、蒸汽和空调制冷业	建筑业	批发、零售、住宿和餐饮业	交通运输、仓储和邮政业	其他行业	最终使用	出口	总使用
能源产品（货币单位）											
煤炭开采和洗选产品	707805	48192291	137280915	93676343	902325	181415	158187	2597354	1492759	502060	1215447
石油和天然气开采产品	0	3126108	276831048	34771371	0	23	1071	136184	0	1582565	11477667
石油、煤炭及其他燃料加工品	6943370	19254456	218648838	13420563	42282534	5834450	119716889	43629668	43724918	27049757	76380565
电力、热力生产和供应	9493350	33245505	250982149	181035395	35173261	17357183	18497807	39791386	58439197	996252	59435449
燃气生产和供应	173745	328370	7744886	8354122	43401	2581543	17674058	4870789	22643316	5	23675922
能源产品（实物单位）											
煤炭开采和洗选产品	1814.94	2716.86	46698.75	675.77	541.77	2173.12	239.54	2398.68	5489.37	416.20	63165.00
石油和天然气开采产品	2505.85	1296.19	20844.10	190.76	5193.12	751.06	33682.41	4962.79	6142.80	9082.42	84651.50
石油、煤炭及其他燃料加工品	706.86	353.62	63086.48	64.57	152.28	131.79	1388.68	250.46	3031.17	1219.29	70385.20
电力、热力生产和供应	1529.40	3396.24	57185.34	7985.55	1169.67	3870.20	2107.07	7677.92	16510.17	256.94	101688.50
燃气生产和供应	29.70	1875.70	12801.28	81.30	61.04	946.79	3046.26	878.13	11503.98	625.27	31849.45

第四节　中国能源供给使用表的指标体系

一、中国能源实物供给使用表的指标体系

能源实物供给使用表揭示了一个年度内能源的供给量和使用量,是流量账户。由流量账户数据可知能源进出口结构,继而了解该国在能源供给与使用方面的国际依赖程度,从而系统反映开放经济状态下能源实物运行状况,为国家能源安全科学决策提供依据。中国能源实物供给使用表中确定了一系列重要的能源指标,这些指标的概念和方法皆基于 SEEA-Energy（2019）指标体系,主要包括以下方面。

1. 能源实物供给与使用指标

能源实物供给与使用情况（表 8-10）记录了能源的总供给来源与总需求去向,其中,来源方反映能源总供给,使用方反映能源总需求。由表 8-10 可以看出,该能源实物总产出是 242723.57 万吨标准煤,能源实物进口是 109016.08 万吨标准煤,说明该能源总体的总供给中 69%（242723.57/351739.65）由国内生产提供,31%（109016.08/351739.65）由进口提供,该组数据反映了国内能源生产充足程度和进口能源产品依赖程度。由表 8-10 还可以看出,该能源总体的中间使用是 297462.04 万吨标准煤,最终使用是 42677.49 万吨标准煤,出口是 11600.12 万吨标准煤,说明该能源总体的中间使用、最终使用、出口所占的比例分别是 85%（297462.04/351739.65）、12%（42677.49/351739.65）、3%（11600.12/351739.65）。总体来看,总供给为 351739.65 万吨标准煤,总使用也为 351739.65 万吨标准煤,总供给等于总使用。

表 8-10　能源实物供给与使用情况　　单位：万吨标准煤

能源总供给		能源总使用	
国内总产出	242723.57	中间使用	297462.04
		最终使用	42677.49
进口	109016.08	出口	11600.12
合计	351739.65	合计	351739.65

2. 能源产品进出口指标

根据 SEEA-Energy（2019）可以看出,能源实物进出口量主要是能源

产品的进出口量，不包括自然投入能源、余能及其他残余物流量。表 8-11 描述了能源产品进出口情况。从能源实物进出口状况看，能源产品出口量为 11600 万吨标准煤，进口量为 109016 万吨标准煤，该指标不仅反映能源产品对外依存程度，而且可以根据顺差或逆差程度衡量一个国家能源产品贸易平衡或失衡状态。从表 8-11 中可以看出，各能源产品的进口比例分别为 15.74%（17163/109016）、73.77%（80426/109016）、1.39%（1513/109016）、0.06%（70/109016）、9.03%（9844/109016）；各能源产品的出口比例分别为 3.59%（416/11600）、78.29%（9082/11600）、10.51%（1219/11600）、2.22%（257/11600）、5.39%（625/11600）。

表 8-11 能源产品进出口情况（实物） 单位：万吨标准煤

能源产品	进口量	出口量
煤炭开采和洗选产品	17163	416
石油和天然气开采产品	80426	9082
石油、煤炭及其他燃料加工品	1513	1219
电力、热力生产和供应	70	257
燃气生产和供应	9844	625
合计	109016	11600

二、中国能源货币供给使用表的指标体系

能源货币供给使用表反映了不同能源的价值变化，较全面地揭示了不同行业的能源使用结构、能源供给结构及国家能源进出口情况。因为能源货币供给使用表是以货币价值作为计量单位的，所以可以利用估值技术得出各能源产品的单价。中国能源货币供给使用表中也确定了一系列重要的能源指标，这些指标的概念和方法皆基于 SEEA-Energy（2019）和 SNA（2008）指标体系，主要包括以下方面。

1. 能源货币供给与使用指标

由表 8-12 看出，该能源货币国内总产出是 164076 亿元（产出 143086 亿元+产品税和产品补贴 20990 亿元），能源货币进口是 22706 亿元，说明该能源总体的总供给中 88%（164076/186783）由国内生产提供，12%（22706/186783）由进口提供。此外，该能源总体的中间使用是 169564 亿元，最终使用是 17219 亿元，说明该能源总体用于中间使用、最终使用所占的比例分别是 91%（169564/186783）、9%（17219/186783）。该组数

据反映国内能源总使用去向,即多少用于国内使用(183770/186783=98%)、多少用于国外使用(3013/186783=2%),其中,国内使用多少用于中间使用(169564/183770=92%),多少用于农村居民消费(1916/183770=1%),多少用于城镇居民消费(10714/183770=6%),多少用于存货变化(1575/183770=1%)。总体来看,总供给为186783亿元,总使用也为186783亿元,总供给等于总使用。

表 8-12　能源货币供给与使用情况　　单位:亿元

能源总使用		能源总供给	
中间使用	169564	国内总产出	164076
最终使用	17219	产出	143086
农村居民消费	1916	产品税和产品补贴	20990
城镇居民消费	10714		
存货变化	1575		
出口	3013	进口	22706
合计	186783	合计	186783

2. 能源产品进出口指标

能源产品对外部需求的依赖(或者说外需对本国能源经济发展的贡献)可以用出口比例来衡量。由表 8-13 可以看出,中国能源产品对外部需求的依赖程度为 1.61%(3013/186783)。各能源产品的进口比例分别为 7.52%(1707/22706)、79.85%(18130/22706)、12.56%(2853/22706)、0.07%(17/22706)、0(0/22706);各能源产品的出口比例分别为 1.66%(50/3013)、5.24%(158/3013)、89.78%(2705/3013)、3.32%(100/3013)、0(0/3013),说明主要的进口能源产品是石油和天然气开采产品,主要的出口能源产品是石油、煤炭及其他燃料加工品。

表 8-13　能源进出口情况(货币)　　单位:亿元

能源产品	进口	出口
煤炭开采和洗选产品	1707	50
石油和天然气开采产品	18130	158
石油、煤炭及其他燃料加工品	2853	2705
电力、热力生产和供应	17	100
燃气生产和供应	0	0
合计	22706	3013

3. 能源生产指标

能源总产出可以通过能源的生产账户反映。表 8-14 反映了各产业部门产出规模贡献情况。由表 8-14 可以看出，能源生产主要来自采矿业，制造业，电力、燃气、蒸汽和空调制冷业这三个产业部门，而农林牧渔业，建筑业，批发、零售、住宿和餐饮业，交通运输、仓储和邮政业，以及其他行业几乎不供给能源产品。其中，煤炭开采和洗选产品的主要生产部门是采矿业，产出规模贡献度为 7.47%；石油和天然气开采产品的主要生产部门也是采矿业，产出规模贡献度接近 30%；石油、煤炭及其他燃料加工品的主要生产部门是制造业，产出规模贡献度高达 77.55%；电力、热力生产和供应的主要生产部门是电力、燃气、蒸汽和空调制冷业，产出规模贡献度为 92.84%；燃气生产和供应的主要生产部门也是电力、燃气、蒸汽和空调制冷业，产出规模贡献度为 81.52%。

表 8-14　各产业部门产出规模贡献情况　　　　　单位：%

能源产品	农林牧渔业	采矿业	制造业	电力、燃气、蒸汽和空调制冷业	建筑业	批发、零售、住宿和餐饮业	交通运输、仓储和邮政业	其他行业
煤炭开采和洗选产品	—	7.47	0.14	0.08	—	—	—	—
石油和天然气开采产品	—	29.25	0.14	0.23	—	—	—	—
石油、煤炭及其他燃料加工品	—	1.44	77.55	0.22	—	—	—	—
电力、热力生产和供应	—	1.00	3.00	92.84	—	—	—	—
燃气生产和供应	—	1.10	6.16	81.52	—	—	—	—

4. 能源最终使用指标

SEEA-Energy（2019）的能源最终使用指标包括农村居民消费、城镇居民消费、存货变化及出口。表 8-15 反映了各产业部门中间使用占最终使用情况。从表 8-15 中可以看出，居民几乎不使用石油和天然气开采产品。

表 8-15 各产业部门中间使用占最终使用情况   单位：%

能源产品	农村居民消费	城镇居民消费	存货变化	出口
煤炭开采和洗选产品	76.76	46.06	−64.12	41.31
石油和天然气开采产品	—	—	86.21	13.79
石油、煤炭及其他燃料加工品	8.38	48.86	7.34	35.41
电力、热力生产和供应	18.13	80.20	—	1.68
燃气生产和供应	4.45	91.19	4.36	—

5. 产业能源负担能力指标

产业能源负担能力是指产业的能源货币使用量占总货币使用量的比例。由表 8-12 可知，产业部门的中间使用是 169564 亿元，其中，电力、热力生产和供应能源产品中间使用最多，为 58558 亿元，制造业用于中间使用的能源产品最多，为 89149 亿元。表 8-16 反映了各产业部门能源负担能力情况。从表 8-16 中可以看出，制造业的能源负担能力最大。制造业的煤炭开采和洗选产品负担能力高达 48.18%。农林牧渔业，建筑业，批发、零售、住宿和餐饮业，交通运输、仓储和邮政业的中间使用产品不包括石油和天然气开采产品，而制造业的石油和天然气开采产品负担能力达 84.83%。在石油、煤炭及其他燃料加工品方面，除了制造业，交通运输、仓储和邮政业的能源负担能力较大，其他产业的能源负担能力都在 10%以下。制造业，电力、燃气、蒸汽和空调制冷业的电力、热力生产和供应负担能力分别为 38.91%、28.07%，其他产业的电力、热力生产和供应负担能力也都在 10%以下。在燃气生产和供应方面，农林牧渔业的能源负担能力最低，仅为 0.27%。

表 8-16 各产业部门能源负担能力情况   单位：%

能源产品	农林牧渔业	采矿业	制造业	电力、燃气、蒸汽和空调制冷业	建筑业	批发、零售、住宿和餐饮业	交通运输、仓储和邮政业	其他行业
煤炭开采和洗选产品	0.25	16.91	48.18	32.88	0.32	0.06	0.06	0.91
石油和天然气开采产品	—	0.96	84.83	10.65	—	—	—	0.04
石油、煤炭及其他燃料加工品	1.27	3.53	40.04	2.46	7.74	1.07	21.92	7.99

续表

能源产品	农林牧渔业	采矿业	制造业	电力、燃气、蒸汽和空调制冷业	建筑业	批发、零售住宿和餐饮业	交通运输、仓储和邮政业	其他行业
电力、热力生产和供应	1.47	5.15	38.91	28.07	5.45	2.69	2.87	6.17
燃气生产和供应	0.27	0.50	11.83	12.76	0.07	3.94	27.01	7.44

6. 住户能源负担能力指标

住户包括农村居民和城镇居民。住户能源负担能力是指住户的能源货币使用量占总货币使用量的比例。从表 8-17 中可以看出，城镇居民的能源负担总能力大于农村居民。农村居民的各能源产品负担能力都在 2%以下。农村居民的煤炭开采和洗选产品负担能力大于城镇居民。在石油、煤炭及其他燃料加工品，电力、热力生产和供应，燃气生产和供应这三种能源产品方面，城镇居民的能源负担能力大于农村居民。

表 8-17　住户能源负担能力情况　　　　　　　　　　　　　　单位：%

能源产品	农村居民	城镇居民
煤炭开采和洗选产品	0.33	0.20
石油和天然气开采产品	—	—
石油、煤炭及其他燃料加工品	1.17	6.83
电力、热力生产和供应	1.67	7.39
燃气生产和供应	1.61	32.99

7. 能源产品价格指标

根据能源产品实物和货币综合使用表可以计算出能源产品价格指标。表 8-18 是由能源产品实物和货币综合使用表核算出的各产业部门能源产品价格情况。电力、燃气、蒸汽和空调制冷业的煤炭开采和洗选产品价格最高，高达 138622 元/吨标准煤。这主要是因为我国经济和社会不断发展，人民生活水平不断提高，对空调的需求迅速增长，电力、燃气、蒸汽和空调制冷业的煤炭开采和洗选产品消费额大幅提高。由能源价格测算结果可以看出，农林牧渔业，建筑业，批发、零售、住宿和餐饮业，交通运输、仓储和邮政业不使用石油和天然气开采产品，使用最多的是制造业，电力、燃气、蒸汽和空调制冷业。石油、煤炭及其他燃料加工品价格最高的是建筑业，达到 277663 元/吨标准煤。

表 8-18　各产业部门能源产品价格情况　单位：元/吨标准煤

能源产品	农林牧渔业	采矿业	制造业	电力、燃气、蒸汽和空调制冷业	建筑业	批发、零售、住宿和餐饮业	交通运输、仓储和邮政业	其他行业
煤炭开采和洗选产品	390	17738	2940	138622	1666	83	660	1083
石油和天然气开采产品	—	2412	13281	182278	—	—	—	27
石油、煤炭及其他燃料加工品	9823	54450	3466	207845	277663	44271	86209	174198
电力、热力生产和供应	6207	9789	4389	22670	30071	4485	8779	5183
燃气生产和供应	5850	175	605	102757	711	2727	5802	5547

第九章　中国能源投入产出表的编制与指标体系

突破经济发展瓶颈、破解产业结构优化与能源消耗减缓难题是我国实现"双碳"目标的关键。能源投入产出表作为传统价值型投入产出表的延伸扩展，可以客观反映出产业部门间的能源投入产出关系。在我国能源消耗问题日益突出的背景下，本章通过梳理我国现有能源投入产出表的编制情况，以 SEEA-AE（2017）提供的环境扩展投入产出表框架为基础，重新编制我国 30 个省区市（不包括西藏、香港、澳门和台湾）2017 年能源投入产出表。进一步地，分别从生产和最终需求视角构建指标体系，描述产业部门的能源消耗特征。基于生产视角，选择国内产品直接能源消耗强度、进口产品直接能源消耗强度、能源消耗密度、产业部门出口能源消耗量、产业部门进口能源消耗量、产业部门净出口能源消耗量和产业部门满足的贸易总额描述产业部门的能源消耗特征。基于最终需求视角，选择产业部门影响力系数、产业部门感应度系数、产业部门推动力系数、产业部门隐含能源消耗、产业部门真实能源消耗和产业部门能源转移率描述产业部门的能源消耗情况。研究结果表明，出于不同的研究目的，能源投入产出表的编制思路也不一致；混合型、含能源实物流量的价值型能源投入产出表的应用更为广泛；分析产业部门的能源消耗特征需要将最终需求视角下的相关指标纳入分析框架。

第一节　概　　述

一、研究背景

能源是人类赖以生存和发展的重要物质基础，对全球经济发展起着至关重要的作用。随着全球经济的高速发展，能源消耗也在不断增加。能源既促进经济增长又制约经济增长，由能源过度消耗所带来的环境问题已成为世界各国关注的焦点问题，也逐渐成为我国经济发展和社会进步的瓶颈制约。面对全球能源紧缩、生态环境恶化等问题，我国相继在《中华人民共和国国民经济和社会发展第十二个五年规划纲要》《中华人民共和国国民经济和社会发展第十三个五年规划纲要》《中华人民共和国国民经济和社会发展第十四个五年规划和 2035 年远景目标纲要》中提出单位国内生产总值能源消耗下降 16%、15%、13%的约束性控制目标。这一系列举措彰显了我国在全球环境治理中的大国担当。然而在现有涉及中国能源问题的研究中，多数文献仍基于传统价值型投入产出表进行分析，这是由于价值型投入产出表能够深入剖析生产链上不同部门间的复杂联系。但是传统价值型投入产出表在研究能源问题时具有一定的应用局限性，其不能直观地展示各部门的能源消耗情况，基于此，编制实物价值型能源投入产出表就显得尤为重要。

能源投入产出表能够从产业部门层面深入分析各产业部门的能源消耗情况，进一步厘清不同产业部门之间的能源消耗关系，同时为进一步的计算分析提供数据支撑。由于能源投入产出表保留了价值型投入产出表的基本方法和内容，基于能源投入产出表中的数据可以计算相关测度指标，分析产业部门之间的能源消耗特征。基于以上研究背景，本章利用 SEEA-AE（2017）提供的环境扩展投入产出框架，编制我国 30 个省区市 2017 年能源投入产出表，并以能源投入产出表作为数据基础，分别从生产和最终需求视角选择相关指标，以全面分析产业部门的能源特征。本章对推动我国产业节能降耗，构建清洁低碳、安全高效的能源体系具有重要意义。

二、文献综述

编制能源投入产出表是用 IOA 法研究能源问题的基础（郝苏霞，2010），通过编制能源投入产出表能够深入挖掘部门之间的能源消耗特征。基于能源投入产出表这一重要特性，不少学者开始编制我国能源投入产出表，并从不同角度进行了实证分析。张炎治等（2007）编制了 1996 年和 2003 年能源投入产出表，并对江苏省未来的能源需求量进行了预测，结果表明，江苏省未来能源供需缺口不断扩大，将需要省外调入或进口以弥补缺口。徐盈之和彭欢欢（2010）编制了 1997~2005 年包含我国 30 个部门的能源投入产出表，并对各年份的部门出口贸易完全能源密度和完全污染排放密度进行了计算，结果表明，我国出口贸易的完全能源密度和完全污染排放密度呈现先降低后上升的趋势。王博峰等（2012）创新性地编制了我国 2007 年绿色能源投入产出表，并通过计算分析能源部门的影响力系数、感应度系数和环境成本弹性系数，为我国能源产业的结构调整提出了相关政策建议。周国富等（2017）通过编制天津市能源投入产出表，采用 SDA 模型分析了能源强度、技术进步和最终需求变动对天津市各部门能源消耗变动的影响效应，认为最终需求和技术进步是影响天津市能源消耗总量的主要因素。冯烽和白重恩（2019）编制了广东省 2015 年实物价值型能源投入产出表，在此基础上对各部门的能源消耗情况进行了分析，并对广东省未来的能源需求和碳排放进行预测，结果表明，广东省建筑部门是高完全能耗部门，能源需求将于 2028 年达峰，碳排放将于 2025 年达峰。黄会平等（2019）通过构建能源投入产出表对我国不同区域的隐含碳排放流动情况进行了研究。冯烽（2018）、陈晖等（2020）分别编制了包含我国 20 个行业和 23 个行业的可比价能源投入产出表，并采用 LMDI 分解模型对各行业的能源回弹效应进行了实证分析。李国荣等（2021）综合考虑实物量和价值量编制了我国不变价格实物价值型能源投入产出表，在此基础上通过计算能耗系数对各行业的单位产出能耗变动进行实证分析。尽管我国已有学者进行了能源投入产出表的编制，但暂未有文献从国际指南出发，依据 SEEA-AE（2017）中的基本框架编制中国能源投入产出表。

国内外有不少学者应用 IOA 法分析产业部门的能源消耗特征。Lenzen（1998）应用 IOA 法分析了澳大利亚最终消费中的一次能源消费量和温室气体排放量，认为产品生产过程中的间接能源消耗是不可忽视的。闾浩等（2013）运用能源投入产出分析，测算了 2002 年和 2007 年中国能源部门的影响力系数和感应度系数、直接消耗系数和完全消耗系数，以及能源部门对国民经济各部门的波及效应。姜朗（2020）基于中国 2015 年能源消耗数据和投入产出数据，比较各产业部门的直接能源消耗和基于最终使用的真实能源消耗数据，分别选用反映行业直接能源消耗效率的指标、反映行业真实能源消耗效率的指标和反映行业能源消耗转移率的指标展开分析。还有学者聚焦对外贸易能源消耗视角。Machado 等（2001）研究了巴西对外贸易对各产业部门的能源消耗影响。王娜等（2007）运用 IOA 法，从生产视角考察了 1997 年中国 36 个部门商品的能源消耗密度，计算和比较了各类产品的进出口能源消耗量。陈雯和李强（2014）基于中国 1995～2005 年投入产出表，通过计算 17 个产业部门内涵能源密度、出口含能量、净贸易含能量三个指标，并对出口含能量的变动进行因素分解，考察了中国对外贸易中的能源消耗问题，结果表明，中国的内涵能源密度在研究期内持续下降，但在 2005 年有所回升，中国一直为能源净节约国，出口规模因素是出口含能量变动的主要原因。

总体来看，现有研究存在以下不足。

（1）能源投入产出表的编制思路较为固定和局限，鲜有研究从国际指南提供的环境扩展投入产出表基本框架出发，构建中国能源投入产出表。尽管中国现有能源投入产出表编制的理论基础较为丰富，但多基于相似的理论框架进行编制,中国能源投入产出表的编制思路仍需要继续拓展。

(2)少有文献对中国各地区的能源消耗情况进行全面测度。现有研究多从生产视角选取相关指标以测度能源的消耗情况,忽略了产业部门之间的产业关联特征,无法全面分析各产业部门的能源消耗特征。一方面,在计算各产业部门的能源消耗时,应当从产业链角度同时计算该产业部门的直接和间接的能源消耗量,这样才能准确衡量某特定产业部门的发展所引起的能源消耗程度;另一方面,某产业部门生产的产品除了供给最终需求,还有相当大的比例作为中间投入满足其他产业部门的发展需求。

三、本章主要工作及创新点

在我国能源消耗存在明显区域差异且经济发展面临转型升级压力的背景下,本章在梳理我国现有能源投入产出表编制的理论基础上,依据SEEA-AE(2017)的基本框架,编制我国各地区能源投入产出表,为我国能源投入产出表的编制提供全新的思路。此外,本章基于中国能源投入产出表,分别从生产和最终需求视角构建指标体系,系统审视产业部门的能源消耗情况。基于生产视角,选择国内产品直接能源消耗强度、进口产品直接能源消耗强度、能源消耗密度、产业部门出口能源消耗量、产业部门进口能源消耗量、产业部门净出口能源消耗量和产业部门满足的贸易总额描述产业部门的能源消耗特征。基于最终需求视角,选择产业部门影响力系数、产业部门感应度系数、产业部门推动力系数、产业部门隐含能源消耗、产业部门真实能源消耗和产业部门能源转移率描述产业部门的能源消耗情况。

针对现有研究不足,本章从以下两方面进行创新。

(1)归纳总结我国现有能源投入产出表的编制思路,在此基础上依据国际指南进行能源投入产出表的编制,旨在为我国提供全新的能源投入产出表编制思路。具体来说,通过借鉴SEEA-AE(2017)提供的单区域环境扩展投入产出表基本框架,并结合我国现有能源投入产出表编制的理论基础与现实依据,编制我国30个省区市2017年实物价值型能源投入产出表。

(2)将产业部门之间的能源消耗转移纳入分析框架,分别从生产视角和最终需求视角构建指标体系,全面分析产业部门的能源消耗特征。基于本章编制的能源投入产出表,以整个国民经济部门为系统边界,考察各产业部门的直接能源消耗情况,以及产业链上各产业部门的能源消耗转移情况,更加全面地分析本国(或本地区)的能源消费结构,进而提出更具针对性的政策建议。

第二节　能源投入产出表的编制依据

一、我国现有能源投入产出表的编制

能源投入产出表是传统价值型投入产出表的一种拓展,与投入产出表类似,能够反映部门间错综复杂的经济技术联系。此外,能源投入产出表能够考察隐含的能源消耗和环境因素,并很好地揭示能源消耗变动情况及环境的负面影响(王博峰等,2012)。能源投入产出表是一种可以追踪能源使用、探究产业部门之间能源消耗转移流向的有效分析工具。

我国现有能源投入产出表的编制主要集中于包含能源实物流量的价值型能源投入产出表,具体有三种编制思路。第一种思路以冯烽(2018)、陈晖等(2020)、李国荣等(2021)的编制思路为代表,其考虑能源部门的加工转换,将我国 42 个国民经济部门划分为能源部门和非能源部门,再结合能源平衡表分行业终端能源消费的数据资料,以确定合并部门的能源消耗,编制的实物价值型能源投入产出表基本表式如表 9-1 所示。

表 9-1　实物价值型能源投入产出表基本表式(一)

项目			中间使用				最终使用	进口	其他	总产出
			非能源部门		能源部门					
			1　2　…　m		m+1　…　m+n					
中间投入	非能源部门	1 2 ⋮ m	$Z_{(m+n)\times(m+n)}$				$Y_{(m+n)\times1}$			$X_{(m+n)\times1}$
	能源部门	m+1 ⋮ m+n								
		能源生产与加工业(实物量)	$E_{1\times(m+n)}$				E'			E
		能源加工转换投入(价值量)	$Z'_{1\times(m+n)}$							
增加值			$V_{1\times(m+n)}$							
总投入			$X_{1\times(m+n)}$							

表 9-1 中，E'、$E_{1\times(m+n)}$ 和 E 的数据来源于《中国能源统计年鉴》，其余数据均来自价值型投入产出表。编制的基本思想是将能源实物量数据放入中间流量部分，以体现各部门的能源消耗情况。非能源部门采用货币单位计量，能源部门既包含货币计量单位又包含实物计量单位，以此整合成实物价值型能源投入产出表。此外，表 9-1 中的增加值部分可以根据分析需要细分为劳动者报酬、资本报酬和能源报酬。表 9-1 中的货币型数据和实物型数据所满足的行列平衡关系如下：

$$\sum_{j=1}^{m+n} z_{ij} + y_i = x_i \tag{9-1}$$

$$\sum_{i=1}^{m+n} z_{ij} + z'_j + v_j = x_j \tag{9-2}$$

$$\sum_{j=1}^{m+n} e_j + e' = e \tag{9-3}$$

第二种思路是不划分能源和非能源部门，按照《国民经济行业分类与代码》（GB/T 4754—1994）[①]将我国 42 个国民经济部门进行合并处理，并将能源种类进行划分，在价值型投入产出表的下方增加一个实物型能源投入矩阵，价值型投入产出表不需要做任何处理（贾薪昌等，2012），编制的实物价值型能源投入产出表基本表式如表 9-2 所示。

表 9-2　实物价值型能源投入产出表基本表式（二）

项目		中间使用			最终使用	进口	其他	总产出
		1	2 …	n				
中间投入	1 2 ⋮ n		$Z_{n\times n}$		$Y_{n\times 1}$			$X_{n\times 1}$
增加值			$V_{1\times n}$					
总投入			$X_{1\times n}$					
能源投入	1 ⋮ k		$E'_{k\times n}$		$E''_{k\times 3}$			$E'''_{k\times 1}$

---

① 现已作废，被《国民经济行业分类》（GB/T 4754—2017）代替。

表 9-2 中，n 为所划分的部门数，k 为所划分的能源种类数。$E'_{k \times n}$ 矩阵中的元素为由 n 部门需求所需要的第 k 种能源的投入量。与表 9-1 不同，表 9-2 编制的基本思想是在价值型投入产出表的下方增加实物型数据，合并部门的能源消耗数据来源于《中国能源统计年鉴》。表 9-2 反映了产品生产与使用之间及能源供应与使用之间的平衡关系，所满足的行列平衡关系如下：

$$\sum_{j=1}^{n} z_{ij} + y_i = x_i \tag{9-4}$$

$$\sum_{i=1}^{n} z_{ij} + v_j = x_j \tag{9-5}$$

$$\sum_{i=1}^{n} e'_{ki} + \sum_{y=1}^{3} e''_{ky} = e''_k \tag{9-6}$$

第三种思路是不进行能源部门和非能源部门的划分，只进行 42 个国民经济部门的合并处理（黄会平等，2019），但与表 9-2 的不同之处是在价值型投入产出表的下方增加一行表示各部门的能源消耗，价值型投入产出表不需要任何变化，编制的实物价值型能源投入产出表基本表式如表 9-3 所示。

表 9-3　实物价值型能源投入产出表基本表式（三）

项目		中间使用			最终使用	进口	其他	总产出
		1	2 …	n				
中间投入	1 2 ⋮ n	$Z_{n \times n}$			$Y_{n \times 1}$			$X_{n \times 1}$
增加值		$V_{1 \times n}$						
总投入		$X_{1 \times n}$						
能源消耗		$E_{1 \times n}$						

表 9-3 编制的主要思路是将合并部门的能源消耗数据加入价值型投入产出表，将能源渗透于经济活动生产和消费的各环节。表 9-3 中除能源消耗行向量属于实物型数据，其他均属于价值型数据。表 9-3 所满足的行列平衡与价值型投入产出表一致：

$$\sum_{j=1}^{n} z_{ij} + y_i = x_i$$

$$\sum_{i=1}^{n} z_{ij} + v_j = x_j$$

以上三种能源投入产出表的基本框架均是依据价值型投入产出表进行的延伸扩展。表 9-1 将能源实物型数据放置在中间流量部分，表 9-2 和表 9-3 将能源实物型数据放置在中间流量下方。此外，三种编制思路对投入产出部门的处理方式也相同。表 9-1 的特征是将我国 42 个国民经济部门划分为能源部门和非能源部门，划分部门的能源实物型数据体现在中间流量部分；表 9-2 的特征是既对投入产出部门进行合并，又对能源类型进行划分，形成一个能源投入矩阵，放在价值型投入产出表下方；表 9-3 的特征是把价值型投入产出表增加一行，放置合并部门的实物型能源消耗数据。

二、能源投入产出表编制的国际指南

SEEA-AE（2017）对环境扩展投入产出表进行了介绍，将环境数据整合到标准投入产出数据中，并分别提供了单区域和多区域环境扩展投入产出表的基本框架。SEEA-AE（2017）为我国进一步编制能源投入产出表提供了国际指南。

单区域环境扩展投入产出表用于分析某个国家（或地区）部门之间的投入产出关系。SEEA-AE（2017）提供了单区域环境扩展投入产出表基本表式，如表 9-4 所示。依据该框架可以编制一个国家（或地区）的能源投入产出表。

表 9-4 单区域环境扩展投入产出表基本表式

项目		以货币计算的数据						总产出
		中间使用			最终需求			
		1	…	n	最终消费	资本形成总额	出口	
中间投入	1 ⋮ n	$X_{m \times n}$			$C_{n \times 1}$	$F_{n \times 1}$	$E_{n \times 1}$	$X_{n \times 1}$
增加值		$V_{1 \times n}$						
总投入		$X_{1 \times n}$						
		实物（非货币）数据						
自然投入能源/残余物		$R_{1 \times n}$						

表 9-4 中，$X_{m \times n}$ 为中间消费矩阵，$C_{n \times 1}$ 为最终消费列向量，$F_{n \times 1}$ 为资本形成总额列向量，$E_{n \times 1}$ 为出口列向量，$X_{n \times 1}$ 为 n 个部门的总产出，$X_{1 \times n}$ 为 n 个部门的总投入。每个产业的总投入包括中间投入和增加值投入；每个产业的总产出包括中间使用和最终需求合计，且满足总投入等于总产出。具体来说，满足如下行列平衡关系：

$$\sum_{j=1}^{n} x_{ij} + c_i + f_i + e_i = x_i \quad (9\text{-}7)$$

$$\sum_{i=1}^{n} x_{ij} + v_j = x_j \quad (9\text{-}8)$$

此外，还需要明确各产业的自然投入能源或残余物数据，即环境流量数据。SEEA-AE（2017）指出，自然投入能源作为经济生产过程的一部分，是指从其环境位置转移或直接用于生产的所有实物投入。自然投入能源包括自然资源投入（如矿物和能源资源、水、土壤和生物资源）、可再生能源投入（如太阳能、水能和风能）和其他自然投入（如土壤养分和燃烧中使用的氧气）。自然投入能源主要从国家环境流向国家经济。残余物是指企业和家庭在生产、消费、积累过程中丢弃、排泄或排放的固态、液态和气态物质和能源的流动。其包括固体废物、废水、向空气排放、向水排放、产品的耗散性使用、耗散性损失和自然资源残余物。将环境扩展投入产出表的自然投入流量范围扩展至自然投入能源，即能源投入产出表的编制思路。

多区域能源投入产出表考虑同一产品可能在不同区域进行生产，即产品生产的跨区域性，其可以将多个区域的部门投入产出数据放在一张表上，多应用于跨区域贸易问题研究。SEEA-AE（2017）提供的多区域环境扩展投入产出表基本表式如表 9-5 所示。

表 9-5 多区域环境扩展投入产出表基本表式

项目	区域 A 的部门	区域 B 的部门	区域 A 最终消费	区域 A 资本形成总额	区域 B 最终消费	区域 B 资本形成总额	总产出
区域 A 的部门	X_{AA}	X_{AB}	C_{AA}	F_{AA}	C_{AB}	F_{AB}	X_A
区域 B 的部门	X_{BA}	X_{BB}	C_{BA}	F_{BA}	C_{BB}	F_{BB}	X_B
增加值	V_A	V_B					
总投入	X_A	X_B					
自然投入能源/残余物	R_A	R_B					

表 9-5 给出了两区域（A 和 B）的能源投入产出框架。对于表 9-5 中有两个下标的变量，第一个下标表示来源，第二个下标表示目的。例如，C_{AB} 表示区域 A 的产出被用作区域 B 的最终消费，F_{AB} 表示区域 A 的产出被用作区域 B 的资本形成总额，同理可以解释其余变量含义。

总体来说，单区域与多区域能源投入产出表均将环境与社会经济账户相关联，以分析经济社会的环境问题。但与单区域能源投入产出表相比，多区域能源投入产出表通常会降低行业的细分水平，同时需要对单个区域的数据进行调整，以确保各区域数据单位的一致性。因此，本章编制我国 30 个省区市的单区域能源投入产出表，对各省区市细分部门的能源消耗情况进行详细分析。

第三节　中国能源投入产出表的编制

能源投入产出表作为一种综合数据集，将传统经济投入产出表中的信息以货币单位和物理单位衡量的环境流动信息相结合，实现了经济与环境的有效联系。本节在 SEEA-AE（2017）提供的单区域环境扩展投入产出表基本框架的基础上，结合我国现有能源投入产出表的编制特征，重新进行能源投入产出表编制。

1. 编制目标

本节旨在编制我国地区能源投入产出表，深入探究各地区不同部门的能源消耗情况，为进一步的实证分析提供数据支撑。考虑多区域能源投入产出表对行业分析不够深入，需要兼顾不同区域数据核算口径的一致性，且我国最新的地区投入产出数据为 2017 年。综合以上因素，本节的编制目标是建立我国 30 个省区市 2017 年单区域能源投入产出表。以 SEEA-AE（2017）提供的单区域环境扩展投入产出表（表 9-4）为基本框架，结合地区投入产出表的行列特征进行编制。

2. 部门划分

本节的部门分类依照我国 2017 年投入产出表中的部门划分方式，即以表 9-6 所示的 42 个国民经济部门为对象建立能源投入产出表。冯烽（2018）、陈晖等（2020）、李国荣等（2021）将我国 42 个国民经济部门划分为能源部门和非能源部门两类，再进行能源投入产出表的编制；贾薪昌等（2012）、黄会平等（2019）依据《国民经济行业分类与代码》（GB/T

4754—1994)[①]将42个国民经济部门进行合并。尽管这两种划分方法可以使能源投入产出表更加简洁，但是划分后的部门忽略了细分部门之间的差异，基于能源投入产出表进行的实证分析会有一定的误差，所得结论缺乏精确性。因此，本节所构造的能源投入产出表中保持原有国民经济部门不变，编制包含42个国民经济部门的能源投入产出表。

表 9-6 国民经济部门名称与代码

代码	部门名称	代码	部门名称
S1	农林牧渔产品和服务	S22	其他制造产品和废品废料
S2	煤炭采选产品	S23	金属制品、机械和设备修理服务
S3	石油和天然气开采产品	S24	电力、热力的生产和供应
S4	金属矿采选产品	S25	燃气生产和供应
S5	非金属矿和其他矿采选产品	S26	水的生产和供应
S6	食品和烟草	S27	建筑
S7	纺织品	S28	批发和零售
S8	纺织服装鞋帽皮革羽绒及其制品	S29	交通运输、仓储和邮政
S9	木材加工品和家具	S30	住宿和餐饮
S10	造纸印刷和文教体育用品	S31	信息传输、软件和信息技术服务
S11	石油、炼焦产品和核燃料加工品	S32	金融
S12	化学产品	S33	房地产
S13	非金属矿物制品	S34	租赁和商务服务
S14	金属冶炼和压延加工品	S35	研究和试验发展
S15	金属制品	S36	综合技术服务
S16	通用设备	S37	水利、环境和公共设施管理
S17	专用设备	S38	居民服务、修理和其他服务
S18	交通运输设备	S39	教育
S19	电气机械和器材	S40	卫生和社会工作
S20	通信设备、计算机和其他电子设备	S41	文化、体育和娱乐
S21	仪器仪表	S42	公共管理、社会保障和社会组织

3. 能源类型选取和数据来源

各部门的能源消耗数据来源于中国碳排放核算数据库（China Emission

---

① 现已作废，被《国民经济行业分类》（GB/T 4754—2017）代替。

Accounts and Datasets, CEADs) 分部门能源消耗数据。CEADs 提供了表 9-7 所示的 10 种我国主要消费能源类型,但是这 10 种能源的基本单位不一致,因此本节根据各类能源转换系数将这 10 种能源统一折算为标准煤,并以万吨标准煤为计量单位。投入产出数据来源于 2017 年中国 30 个省区市的投入产出表。此外,能源投入产出表中价值型数据的基本单位是万元。由于中国暂无自然投入能源的数据,本节使用能源消耗量作为自然投入能源流量的替代。

表 9-7 各类能源转换系数

物质	转换系数	物质	转换系数
原煤	0.7143 标准煤/吨	燃料油	1.4286 标准煤/吨
焦炭	0.9714 标准煤/吨	液化石油气	1.7143 标准煤/吨
汽油	1.4714 标准煤/吨	天然气	0.00133 吨标准煤/米^3
煤油	1.4714 标准煤/吨	热力	0.0341 吨标准煤/10^6 千焦
柴油	1.4574 标准煤/吨	电力	0.00404 吨标准煤/千瓦

4. 中间流量部分

中间流量部分是能源投入产出表的主要部分,贾薪昌等(2012)、黄会平等(2019)、SEEA-AE(2017)均将价值型投入产出表放置在能源投入产出表的中间流量部分。因此,本节结合现有经验,将我国 30 个省区市的 2017 年价值型投入产出表数据放置在各地区能源投入产出表的中间流量部分。因为本节未进行部门的划分,所以保持价值型投入产出表的结构和数据不发生改变。

5. 其他

我国地区投入产出表与国家投入产出表的基本表式存在一定差异,相对于后者,前者在第二象限还包括国内省外流入列。此外,进出口一般按差额处理,因此本节对各部门中间产品与最终产品的国内和国外比例不做区分。

6. 能源投入产出表的基本表式

根据本节能源投入产出表的编制思路对我国 30 个省区市 2017 年单区域能源投入产出表进行编制。由于篇幅限制,本节以北京市为例,表 9-8 是北京市 2017 年能源投入产出表的基本表式,附表 3 是填入数据后的完整的北京市 2017 年能源投入产出表，其余 29 个省区市的编制思路同样如此。

表 9-8　北京市 2017 年能源投入产出表基本表式

项目		中间使用				最终使用	进口	国内省外流入	总产出
		农林牧渔产品和服务	煤炭采选产品	…	文化、体育和娱乐	公共管理、社会保障和社会组织				
中间投入	农林牧渔产品和服务	$x_{1,1}$	$x_{1,2}$	…	$x_{1,41}$	$x_{1,42}$	y_1	m_1	p_1	x_1
	煤炭采选产品	$x_{2,1}$	$x_{2,2}$	…	$x_{2,41}$	$x_{2,42}$	y_2	m_2	p_2	x_2
	⋮	⋮	⋮		⋮	⋮	⋮	⋮	⋮	⋮
	文化、体育和娱乐	$x_{41,1}$	$x_{41,2}$	…	$x_{41,41}$	$x_{41,42}$	y_{41}	m_{41}	p_{41}	x_{41}
	公共管理、社会保障和社会组织	$x_{42,1}$	$x_{42,2}$	…	$x_{42,41}$	$x_{42,42}$	y_{42}	m_{42}	p_{42}	x_{42}
增加值		v_1	v_2	…	v_{41}	v_{42}				
总投入		x_1	x_2	…	x_{41}	x_{42}				
能源消耗		r_1	r_2	…	r_{41}	r_{42}				

如表 9-8 所示，北京市 2017 年能源投入产出表可以划分为价值模块和能源实物模块。价值模块的数据来源于北京市 2017 年投入产出表；能源实物模块是表 9-8 中的能源消耗行，反映了 42 个国民经济部门的能源消耗数据。从产业部门来看，与我国现有的三种编制方法不同，没有进行部门的合并划分，而是包含我国国民经济 42 个全部门，这种划分方法能够深入讨论细分部门的能源消耗情况；从行向来看，在能源投入产出表的最后一行加上了各部门的能源消耗数据；从列向来看，与 SEEA-AE（2017）基本框架有略微不同，表 9-8 中添加了进口和国内省外流入两列，这是因为地区层面的投入产出表与我国投入产出表存在略微差异，这两列可以作为调节余缺的平衡项。满足的行列平衡关系如下：

$$\sum_{j=1}^{42} x_{ij} + y_i + m_i + p_i = x_i \quad (9\text{-}9)$$

$$\sum_{i=1}^{42} x_{ij} + v_j = x_j \quad (9\text{-}10)$$

式中，x_{ij} 为 i 部门的产品在生产过程中所需要 j 部门的投入；y_i 为 i 部门的最终使用；m_i 为 i 部门的进口；p_i 为 i 部门的国内省外流入；x_i 为 i 部门的总产出，且满足总产出等于总投入；v_j 为 j 部门的增加值。实物型数据 r_i 的单位是万吨标准煤；其他变量均属于价值型数据，单位是万元。式（9-9）是表 9-8 所满足的行平衡，即某部门的中间使用、最终使用、进口和国内省外流入之和等于该部门的总产出；式（9-10）是表 9-8 所满足的列平衡，即某部门的中间投入和增加值之和等于该部门的总投入。

第四节 中国能源投入产出表的指标体系

能源渗透于经济活动生产和消费的各环节。能源投入产出表把各产业部门的能源消耗数据添加到价值型投入产出表中作为新的矩阵要素（黄会平等，2019）。基于能源投入产出表中的能源消耗数据和行业投入产出数据，可以得到各产业部门的能源消耗情况。为进一步挖掘能源投入产出表中的信息，本节基于能源投入产出表中的数据，计算一些重要指标，探讨产业部门之间的能源转移等特征。

不同视角下的指标选择不同，本节基于生产和最终需求的双重视角选择相关指标，描述产业部门的能源消耗特征。首先，生产视角描述产业部门的直接能源消耗特征；其次，最终需求视角描述产业部门的间接能源消耗特征。具体来说，利用 IOA 法对产业部门的产出中用于最终使用部分的产品在整个产业链的生产过程中所造成的能源消费进行计算。

一、生产视角下的产业部门能源消耗特征

基于生产视角的相关指标能够直观地描述各产业部门对本国（或地区）的能源消耗贡献情况。本节分别从反映产业部门直接能源消耗效率的指标、反映能源消耗密度的指标和反映对外贸易能源消耗的指标三个方面构建指标体系，结合指标取值分析生产视角下的各产业部门的能源消耗特征。

1. 反映产业部门直接能源消耗效率的指标

产业部门直接能源消耗效率是指该产业部门在生产一单位产品的过程中产生的直接能源消耗量。通常用直接能源消耗强度指标来测度各产业部门的能源消耗效率，计算公式为

$$Q = R/X \quad (9\text{-}11)$$

式中，R 为各产业部门的直接能源消耗矩阵；X 为各产业部门的总产出矩阵；Q 为各产业部门的直接能源消耗强度矩阵。Q 中的各元素反映了各产业在生产本产业产品过程中的直接能源消耗强度。基于表 9-8，可以计算得到 2017 年北京市 42 个产业部门的直接能源消耗强度，如表 9-9 所示。

表 9-9　2017 年北京市各产业部门直接能源消耗强度

项目	S1	S2	⋯	S20	S21	S22	⋯	S41	S42
能源消耗总量/吨标准煤	1767.117	5.337	⋯	168.488	100.151	15.846	⋯	41.232	0
总产出/亿元	308.126	246.359	⋯	2217.610	295.943	72.739	⋯	1730.735	2478.767
直接能源消耗强度/（吨标准煤/亿元）	5.735	0.022	⋯	0.076	0.338	0.218	⋯	0.024	0

由表 9-9 可知，直接能源消耗强度=能源消耗总量/总产出，农林牧渔产品和服务（S1）的直接能源消耗强度为 5.735 吨标准煤/亿元；煤炭采选产品（S2）的直接能源消耗强度为 0.022 吨标准煤/亿元；通信设备、计算机和其他电子设备（S20）的直接能源消耗强度为 0.076 吨标准煤/亿元；仪器仪表（S21）的直接能源消耗强度为 0.338 吨标准煤/亿元；其他制造产品和废品废料（S22）的直接能源消耗强度为 0.218 吨标准煤/亿元；文化、体育和娱乐（S41）的直接能源消耗强度为 0.024 吨标准煤/亿元；公共管理、社会保障和社会组织（S42）的直接能源消耗强度为 0。

如果从对外贸易角度将全部产品划分为国内产品和进口产品，可以分别计算得到国内产品直接能源消耗强度和进口产品直接能源消耗强度两个指标。

1）国内产品直接能源消耗强度

依据表 9-4 得到水平方向的均衡方程：

$$\sum_{j=1}^{n} x_{ij}^d + Y_i^d = x_i \quad (i=1,2,\cdots,n) \quad (9\text{-}12)$$

式中，$Y_i^d = c_i^d + f_i^d + e_i^d$。将式（9-12）转换为矩阵形式：

$$X = A^d X + Y^d \quad (9\text{-}13)$$

式中，A^d 为国内产品的直接消耗系数矩阵，其中的元素 $a_{ij}^d = x_{ij}^d / x_i$，表明一单位最终需求对某国内中间品的完全消耗量。

2）进口产品直接能源消耗强度

依据表 9-4 同样可以得到水平方向的均衡方程：

$$\sum_{j=1}^{n} x_{ij}^m + Y_i^m = M_i \quad (i = 1, 2, \cdots, n) \tag{9-14}$$

式中，$Y_i^m = c_i^m + f_i^m + e_i^m$，将式（9-14）转换为矩阵形式：

$$M = A^m X + Y^m \tag{9-15}$$

式中，A^m 为进口产品的直接消耗系数矩阵，其中的元素 $a_{ij}^m = x_{ij}^m / M_i$，表明一单位最终需求对某进口中间品的完全消耗量。

2. 反映能源消耗密度的指标

本节主要依据 Miller 和 Blair（1985）提出的混合（hybrid）模型对一国（或地区）的能源消耗密度进行测算。在应用 hybrid 模型之前，需要确保能源投入产出表中以价值形式表示的能源消耗量用实物进行代替，且通过各种能源转换系数把各种能源转换为标准煤。本章构建的以表 9-4 为基本框架的能源投入产出表符合以上两点要求，因此可以运用 hybrid 模型进行能源消耗密度的测算。从基本的投入产出模型出发：

$$X = (I - A)^{-1} Y \tag{9-16}$$

式中，X 为完全产出矩阵；I 为单位矩阵；A 为直接消耗系数矩阵；Y 为最终需求矩阵。

$$\beta = F Q^{-1} (I - A)^{-1} \tag{9-17}$$

式中，F 取 0（能源产品）或 1（非能源产品）；β 为能源消耗密度，表示各产业部门单位产值的产品所完全消耗的能源量。

考虑式（9-17）对数据的要求较为严格，一般情况下难以得到这些数据，王娜等（2007）对式（9-17）进行扩展，根据我国的实际情况得到

$$\beta = \alpha (I - A)^{-1} \tag{9-18}$$

式中，α 表示各产业部门单位产值的产品所直接消耗的能源量。

3. 反映对外贸易能源消耗的指标

本节选择反映对外贸易能源消耗的指标，进一步探讨出口商品中的能

源消耗问题，研究进出口对本国（地区）能源消耗的影响。对外贸易能源消耗测算的思路如下：先用投入产出模型得到各产业部门的能源消耗密度 β，再乘以该产业部门的进出口贸易数据，便可得到该产业部门产品的对外贸易能源消耗。

1）产业部门出口能源消耗量

依据式（9-18），得到计算各产业部门出口能源消耗量的贸易模型：

$$M_{\exp} = \beta E_x \qquad (9\text{-}19)$$

式中，$M_{\exp}$ 为出口各产业部门产品中的全部能源消耗量；E_x 为各产业部门的产品出口总额，为 n 维列向量。由于出口是最终需求的一部分，将能源消耗密度乘以对应的出口商品数据，就可以得到出口商品中的能源消耗量。

2）产业部门进口能源消耗量

依据式（9-18），得到计算各产业部门进口能源消耗量的贸易模型：

$$M_{\text{inp}} = \beta I_m \qquad (9\text{-}20)$$

式中，M_{inp} 为进口各产业部门产品中的全部能源消耗量；I_m 为各产业部门的产品进口总额，为 n 维列向量。假设进口商品的能源消耗密度与国内商品相同。将各产业部门的能源消耗密度与该部门的进口商品数据相乘，可以得到进口商品中的能源消耗量。

3）产业部门净出口能源消耗量

$$M = M_{\exp} - M_{\text{inp}} = \beta E_x - \beta I_m \qquad (9\text{-}21)$$

式中，M 为各产业部门产品的净出口能源消耗量，可用来判断一国各产业部门净出口能源消耗情况，若出口商品中的全部能源消耗量大于进口，$M>0$，则对外贸易对该国能源消耗的影响为负面的；反之，若 $M<0$，则对外贸易对该国能源消耗的影响为正面的，节约了本国的能源消耗。如果某产业的净出口能源消耗量为正值，则该产业为能源净输出产业，否则，该产业为能源净输入产业或能源净节约产业。

4）产业部门满足的贸易总额

$$e = \left(\sum \beta_i w_i^E\right) / \left(\sum \beta_i w_i^M\right) \qquad (9\text{-}22)$$

式中，e 为全部产品的贸易总额；w_i^E 为 i 部门商品的出口贸易额占出口总额的比例；w_i^M 为 i 部门商品的进口贸易额占进口总额的比例。

二、最终需求视角下的产业部门能源消耗特征

除直接能源消耗外,产业部门还通过中间投入间接产生了能源消耗。其产出又通过其他产业部门的中间投入,将其能源消耗转移给了其他产业部门。产业部门的中间投入与其产出之间的转换使得各产业部门最终使用量所造成的能源消耗将不同于该产业部门在生产过程中的直接能源消耗,也不同于该产业部门生产过程中的完全能源消耗。基于投入产出的最终需求视角下的能源消耗能够更加准确地反映各产业部门的真实能源消耗。因此,为全面测度各产业部门的能源消耗特征,还需要从最终需求视角描述产业部门的能源消耗特征。

本节分别从反映产业关联的结构系数指标、反映产业部门真实能源消耗的指标和反映产业能源消耗转移的指标三个方面构建指标体系,结合指标取值分析最终需求视角下的各产业部门能源消耗特征。

1. 反映产业关联的结构系数指标

基于投入产出计算的影响力系数、感应度系数和推动力系数是研究产业关联的重要指标,常应用于衡量产业关联度。通过计算产业关联的结构系数能够找到各地区的基础型产业、支柱型产业和主导型产业。

1)产业部门影响力系数

影响力系数反映了一个产业部门增加一单位最终产品时对区域内各产业部门的生产需求程度和波及程度(赵亮,2021),常用于度量一个产业部门的前向关联程度,分析产业部门的关联拉动效应。影响力系数的计算公式如下:

$$\delta_j = \frac{\sum_{i=1}^{n} \overline{b}_{ij}}{\frac{1}{n}\sum_{j=1}^{n}\sum_{i=1}^{n} \overline{b}_{ij}} = \frac{\overline{b}_{cj}}{\frac{1}{n}\sum_{j=1}^{n} \overline{b}_{cj}} \quad (9\text{-}23)$$

式中,$\overline{b}_{ij}$ 为里昂惕夫逆矩阵 $\overline{B} = (I-A)^{-1}$ 中的元素,其中,I 为单位矩阵,A 为直接消耗系数矩阵。分子的经济含义是 j 部门生产一个最终产品对国民经济各部门的完全需求量,即 j 部门对国民经济整体的拉动力或影响力(刘起运,2002)。分母的经济含义是各部门都生产一个最终产品对国民经济的拉动力并进行等权平均。当 $\delta_j > 1$ 时,j 部门的影响力系数在全社会平均影响力系数之上;反之,当 $\delta_j < 1$ 时,j 部门的影响力系数在全社会平均影响力系数之下。

2）产业部门感应度系数

感应度系数反映了一个区域内各产业部门都增加一单位的最终产出时，某部门需要为其他部门的生产提供中间使用的产出量，用于度量一个产业部门的后向关联程度，分析产业部门的需求感应程度。感应度系数的计算公式如下：

$$\theta_i = \frac{\sum_{j=1}^{n} \bar{b}_{ij}}{\frac{1}{n}\sum_{i=1}^{n}\sum_{j=1}^{n} \bar{b}_{ij}} = \frac{\bar{b}_{ic}}{\frac{1}{n}\sum_{i=1}^{n} \bar{b}_{ic}} \tag{9-24}$$

当 $\theta_i > 1$ 时，i 部门的感应度系数在全社会平均感应度系数之上；反之，当 $\theta_i < 1$ 时，i 部门的感应度系数在全社会平均感应度系数之下。

3）产业部门推动力系数

影响力系数和感应度系数均是依据 $\bar{B}$ 计算得到的，但是利用 $\bar{B}$ 计算的是各产业部门最终产品的拉动、影响作用，不能反映出它们的推动作用。为了测度某产业部门对国民经济的推动作用，需要借助完全供给系数矩阵 $\bar{D}$，$\bar{D}$ 可以通过直接分配系数矩阵 H 得到，计算公式如下：

$$\bar{D} = (I - H)^{-1} \tag{9-25}$$

$$h_{ij} = \frac{x_{ij}}{\sum_{j=1}^{n} x_{ij}} \tag{9-26}$$

式中，直接分配系数矩阵 H 中的元素 h_{ij} 为 i 部门的一单位总产出向 j 部门提供的中间使用量；x_{ij} 为中间流量矩阵中的元素。$\bar{D}$ 中的元素 $\bar{d}_{ij}$ 为 i 部门产品的一单位初始投入对 j 部门产品的完全供给量。推动力系数的计算公式如下：

$$\lambda_i = \frac{\sum_{j=1}^{n} \bar{d}_{ij}}{\sum_{i=1}^{n} \gamma_i \left(\sum_{j=1}^{n} \bar{d}_{ij} \right)} \tag{9-27}$$

$$\gamma_i = \frac{N_i}{\sum_{i=1}^{n} N_i} \tag{9-28}$$

式中，N_i 为 i 部门产品的初始投入量；权重系数 γ_i 为 i 部门初始投入占国民经济初始投入总量的比例。当 $\lambda_i > 1$ 时，i 部门的推动力系数在全社会平均推动力系数之上，其对国民经济的推动力大；反之，当 $\lambda_i < 1$ 时，i 部门的推动力系数在全社会平均推动力系数之下，其对国民经济的推动力小。

为进一步说明产业关联的结构系数的含义，以北京市 2017 年能源投入产出表（表 9-8）中的数据为基础，计算 42 个产业部门的影响力系数、感应度系数和推动力系数，并列举出三个系数取值排名前五的产业部门，结果如表 9-10 所示。

表 9-10　北京市产业关联结构系数排名前五的产业部门

系数	第一名	第二名	第三名	第四名	第五名
δ	S14（1.997）	S15（1.493）	S24（1.393）	S27（1.336）	S11（1.215）
θ	S14（5.157）	S34（4.834）	S24（3.374）	S12（2.506）	S32（1.940）
λ	S27（3.471）	S24（1.984）	S36（1.948）	S29（1.749）	S18（1.681）

由表 9-10 可知，排名前五的产业部门的三个系数取值均大于 1，这表明这些产业部门对国民经济整体的拉动作用较大、需求感应度较强，且对国民经济的推动作用较强。首先，由影响力效应分析发现，排名前五的产业部门分别是金属冶炼和压延加工品（S14），金属制品（S15），电力、热力的生产和供应（S24），建筑（S27），石油、炼焦产品和核燃料加工品（S11）。其次，由感应度效应分析发现，排名前五的产业部门分别是金属冶炼和压延加工品（S14），租赁和商务服务（S34），电力、热力的生产和供应（S24），化学产品（S12），金融（S32）。最后，由推动力效应分析发现，排名前五的产业部门分别是建筑（S27），电力、热力的生产和供应（S24），综合技术服务（S36），交通运输、仓储和邮政（S29），交通运输设备（S18）。

以上结果表明，北京市的制造业波及效应较大，对国民经济的其他产业能够产生较大的拉动作用。主要原因在于北京市作为我国最具实力的制造业中心之一，拥有地理位置优越、交通便利等特点。位于产业链上游的传统加工制造业和原料生产部门对经济发展有很大的制约作用，属于北京市的瓶颈产业。建筑业作为国民经济的支柱型产业对北京市经济发展的推动作用不言而喻。此外，传统的能源部门和基础的制造业部门对国民经济发展同样起着重要推动作用。

2. 反映产业部门真实能源消耗的指标

能源投入产出表可以体现不同产业部门之间的价值转换过程,这个过程同样会引致能源消耗的流动,即因某产业部门的最终需求引致其他产业部门产生的能源消耗。因此,有必要测度价值转换过程中的能源消耗,分析各产业部门的隐含能源消耗。

1) 产业部门隐含能源消耗

基本的投入产出模型可以表示为

$$X = (I - A)^{-1} Y$$

式中,X 为 $n \times 1$ 向量,表示各产业部门的总产出矩阵,其中,n 为投入产出模型中的部门数量;Y 为 $n \times 1$ 向量,表示各部门最终需求;$(I-A)^{-1}$ 为里昂惕夫逆矩阵;I 为 $n \times n$ 的单位矩阵;A 为 $n \times n$ 的直接消耗系数矩阵,表示为

$$A = \begin{bmatrix} a_{11} & a_{12} & \cdots & a_{1j} & \cdots & a_{1n} \\ a_{21} & a_{22} & \cdots & a_{2j} & \cdots & a_{2n} \\ \vdots & \vdots & & \vdots & & \vdots \\ a_{i1} & a_{i2} & \cdots & a_{ij} & \cdots & a_{in} \\ \vdots & \vdots & & \vdots & & \vdots \\ a_{n1} & a_{n2} & \cdots & a_{nj} & \cdots & a_{nn} \end{bmatrix} \quad (9\text{-}29)$$

A 中的元素 a_{ij} 表示为满足 j 部门的需求,需要 i 部门的投入,计算公式如下:

$$a_{ij} = \frac{x_{ij}}{x_j} \quad (9\text{-}30)$$

式中,x_{ij} 为 j 部门购买 i 部门生产的货物或服务;x_j 为 j 部门的总产出。

为了测算产业部门隐含能源消耗,需要测算直接能源消耗系数,计算公式如下:

$$q_i = \frac{r_i}{x_i} \quad (9\text{-}31)$$

式中,r_i 为 i 部门的直接能源消耗;x_i 为 i 部门的总产出;q_i 为 i 部门的直接能源消耗系数,即一单位的总产出所产生的直接能源消耗。

在其他部门最终需求的引致下,产业部门隐含能源消耗计算公式如下:

$$G = QX = Q(I-A)^{-1}Y \qquad (9-32)$$

式中,Q 为直接能源消耗系数矩阵;G 为在最终需求(Y)下的隐含能源消耗矩阵。

基于北京市 2017 年能源投入产出表(表 9-8)中的数据,通过矩阵运算能够得到各产业部门的隐含能源消耗,如表 9-11 所示。

表 9-11　北京市各产业部门直接与隐含能源消耗　单位:吨标准煤

项目	S1	S2	…	S20	S21	S22	…	S41	S42
直接能源消耗	1767.117	5.337	…	168.488	100.151	15.846	…	41.232	0
隐含能源消耗	16542.103	12065.849	…	22701.809	3092.004	261.734	…	10682.722	12695.878

由表 9-11 可以看出,因其他产业部门的最终需求所引致的本产业部门的能源消耗远超过本产业部门的直接能源消耗。具体来看,农林牧渔产品和服务(S1)的直接能源消耗为 1767.117 吨标准煤,隐含能源消耗为 16542.103 吨标准煤;煤炭采选产品(S2)的直接能源消耗为 5.337 吨标准煤,隐含能源消耗为 12065.849 吨标准煤;通信设备、计算机和其他电子设备(S20)的直接能源消耗为 168.488 吨标准煤,隐含能源消耗为 22701.809 吨标准煤;仪器仪表(S21)的直接能源消耗为 100.151 吨标准煤,隐含能源消耗为 3092.004 吨标准煤;其他制造产品和废品废料(S22)的直接能源消耗为 15.846 吨标准煤,隐含能源消耗为 261.734 吨标准煤;文化、体育和娱乐(S41)的直接能源消耗为 41.232 吨标准煤,隐含能源消耗为 10682.722 吨标准煤;公共管理、社会保障和社会组织(S42)的直接能源消耗为 0,隐含能源消耗为 12695.878 吨标准煤。因此,有必要从最终需求视角,深入产业链内部,挖掘产业部门之间的经济活动联系,找到引致能源消耗的关键产业部门。

2)产业部门真实能源消耗

本章依据胡鞍钢等(2015)测算的真实自然资本损耗公式来推算各产业部门的真实能源消耗。在产品完全转换情况下,自然资本损耗的分配结果为

$$D^{out} = F'(I - H^T)^{-1} H \qquad (9-33)$$

式中,F' 为产业部门最终产品占总产出的比例;H^T 为直接分配系数矩

阵的转置矩阵；D^{out} 为各产业部门的真实自然资本损耗矩阵。

同理，可以推导出产业部门的真实能源消耗：

$$Q^{out} = F'\left(I - H^{T}\right)^{-1} H \tag{9-34}$$

式中，Q^{out} 为各产业部门的真实能源消耗矩阵。

3. 反映产业能源消耗转移的指标

本章使用产业部门能源消耗转移率指标测度产业部门之间能源消耗的转移程度，计算公式如下：

$$\varphi = \left(Q^{out} - Q\right)/\left(Q^{out} + Q\right) \tag{9-35}$$

式中，Q^{out} 可以由式（9-34）计算得到；Q 为各产业部门的直接能源消耗系数矩阵；φ 为各产业部门的能源消耗转移率。能源消耗转移率反映了某产业部门通过产业链将能源转移给其他产业部门的比例。

第十章 中国能源资源资产账户的编制与指标体系

能源资源资产账户是按照相关分类组织能源资源的开采量、发现量及耗减量等相关信息的综合账户,反映能源资源的开采潜力、使用情况及负担能力。首先,本章基于 SEEA(2012)关于能源资源资产账户的概述,系统梳理能源资源资产账户编制的相关分类理论基础;其次,探究编制能源资源资产账户的国际实践经验,为中国编制能源资源资产账户奠定理论基石;再次,基于 SEEA(2012)的理论基础和国际先进经验,本章尝试编制中国能源资源实物资产账户和中国能源资源货币资产账户;最后,应用 2018 年中国能源的相关数据,从实物量和价值量两个角度对中国能源资源资产账户的指标体系进行数据解读,进而精确衡量中国能源资源存量及其变化状况,为中国能源高质量发展宏观经济政策的制定提供参考。

第一节 概 述

一、研究背景

20 世纪 70 年代爆发了世界性石油危机,各国开始意识到能源安全问题对国家或地区经济发展的重要保障作用。诺贝尔经济学奖得主西奥多·W. 舒尔茨指出:"能源是无可替代的资源,现代生活完全架构于能源之上。"能源资源是人类经济社会活动的重要物质基础,是关系国家社会经济发展、生态环境保护的重要战略资源。随着经济发展和世界局势的深刻变化,能源资源安全问题日益成为世界各国关注的重要问题,并已成为国家安全核心问题,保障能源资源安全成为世界各国国家资源战略的首要目标,一方面,要保障能源资源供给、能源生产与能源消费的环境安全,能源资源必须满足国家经济社会运行的总需求,避免国民经济社会运行出现能源供给不足的情况;另一方面,能源资源消费过程应尽量绿色环保,不要造成社会生产消耗能源带来负外部效应的后果。但能源平衡表组织的信息难以反映如此详尽的能源开发配置、储存使用、价值变化等信息,能源资源亟须新的核算方式以反映能源资源资产关于国家能源安全的重要信息。

当前中国能源资源呈现出自然禀赋差、对外依存度高、地区分布不均衡、消费结构有待优化等方面的问题，在经济中高速发展阶段，中国不可避免在较长时间内对能源资源存在较强的依赖性。能源资源持续、及时、稳定及足量的供应是中国经济长期健康运行的重要保障，关系国家经济高质量发展、人民生活水平持续提高的实现。因此，把握能源资源信息是关系中国长远发展的关键情报，了解中国能源资源储量和开采潜力等情况是摸清中国能源"家底"、做到有备无患的重要准备。

能源资源本身具有储量隐蔽性、开采周期性及利用耗竭性，仅从供给使用和投入产出角度对能源资源进行研究，无法反映一国或地区能源资源在某时点的禀赋状况和某时期的开采与耗减动态变化。此外，环境承载能力的约束性与能源资源的不可再生性使管理好现存能源资源变得愈加重要。编制能源资源资产账户，以针对性反映能源资源的潜力与配置，正是管理能源资源的有效手段之一。党的十八届三中全会首次明确指出要探索编制自然资源资产负债表，自此，自然资源资产负债表成为一项重要的理论与制度创新得到了国内学者的初步研究（史丹和王俊杰，2020）。

二、文献综述

国内关于能源资源资产核算的研究主要侧重自然资源资产负债表。自然资源资产负债表由中国提出，其编制理论与构建体系并不成熟（范振林，2017）。一方面，自然资源资产负债表的核算对象尚未统一。例如，耿建新和唐洁珑（2016）认为能为人类社会带来经济利益的资源才能被确认为资产，因此自然资源资产负债表的核算对象应包括土壤资源、矿产和能源资源、水资源、土地资源等；封志明等（2014）、江东等（2017）认为自然资源资产负债表的核算对象应包括土地资源、矿产和能源资源、水资源和森林资源；李金华（2015）对中国国家资产负债表卫星账户的设计原理进行研究，其中，针对自然资源的核算对象包括森林资源、水资源、土地资源、矿产和能源资源等；焦志倩等（2018）针对水资源、土地资源和林木资源编制自然资源资产负债表；陈志芳和赵晓宇（2018）对云南省自然资源资产负债表进行编制初探，其核算对象主要为土地资源、能源资源、水资源与林木资源；邱琳等（2019）编制浙江省自然资源资产负债表，确定了土壤资源、大气资源、林木资源、水资源、土地资源、矿产和能源资源的核算指标；徐素波和王耀东（2020）实践编制了黑龙江省2013~2017

年自然资源资产负债表，其核算对象包括水资源、土地资源和能源资源。

另一方面，学者对自然资源资产负债表的平衡关系主要持两类观点。一部分学者从会计学角度出发，遵循传统资产负债表中"资产=负债+所有者权益"的平衡关系。例如，程进和周冯琦（2017）认为自然资源资产、自然资源负债和自然资源权益是自然资源资产负债表的基本要素；王然等（2020）等从会计原则、核算对象及要素角度尝试编制中国煤炭资源资产负债表；孙亚丽和闫军印（2020）尝试编制河北省矿产资源资产负债表，并由矿产资源资产负债表反映自然资源负债情况；史丹和王俊杰（2020）明确界定土地资源、矿产和能源资源资产、负债和所有者权益的含义，使得进一步核算矿产和能源资源负债成为可能。但此类观点存在自然资源负债难以核算的难点问题，成为编制自然资源资产负债表的瓶颈。另一部分学者依据 SNA（2008）和 SEEA（2012）等国际标准，遵循"供给=使用"的平衡关系。例如，耿建新和唐洁珑（2016）提出当前无法明确界定自然资源负债这一要素，并建议将自然资源资产负债表转化为自然资源平衡表进行核算；高敏雪（2016）、向书坚和郑瑞坤（2016）基于 SNA（2008）和 SEEA（2012）等国际标准，认为使用自然资源负债概念编制自然资源资产负债表当前在我国不具备可行性；李裕伟（2021）指出 SEEA（2012）中的租金是指矿产和能源资源的所有者权益，矿产和能源资源资产账户构建的理论和方法相对较为明晰；葛振华等（2020）梳理 SNA（2008）和 SEEA（2012）的演化历史及核算理论，明确 SNA（2008）和 SEEA（2012）是自然资源资产负债表编制的理论基础；王淑等（2020）基于"供给=使用"的平衡关系对 2013~2014 年四川省矿产和能源资源负债表进行编制探索。

国际上对能源资源资产核算的研究则侧重能源资源资产账户方面。能源资源资产账户是针对能源资源从资产账户中延伸而来，反映能源资源的开采量、发现量及耗减量等相关信息的账户。SEEA（2012）定义了 SNA（2008）中心框架定义的矿产和能源资源及其相关的测度范围与分类，展示了能源资源实物资产账户与能源资源货币资产账户具体表式；讨论了矿产和能源资源开采所得收入的分配问题和可再生能源资源存量和流量的记录问题。具体来看，SEEA（2012）在 SEEA（2003）的基础上，深入讨论能源资源资产账户的编制方法，首次划分了能源资源分类标准；根据 UNFC（2009）划分了矿产和能源资源分类等级；进一步补充了矿产和能源资源实物资产账户和货币资产账户的编制方法，确定使用净现值法对矿产和能源资源进行估价并对其进行详细阐述，探讨开采矿产和能源资源所产生的收入和耗减的分配方法。基于此，荷兰、澳大利亚、加拿大等国家均基于不同能源资源资产分类构建了本国能源资源资产账户。

综上所述，现有研究在自然资源资产负债表的核算对象和平衡关系方面尚未达成共识，不同学者之间的核算理念存在较大差异，导致现已编制的自然资源资产负债表各有千秋，而国内能源资源资产账户的研究尚处于初步引进和探索阶段。现有研究主要存在以下局限性。

第一，核算对象不同。例如，不同学者对矿产资源的界定不同，一部分学者将能源资源纳入矿产资源的核算范围，另一部分学者对能源资源进行单独分类，将其与矿产资源进行区别。

第二，平衡关系的使用存在分歧。现有遵循"资产=负债+所有者权益"的平衡关系编制自然资源资产负债表的相关研究在自然资源负债确认方面未达成一致，导致上述平衡关系存在一定偏误，成为编制自然资源资产负债表的瓶颈。

第三，能源资源资产账户实践编制研究相对空白。从国际经验来看，能源资源资产账户编制的理论相对成熟，在规范能源资源资产分类、明确核算表式、获取数据来源的基础上，编制能源资源资产账户是具有实践可行性的。但近年来国内鲜有尝试对能源资源资产账户进行编制的实践研究，使得此领域与国际研究出现断层现象。

三、本章主要工作及创新点

能源资源资产账户是按照能源资源分类组织能源资源的期初存量、存量增加量、存量减少量及期末存量等相关信息的综合账户，以反映能源资源的可用性。本章基于SEEA（2012）关于能源资源资产账户的介绍，系统梳理能源资源资产账户编制的相关分类理论基础，并探究编制能源资源资产账户的国际实践经验，为中国编制能源资源资产账户奠定理论与实践基石，基于理论基础和国际经验尝试编制2018年中国能源资源实物资产账户和2018年中国能源资源货币资产账户，并对中国能源资源资产账户指标进行数据解读。本章的主要创新点如下。

第一，规范能源资源资产账户的核算对象。本章基于SEEA（2012）及其他相关能源资源分类标准，将能源资源从矿产资源中剥离出来，针对性编制"窄口径"下的能源资源资产账户，反映中国能源资源的自然禀赋、使用情况及负担能力。

第二，鉴于中国自然资源资产负债表的基本平衡关系是"期初存量+本期增加量−本期减少量=期末存量"，本章遵循SNA（2008）和SEEA

(2012) 提供的"供给=使用"的平衡关系，尝试使用现有能源数据编制中国能源资源资产账户，并使用能源租金反映所有者权益，探索"供给=使用"与"资产=负债+所有者权益"两类平衡关系的共性，为中国能源资源资产负债表的编制贡献绵薄之力。

第三，本章将编制的能源资源资产账户中的各项指标进行数据解读，以数据展现中国能源安全、能源禀赋现状，为构建科学可行的中国能源资源资产账户提供思路，进而为中国能源可持续使用和能源安全战略部署提供参考。

第二节　能源资源资产账户的编制依据

一、能源资源资产账户编制的分类标准

能源资源的开采与使用关乎能源行业的可持续性与人类经济生活的发展前途。能源资源具有短期不可再生性，因此它是一类特殊的环境资产。目前有四个主要的矿产和能源资源国际分类标准，如表 10-1 所示。国际矿产储量报告标准委员会（Committee for Mineral Reserves International Reporting Standards，CRIRSCO）和石油工程师学会石油资源管理体系（Society of Petroleum Engineers-Petroleum Resources Management System，SPE-PRMS）侧重某些具体类型的资源；UNFC（2009）和 SEEA（2012）分类适用于所有类型的矿产和能源资源。上述四种分类标准除考虑地质认识程度之外，均考虑了经济和技术标准。这意味着可以根据新的地质认识程度、开采技术的进步，以及经济和政治条件的变化，定期重新评估资源存量。

表 10-1　现有主要的矿产和能源资源国际分类标准信息

缩写	全称	覆盖资源类型	最新版（初版）时间
CRIRSCO	国际矿产储量报告标准委员会	矿产资源	2013 年（2006 年）
SPE-PRMS	石油工程师学会石油资源管理体系	原油和天然气资源	2007 年
UNFC（2009）	2009 年联合国化石能源和矿业储量资源框架分类	各类矿产和能源资源	2009 年（1997 年）
SEEA（2012）	2012 年环境经济核算体系中心框架	各类矿产和能源资源	2012 年（2003 年）

1. CRIRSCO 矿产资源分类

初版 CRIRSCO 的确定只有澳大利亚、加拿大、南非、英国和美国参与。1997 年，五个原始参与国达成了一项协议——《丹佛协议》（*Denver Accord*），以确定两大类矿产（矿产资源和矿产储量）及其各自的子类别，一是测量、指示和推断的矿产资源，二是探明和可能的矿产储量。CRIRSCO 的矿产资源分类是二维分类，分别是地质可信度和修正因素，对应资源价格或法律约束等社会经济因素。目前，CRIRSCO 涵盖以下国家和地区（括号中是根据 CRIRSCO 制定的代码）：澳大利亚和新西兰（JORC）、加拿大（CIM）、美国（SME）、南非（SAMREC）、智利（IMEC）、欧洲（PERC）、俄罗斯（NAEN）、蒙古（MPIGM）、巴西（CBRR）和哈萨克斯坦（KAZRC）。

2. SPE-PRMS 原油和天然气资源分类

SPE-PRMS 是原油和天然气资源的重要分类标准。SPE-PRMS 中原油和天然气资源的主要分类依据是：①已实施（或将实施）从一个或多个油气藏中回收石油的开发项目和该项目的商业性机会；②该开发项目预测未来将生产和销售的石油量的不确定性范围。与 CRIRSCO 矿产资源分类类似，SPE-PRMS 原油和天然气资源分类是二维分类，包括资源的商业化程度和地质的不确定性范围。其中，资源的商业化程度分为三大类，即储量、或有资源量和远景资源量，属于储量类别的项目应理解为满足所有商业性要求；地质的不确定性范围至少捕获对要提取的潜在量的三个估算，根据资源的商业化程度，这些估算分别为探明量、可能量，或低、最佳和高估算。

3. UNFC（2009）矿产和能源资源分类

UNFC（2009）根据影响矿产和能源资源可采性的三个基本因素来对资源进行细分，包括经济与商业存续性（economic and commercial viability，E）、矿场项目状态与可行性（field project and feasibility，F）和地质认识程度（geological knowledge，G）。E 表示经济和社会状况对确定该项目商业存续性的有利度，由三个主类别来描述（1，2，3）；F 表明执行采矿计划或开发计划必需的研究和承诺的成熟度，从矿床或油气矿藏已被证实存在之前的早期勘探工作直到正在开采和销售产品的项目都包括在内，由三个主类别来描述（1，2，3）；G 表明地质认识程度和潜在可采量的确定程度，由四个主类别来描述（1，2，3，4）。例如，E1 表示经济与商业存续性最高，F1 表示矿场项目状态与可行性最高，G1 表示地质认识程度最高。大多数已有的资源分类体系明确包含或隐含上述三个特性,因此 UNFC(2009)形成一种允许与现有分类融合使用的框架结构形式。

4. SEEA(2012)矿产和能源资源分类

SEEA(2012)中的矿产和能源资源共五类,分别为石油资源、天然气资源、煤和泥炭资源、非金属矿物、金属矿物的相关探明矿产。其中,"窄口径"下的能源资源包括四类,具体指石油资源、天然气资源、煤和泥炭资源、铀和其他核燃料的相关探明矿产。SEEA(2012)以 UNFC(2009)为标准划分矿产和能源资源等级。

SEEA(2012)根据 UNFC(2009)的规定,将资源分为三个等级,分别为 A 级、B 级和 C 级。其中,A 级代表商业可采资源,该类资源属于 UNFC(2009)中的 E1 和 F1,并且其地质认识程度可以为较高(G1)、中度(G2)或者较低(G3);B 级代表潜在商业可采资源,该类资源属于 UNFC(2009)中的 E2(或最终为 E1)和 F2.1 或 F2.2,并且其地质认识程度可以为较高(G1)、中度(G2)或者较低(G3);C 级代表非商业和其他探明矿床,该类资源属于 UNFC(2009)中的 E3 和 F2.2、F2.3 或 F4,并且其地质认识程度可以为较高(G1)、中度(G2)或者较低(G3)。表 10-2 概述了 SEEA(2012)根据 UNFC(2009)定义资源类别的具体情况。由表 10-2 可以看出,SEEA(2012)的资源范围不包括潜在矿床的资源。

表 10-2 矿产与能源资源分类

项目	SEEA(2012)分级	UNFC(2009)中相应的项目类别		
		E 经济与商业存续性	F 矿场项目状态与可行性	G 地质认识程度
探明矿床	A 级 商业可采资源	E1 开采和销售被确认是经济可行的	F1 开发项目或采矿作业的开采可行性已经确认	能够以较高(G1)、中度(G2)或较低(G3)的可信度估计探明矿床的数量
	B 级 潜在商业可采资源	E2 开采和销售在可预见的未来将变得经济可行	F2.1 正在进行的项目活动是为了判断在可预见的未来是否值得开发 或 F2.2 项目活动停滞和/或对商业开发的评价可能明显延迟	
	C 级 非商业和其他探明矿床	E3 开采和销售在可预见的未来并非经济可行的,或评估还处在较早阶段,不能确定经济与商业存续性	F2.2 项目活动停滞和/或对商业开发的评价可能明显延迟 或 F2.3 由于潜力有限,当前没有计划去开发或获取更多的数据 或 F4 未确定开发项目或采矿作业	

续表

项目	SEEA（2012）分级	UNFC（2009）中相应的项目类别		
		E 经济与商业存续性	F 矿场项目状态与可行性	G 地质认识程度
潜在矿床（不包括在SEEA（2012）中）	勘探项目原地新增数量	E3 开采和销售在可预见的未来并非经济可行的，或评估还处在较早阶段，不能确定经济与商业存续性	F3 由于技术数据有限，无法评估通过一个规定的开发项目或采矿作业进行开采的可行性 或 F4 未确定开发项目或采矿作业	潜在矿床数量的估计主要基于间接证据（G4）

二、国际能源资源资产账户编制的实践经验

1. 能源资源资产分类经验

1）澳大利亚

澳大利亚自然资源存量数据由澳大利亚统计局在澳大利亚国民账户体系表中公布。澳大利亚统计局只考虑 EDRs，它近似探明储量和概算储量。澳大利亚地球科学局解释了如何使用 UNFC（2009）分类定义 EDRs：它对应 UNFC（2009）中的 E1 到 E2、F1 到 F2.2、G1 到 G2 所定义的相关资源分类。此外，如表 10-3 所示，EDRs 对应 SEEA（2012）矿产和能源资源分类中 A 级和 B 级的合集。

表 10-3　与 SEEA（2012）分类对应的国际分类实践

国家	A 级	B 级	C 级
澳大利亚	√ A 级和 B 级合并为 EDRs		—
加拿大	√	—	—
墨西哥	√	—	—
荷兰	√	√	—
挪威	√	√	√
英国	√	√ B 级和 C 级合并为 PARs	
美国	√	—	—

说明：澳大利亚将 A 级和 B 级合并为一个集合，称为 EDRs；英国将 B 级和 C 级合并为一个集合，称为潜在附加资源（potentially additional resources，PARs）。

2）加拿大

SNA（2008）将资源测度范围限定在当前技术和相关价格下能进行商

业开采的自然资源，因此加拿大统计局编制的资产账户只记录经济可采储量的估计量，或简单地记录经济储量，即在当前技术和经济条件下可采储量的类型。由于政府获取数据的报告格式不同，加拿大统计局用以描述经济可采储量的术语在不同资源之间并不统一，例如，常规原油和天然气的经济储量称为已探明储量，原油和沥青的经济储量称为正在开发的已探明储量，煤炭和铀的经济储量称为在活动矿山的可采储量，金属和钾盐的经济储量称为已探明储量和概算储量。

3）荷兰

荷兰统计局提供了荷兰原油和天然气的数据。在2011年之前，它一直依赖SEEA（2003）矿产和能源资源分类，并在2012年转入SPE-PRMS原油和天然气资源分类。这一分类变化并未导致储量总量出现任何时间序列断裂，因此，荷兰统计局没有使用新的分类系统对2012年之前发布的序列进行倒推。荷兰资产账户中报告了待开发的储量和或有资源，以及已探明和预期储量，对应SEEA（2012）矿产和能源资源分类中的A级和B级。

4）挪威

挪威石油管理局以原油和天然气年度资源账户的形式提供了挪威的能源储量。挪威石油管理局在1996年制定了单独的资源分类，并在2001年进行了修订，以便更好地与SPE-PRMS原油和天然气资源分类保持一致，并解释了与UNFC（2009）矿产和能源资源分类的对应关系。挪威石油管理局的能源资源共有三类，分别是储量、或有资源和未发现资源，根据项目的状态将每个类别进行细分。其中，储量是指生产决策涵盖的石油数量；或有资源是指已发现但未批准开发的可采项目及提高油田采收率的项目，该分类使用字母F（first，第一）和A（additional，附加）来区分来自同一石油和天然气矿床的第一和附加可采储量；未发现资源是指可以通过继续勘探证实并可以回收的石油资源。

5）英国

英国能源与气候变化部和国家统计局使用SPE-PRMS提供的英国原油和天然气数据，但术语略有不同。可用数据包括已探明储量（已证实储量、可能储量）、潜在额外储量（较低、中度和较高估算值）和未探明资源量（较低、中度和较高估算值）。其中，潜在额外储量对应SPE-PRMS原油和天然气资源分类中的或有资源（1C、2C和3C），暂时无法单独区分为SEEA（2012）B级和C级，进而此两类资源合并对应SEEA（2012）B级和C级的合集。

2. 账户编制经验

由于不同国家的自然资源类型有所区别，加上能源数据来源的限制，不同国家能源资源资产账户所覆盖的能源类型并不完全相同，与 SEEA (2012) 的能源资源分类也有所区别。如表 10-4 所示，已编制的能源资源资产账户包含原油和天然气数据，仅澳大利亚、加拿大和美国能源资源资产账户包含煤炭（硬煤和褐煤）数据，且此三个国家的能源资源资产账户所核算的能源资源类型最为详尽。

表 10-4　各国能源资源资产账户所含能源资源资产情况

国家	煤炭（硬煤和褐煤）	原油	天然气
澳大利亚	√	√	√
加拿大	√	√	√
墨西哥	—	√	√
荷兰	—	√	√
挪威	—	√	√
英国	—	√	√
美国	√	√	√

表 10-5 显示了现已编制的能源资源资产账户的具体情况。总体来看，没有一个国家完整地编制了能源资源资产账户。按 SEEA (2012) 的能源资源分类来看，A 级能源的编制情况最佳，各国均完整地提供了能源资源期初存量、能源资源开采量及能源资源期末存量数据，除此之外，加拿大还提供了存量增加量合计和存量减少量合计数据，荷兰还提供了能源资源发现、向上重估、存量增加量合计、向下重估和存量减少量合计数据，可见荷兰的 A 级能源资源资产账户所提供的数据最为详尽；B 级能源的编制情况次于 A 级，加拿大、墨西哥和美国没有编制 B 级能源资源资产账户，挪威和英国的编制情况相同，仅提供能源资源期初存量和期末存量数据，澳大利亚 B 级能源资源资产账户除提供能源资源期初存量和期末存量数据外，还提供了能源开采数据，荷兰的编制情况最佳，其 B 级能源资源资产账户能够提供能源资源期初存量、期末存量、发现、向上重估、开采及向下重估数据；C 级能源资源资产账户编制情况最差，仅挪威和英国编制了 C 级能源资源资产账户，但仅提供 C 级能源资源期初存量和期末存量数据。

表 10-5　能源资源资产账户具体编制情况

项目	澳大利亚 A B C	加拿大 A B C	墨西哥 A B C	荷兰 A B C	挪威 A B C	英国 A B C	美国 A B C
能源资源期初存量	√ √	√	√	√ √	√ √ √	√ √ √	√
存量增加量							
发现				√ √			
向上重估				√ √			
重新分类							
存量增加量合计		√		√			
存量减少量							
开采	√ √	√	√	√ √	√	√	√
灾难性损失							
向下重估				√ √			
重新分类							
存量减少量合计		√		√			
能源资源期末存量	√ √	√	√	√ √	√ √ √	√ √ √	√

总体来讲，不同国家能源资源资产账户的能源分类也因国家具体实践而异，仅地质不确定性最高的资源（UNFC（2009）G3）和 SEEA（2012）A 级覆盖了所有国家。SEEA（2012）B 级适用于澳大利亚、荷兰、挪威和英国。SEEA（2012）C 级仅涵盖挪威和英国。在某些情况下，无法区分不同的资源类别，因此将 SEEA（2012）中的类别进行合并使用。例如，澳大利亚 EDRs 对应 SEEA（2012）A 级和 B 级的合集，英国 PARs 对应 SEEA（2012）B 级和 C 级的合集。此外，仅有挪威能源资源资产账户覆盖全部 SEEA（2012）矿产和能源资源分类，但是挪威能源资源资产账户所核算的能源只包括原油和天然气，不包括煤炭（硬煤和褐煤），如表 10-4 所示。因此，受限于数据来源和能源分布，几乎所有国家的能源资源资产账户都没有实现完整编制。

第三节　中国能源资源资产账户的编制

根据 SEEA（2012）中能源资源核算标准，能源资源实物量核算涵盖所有已知的能源资源，而能源资源价值量核算主要针对具有商业可采价值的能源资源。因此，构建中国能源资源资产账户体系，不仅能够刻画各类能源资源期初和期末的实物量，而且能够反映一定时期内能源资源的价值量及其变化状况。鉴于中国能源资源资产账户的构建与编制研究处于空白，各项基础及编制体系尚不成熟，因此本章依据中国能源资源的实际情况，借鉴澳大利亚、美国等国家的能源资源资产账户的编制经验及具体表式，以 SEEA（2012）中统计核算原理为编制基础，同时结合自然资源资产负债表的编制体系，尝试编制科学可行的中国能源资源实物资产账户和能源资源货币资产账户。本节以"先实物，后价值"为构建原则，从存量和流量两方面出发，核算能源资源实物量；核算能源资源价值量主要采用能源产品交易现价的核算方式，综合反映能源资源的实物量与价值量。

一、AB 级能源资源实物资产账户的编制

实物型账户记录的是纯实物量数据，能源资源实物资产账户记录各类能源资源的储量和使用情况。首先，确定能源资源实物资产账户的基本结构。为反映能源资源的期初与期末存量及其变化，能源资源实物资产账户的核算项目包括能源资源期初存量、存量增加量、存量减少量和能源资源期末存量。其中，能源资源期初存量为上年的能源资源期末存量，存量增加量可具体分为发现、向上重估、重新分类和存量增加量合计四类，存量减少量可具体分为开采、灾难性损失、向下重估、重新分类和存量减少量合计五类。

其次，确定能源资源类别。根据能源资源的类别和能源资源的用途来进行设置能源资源实物资产账户，因此将能源资源分为石油、天然气、煤炭三类，通过核算三类能源资源的期初存量、期末存量及变化等指标，以期精确刻画核算期内不同能源资源的存量和流量等情况。

最后，确定账户平衡等式。采用"期末存量=期初存量+存量增加量-存量减少量"的平衡等式（又称"四柱平衡"的原则）核算各类能源资源的存量实物数据。

已有数据无法将 A 级与 B 级能源资源进行区分，因此参考澳大利亚将 A 级与 B 级合并的做法，将中国 A 级与 B 级资源合并为 AB 级能源资源，编制 2018 年 AB 级能源资源实物资产账户，具体表式如表 10-6 所示。

表 10-6　AB 级能源资源实物资产账户具体表式

项目	能源资源类型（AB 级）		
	石油/亿吨	天然气/万亿立方米	煤炭/亿吨
能源资源期初存量			
存量增加量			
发现			
向上重估			
重新分类			
存量增加量合计			
存量减少量			
开采			
灾难性损失			
向下重估			
重新分类			
存量减少量合计			
能源资源期末存量			

二、C 级能源资源实物资产账户的编制

基于数据来源的限制，多数国家并不编制 C 级能源资源实物资产账户，挪威和英国的 C 级能源资源实物资产账户也仅反映能源资源期初存量和期末存量。本节尝试探索编制中国 2018 年 C 级能源资源实物资产账户。

同 AB 级能源资源实物资产账户的编制原则与基本表式相似，C 级能源资源实物资产账户综合反映了一定时期内中国能源资源的期初存量和期末存量、能源种类构成及各类能源资源的变化情况，并以"期末存量=期初存量+存量增加量-存量减少量"的核算原则计算石油、天然气、煤炭三类能源资源的实物量及变化状况，具体表式如表 10-7 所示。

表 10-7　C 级能源资源实物资产账户具体表式

项目	能源资源类型（C 级）		
	石油/亿吨	天然气/万亿立方米	煤炭/亿吨
能源资源期初存量			
存量增加量			
发现			

续表

项目	能源资源类型（C级）		
	石油/亿吨	天然气/万亿立方米	煤炭/亿吨
向上重估			
重新分类			
存量增加量合计			
存量减少量			
开采			
灾难性损失			
向下重估			
重新分类			
存量减少量合计			
能源资源期末存量			

三、A级能源资源货币资产账户的编制

尽管SEEA（2012）将能源资源划分为A、B、C三级，但由于B级和C级能源资源的存在尚不确定，SEEA（2012）建议针对A级（商业可采资源）能源资源编制货币资产账户。基于此，本节使用适当的估价方法（如净现值法、当量因子法、市场价格法等）对A级能源资源资产进行估价，并使用中国现有能源数据编制A级能源资源货币资产账户，具体表式如表10-8所示。

表10-8　A级能源资源货币资产账户具体表式

项目	能源资源类型（A级）		
	石油/亿吨	天然气/万亿立方米	煤炭/亿吨
能源资源期初存量			
存量增加量			
发现			
向上重估			
重新分类			
存量增加量合计			

续表

项目	能源资源类型（A 级）		
	石油/亿吨	天然气/万亿立方米	煤炭/亿吨
存量减少量			
开采			
灾难性损失			
向下重估			
重新分类			
存量减少量合计			
重新估价			
能源资源期末存量			

A 级能源资源货币资产账户是在 AB 级能源资源实物资产账户的基础上，将 A 级能源资源的实物量进行货币化，反映 A 级能源资源的资产属性，故 A 级能源资源货币资产账户记录一个核算期内 A 级能源资源期初、期末价值及该时期内的变化。鉴于能源（如石油、天然气等）具有经济价值，在生产各类能源时，存在一定比例的偶然因素。因此，在对能源资源进行统计时，考虑导致能源资源产量变化的两方面人为因素：一方面，由能源资源功能或质量的变化致使各类资源重新分类，进而导致能源资源的储量增加（或减少）；另一方面，新发现的能源资源导致资源储量的增加。因此，A 级能源资源货币资产账户中设置存量增加量、存量减少量和重新估价。对比能源资源实物资产账户与能源资源货币资产账户的表式结构可以看出，除重新估价之外，能源资源货币资产账户内的所有价值流量都与能源资源实物资产账户中记录的实物流量直接对应。

本节尝试构建的 A 级能源资源货币资产账户中能源资源种类主要包括石油、天然气、煤炭三类。能源资源具有特殊性和不可替代性，精确核算各类资源数量存在一定的困难，因此只能对其进行合理估计。同时，鉴于能源资源货币资产账户基于实物量核算，将能源资源实物量转换为价值量时，各类能源具有较为成熟的交易市场，具有可公允反映其价值的市场价格，因此主要采用市场价格法进行估价。

第四节　中国能源资源资产账户的指标体系

构建中国能源资源资产账户的指标体系能够清晰地反映一定时期内

能源资源的总量及其变动,同时对其指标体系进行数据解读能够更好地衡量中国能源资源禀赋状况,有助于政府宏观经济政策的制定及能源资源管理工作的有效实施,从而提高能源利用率,促进能源高质量发展。因此,本节基于构建的中国能源资源资产账户,应用中国能源数据,对 2018 年中国能源资源实物资产账户和货币资产账户的指标体系进行深入解读与剖析。

一、AB 级能源资源实物资产账户的指标体系

1. 能源资源期初存量

AB 级能源资源实物资产账户提供石油、天然气、煤炭的期初存量数据,截至 2017 年底,石油查明资源量为 35.42 亿吨,天然气查明资源量为 55220.96 亿立方米,煤炭查明资源量为 16666.73 亿吨,因此将以上数据作为 2018 年能源资源期初存量数据使用。具体数据见表 10-9。

表 10-9　AB 级能源资源实物资产账户

项目	石油/亿吨	天然气/亿立方米	煤炭/亿吨
能源资源期初存量	35.42	55220.96	16666.73
存量增加量			
发现	9.59	8311.57	556.10
向上重估			
重新分类			
存量增加量合计	9.59	8311.57	556.10
存量减少量			
开采			
灾难性损失			
向下重估			
重新分类			
存量减少量合计	9.28	5596.45	137.10
能源资源期末存量	35.73	57936.08	17085.73

2. 能源资源变化

截至 2018 年底,石油、天然气、煤炭新增查明资源量分别为 9.59 亿

吨、8311.57 亿立方米、556.10 亿吨，因此将以上新增查明资源量作为 2018 年能源资源变化数据使用。由表 10-6 可知，能源资源期初存量、存量增加量合计和能源资源期末存量之间并不存在平衡关系，因此需要将存量减少量合计计算出来，使 AB 级能源资源实物资产账户呈现一定的平衡关系。石油、天然气和煤炭的存量减少量合计分别为 9.28 亿吨、5596.45 亿立方米、137.10 亿吨。

3. 能源资源期末存量

《中国矿产资源报告（2019）》显示，截至 2018 年底，石油、天然气、煤炭查明资源量分别为 35.73 亿吨、57936.08 亿立方米、17085.73 亿吨，因此将以上数据作为 2018 年能源资源期末存量数据使用。

二、C 级能源资源实物资产账户的指标体系

1. 能源资源期初存量

《中国矿产资源报告（2018）》显示，截至 2017 年底，全国石油地质资源量为 1257 亿吨，天然气地质资源量为 90 万亿立方米，煤炭地质资源量为 38800 亿吨，可以将其视为 C 级能源资源期初存量填入 C 级能源资源实物资产账户中，如表 10-10 所示。

表 10-10　C 级能源资源实物资产账户

项目	能源资源类型（C 级）		
	石油/亿吨	天然气/万亿立方米	煤炭/亿吨
能源资源期初存量	1257	90	38800
存量增加量			
存量减少量			
能源资源期末存量	1257	90	38800

2. 能源资源期末存量

C 级能源资源实物资产账户不仅提供能源资源期初存量数据，而且展示石油、天然气、煤炭在核算期内的期末存量数据。《中国矿产资源报告（2019）》显示，截至 2018 年底，全国石油地质资源量为 1257 亿吨，天然气地质资源量为 90 万亿立方米，煤炭地质资源量为 38800 亿吨。因此，可以将其视为 C 级能源资源期末存量填入 C 级能源资源实物资产账户中。

三、A级能源资源货币资产账户的指标体系

SEEA（2012）指出，自然资源价值量计算分别有活跃市场和没有活跃市场两种方式。煤炭、石油和天然气这三种能源资源存在活跃市场，因此，能源资源价值量的计算方式为实物量乘以单价。考虑数据的长期可获得性，对原油价格采用国际油价。2018年12月31日，国际原油价格为51.96美元/桶，当天汇率为1∶6.8894，1桶原油的体积为159升，因此，1升原油的价格为2.25元，1吨原油的体积为1174升，1吨原油的价格为2641.5元。煤炭价格为356元/吨，天然气价格为2.6元/米^3。本节对2018年能源资源货币资产账户中石油、天然气、煤炭的价值量进行核算，具体结果如表10-11所示。

表10-11　A级能源资源货币资产账户　　　　　　单位：亿元

项目	能源资源类型（A级）		
	石油	天然气	煤炭
能源资源期初存量	87971.59	143574.50	5416687.25
存量增加量			
发现	23803.20	21610.08	189352.05
向上重估			
重新分类			
存量增加量合计	23803.20	21610.08	189352.05
存量减少量			
开采			
灾难性损失			
向下重估			
重新分类			
存量减少量合计	23033.75	14550.77	46682.55
重新估价	-23915.97	-21610.08	333811.08
能源资源期末存量	64825.07	129023.73	5893167.83

1. 能源资源期初存量

通过A级能源资源货币资产账户可以看出，石油、天然气、煤炭三类能源资源的期初存量分别为87971.59亿元、143574.50亿元、5416687.25亿元，因此2018年能源资源的期初存量为5648233.34亿元（87971.59+

143574.50+5416687.25）。通过计算各类能源资源占比发现，2018 年初，石油和天然气占能源资源价值总量的比例最少，分别为 1.56%、2.54%，而煤炭占能源资源价值总量的比例高达 95.90%。

2. 能源资源变化

截至 2018 年底，石油、天然气、煤炭新增价值量分别为 23803.20 亿元、21610.08 亿元、189352.05 亿元；相应地，石油、天然气、煤炭减少价值量分别为 23033.75 亿元、14550.77 亿元、46682.55 亿元。可见天然气作为新型能源，应增加其能源消费占比，降低煤炭能源消费占比，优化经济结构。由表 10-11 可知，能源资源期初存量、存量增加量合计、存量减少量合计和能源资源期末存量之间并不存在平衡关系，因此需要计算重新估价，使 A 级能源资源货币资产账户呈现一定的平衡关系。石油、天然气和煤炭的重新估价分别为−23915.97 亿元、−21610.08 亿元、333811.08 亿元，计算后的结果如表 10-11 所示。从各类能源资源的存量减少量和重新估价可以看出，2018 年能源资源资产减少较为严重，尤其是石油和天然气出现了价值减少，石油价值减少得最多。随着产业结构转型，政府应合理调整能源资源结构，缓解能源供需矛盾，促进经济高质量发展。

3. 能源资源期末存量

通过 A 级能源资源货币资产账户可以看出，石油、天然气、煤炭三类能源资源期末存量分别为 64825.07 亿元、129023.73 亿元、5893167.83 亿元，因此 2018 年能源资源的期末总价值为 6087016.63 亿元（64825.07＋129023.73+5893167.83）。通过计算各类能源资源占比发现，2018 年末，石油和天然气占能源资源价值总量的比例最少，分别为 1.06%、2.12%，而煤炭占能源资源价值总量的比例高达 96.82%。由各类能源资源占比结果可以得出，煤炭占比最高，而天然气等清洁能源占比较低，因此应合理控制石油、煤炭等资源的开发利用，提倡清洁能源的使用，促使能源产业向低碳、高质量方向发展。

应用篇：中国能源核算的实践应用

第十一章 基于能源卫星账户的中国能源应用分析

本章基于核算篇中 2018 年中国能源卫星账户的表式和指标，分别从能源生产账户、能源供给使用表、能源投入产出表和能源资源资产账户四方面应用实证模型分析中国能源的发展情况，得出相应的结论与政策建议。其中，中国能源生产账户的应用分析利用中国能源生产账户的基础数据，分析中国的能源生产总量及其构成，进一步应用 LMDI 分解模型对能源总产出及各行业能源产出的影响因素进行分解，并提出相关的政策建议；中国能源供给使用表的应用分析利用中国能源产品实物和货币综合使用表核算出中国的能源价格，运用 GDIM 分解模型研究制造业煤炭价格波动的驱动因素；中国能源投入产出表的应用分析基于中国能源投入产出表的相关数据，系统审视产业部门的能源消耗情况，厘清不同产业部门之间的能源投入产出关系，并结合八大综合经济区发展特征进行综合分析；中国能源资源资产账户应用分析基于中国能源资源资产账户的相关数据，对能源资源与经济发展之间的关系进行灰色关联分析，尝试探索能源资源资产账户与自然资源资产负债表中能源部分的差异。

第一节 基于中国能源生产账户的中国能源产出影响因素分析

一、概述

能源是人类生存、经济发展和社会进步不可缺少的重要物质基础，是推动人类社会进步的原动力，事关国计民生和国家安全。能源在各生产和消费部门间自主有序流动，推动着经济的繁荣发展。随着中国产业向全面、协调、可持续发展的目标不断迈进，能源生产与利用方式呈现崭新面貌，基本形成煤、电、油、气、新能源等多轮驱动的能源生产体系，中国成为全球能源生产消费大国。2017 年，国家发展改革委与国家能源局联合印发《能源生产和消费革命战略（2016—2030）》，明确指出推进能源生产和消费革命。然而，当前中国能耗高、污染大、产能落后的能源产业依然存在，大规模生产能力闲置造成的资源浪费、高碳化的能源结构制约着经济的进步与发展。同时，能源资源禀赋作为影响能源供给的关键因素，引发了供需失衡问题，例如，石油、天然气等优质能源短缺但对外依存度高，煤炭资源丰富但供给不足，此类能源生产与消费不对等的现状又进一步激化了经济发展不平衡矛盾的产生。

我国一直以原煤、原油和天然气作为支撑社会发展的主要能源。近20年来，原煤的年产量都占全国能源生产总量的70%以上，尤其是2003~2013年超过75%；可再生能源的年均产量占年均全国能源生产总量的10%左右。近几年，原煤的年产量在全国能源生产总量中的占比呈逐年下降趋势，可再生能源的年产量上升幅度较大。这表明中国的能源生产结构发生了较大的变化。中国能源生产结构的变化为能源生产和消费革命提供了新的难点与挑战，有必要探索低碳合理的能源供给结构，深入挖掘影响能源生产的驱动因素，这对提升能源产业协同能力和产业供给质量、构建高质量发展的能源供给体系、加快实现"双碳"目标有着至关重要的意义。

国内外学者在影响因素分析领域进行了丰富的研究，涉及的方法主要包括 SDA 模型、LMDI 分解模型、STIRPAT 分解模型、时空模型、逐步回归模型（林伯强和蒋竺均，2009；陈操操等，2014；赵胜男等，2017）。在能源领域的影响因素分析方法主要包括 LMDI 分解模型、SDA 模型和 STIRPAT 分解模型（蔡伟光，2011；汪菲和王长建，2017；李风琦，2019）。其中，LMDI 分解模型具有计算简单、分解结果无残差、可处理零值、分解完全等优良性能，因此被众多学者广泛应用于能源消费的因素分解和基于能源消费角度的碳排放因素分解两方面。

在能源消费的因素分解方面，张黎（2013）分析了人口、人均 GDP、工业结构及能源强度对中国能源消费的影响，结果表明，人均 GDP 和能源强度分别对中国能源消费的增长起到促进和抑制作用，且影响程度较大；Fernández González 等（2014）运用 LMDI 分解模型将欧洲 27 个国家划分为 8 个区域进行能源消费的驱动因素研究；Wang 等（2014）通过在传统 LMDI 分解模型中引入柯布-道格拉斯生产函数的方法分析了中国能源消费的影响因素；严翔等（2018）基于 Kaya 模型对中国 1998~2015年的能源消费总量选取 10 个指标进行产业、空间、人口三方面的驱动因素分解研究。沈文涛（2018）应用 LMDI 分解模型探究辽宁省能源消费的影响因素，研究发现，能源消费变化的主要正向驱动因素为产出规模，其影响效应为 167.8%；主要负向驱动因素为能源强度，其影响效应为

−72.8%。孙倩等（2019）通过 LMDI 分解模型探究城市能源消费总量的影响因素，并通过各影响因素的权重构建指标评价模型。

在基于能源消费角度的碳排放因素分解方面，朱勤等（2009）利用扩展的 Kaya 模型将中国碳排放分解为人口、产业结构、能源结构、人均 GDP、能源强度 5 个因素。叶晓佳等（2011）在全面测算浙江省碳排放量的基础上，运用 LMDI 分解模型将浙江省三次产业和居民生活四个部门的 12 种能源碳排放驱动因素分解为能源强度、结构调整、经济发展等效应。宋杰鲲（2012）基于 LMDI 分解模型深入剖析 2000～2009 年山东省能源消费碳排放的影响因素，将其分解为人口、人均财富、产业结构、能源消费强度和能源消费结构等五大效应。范丹（2013）在考虑人口、产业结构、能源结构、人均 GDP、能源强度这 5 个因素的基础上，通过 LMDI-PDA 法又考虑了能源绩效和能源技术进步两方面的影响；邓吉祥等（2014）从人口规模、经济发展、能源强度和能源结构四方面分析了中国八大区域碳排放特征及演变规律。吴振信等（2014）基于 LMDI 分解模型研究了北京市三次产业、居民生活、交通运输业五个部门 8 种能源的碳排放影响因素。

总体而言，国内外学者关于能源生产的研究仍然存在以下不足：第一，在研究内容方面，大多数学者对影响因素的分析多集中于能源消费、能源碳排放、能源强度等方面的实证研究，鲜有研究基于能源生产角度分解能源产出的驱动因素，进而针对各能源产业影响机制与结构分析处于空白。第二，在基础数据方面，大多数学者关于能源生产的实证研究依据中国能源平衡表中实物量能源生产总量数据，而不是基于货币型能源产出数据，无法精确地反映能源产业产出对 GDP 的贡献率，进而无法对宏观经济发展做出更加有针对性的建议。第三，在研究方法方面，目前未形成统一全面的能源生产账户基本表式，使得能源产业生产活动的产出特征无法充分体现，进而导致相关能源生产核算的实证分析几近空白。同时，基于 LMDI 分解模型、SDA 模型等分解模型的影响因素分析多从总量角度探索各影响因素的效应，而针对各能源产业的影响效应分析相对较少。综上，急需改进中国能源生产核算的实践，在获取科学性与准确性的能源产出数据的基础上，从能源结构优化、能源科技创新、能源生产质量提升等方面进一步探索能源生产发展趋势与影响机制，统筹兼顾、协同推进高质量中国能源供给体系建设。

基于已有研究，本节首先应用构建能源生产账户的基础数据分析中国的能源生产总量及其构成，其次应用 LMDI 分解模型对能源总产出及各行业能源产出的影响因素进行分解，最后提出相关的政策建议。基于此，本节在以下方面进行创新：第一，挖掘能源生产核算实证分析的新视角。突破目前能源核算中能源消费、能源碳排放、能源强度等实证分析的研究方向，从能源生产角度分析能源产出的影响因素及其效应，准确分析能源产出背后的驱动机理，为能源生产核算实证分析提供新视角。第二，应用全面、精确的能源产出数据。基于中国能源生产账户，精确核算 2012 年与 2018 年中国不同能源产业产出、中间消耗与增加值等数据，从系统和结构视角分析能源产业的生产情况，探析能源产业生产结构状况，厘清产业间能源产出关系及其变化规律，为后续针对能源产出影响机制的探究提供科学、全面的基础数据支撑。第三，探究中国能源产出影响机制。利用 LMDI 分解模型分析能源产业结构、能源产业强度、经济规模效益、技术进步水平、城镇化水平、人口规模等因素对能源产出的影响机制，得到各因素对能源总产出和各能源产业产出的影响效应大小及方向，从而为中国能源生产结构优化、能源生产高效化与清洁化的节能减排政策制定提供科学的参考依据，为新时代能源发展指明方向。

二、模型构建

本节通过 LMDI 分解模型实现生产角度能源产出的影响因素分解，得到能源产业结构、能源产业强度、经济规模效益、技术进步水平、城镇化水平、人口规模等影响因素对中国能源总产出及各能源产业产出的影响程度，准确分析能源产出背后的驱动机理，为能源产业高质量发展提供有益参考。

1. LMDI 分解模型

本节通过构建中国能源产出的 LMDI 分解模型，对 2012～2018 年中国能源产出的变化趋势和影响因素进行分析。LMDI 分解模型以 Kaya（1990）提出的 Kaya 恒等式为基础，通过链式乘积的形式定性或定量地分析各影响因素的效应与机制。LMDI 分解模型将分解主体视作解释变量，将各影响因素视作被解释变量，然后通过对各影响因素的可微函数求导得到各因素对解释变量的影响大小与影响方向。LMDI 分解模型分为加法和乘法两种形式，不仅具有全分解、可处理零值、消除无法解释的残差项等特点，而且其分解结果具有直观性、说服力强、加法与乘法结果一致等优点，因此广泛应用于能源、资源和环境领域影响因素分解的研究。

本节采用加法分解方法构建中国能源产出的 LMDI 分解模型，揭示 2012～2018 年能源结构、经济结构、经济发展、技术进步、产业结构、技术进步、人口与政策等因素对中国能源产出的影响机理。具体模型构建如下：

$$E = \sum_{i=1}^{19}\sum_{j=1}^{19}\frac{E_{ij}}{E_i}\times\frac{E_i}{\mathrm{GDP}_i}\times\frac{\mathrm{GDP}_i}{\mathrm{GDP}}\times\frac{\mathrm{GDP}}{\mathrm{TP}}\times\frac{\mathrm{TP}}{\mathrm{PX}}\times\frac{\mathrm{PX}}{P}\times P \quad (11\text{-}1)$$
$$= \mathrm{ES}\times\mathrm{EI}\times\mathrm{GS}\times\mathrm{TP}\times\mathrm{PX}\times P$$

式中，$i=1,2,\cdots,19$ 分别代表各能源产业；$j=1,2,\cdots,19$ 分别代表各能源产品；E 为能源总产出；E_{ij} 为第 i 产业中第 j 种产品的产出；GDP_i 为第 i 产业的增加值；ES 为能源产业结构；EI 为能源产业强度；GS 为经济规模效益；TP 为技术进步水平；PX 为城镇化水平；P 为人口规模。因此，影响能源产出的主要因素为能源产业结构、能源产业强度、经济规模效益、技术进步水平、城镇化水平、人口规模六种。

本节采用 LMDI 加法分解模型对式（11-1）进行分解，以 2012 年为基期，以 2018 年为当期，将各影响因素的效应分别记为能源产业结构效应 ΔE_{ES}、能源产业强度效应 ΔE_{EI}、经济规模效益效应 ΔE_{GS}、技术进步水平效应 ΔE_{TP}、城镇化水平效应 ΔE_{PX}、人口规模效应 ΔE_P，其分解公式如下：

$$\Delta E = \Delta E_{\mathrm{ES}} + \Delta E_{\mathrm{EI}} + \Delta E_{\mathrm{GS}} + \Delta E_{\mathrm{TP}} + \Delta E_{\mathrm{PX}} + \Delta E_P \quad (11\text{-}2)$$

各分解因素对中国能源产出的影响程度可通过以下公式来量化：

$$\Delta E_{\mathrm{ES}} = \sum_{i=1}^{19}\sum_{j=1}^{19}\frac{E_{ij}^1 - E_{jj}^0}{\ln E_{ij}^1 - \ln E_{ij}^0}\times\ln\frac{\mathrm{ES}_{ij}^1}{\mathrm{ES}_{ij}^0} \quad (11\text{-}3)$$

$$\Delta E_{\mathrm{EI}} = \sum_{i=1}^{19}\sum_{j=1}^{19}\frac{E_{ij}^1 - E_{jj}^0}{\ln E_{ij}^1 - \ln E_{ij}^0}\times\ln\frac{\mathrm{EI}_{ij}^1}{\mathrm{EI}_{ij}^0} \quad (11\text{-}4)$$

$$\Delta E_{\mathrm{GS}} = \sum_{i=1}^{19}\sum_{j=1}^{19}\frac{E_{ij}^1 - E_{jj}^0}{\ln E_{ij}^1 - \ln E_{ij}^0}\times\ln\frac{\mathrm{GS}_{ij}^1}{\mathrm{GS}_{ij}^0} \quad (11\text{-}5)$$

$$\Delta E_{\mathrm{TP}} = \sum_{i=1}^{19}\sum_{j=1}^{19}\frac{E_{ij}^1 - E_{jj}^0}{\ln E_{ij}^1 - \ln E_{ij}^0}\times\ln\frac{\mathrm{TP}^1}{\mathrm{TP}^0} \quad (11\text{-}6)$$

$$\Delta E_{\mathrm{PX}} = \sum_{i=1}^{19}\sum_{j=1}^{19}\frac{E_{ij}^1 - E_{jj}^0}{\ln E_{ij}^1 - \ln E_{ij}^0}\times\ln\frac{\mathrm{PX}^1}{\mathrm{PX}^0} \quad (11\text{-}7)$$

$$\Delta E_P = \sum_{i=1}^{19}\sum_{j=1}^{19}\frac{E_{ij}^1 - E_{jj}^0}{\ln E_{ij}^1 - \ln E_{ij}^0}\times\ln\frac{P^1}{P^0} \quad (11\text{-}8)$$

2. 产业贡献度

产业贡献度主要分析一个产业在整个能源产业结构中的贡献率。产业规模越大，综合实力越强，经济效益与质量效益越高，则产业贡献度越高。本节从经济效益贡献度和产出规模贡献度两个角度分析能源产业贡献度，其值为经济效益贡献度与产出规模贡献度的平均数，表示为

$$R_i = \frac{T_i + K_i}{2} \tag{11-9}$$

式中，R_i 为各产业部门的产业贡献度；T_i 为各产业部门的经济效益贡献度；K_i 为各产业部门的产出规模贡献度。

经济效益贡献度即各产业部门为整个能源产业经济活动所做的贡献，其值为各能源产业增加值与能源产业总增加值的比值：

$$T_i = \frac{G_i}{\sum_{i=1}^{n} G_i} \tag{11-10}$$

式中，G_i 为 i 产业部门的增加值。

产出规模贡献度即各产业部门产出所占的规模，其值为各产业部门产出与能源产业总产出的比值：

$$K_i = \frac{Q_i}{\sum_{i=1}^{n} Q_i} \tag{11-11}$$

式中，Q_i 为 i 产业部门的产出。

三、变量选取与数据来源

1. 变量选取

目前，中国提出了碳中和的定量指标，为能源产业提供了新的发展导向，随着逐级细化分解，将分别形成明确的具体量化要求，形成绿色低碳循环发展经济体系。因此，本节综合考虑影响能源产出的因素：能源产业结构、能源产业强度、经济规模效益、技术进步水平、城镇化水平、人口规模。

（1）能源产业结构。能源产业结构在一定程度上反映能源发展的趋势及中国能源产业发展对能源利用的基本特征。能源产业结构的调整可以加大利用效率高的能源在能源生产构成中的占比，同时摒弃利用效率低、对

环境污染较严重的能源。因此，采用各能源产业产出占能源产业总产出的比例来反映能源产业结构。

（2）能源产业强度。能源产业强度是指能源生产或消耗总量与GDP的比值，即单位GDP的能源生产量或能源消耗量，反映了一个国家对能源资源的依赖程度。能源产业强度越高，说明能源生产所产生的经济效益越好。因此，采用各能源产业产出与GDP的比值作为能源产业强度的衡量指标。

（3）经济规模效益。经济发展是指一个国家的人均实际福利的提高，它不仅指国民经济规模的扩大，而且指经济效益和社会生活质量的提高。因此，选取人均GDP反映经济规模效益。

（4）技术进步水平。技术进步在一定程度上影响着社会进步与经济发展水平，一方面，可以拓宽能源摄取途径，使开发新能源成为可能，在能源生产层面提高能源产出效率；另一方面，能够降低能源损耗或者将损耗的能源以其他形式再利用，从而促进能源效率提升。因此，在充分考虑数据可得性和代表性后，选择研发经费作为技术进步水平指标。

（5）城镇化水平。城镇化过程是农业人口向非农业人口转变的过程，通常伴随着劳动力的转移、第二和第三产业规模的壮大，以及工业和服务业能源需求的增加。同时，城镇化过程中城市规模越大，市民生活中能源生产比例越大。因此，通过计算城镇人口占总人口的比例得到城镇化人口比率，以此反映城镇化水平。

（6）人口规模。人口总量是指在一定时期内一个国家的常住人口总和，人口总量的增加会引起能源生产量的增加，进而显著地带动能源产业的产出。同时，人口总量的增加伴随着人均消费的增加，随之而来的是对经济贡献的增加，最终带来生产总值的增加。因此，采用人口总量来反映人口规模。

2. 数据处理与来源

本节编制中国能源生产账户所使用的数据主要来自国家统计局编制的"2012年42部门供给表""2012年42部门使用表""2018年70产品部门×60产业部门供给表""2012年70产品部门×60产业部门使用表"。将供给表中的数据按照本节划分的能源产业部门进行合并，得到各能源产业部门中能源产品的产出数据；同样，将使用表中的数据按照能源产业部门进行合并，得到各能源产业部门的中间消耗和增加值数据。

本节通过2012年、2018年中国能源生产账户的测算结果，选用其中各能源特征产业、能源相关产业的产出、增加值等数据，以 2012 年为基期、2018 年为当期进一步探究中国能源产出的影响因素。GDP、研发经费、人均 GDP、城镇化人口比率、人口总量等指标来自 2012 年和 2018 年《中国统计年鉴》。

四、能源产业产出的测度

以编制的中国能源生产账户为核算基础，精确测算中国能源总产出及增加值等相关信息，同时将能源总产出及结构贡献分析相结合，探究能源总产出、构成及各产业间相互联系等变化趋势，并进一步挖掘能源总产出及各能源产业产出的影响因素，为中国能源产业结构优化升级的实现提出有针对性、可行性的建议。

根据中国能源生产账户的具体表式测算出 2012 年、2018 年中国能源产业总产出及增加值，进一步计算 2012~2018 年各能源产业产出及增加值的年均增长率，如表 11-1 所示。从表 11-1 中可以看出，2018 年能源总产出为 1167059.17 亿元，相较于 2012 年能源总产出 925401.77 亿元，年均增长 3.94%，能源产业增加值由 2012 年的 207216.68 亿元上升到 2018 年的 269965.10 亿元，年均增长 4.51%。从各能源产业来看，能源特征产业中，煤炭开采和洗选业、石油和天然气开采业的产出与增加值均呈现下降趋势，石油和天然气开采业尤为明显，其产出年均下降率为 4.05%，增加值年均下降率为 4.38%；电力、热力生产和供应业，燃气、水的生产和供应业的产出与增加值呈现上升趋势，其中，燃气、水的生产和供应业增加值年均增长率高达 14.92%。能源相关产业中，金属矿采选业，化学原料和化学制品制造业，铁路、船舶、航空航天和其他运输设备制造业的产出和增加值下降幅度较大，其中，铁路、船舶、航空航天和其他运输设备制造业的产出下降了 49783.31 亿元，年均下降率为 21.26%，增加值下降了 9117.54 亿元，年均下降率为 18.20%。究其原因，能源领域是当前中国实现"双碳"目标的先行领域，国家重点支持风电、光伏发电、天然气产供储销体系建设等项目，一定程度上为中国能源产业转型升级和结构优化起到了积极的作用。由此可见，随着能源生产革命的不断推进，一次能源生产、转换或分配为主要活动的能源产业中煤炭等传统能源生产下降，新能源生产快速增长，能源发展方式由粗放型向集约型转变，能源结构呈现出一种扩张性的再生产模式，由煤炭为主向多元化结构特征转变，能源供应稳定、充足、多元，能源发展呈现新格局。

表 11-1　2012～2018 年各能源产业产出及增加值统计

项目		产出			增加值		
		2012年产出/亿元	2018年产出/亿元	产出年均增长率/%	2012年增加值/亿元	2018年增加值/亿元	增加值年均增长率/%
能源特征产业	煤炭开采和洗选业	24563.90	23592.98	−0.67	11368.43	9639.40	−2.71
	石油和天然气开采业	12534.30	9781.04	−4.05	7469.69	5710.47	−4.38
	石油、煤炭及其他燃料加工业	41720.58	45236.17	1.36	7921.82	9851.84	3.70
	电力、热力生产和供应业	47855.02	60217.07	3.90	12361.71	17079.46	5.54
	燃气、水的生产和供应业	4668.92	8495.81	10.49	1410.49	3249.10	14.92
能源相关产业	金属矿采选业	12081.55	9570.49	−3.81	4509.13	2057.88	−12.26
	非金属矿和其他矿采选及开采辅助活动	6113.34	8775.68	6.21	2630.71	2314.20	−2.11
	食品制造及加工业	87951.13	87366.03	−0.11	20690.56	14010.30	−6.29
	木材加工和家具制造业	18417.51	25811.12	5.79	4172.38	6190.52	6.80
	造纸印刷和文教体育制造业	29662.93	43433.60	6.56	7021.54	10052.91	6.16
	化学原料和化学制品制造业	118809.47	78026.04	−6.77	22938.79	14836.06	−7.01
	非金属矿物制品业	46420.88	72436.14	7.70	11723.77	15440.91	4.70
	金属冶炼和压延加工业	108944.88	113860.50	0.74	20174.21	17901.86	−1.97
	金属制品业	33025.92	48600.24	6.65	6614.24	10416.18	7.86
	通用设备制造业	40534.81	45233.14	1.84	8552.98	11582.58	5.18
	专用设备制造业	30294.41	35744.89	2.80	6479.34	9164.44	5.95
	铁路、船舶、航空航天和其他运输设备制造业	65364.91	15581.60	−21.26	13017.09	3899.55	−18.20
	电气机械和器材制造业	52198.44	66116.57	4.02	8824.59	13515.05	7.36
	其他制造业	144238.87	369180.06	16.96	29335.21	93052.39	21.22
合计		925401.77	1167059.17	3.94	207216.68	269965.10	4.51

五、能源产业贡献度

能源生产账户能够分析能源特征产业与能源相关产业在整个能源产

业结构中的地位和重要性，以进一步确定能源支柱型产业。因此，本节通过计算能源特征产业与能源相关产业的经济效益贡献度、产出规模贡献度，确定能源产业贡献度，以探究能源产业间的关联程度与产业规模，发展产业贡献度较高的能源产业，以优化能源生产结构，推进各能源产业的协调绿色发展，实现能源产业发展绿色化变革，具体数据如表11-2所示。

表11-2 各能源产业贡献度统计　　　　　　　　　　单位：%

项目	产出规模贡献度 2012年	产出规模贡献度 2018年	经济效益贡献度 2012年	经济效益贡献度 2018年	产业贡献度 2012年	产业贡献度 2018年
煤炭开采和洗选业	2.65	2.02	5.49	3.57	4.53	4.05
石油和天然气开采业	1.35	0.84	3.60	2.12	2.86	2.49
石油、煤炭及其他燃料加工业	4.51	3.88	3.82	3.65	3.74	3.69
电力、热力生产和供应业	5.17	5.16	5.97	6.33	6.15	6.24
燃气、水的生产和供应业	0.50	0.73	0.68	1.20	0.94	1.07
金属矿采选业	1.31	0.82	2.18	0.76	1.47	1.12
非金属矿和其他矿采选及开采辅助活动	0.66	0.75	1.27	0.86	1.06	0.96
食品制造及加工业	9.50	7.49	9.98	5.19	7.59	6.39
木材加工和家具制造业	1.99	2.21	2.01	2.29	2.15	2.22
造纸印刷和文教体育制造业	3.21	3.72	3.39	3.72	3.56	3.64
化学原料和化学制品制造业	12.84	6.69	11.07	5.50	8.28	6.89
非金属矿物制品业	5.02	6.21	5.66	5.72	5.69	5.70
金属冶炼和压延加工业	11.77	9.76	9.74	6.63	8.18	7.41
金属制品业	3.57	4.16	3.19	3.86	3.53	3.69
通用设备制造业	4.38	3.88	4.13	4.29	4.21	4.25
专用设备制造业	3.27	3.06	3.13	3.39	3.26	3.33
铁路、船舶、航空航天和其他运输设备制造业	7.06	1.34	6.28	1.44	3.86	2.65
电气机械和器材制造业	5.64	5.67	4.26	5.01	4.63	4.82
其他制造业	15.60	31.61	14.15	34.47	24.31	29.39

从各能源产业贡献度的整体态势可以看出，2012年、2018年能源产业经济效益贡献度和产出规模贡献度差别不大，各产业间变化态势基本相同，能源产业经济效益贡献度越大，其相应的产出规模贡献度越大，产业

贡献度的变化走势与经济效益贡献度和产出规模贡献度相同。从 2012 年和 2018 年的产业贡献度来看，2018 年制造业中少数能源相关产业的贡献度有所增加，例如，电力、热力生产和供应业的贡献度从 2012 年的 6.15%增加到 2018 年的 6.24%，燃气、水的生产和供应业的贡献度从 2012 年的 0.94%增加到 2018 年的 1.07%。然而，煤炭开采和洗选业的贡献度从 2012 年的 4.53%下降到 2018 年的 4.05%，石油和天然气开采业的贡献度从 2012 年的 2.86%下降到 2018 年的 2.49%。这些数据显示，尽管部分能源相关产业在 2018 年有所增长，但能源特征产业的贡献度整体上有所减少。从各产业部门的经济效益贡献度和产出规模贡献度中可以得出以下结论。

首先，能源特征产业贡献度较低。燃气、水的生产和供应业经济效益贡献度和产出规模贡献度最低，围绕零点小幅度波动。煤炭开采和洗选业，石油和天然气开采业 2012~2018 年的经济效益贡献度和产出规模贡献度有一定幅度的下降趋势，充分反映出中国不断推进能源生产革命取得有效成果，能源产业结构优化得到进一步改善。

其次，制造业中核心产业的贡献度较高。例如，食品制造及加工业在 2012 年的贡献度为 7.59%，尽管在 2018 年下降至 6.39%，仍然具有较高的贡献度。木材加工和家具制造业的贡献度从 2012 年的 2.15%增加到 2018 年的 2.22%，非金属矿物制品业的贡献度从 2012 年的 5.69%增加到 2018 年的 5.70%。虽然化学原料和化学制品制造业的贡献度从 2012 年的 8.28%减少到 2018 年的 6.89%，但其在整个产业规模中仍占有很大比例。金属制品业的贡献度也从 2012 年的 3.53%增加到 2018 年的 3.69%。这些产业的贡献度与中国近年来大力发展高技术制造业有很大关系。

最后，其他制造业是除能源相关产业中制造业之外的所有制造业之和，其贡献度最高，从 2012 年的 24.31%大幅增加到 2018 年的 29.39%。因此，制造业对国民经济的高质量发展具有重要的支撑作用。

综上，随着能源转型步伐的逐渐加快，中国能源产业煤炭等增优减劣政策有较大改善，能源供给结构不断优化，由单一向多元、由黑色向绿色转变，能源优质先进产能持续发展，不同品种能源占比呈现多样化趋势。因此，积极推进油气增储上产和清洁能源消纳，推进产业体系与能源体系绿色低碳转型，探索中国低碳化、清洁化能源结构，对增强中国未来发展主动权、产业竞争力和能源安全等方面有着至关重要的意义。

六、能源产出影响因素分析

根据构建的 LMDI 分解模型的基本思想和方法，基于 2012~2018 年能源生产账户中各能源产业的产出数据，将中国 2012~2018 年能源产业产出的变动分解为能源产业结构效应、能源产业强度效应、经济规模效益效应、技术进步水平效应、城镇化水平效应、人口规模效应，深入分析各种效应对中国各能源产业产出变动的影响。

2012~2018 年中国能源总产出增量因素分解结果如表 11-3 所示。从表 11-3 中可以看出，2012~2018 年中国各能源产业部门的能源总产出增加了 1778213.82 亿元。其中，能源产业结构效应对中国能源总产出产生负向抑制作用，致使产出减少 19685.41 亿元；能源产业强度效应对能源总产出起到正向拉动作用，致使产出增加 101076.69 亿元；能源总产出受经济规模效益效应、城镇化水平效应、技术进步水平效应、人口规模效应的影响后，分别增加了 982050.89 亿元、126393.36 亿元、558011.33 亿元、30366.96 亿元。就六种影响因素对能源产出增加的贡献率而言，能源产业结构效应的贡献率为–1.11%；经济规模效益效应的贡献率最大，为 55.23%；技术进步水平效应的贡献率次之，为 31.38%；能源产业强度效应和城镇化水平效应的贡献率相对较小，分别为 5.68%、7.11%；人口规模效应的贡献率最小，为 1.71%。

表 11-3 2012~2018 年中国能源总产出增量因素分解结果

项目	能源产业结构效应	能源产业强度效应	经济规模效益效应	城镇化水平效应	技术进步水平效应	人口规模效应	总效应
能源产业产出总效应/亿元	–19685.41	101076.69	982050.89	126393.36	558011.33	30366.96	1778213.82
贡献率/%	–1.11	5.68	55.23	7.11	31.38	1.71	100.00

综上，中国能源总产出不断增长，生产规模日益扩大，能源产出具有多元化特征，优化能源产业结构已成为当今世界产业生存与发展的前进方向与发展道路。同时，人口总量越大、城镇化人口比率越高、人均 GDP 越高、研发经费越高，该地区能源总产出越大；技术进步水平的提高支撑了低碳能源的发展，伴随着能源生产效率的提高，助力能源产业向高效、绿色、低碳的方向发展。因此，中国应大力实施创新驱动发展战略，以前瞻性思维推动能源技术革命，带动能源产业升级，引领中国能源生产革命向清洁化、安全化、高效化方向发展。

通过对 2012~2018 年能源总产出进行影响因素分解，可以看出不同影响因素效应对总效应的影响程度不同，为进一步探究各影响因素效应下能源特征产业与能源相关产业的影响因素，分别测算 2012～2018 年不同能源特征产业与能源相关产业的能源产业结构、能源产业强度、经济规模效益、技术进步水平、城镇化水平、人口规模六种因素对产出的影响大小和影响方向。其中，能源特征产业与能源相关产业的计算结果分别如表 11-4 和表 11-5 所示。

表 11-4　2012～2018 年各能源特征产业产出影响因素效应分析　单位：亿元

项目	能源产业结构效应	能源产业强度效应	经济规模效益效应	城镇化水平效应	技术进步水平效应	人口规模效应	总效应
煤炭开采和洗选业	105.72	3086.00	12444.29	2993.75	13217.06	719.27	32566.09
石油和天然气开采业	0.62	228.33	5771.57	1388.48	6129.98	333.59	13852.57
石油、煤炭及其他燃料加工业	6.39	-5948.00	22592.61	5435.16	23995.58	1305.84	47387.58
电力、热力生产和供应业	-8015.04	132182.29	27911.79	6714.81	29645.07	1613.28	190052.20
燃气、水的生产和供应业	7.68	-1496.36	3318.95	798.45	3525.05	191.83	6345.60

表 11-5　2012～2018 年各能源相关产业产出影响因素效应分析　单位：亿元

项目	能源产业结构效应	能源产业强度效应	经济规模效益效应	城镇化水平效应	技术进步水平效应	人口规模效应	总效应
金属矿采选业	-10.60	5922.75	5598.88	1346.94	5946.57	323.61	19128.15
非金属矿和其他矿采选及开采辅助活动	24.69	3601.17	3800.21	914.23	4036.20	219.65	12596.15
食品制造及加工业	24.37	33571.51	45550.95	10958.31	48379.60	2632.82	141117.56
木材加工和家具制造业	-43.19	-1289.21	11370.95	2735.54	12077.07	657.23	25508.39
造纸印刷和文教体育制造业	-11347.54	-10692.16	15574.09	3746.70	16541.22	900.17	14722.48
化学原料和化学制品制造业	-129.22	1349.87	50332.70	12108.67	53458.29	2909.20	120029.51
非金属矿物制品业	0.16	9894.85	30366.18	7305.27	32251.88	1755.15	81573.49
金属冶炼和压延加工业	269.84	18447.04	57800.01	13905.10	61389.31	3340.80	155152.10
金属制品业	11.37	-2713.27	20911.09	5030.64	22209.64	1208.65	46658.12
通用设备制造业	11.29	-8221.78	22133.34	5324.67	23507.79	1279.29	44034.60

续表

项目	能源产业结构效应	能源产业强度效应	经济规模效益效应	城镇化水平效应	技术进步水平效应	人口规模效应	总效应
专用设备制造业	−237.07	−6179.09	17056.12	4103.24	18115.29	985.83	33844.32
铁路、船舶、航空航天和其他运输设备制造业	−408.71	−8278.72	17922.64	4311.69	19035.61	1035.92	33618.43
电气机械和器材制造业	5.54	−11151.72	30572.17	7354.83	32470.67	1767.05	61018.54
其他制造业	38.29	−51236.79	124357.04	29916.89	132079.45	7187.76	242342.64

从表 11-4 中可以看出，在能源特征产业中，能源产业强度效应和技术进步水平效应对总产出的正向拉动作用最大，人口规模效应对总产出的正向拉动作用最小，而能源产业结构效应导致总产出的反向减少。具体而言，能源产业结构效应主要导致电力、热力生产和供应业产出的负向变动，即能源产业结构效应使其产出减少 8015.04 亿元，能源产业结构效应导致煤炭开采和洗选业产出增加 105.72 亿元，而对石油和天然气开采业产出几乎没有影响；能源产业强度效应主要导致石油、煤炭及其他燃料加工业，燃气、水的生产和供应业产出的反向减少，而对电力、热力生产和供应业产出的影响与能源产业结构效应相反，其正向拉动作用较为显著，主要导致其产出增加 132182.29 亿元；经济规模效益效应对各能源特征产业产出的影响均为正向拉动作用，各产业间影响效应有差别；城镇化水平效应、技术进步水平效应与人口规模效应对能源特征产业产出的影响作用相似，均对电力、热力生产和供应业产出的影响最大，分别导致其产出增加 6714.81 亿元、29645.07 亿元、1613.28 亿元，三种影响因素效应均对燃气、水的生产和供应业产出的拉动作用最小，分别使其产出增加 798.45 亿元、3525.05 亿元、191.83 亿元，其拉动作用仅占电力、热力生产和供应业拉动作用的 12%。综合来看，针对能源特征产业，各影响因素有较大差异，能源产业强度、经济规模效益、技术进步水平对能源产业产出的正向拉动作用最大，说明能源产业强度越大、经济发展水平越高、科技发展水平越先进，对能源产业产出的激励作用越强；能源产业结构对能源产业产出的负向抑制作用越大，能源产业结构越合理。可以看出，2012~2018 年中国能源产出践行国家低碳化、清洁化能源发展政策效果显著，能源结构逐渐优化，煤炭开采和洗选业、石油和天然气开采业等高碳化产业的贡献率逐渐降低，能源结构向着多元化方向发展。

从表 11-5 中可以看出，在能源相关产业中，经济规模效益效应和技术进步水平效应对总产出的正向拉动作用最大，其次为城镇化水平效应，人口规模效应对总产出的正向拉动作用最小；能源产业结构效应和能源产业强度效应对总产出产生负向抑制作用，其中，能源产业强度效应致使产出减少 26975.55 亿元。具体而言，能源产业结构效应对造纸印刷和文教体育制造业的负向抑制作用最大，导致产出减少 11347.54 亿元；能源产业强度效应导致能源产业产出的负向抑制作用大于其他相关产业的正向拉动作用，致使产出减少 26975.55 亿元。经济规模效益效应、城镇化水平效应、技术进步水平效应与人口规模效应四种影响因素效应均对能源产出产生正向拉动作用，其中，技术进步因素促进产出增加 481498.59 亿元。由于其他制造业为除能源相关产业中制造业之外的所有制造业之和，各效应对其影响最大。除此之外，四种影响因素效应的正向拉动作用主要是导致金属冶炼和压延加工业、金属矿采选业、化学原料和化学制品制造业、非金属矿物制品业产出的增加。综上，针对能源相关产业，能源产业结构对能源产出的贡献表现出正负相间的趋势，能源产业产出由集约式向多元式发展。能源产业强度表现为负效应，表明在能源相关产业中能源利用效率越高，单位 GDP 所生产的能源越少，这主要是能源相关产业将能源活动作为次要或辅助活动导致的。能源特征产业中能源活动为主要活动，其能源产业强度表现为正效应，且远大于能源相关产业的能源产业强度效应，因此总效应为正值。

第二节 基于中国能源供给使用表的中国能源价格波动驱动因素分析

一、概述

能源是人类生存、经济发展、社会进步和现代文明不可缺少的重要物质资源，是关系国家经济命脉和国防安全的重要战略物资，在现代化建设中具有举足轻重的地位。能源系统是一个复杂的非线性系统，能源供给使用能力受经济发展、科技进步、国家政策和国际环境等诸多因素影响。反过来，能源供给使用能力也会影响经济发展、社会进步和环境变化。随着经济特别是科学技术的发展，能源系统规模越来越大，能源供给使用影响因素之间的相互联系也越来越复杂。因此，科学地、系统地、全面地对中国能源供给使用进行应用分析，对中国能源经济理论的发展具有重要的实证价值。

国内外学者对能源供给使用的应用分析主要分为两类。第一类是基于能源的供给侧和需求侧对能源展开分析。例如，王风云（2008）将能源供给与需求结合起来，使用单位根检验和协整关系检验分析能源供需与我国经济增长之间的长期均衡关系，研究发现，能源消费总量、能源生产总量与 GDP 之间存在长期协整关系。王长建等（2020）基于供需视角对比分析了煤炭消费机制的动态差异，并探索了中国煤炭消费的主要驱动因素。Yao 和 Zang（2021）为了厘清广东省电能的来源和去向，从时空角度探讨了供给侧和需求侧电能的内在差异与演变。第二类是对能源供需进行预测。例如，Qiu 等（2021）采用 LEAP 对 2060 年中国能源结构的终端需求总量进行了预测，结果表明，2017～2060 年天然气需求先增后降，天然气需求将在 2041 年达到峰值。

由于当前中国未编制能源实物和货币供给使用表、中国能源价格体系尚未健全，现有文献多以燃料、动力类工业生产者购进价格指数来体现能源价格。本节以核算出的能源价格指标为数据基础，运用 GDIM 分解模型定量分析了制造业煤炭价格波动的影响因素。对消费规模、消费价格强度、产出规模、产出价格强度、技术进步水平、技术价格强度、技术进步效率和煤炭消费强度等基本驱动因素进行分解，所得结论将有助于推动煤炭行业体制改革。

二、模型构建

在 Kaya 恒等式的基础上得到 GDIM 分解模型，准确识别能源价格波动的驱动因素。基于 GDIM 的基本原理，模型中涉及的变量和具体含义如表 11-6 所示。

表 11-6　模型中涉及的变量及具体含义

符号	变量	含义
P	煤炭价格	煤炭开采和洗选产品价格
G	产出规模	制造业增加值
P/G	产出价格强度	单位增加值的煤炭价格
E	消费规模	制造业煤炭开采和洗选产品使用量
P/E	消费价格强度	单位使用量的煤炭价格
T	技术进步水平	制造业专利申请量
P/T	技术价格强度	单位专利申请量的煤炭价格
G/T	技术进步效率	单位专利申请量的制造业增加值
E/G	煤炭消费强度	制造业单位增加值的煤炭开采和洗选产品使用量

煤炭价格及其相关影响因素的表达式如下：

$$P = G\left(\frac{P}{G}\right) = E\left(\frac{P}{E}\right) = T\left(\frac{P}{T}\right) \quad (11\text{-}12)$$

$$\frac{G}{T} = \left(\frac{P}{T}\right) \Big/ \left(\frac{P}{G}\right) \quad (11\text{-}13)$$

$$\frac{E}{G} = \left(\frac{P}{G}\right) \Big/ \left(\frac{P}{E}\right) \quad (11\text{-}14)$$

$$Z = X_1 X_2 = X_3 X_4 = X_5 X_6 \quad (11\text{-}15)$$

$$X_7 = \frac{X_1}{X_5} \quad (11\text{-}16)$$

$$X_8 = \frac{X_3}{X_1} \quad (11\text{-}17)$$

$$Z = X_1 X_2 \quad (11\text{-}18)$$

$$X_1 X_2 - X_3 X_4 = 0 \quad (11\text{-}19)$$

$$X_1 X_2 - X_5 X_6 = 0 \quad (11\text{-}20)$$

$$X_1 - X_5 X_7 = 0 \quad (11\text{-}21)$$

$$X_3 - X_1 X_8 = 0 \quad (11\text{-}22)$$

式中，$X_1 \sim X_8$ 分别代表 G、P/G、E、P/E、T、P/T、G/T、E/G 这 8 个变量。构造如下雅可比矩阵：

$$\Phi_X = \begin{pmatrix} X_2 & X_1 & -X_4 & -X_3 & 0 & 0 & 0 & 0 \\ X_2 & X_1 & 0 & 0 & -X_6 & -X_5 & 0 & 0 \\ 1 & 0 & 0 & 0 & -X_7 & 0 & -X_5 & 0 \\ -X_8 & 0 & 1 & 0 & 0 & 0 & 0 & -X_1 \end{pmatrix} \quad (11\text{-}23)$$

由 GDIM 可知，制造业碳排放变化 ΔZ 可以被分解为各影响因素贡献之和：

$$\Delta Z[X | \Phi] = \int_L \nabla Z^{\mathrm{T}} \left(I - \Phi_X \Phi_X^+ \right) \mathrm{d}X \quad (11\text{-}24)$$

式中，L 为因素变化的时间跨度；$\Delta Z = (X_2\ X_1\ 0\ 0\ 0\ 0\ 0\ 0)$；$I$ 为单位矩阵；如果雅可比矩阵 Φ_X 中因子彼此线性无关，则 $\Phi_X^+ = \left(\Phi_X^{\mathrm{T}} \Phi_X\right)^{-1} \Phi_X^{\mathrm{T}}$。本节将旅游业碳排放变化分解为 ΔZ_{X1}、ΔZ_{X2}、ΔZ_{X3}、ΔZ_{X4}、ΔZ_{X5}、ΔZ_{X6}、

ΔZ_{X7}、ΔZ_{X8} 这 8 种因素。其中，ΔZ_{X1}、ΔZ_{X3}、ΔZ_{X5} 分别反映了产出规模、消费规模和技术进步水平对煤炭价格波动的影响，ΔZ_{X2}、ΔZ_{X4}、ΔZ_{X6}、ΔZ_{X7}、ΔZ_{X8} 则分别反映了制造业发展的产出价格强度、消费价格强度、技术价格强度、技术进步效率和煤炭消费强度对煤炭价格波动的贡献。

三、指标选取与数据来源

1. 指标选取

本节基于 GDIM，从产出规模、消费规模和技术进步水平三方面选取 8 个具有代表性的因素对制造业煤炭价格波动进行分析。

首先，制造业的经济运行情况是煤炭价格涨落的主要动因。制造业经济运行状况变化与煤炭需求存在较强的正相关关系，制造业的经济增长情况会通过对煤炭需求的变化和预期影响煤炭价格。经济增长速度提高，会刺激中长期的煤炭价格上升；经济增长速度放缓，会导致煤炭价格回落。因此，本节选用制造业增加值来衡量产出规模。其次，在市场经济条件下，商品的价格取决于其需求与供给。当供给和需求的影响因素变化时，该市场的均衡就会改变，形成新的均衡点。作为一种大宗商品，煤炭的需求是影响其价格波动的主要因素。因此，本节选用制造业煤炭消费量来表示消费规模。最后，在生产力和科学技术的推动及清洁能源的刺激下，现代化的新理念、新工艺和新技术为煤炭技术的提升奠定了坚实基础。现代煤炭科学技术在中国已经得到了长足发展，而技术进步水平的提高间接影响了煤炭价格。在技术进步水平因素方面，借鉴 Cloodt 等（2006）的研究结果，采用专利申请量来衡量技术进步水平。一般认为，专利申请量或授权量与技术进步水平成正比。

2. 数据来源

本节编制中国能源实物和货币综合使用表所使用的数据主要来自国家统计局编制的"2007 年 42 部门使用表"、"2012 年 42 部门使用表"、"2017 年 70 产品部门×60 产业部门使用表"、"2018 年 70 产品部门×60 产业部门使用表"、《中国能源统计年鉴》中的中国能源平衡表和工业分行业终端能源消费表。在对中国制造业煤炭价格波动因素进行分析时，所使用的中国制造业增加值来源于《中国统计年鉴》，为消除市场价格因素的影响，保证数据间的可比性，以 2007 年为基期，采用工业生产消费价格指数进行价格平减；所使用的各种能源消费数据来源于《中国能源统计年鉴》；技术进步指标数据来源于《中国科技统计年鉴》。以编制的中国 2018 年能源实物和货币综合使用表为核算基础，编制 2017 年、2012 年、2007 年能源实物和货币综合使用表，精确测算 2018 年、2017 年、2012 年、2007 年中国各能源价格，如表 11-7～表 11-10 所示。

表 11-7　2018 年能源价格测算结果　　单位：元/吨标准煤

能源产品	农林牧渔业	采矿业	制造业	电力、燃气、蒸汽和空调制冷业	建筑业	批发、零售、住宿和餐饮业	交通运输、仓储和邮政业	其他行业
煤炭开采和洗选产品	390	17738	2940	138622	1666	83	660	1083
石油和天然气开采产品	—	2412	13281	182278	—	—	—	27
石油、煤炭及其他燃料加工品	9823	54450	3466	207845	277663	44271	86209	174198
电力、热力生产和供应	6207	9789	4389	22670	30071	4485	8779	5183
燃气生产和供应	5850	175	605	102757	711	2727	5802	5547

表 11-8　2017 年能源价格测算结果　　单位：元/吨标准煤

能源产品	农林牧渔业	采矿业	制造业	电力、燃气、蒸汽和空调制冷业	建筑业	批发、零售、住宿和餐饮业	交通运输、仓储和邮政业	其他行业
煤炭开采和洗选产品	287	11942	2355	118558	1104	48	453	716
石油和天然气开采产品	—	297	8740	169308	—	—	—	18
石油、煤炭及其他燃料加工品	8918	48588	2786	144829	197663	25447	59437	74304
电力、热力生产和供应	6799	9105	4325	22560	28597	5095	7892	5078
燃气生产和供应	5785	181	576	62704	696	1671	4830	4035

表 11-9　2012 年能源价格测算结果　　单位：元/吨标准煤

能源产品	农林牧渔业	采矿业	制造业	电力、燃气、蒸汽和空调制冷业	建筑业	批发、零售、住宿和餐饮业	交通运输、仓储和邮政业	其他行业
煤炭开采和洗选产品	2854	6689	2660	56879	43504	1398	29181	20749

续表

能源产品	农林牧渔业	采矿业	制造业	电力、燃气、蒸汽和空调制冷业	建筑业	批发、零售、住宿和餐饮业	交通运输、仓储和邮政业	其他行业
石油和天然气开采产品	—	3396	14380	120855				
石油、煤炭及其他燃料加工品	259533	46181	3915	308833	2866765	119284	1035798710	2385266
电力、热力生产和供应	7119	10271	5073	29554	23294	4253	5228	5018
燃气生产和供应	402	63	436	53102	375	1142	4083	4175

表 11-10　2007 年能源价格测算结果　　单位：元/吨标准煤

能源产品	农林牧渔业	采矿业	制造业	电力、燃气、蒸汽和空调制冷业	建筑业	批发、零售、住宿和餐饮业	交通运输、仓储和邮政业	其他行业
煤炭开采和洗选产品	159	2592	1686	16221	1393	290	1366	2978
石油和天然气开采产品	4	3494	10105	46498	—	260	43	51
石油、煤炭及其他燃料加工品	49642	43093	2867	157854	746146	19409	52830904	615459
电力、热力生产和供应	3797	11566	4528	29404	20681	6530	5087	6850
燃气生产和供应	1729	728	877	3668	1688	1081	1402	1921

四、能源价格波动驱动因素分析

本节基于 GDIM，使用 R 语言对 2007~2018 年中国制造业煤炭价格波动的影响因素进行分解，得出消费规模、消费价格强度、产出规模、产出价格强度、技术进步水平、技术价格强度、技术进步效率、煤炭消费强度。为了便于分析，将研究时间划分为三个阶段：2007~2012 年、2012~2017 年、2017~2018 年，计算得到的分解结果见表 11-11。根据计算结果，绘制图 11-1，描述不同阶段各因素对煤炭价格波动的影响程度及方向。

表 11-11　三个阶段各因素对煤炭价格波动的贡献值　单位：元/吨标准煤

因素	2007～2012 年	2012～2017 年	2017～2018 年
G	597	339	54
P/G	−143	−417	141
E	335	98	−2
P/E	114	−226	200
T	736	419	136
P/T	−501	−479	60
G/T	−138	−7	−3
E/G	−27	−31	−2

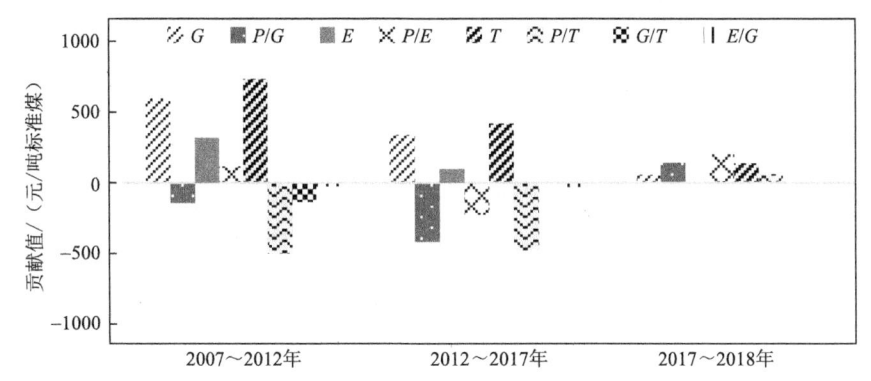

图 11-1　煤炭价格波动因素分解结果

由图 11-1 可以看出，在 8 个因素中，消费规模、产出规模、技术进步水平对煤炭价格波动基本保持促增作用；煤炭消费强度、技术进步效率对煤炭价格波动保持促降作用，抑制煤炭价格上升；消费价格强度、产出价格强度、技术价格强度较为波动，对煤炭价格波动既有促增作用也有促降作用。

具体来看，2007～2018 年制造业的产出规模和技术进步水平始终为促增效应。其中，产出规模的促增效应逐渐减弱，2007～2012 年、2012～2017 年、2017～2018 年煤炭价格分别上涨了 597 元/吨标准煤、339 元/吨标准煤、54 元/吨标准煤。这与 2007～2012 年制造业的高速发展状态紧密相关。技术进步水平的促增效应也逐渐减弱，2007～2012 年达到最大，煤炭价格上涨了 736 元/吨标准煤，2012～2017 年、2017～2018 年煤炭价格分别上涨了 419 元/吨标准煤和 136 元/吨标准煤。从能源消费特点来看，中国能源消费长期以来一直以煤炭为主。改革开放以来，中国经济快速增长，在世界上取得了举世瞩目的成就。同时，随着工业化和城市化步伐的加快，中国煤炭消费总量长期呈上升趋势。制造业作为我国支柱型产业，其技术进步水平的提高势必会促进煤炭价格上涨。

从总体上来看，技术价格强度是降低煤炭价格的关键因素，能引导煤炭价格向减少的方向变动。2007~2012年煤炭价格降低了501元/吨标准煤，2012~2017年煤炭价格降低了479元/吨标准煤，2017~2018年煤炭价格上涨了60元/吨标准煤。消费规模和消费价格强度对煤炭价格波动的影响具有双重效应。这主要是由于中国在《中华人民共和国国民经济和社会发展第十二个五年规划纲要》中提出控制能源消费总量、推进能源高效清洁转化、深化能源体制机制改革等目标，制造业相应地实施了能源强度和消费总量双控制。

技术进步效率的促降效应在2007~2012年明显增强，其他时间段促降效应的变动不大，煤炭价格波动保持在-7~-3元/吨标准煤。这主要是因为科学技术的发展仍无法抑制煤炭价格近年来的急剧上涨，这一时期科学技术和能源结构优化的效用还未在制造业中显现。煤炭消费强度的降低有利于煤炭价格下跌，但煤炭消费强度对煤炭价格表现为微弱的促降效应，煤炭价格波动从2007~2012年的-27元/吨标准煤变化到2017~2018年的-2元/吨标准煤，其中，2012~2017年最大，煤炭价格波动为-31元/吨标准煤，这与该时期中国政府在《中华人民共和国国民经济和社会发展第十二个五年规划纲要》《中华人民共和国国民经济和社会发展第十三个五年规划纲要》中纳入能源强度约束性指标有关。

第三节　基于中国能源投入产出表的中国能源消耗路径分析

一、概述

改革开放以来，我国经济实现了高速发展，同时能源消费持续攀升。环境问题逐渐成为我国推动高质量发展的瓶颈。分析各地区能源消耗情况，自下而上地制定节能减排政策，将进一步助力我国如期实现"双碳"目标，实现经济的可持续发展。我国地域辽阔，不同地区自然禀赋不同，能源储存和分布存在明显的区域差异性，大体呈现出西多东少和北多南少的区域特征。由于能源资源分配不均匀，我国不同地区表现出不同的能源消耗特征，需要从地区层面探究能源消耗特征。编制的地区能源投入产出表能够从产业部门层面深入分析各产业部门的能源消耗情况，进一步厘清不同地区产业部门间的能源消耗关系，同时为进一步的应用分析提供数据支撑。基于以上研究背景，本节以能源投入产出表作为数据基础，从我国八大综合经济区角度，对不同区域的能源转移路径进行深入分析。本节对推动我国产业节能降耗，构建清洁低碳、安全高效的能源体系具有重要意义。

现有关于能源消耗问题的研究多从能源效率、能源消耗的驱动因素和能源消耗强度等视角进行（Zhang and Lahr，2014；Chen and Xu，2019；Han et al.，2020；林伯强和吴微，2020；Shi et al.，2021；马晓君等，2021），从编制能源投入产出表的思路出发，深入挖掘各地区产业部门的能源消耗转移流向的研究相对空白。现有对产业部门能源消耗进行测度分析的研究多以传统价值型投入产出表为基础，采用 IOA 法或 LCA 法。例如，黄宝荣等（2012）运用 IOA 法研究了北京市国民经济分产业部门的能源直接、间接和完全消耗特征；姜朗（2020）基于价值型投入产出表，从生产和最终使用视角研究了我国产业部门间的能源消耗转移情况；Chen 等（2021）首次将 LCA 法引入能源消耗研究，从生产和需求视角对我国国民经济全部门能源消耗转移进行了实证分析。

然而，与能源投入产出表相比，传统价值型投入产出表无法揭示产业部门的能源消耗情况，因此需要编制包含实物流量数据的实物价值型能源投入产出表。此外，IOA 法无法反映能源消耗在产业部门间的具体转移流向，不能对能源消耗的内部结构加以分析，存在较大的局限性。LCA 法主要对研究对象的整个生命周期在各阶段的能源消耗情况进行分析，通常需要较为完整的产品生命周期数据，因此在实际应用中具有一定的局限性（张琼晶等，2019）。针对 IOA 法和 LCA 法的应用局限性，Defourny 和 Thorbeck（1984）将 SPA 应用在环境问题中。SPA 的优点在于能够追踪产业部门之间相互影响的复杂关系，进而分解生产链上不同产业部门之间的层层影响路径（Lenzen and Murray，2010）。由于该模型能够深入探究产业部门之间错综复杂的关系，SPA 在其他领域也得到了广泛应用，例如，Wu（2019）将 SPA 应用于我国医疗碳足迹的研究，结果表明，与美国、澳大利亚等发达国家相比，我国人均医疗碳足迹较低，而单位卫生支出的碳排放量相对较高；Zhao 等（2019）运用 SPA 估计了我国各省区市的水足迹，并确定了水足迹的完整行业路径；冯翠洋等（2017）从完全消费的角度对我国对外贸易中的隐含石油进行了定量分析，并用敏感性分析找到了影响隐含石油消费的关键系数，进而利用 SPA 识别出了这些关键系数所在的关键产业路径。陈传龙和韩盼星（2020）、Yang 等（2015）分别将 SPA 应用于工业废水和化石燃料燃烧相关领域的路径分解研究中。

总体来看，现有研究存在以下不足。第一，基于能源投入产出表进行的实证分析不够深入，且研究方法具有一定的局限性。对各地区产业部门的能源消耗问题的研究多采用 IOA 法或 LCA 法。然而，IOA 法和 LCA 法均有一定的应用局限性。前者无法进行产业部门之间能源消耗转移流向的测度，后者需要较为完整的生命周期数据。第二，少有文献对我国各地区的能源消耗情况进行全面测度。现有研究多通过建立我国能源投入产出表或某地区的能源投入产出表，并以我国国民经济总体或某地区为研究对象进行能源方面的实证分析，忽略了我国区域发展的差异性，无法提出更具针对性的节能政策。

在我国能源消耗存在明显区域差异且经济发展面临转型升级压力的背景下，本节基于中国能源投入产出表展开实证分析，系统审视产业部门的能源消耗情况，厘清不同产业部门之间的能源投入产出关系，结合八大综合经济区发展特征进行综合分析。根据分析结果，对不同地区提出更具差异性和针对性的节能政策，促进各地区加快实现产业低碳转型，进一步推动我国经济的高质量发展。针对现有研究不足，本节从以下两方面进行创新：第一，以编制的 30 个省区市 2017 年单区域能源投入产出表作为数据基础，展开能源消耗路径的实证分析，深入探究各地区生产链上不同产业部门间的能源消耗转移情况。具体地，将 SPA 应用于能源投入产出表，从直接和间接双重视角对各地区产业部门的能源消耗特征和产业部门间的转移流向进行分析。第二，结合我国现有的地区划分方法，进一步实现地区发展特征与能源消耗路径的整合分析。具体地，将我国 30 个省区市细分为八大综合经济区，对各地区能源消耗路径进行差异性分析。结合各地区实际发展特征，为各地区提出差异化节能方案，使节能降耗建议更具针对性。

二、模型构建

SPA 的基本思想是通过分解直接效应和间接效应来探索产业部门之间相互影响的复杂关系，主要用于对资源利用、环境排放问题的研究，通过分解产业部门的能源转移路径，深入挖掘能源消耗过程中各产业部门之间的相互联系。SPA 将一个经济体的整体排放量或消耗量在其生产系统中分解为无穷多条路径，并按照每条路径的排放量或消耗量对路径进行排序，识别出排放量或消耗量的关键驱动因素（张琼晶等，2019）。SPA 利用能源投入产出表识别和量化产业部门间的联系，充分发挥了能源投入产出表的优势，是联系经济活动与环境污染和保护问题的一种行之有效的方法。

基本的投入产出模型可以表示为

$$X = (I-A)^{-1}Y \qquad (11\text{-}25)$$

式中，X 为 $n \times 1$ 向量，表示各经济部门总产出，其中，n 为投入产出模型中的产业部门数量；Y 为 $n \times 1$ 向量，表示各产业部门最终需求；$(I-A)^{-1}$ 为里昂惕夫逆矩阵；I 为 $n \times n$ 的单位矩阵；A 为 $n \times n$ 的直接消耗系数矩阵，表示为

$$A = \begin{bmatrix} a_{11} & a_{12} & \cdots & a_{1j} & \cdots & a_{1n} \\ a_{21} & a_{22} & \cdots & a_{2j} & \cdots & a_{2n} \\ \vdots & \vdots & & \vdots & & \vdots \\ a_{i1} & a_{i2} & \cdots & a_{ij} & \cdots & a_{in} \\ \vdots & \vdots & & \vdots & & \vdots \\ a_{n1} & a_{n2} & \cdots & a_{nj} & \cdots & a_{nn} \end{bmatrix} \qquad (11\text{-}26)$$

A 中的元素 a_{ij} 表示为满足 j 部门的需求，需要 i 部门的投入，计算公式如下：

$$a_{ij} = \frac{x_{ij}}{x_j} \qquad (11\text{-}27)$$

式中，x_{ij} 为 j 部门购买 i 部门生产的货物或服务；x_j 为 j 部门的总产出。

基于编制的地区能源投入产出表，可以得到由最终需求引起的各产业部门能源消耗量：

$$E = FX = F(I-A)^{-1}Y \qquad (11\text{-}28)$$

式中，F 为对角矩阵，对角元素 F_i 为各产业部门直接能源消耗系数，反映各产业部门单位产出的直接能源消耗，计算公式如下：

$$F_i = \frac{b_i}{x_i} \qquad (11\text{-}29)$$

式中，b_i 为 i 部门的直接能源消耗；x_i 为 i 部门的总产出。

为了展现能源消耗在各产业部门间的流动转移情况,将列向量 Y 转换为对角矩阵 $\hat{Y}$，实现了将某产业部门的最终需求所引起的环境影响分解至生产链上的各产业部门，从而体现出能源消耗在产业部门之间的具体转移

流向（陈传龙和韩盼星，2020），进而有

$$E = FX = F(I-A)^{-1}\hat{Y} \qquad (11\text{-}30)$$

考虑竞争型投入产出表会造成各产业部门能源转移结果的偏差，本节采用 Chen 等（2021）的处理方式，在式（11-30）中加入表示国内产品比例的对角矩阵 $\hat{\varepsilon}$，剔除进口产品的能源消耗矩阵如下：

$$E' = F(I - \hat{\varepsilon}A)^{-1}\hat{Y} \qquad (11\text{-}31)$$

式中，对角矩阵 $\hat{\varepsilon}$ 的元素 ε_i 为 i 部门总产出与 i 部门总产出与进口之和的比值。

根据幂级数近似理论，将式（11-31）进一步扩展为

$$\begin{aligned}E' &= F\left[I + (\hat{\varepsilon}A) + (\hat{\varepsilon}A)^2 + (\hat{\varepsilon}A)^3 + \cdots\right]\hat{Y} \\ &= \underbrace{F\hat{Y}}_{PL_0} + \underbrace{F(\hat{\varepsilon}A)\hat{Y}}_{PL_1} + \underbrace{F(\hat{\varepsilon}A)^2\hat{Y}}_{PL_2} + \underbrace{F(\hat{\varepsilon}A)^3\hat{Y}}_{PL_3} + \cdots\end{aligned} \qquad (11\text{-}32)$$

式中，PL 代表生产层，PL_0 为产业部门直接能源消耗，$PL_1, PL_2, PL_3, \cdots$ 为产业部门间接能源消耗。各产业部门能源消耗总和是直接能源消耗和间接能源消耗之和。

三、数据来源

结合我国现有统计数据的实际情况，并考虑数据的可得性和完整性，本节选取我国 30 个省区市（不包括西藏、香港、澳门和台湾）为研究对象，进行能源消耗路径的分析。30 个省区市能源投入产出表中的价值型数据来自各地区 2017 年投入产出表，实物型数据来自 CEADs 中国分地区产业部门能源消耗数据。以编制的我国 30 个省区市 2017 年单区域能源投入产出表为基础数据进行各地区的能源消耗路径实证分析，该能源投入产出表既提供了各产业部门之间的经济社会联系，也提供了各产业部门的能源消耗数据。此外，考虑各地区的部门数量较多，为了简洁地展现各地区的产业部门名称，进而清晰地呈现产业部门间能源消耗的转移流向，本节对我国 42 个国民经济部门进行编码，见表 9-6。

四、直接能源消耗分析

本节基于八大综合经济区的划分，对 30 个省区市产业部门的直接能源消耗进行测算，找到各省区市直接能源消耗主要来源的产业部门，探究八大综合经济区的直接能源消耗特征，如表 11-12 所示。

表 11-12　30 个省区市直接能源消耗主要来源产业部门

综合经济区	省区市	第一名	第二名	第三名	第四名	第五名
北部沿海	北京	S29	S28	S38	S1	S30
	天津	S14	S29	S27	S38	S1
	河北	S14	S29	S24	S27	S1
	山东	S29	S14	S27	S24	S2
东部沿海	上海	S29	S14	S30	S28	S38
	江苏	S29	S14	S12	S1	S24
	浙江	S29	S27	S1	S13	S30
南部沿海	福建	S29	S27	S13	S14	S1
	广东	S29	S30	S14	S24	S28
	海南	S29	S1	S27	S6	S38
东北	辽宁	S14	S29	S38	S24	S1
	吉林	S14	S13	S6	S29	S27
	黑龙江	S38	S30	S24	S29	S28
黄河中游	陕西	S14	S2	S11	S24	S12
	山西	S11	S14	S29	S24	S2
	河南	S14	S29	S27	S2	S30
	内蒙古	S12	S24	S13	S1	S14
长江中游	湖北	S29	S24	S30	S27	S28
	湖南	S22	S27	S29	S38	S30
	江西	S14	S29	S13	S24	S30
	安徽	S29	S38	S24	S27	S13
大西南	云南	S14	S29	S2	S12	S27
	贵州	S28	S38	S30	S29	S1
	四川	S3	S4	S22	S5	S2
	重庆	S11	S29	S14	S12	S30
	广西	S14	S29	S13	S6	S24
大西北	甘肃	S14	S29	S27	S12	S1
	青海	S14	S12	S38	S27	S29
	宁夏	S12	S14	S2	S29	S24
	新疆	S29	S14	S25	S12	S1

从八大综合经济区来看，S29 成为我国三大沿海综合经济区居首位和次位的直接能源消耗产业部门，贡献了沿海综合经济区大部分的直接能源消耗。沿海综合经济区经济发达、交通运输便利、产业活力与对外开放水平较高，这些区域特征刺激了 S29 的生产需求，然而不可避免的是，S29 也会带来能源消耗压力和环境污染，因此沿海综合经济区需要重点关注该产业部门的节能减排问题。

在东北综合经济区中，辽宁和吉林 S14、黑龙江 S38 居于 3 个省份直接能源消耗的首位。东北综合经济区是我国重要的重工业基地与农产品生产基地。基于特殊的地理位置，东北综合经济区拥有丰富的煤、铁等矿产资源和广阔的耕地资源。S14 属于高耗能产业之一，东北综合经济区由该产业引起的能源消耗不容忽视。

属于黄河中游综合经济区的 4 个省区直接能源消耗产业部门集中在 S14、S12、S11。原因在于黄河中游综合经济区集聚了我国重要的煤炭开采和加工基地、钢铁和金属加工基地，相关产业部门贡献了本地区相当部分的直接能源消耗。

属于长江中游综合经济区的 4 个省份直接能源消耗产业部门比较多样，包括 S27、S22、S14、S29 等。这归因于长江中游综合经济区的区位优势和资源禀赋，湖北为我国重要运输枢纽，江西为我国金属行业、制造业大省。

大西南和大西北综合经济区拥有丰富的能源资源，两大综合经济区的主要直接能源消耗产业部门集中在两大能源产业部门 S3 和 S11 及高耗能产业部门 S14。此外，两大综合经济区快速发展的旅游业提升了 S28、S29 的需求，但同样加大了相关产业部门的直接能源消耗。

五、间接能源消耗分析

为清晰地展现 30 个省区市的间接能源消耗路径，本节用桑基图（Sankey diagram）呈现各省区市主要转移路径，并结合八大综合经济区的区域特征，总结和分析各省区市间接能源消耗转移特征。考虑 30 个省区市一阶以上路径涉及中间部门较多且复杂，本节对 30 个省区市能源消耗路径分析集中于一阶路径。桑基图左侧是间接一阶段能源消耗产业部门，右侧是其需求部门。以一阶路径为例，产业路径"地区 A 部门 2→部门 1"表示地区 A 的最终需求对部门 1 的直接需求而对部门 2 的间接需求所引致部门 2 产生能源消耗。

图 11-2 呈现了北部沿海综合经济区 4 个省市间接一阶段主要能源消

耗路径。将最终需求考虑在内，S27 与制造业的能源消耗拉动作用较大。具体来看，S29→S29 贡献了北京 31.70%的间接一阶段能源消耗，S27 的最终需求引起了北京、天津、河北和山东 S13 和 S14 大量的能源消耗。其中，S13→S27 贡献了北京、天津、河北、山东各 2.91%、5.19%、2.52%和 8.01%的间接一阶段能源消耗；S14→S27 贡献了天津、河北、山东各 12.03%、20.63%和 26.06%的间接一阶段能源消耗。以北京为代表的超大城市拥有交通便捷、开放水平高、市场经济充满活力等特征，再加上我国电商平台的兴起及公路的扩张，这些因素极大程度地增加了 S29 的生产消费，但同时 S29 将引致一些产业部门产生大量的能源消耗。S27 对国民经济的推动力较大，近几年各地区都在大力发展建筑经济以带动本地经济发展，但 S27 所引起的能源消耗情况难以忽视。因此，北部沿海综合经济区需要合理控制对 S27 的需求，维持建筑经济的绿色发展。

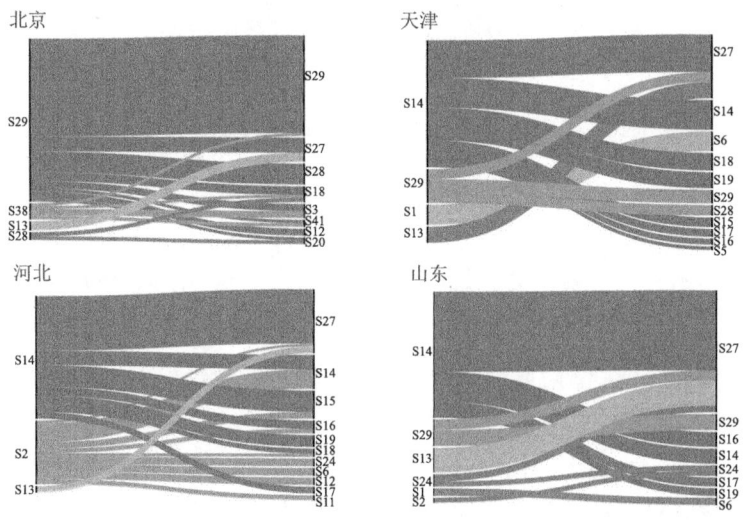

图 11-2　北部沿海综合经济区间接一阶段主要能源消耗路径

图 11-3 呈现了东部沿海综合经济区 3 个省市间接一阶段主要能源消耗路径。将最终需求考虑在内，S27 对 3 个省市不同产业部门能源消耗均起着主要拉动作用，其中，浙江 S14→S27、S13→S27，江苏 S14→S27 和上海 S29→S27 分别贡献了本省（市）7.60%、5.92%、11.97%、7.06%的间接一阶段能源消耗。此外，浙江和上海 S29 需求拉动作用也很大，浙江 S29→S29、上海 S29→S29 分别贡献了本省（市）6.93%、28.73%的间接一阶段能源消耗。江苏 S19 的拉动作用更大，S14→S19 贡献了本省 15.67%的间接一阶段能源消耗。这是因为江苏产业模式仍然以制造业为

主，而 S19 属于技术密集型制造业。机械、化工、纺织、电子、冶金等均是江苏的主导产业，同时是资源消耗最多、污染产出最高的产业。浙江和上海充分发挥了区位优势，促进了 S29 的产业需求。

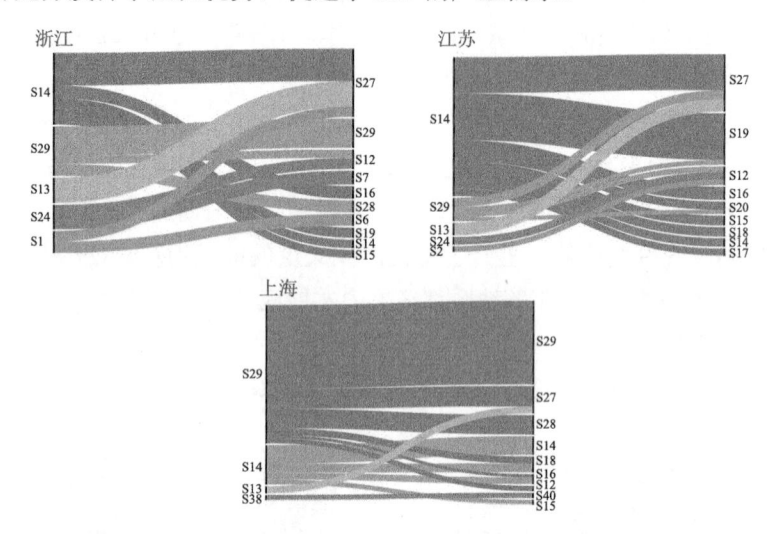

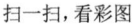

图 11-3　东部沿海综合经济区间接一阶段主要能源消耗路径

图 11-4 呈现了南部沿海综合经济区 3 个省份间接一阶段主要能源消耗路径。将最终需求考虑在内，S27 同样引致了 3 个省份其他产业部门不同的能源消耗。具体来看，福建 S29→S27，广东 S29→S27、S13→S27 和海南 S13→S27 分别贡献了本省 31.05%、7.44%、11.34%、19.70%的间接一阶段能源消耗。海南交通运输业的能源消耗拉动作用也非常明显，海南 S29→S29 贡献了本省 13.52%的间接一阶段能源消耗，而福建、广东的其他间接一阶段能源消耗部门主要集中在制造业。原因在于海南快速发展的旅游业间接带动了本省交通运输业发展。相关部门在大力发展海南旅游业的同时需要注意旅游业所引致的能源消耗问题。

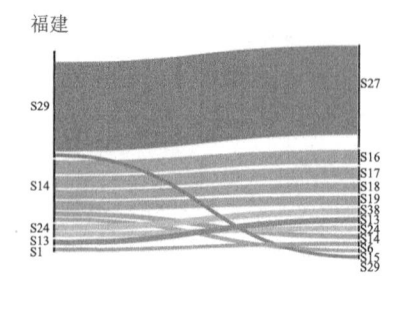

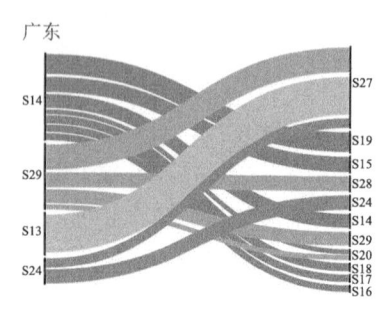

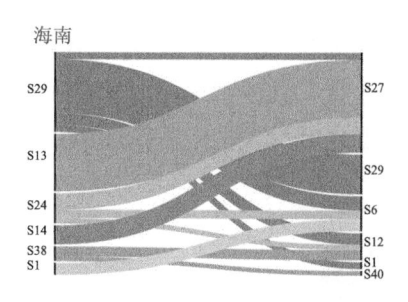

图 11-4 南部沿海综合经济区间接一阶段主要能源消耗路径

图 11-5 呈现了东北综合经济区 3 个省份间接一阶段主要能源消耗路径。可以看出，东北三省 S27 对其他产业部门能源消耗有明显的拉动作用。黑龙江 S14→S27、S13→S27，吉林 S14→S27、S13→S27，辽宁 S14→S27、S29→S27 分别贡献了本省 17.93%、7.28%、18.27%、7.18%、23.48%、6.98% 的间接一阶段能源消耗。S14 与 S13 均属于高耗能行业，需要合理控制 S27 的需求。东北三省 S15、S16、S17 等产业部门将会拉动 S14 的能源消耗，因此需要关注这些产业部门所引起的能源消耗情况。

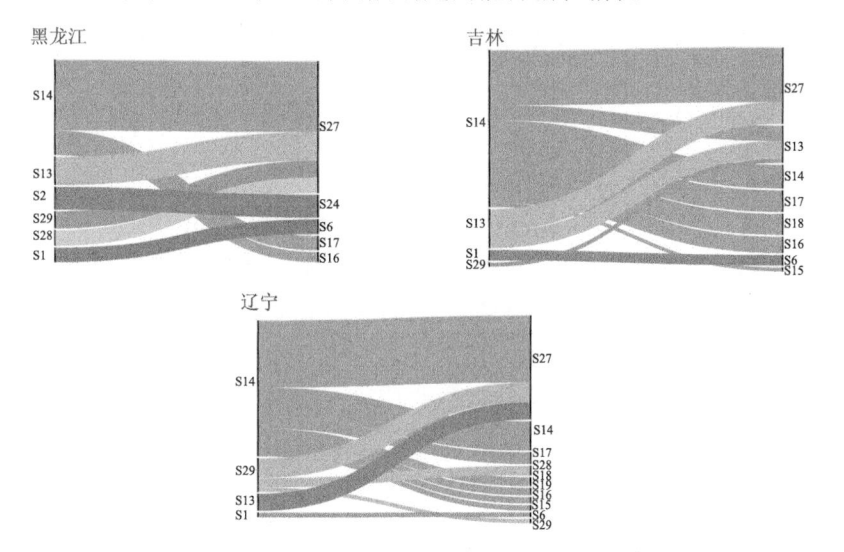

图 11-5 东北综合经济区间接一阶段主要能源消耗路径

图 11-6 呈现了黄河中游综合经济区 4 个省区间接一阶段主要能源消耗路径。4 个省区的 S27 作为最终需求部门的间接一阶段能源消耗路径均居于前两位，且能源消耗路径与东北综合经济区类似，内蒙古和山西 S27 的拉动作用最为明显。河南 S14→S27、内蒙古 S13→S27、山西 S14→S27 和陕西 S14→S27 贡献了本省（区）8.68%、45.48%、27.39%、11.98%的

间接一阶段能源消耗。4个省区能源部门的拉动作用也不可忽视，如河南 S11、内蒙古 S24、山西 S2 和陕西 S24。黄河中游综合经济区矿产资源丰富，是我国重要的能源生产基地，有必要重点关注黄河中游综合经济区的能源消耗情况。

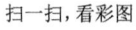

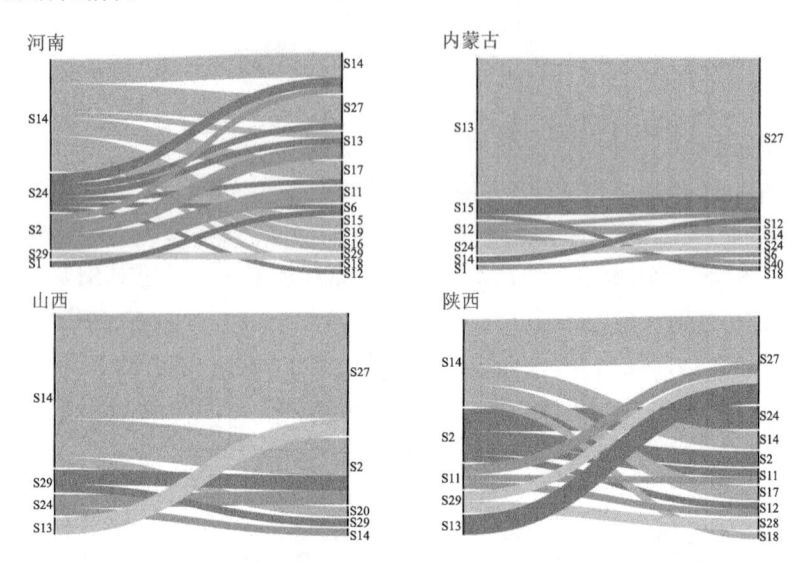

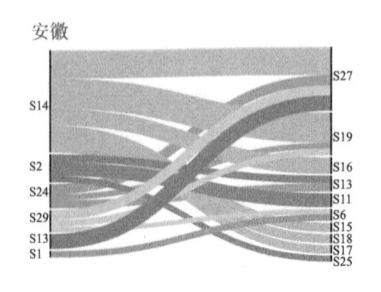

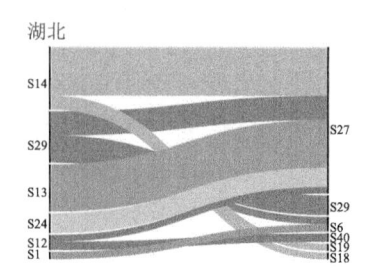

图 11-6　黄河中游综合经济区间接一阶段主要能源消耗路径

图 11-7 呈现了长江中游综合经济区 4 个省份间接一阶段主要能源消耗路径。4 个省份的 S27 对多数产业部门的能源消耗拉动作用均非常明显，具体来说，安徽 S14→S27、S24→S27、S29→S27、S13→S27；湖北 S14→S27、S29→S27、S13→S27、S24→S27；江西 S14→S27、S13→S27；湖南 S13→S27、S14→S27、S5→S27、S29→S27，4 个省份大部分转移路径一致。S27 是长江中游综合经济区对国民经济起主要推动作用的部门，其在长江中游综合经济区的需求较大。4 个省份的其他需求拉动部门也包括制造业，因此需要兼顾长江中游综合经济区制造业的合理需求与产业部门的节能降耗。

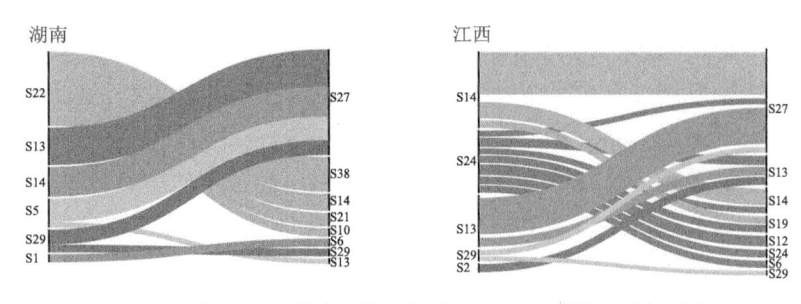

图 11-7　长江中游综合经济区间接一阶段主要能源消耗路径

图 11-8 呈现了大西南综合经济区 5 个省区市间接一阶段主要能源消耗路径。分析发现，广西、贵州、四川和云南 S27 对 S13、S14、S29 等产业部门的能源消耗均有较大的拉动作用，而重庆 S27 的拉动作用不如其他 4 个省区。广西 S13→S27、贵州 S28→S27、四川 S14→S27、云南 S13→S27 分别贡献了本省（区）15.69%、8.55%、25.91%、29.64%的间接一阶段能源消耗。相比之下，重庆 S2→S11、S2→S3 两条能源消耗路径较明显。这是因为重庆拥有丰富的天然气等石化工业资源，且通过产业关联分析，能源产业属于重庆的主导型产业，对本市经济发展有一定的推动作用，因此 S11 与 S3 的需求拉动作用较大。

扫一扫，看彩图

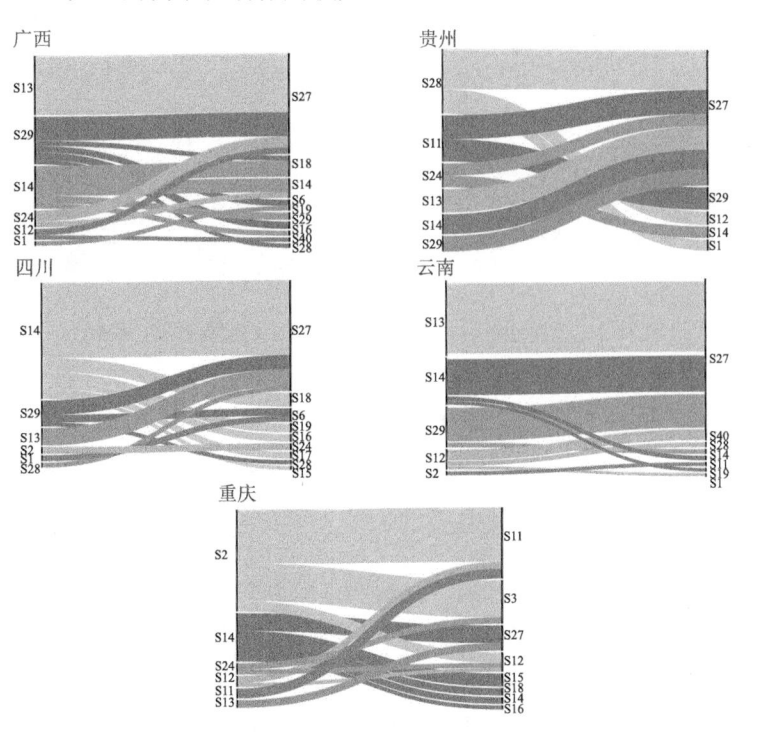

图 11-8　大西南综合经济区间接一阶段主要能源消耗路径

图 11-9 呈现了大西北综合经济区 4 个省区间接一阶段主要能源消耗路径。路径分解结果表明，S27 仍然是 4 个省区能源消耗的主要拉动部门，甘肃 S14→S27、S13→S27；宁夏 S14→S27、S5→S27；青海 S13→S27、S14→S27；新疆 S14→S27、S13→S27 为各省区因 S27 的最终需求所引致的主要能源消耗路径。除了一些制造业部门、能源部门，甘肃、青海和新疆因 S40 的最终需求同样贡献了本省（区）一定的能源消耗，其中，S12→S40 分别贡献了甘肃、青海和新疆 3.13%、7.80%、2.98%的间接一阶段能源消耗。原因在于大西北综合经济区经济欠发达，基础设施建设薄弱，产业结构升级较慢且依靠传统的工业部门，与此同时，S40 的发展得到促进，说明国家越来越重视大西北综合经济区的发展，西部大开发相关措施得到很好的落实。

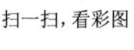

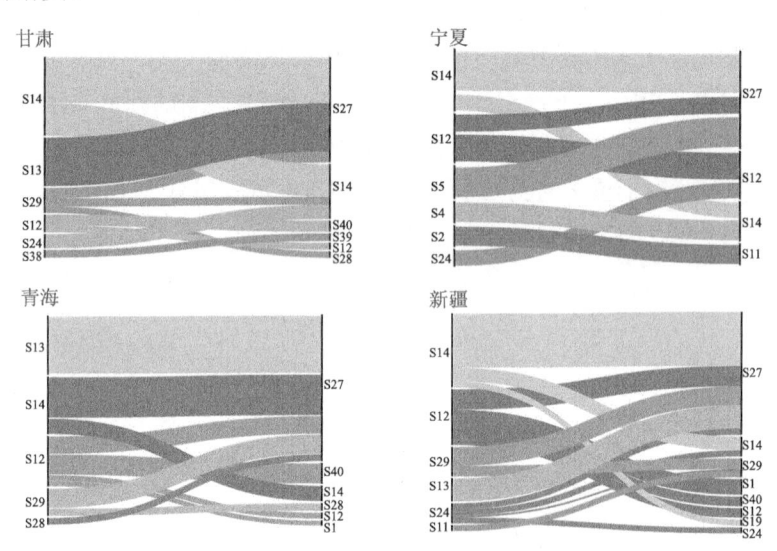

图 11-9　大西北综合经济区间接一阶段主要能源消耗路径

第四节　基于中国能源资源资产账户的中国能源资源状况与经济影响分析

一、概述

能源是人类社会经济发展的基础，是国民经济发展的重要推动力。随着国民经济的不断提升，煤炭燃烧可以为蒸汽机提供动力，进而提升社会劳动生产率；石油开发能够为内燃机提供燃料，进而扩大社会生产规模；

天然气作为高效清洁的能源,其开发利用能够降低能源生产成本,从而提升社会生产力。可见,能源作为生产和消费部门循环流动的重要引擎,对推动经济繁荣发展起着至关重要的作用。同样,由中国能源消费总量可以看出,中国经济的快速发展伴随着巨大的能源消费。1978 年,我国能源消费总量仅为 5.71 亿吨标准煤,2020 年,我国能源消费总量高达 49.80 亿吨标准煤,其间能源消费总量增加了 7.72 倍。可以看出,改革开放初期,我国经济基础较为薄弱,生产技术较为落后,能源生产和消费难以得到快速发展,致使能源利用效率较低。随着经济不断发展,我国能源资源配置不断优化,能源利用效率不断提高,清洁能源不断开发与利用,逐渐形成了落后能源被替换、新动能主导发展的良好局面。

能源作为保持经济持续繁荣发展的物质基础,其资源总量并非无限。能源资源匮乏势必对经济社会的发展产生不容忽视的影响。现阶段,国民经济发展过程中能源的过度开发与利用致使能源资源遭受破坏,进而导致能源资源的供给与需求矛盾加剧,加之传统能源资源(煤炭、石油等)的开发利用所产生的废物、废气严重影响着环境可持续发展,这些因素都不利于"双碳"目标的实现。作为能源消费大国,如何以超低的能源消费及更少的环境污染满足高速的经济发展需求、解决能源短缺和环境污染问题,一直是我国政府与学术界所关注的焦点,也是能源发展战略的目标之一。目前,我国政府在合理利用能源、提高能源使用效率、实现节能减排、减少对环境的污染等方面采取了多种措施且实施了多项政策。2014 年 11 月,国务院印发《能源发展战略行动计划(2014—2020 年)》,明确指出"能源是现代化的基础和动力……着力提高能源效率,严格控制能源消费过快增长,鼓励开发利用清洁能源"。2021 年 12 月,国家发展改革委和国家能源局印发《"十四五"现代能源体系规划》,科学提出推进电力、热力、燃气等可再生能源的发展目标,推动能源绿色发展,进而形成可再生能源与相关技术和产业融合发展的新模式、新业态。由此可以看出,能源的可持续利用和经济的可持续发展不仅是现代经济学研究的热点,而且是国家政策关注的焦点。因此,本节以编制的能源资源资产账户为基础,探讨中国能源与经济增长之间的关系,挖掘中国经济发展背后的能源动因,把握中国经济增长的发展态势,从而为协调能源与经济的可持续发展提供政策和制度参考。

目前,国内外学者探究能源资源与经济增长关系的研究相对较多,但基于自然资源资产负债表探索能源与经济增长之间关系的研究相对空白。因此,本节从自然资源资产负债表角度梳理能源资源与经济增长关系的相关研究。

在现有数据探索能源资源与经济增长关系方面，Wang 等（2011）利用多变量协整检验和自回归分布滞后模型，分别从长期与短期加以考虑，得出了中国 1972~2006 年长期与短期均存在从能源消耗到经济增长的单向格兰杰（Granger）因果关系。尹建华和王兆华（2011）运用恩格尔-格兰杰（Engle-Granger, E-G）两步协整检验对中国能源消费与经济增长关系进行了实证分析，得出从能源消费到经济增长的单向 Granger 因果关系的结论。于凤玲等（2013）通过误差修正模型和 Granger 因果关系检验探索中国能源消费与经济发展之间的关系，结果表明，能源消费与经济发展具有长期稳定的协整关系，且 Granger 因果关系检验证明能源消费量与人均 GDP 之间互为因果关系，能源消费与经济发展存在相对耦合关系。黄研利等（2014）研究了能源-经济、经济-环境、能源-环境等二元系统的协调关系及能源-经济-环境三元系统的协调关系，发现影响能源-经济-环境系统协调性的重要因素是能源消费布局。李颖（2021）基于 2008~2018 年江苏省农业生产总值和农业生产能源消耗的相关数据，测算了江苏省农业生产能源消耗碳排放，并利用塔皮欧脱钩指数（Tapio decoupling index）分析了农业生产能源消耗碳排放与农业生产总值之间的脱钩关系。

在通过编制自然资源资产负债表探索自然资源与经济发展之间的关系方面，Banerjee 等（2016）建立了整套经济环境核算体系，不仅涉及基本的框架，而且包括具体的计算方式，期望通过计算方式帮助政府预估经济发展与生态平衡。陈志芳和赵晓宇（2018）对云南省自然资源资产负债表进行编制，并对云南省自然资源总量与经济发展之间的关系进行实证分析，研究发现，云南省土地资源、森林资源与矿产资源与经济发展之间的关系最为密切；徐素波和王耀东（2020）编制了黑龙江省 2013~2017 年自然资源资产负债表，并选取自然资源存量与黑龙江省生产总值数据，回归分析结果显示，自然资源与经济发展之间存在显著的黏性关联关系；胡娅（2020）使用 2014~2018 年的相关数据编制蚌埠市自然资源资产负债表，并采用当量因子法、市场价格法等对自然资源价值进行估计，进一步对蚌埠市自然资源资产、负债和净资产进行分析。

综上所述，现有研究在自然资源资产负债表的实证研究方面相对较少，加之国内能源资源资产账户的研究尚处于初步引进和探索阶段，以上因素使基于能源资源资产账户探索能源资源与经济增长之间关系的研究较为匮乏。因此，现有研究主要存在以下三点局限性：第一，现有基于自然资源资产负债表的实证研究较少。由于编制理论基础存在分歧且数据来源受到限制,现有研究不能大范围编制自然资源资产负债表,导致较少学者基于已编制出的自然资源资产负债表进行实证研究。第二,能源资源资产账户的实践与国际相比存在较大差距。从国际经验来看,能源资源资产账户编制的理论相对成熟,在规范能源资源资产分类、明确核算表式、获取数据来源的基础上,编制能源资源资产账户是具有实践可行性的。但近年来,国内鲜有尝试对能源资源资产账户进行编制的实践研究,使得此领域与国际研究出现断层现象。

本节基于 SEEA（2012）、SEEA-Energy（2019）构建的中国能源资源实物资产账户和中国能源资源货币资产账户,应用中国能源资源相关数据,对能源资源与经济发展之间的关系进行灰色关联分析,尝试探索能源资源资产账户与自然资源资产负债表中的能源部分的差异。本节创新点主要表现在以下三点:第一,本节基于编制的能源资源资产账户进行分析,从能源资源的开采潜力、能源供应等方面反映中国能源资源"家底",从消费结构、负担能力等方面反映中国能源安全现状,以期为中国能源可持续使用和能源安全战略部署提供参考,并尝试改善基于能源资源资产账户进行实证研究相对空白的局面。第二,本节利用结构分析与对比分析,揭示 2006~2020 年不同时间的天然气、石油、煤炭等能源资源的结构变化,同时对能源资源结构与经济发展进行灰色关联分析,判断中国能源资源对经济增长的影响程度与关联程度,从而为中国能源产业高质量发展提供有效参考。第三,本节基于能源实物量和价值量核算进行实证分析,有效突破当前研究集中于能源实物量核算的局限性,不仅使得政府部门更好地了解中国能源资源的实物存量,而且能够精准地获取中国能源资源的价值变动及发展态势,进而衡量国民经济运行状况及国民财富实际情况,促进中国能源资源资产管理工作从实物量向价值量迈进。

二、模型构建

灰色关联分析法是灰色系统理论的一个分支,由控制科学与工程的邓聚龙教授在 1982 年提出。通俗地说,灰色关联分析法是指在一个部分信息明晰、部分信息不明晰的系统中,对其中某指标与其他哪些因素更相关、受其他因素影响的相对强弱情况进行分析的方法。从整体概念出发,使用灰色关联分析法,可以综合评估受多种因素影响的事物。灰色关联分析法是在各种因素发展趋势的相似度或差异度的基础上,测量各种因素之间的关联度的方法。假设并已知某指标可能与其他因素有关,通过类比,对这些因素进行排序,得到分析结果,就可以知道所关注的哪些因素更相关。

运用统计学及数理模型在特定系统上执行回归分析和方差分析时存在一定的局限性。第一，需要大量统计数据作为支撑；第二，样本需要服从概率分布，各因素互不影响并呈线性关系。经济发展过程中存在多方面并非线性关系的影响因素，各因素可能受彼此影响，且存在有限的数据支撑，可将其视为一个灰色系统。运用灰色关联分析法能够打破回归分析、方差分析等方法的条件限制，对一个系统的影响因素进行综合分析。本节基于能源资源货币资产账户数据，对石油、天然气、煤炭资源与经济发展的关系进行灰色关联分析。之所以选择灰色关联分析法，是因为该方法适用于小样本、贫信息的时间序列数据，而第十章编制的能源资源货币资产账户是初步编制的结果，正具备灰色关联分析法要求的数据特征。具体分析步骤与原理如下。

（1）确立参考数列和比较数列。令反映能源资源禀赋及安全状况的指标数据为参考数列 $X_i(i=1,2,3,\cdots)$，描述经济发展状况的指标数据为比较数列 $Y_j(j=1,2,3,\cdots)$。

（2）序列的无量纲化处理。为了提高建模的精度，有必要消除数据序列中的不同量纲及不可比性，因此对参考数列和比较数列进行无量纲化处理。本节选取均值化处理方法，将序列的数据除以均值。各序列处理结果分别记为 $X_i'(i=1,2,3,\cdots)$ 和 $Y_j'(j=1,2,3,\cdots)$。

若原序列记为 $X_1(k)=[X_{11},X_{12},X_{13},\cdots,X_{1n}]$，则对其进行无量纲化处理的公式为

$$X_1'(k)=\frac{X_1(k)}{X_1} \tag{11-33}$$

（3）计算差序列，即计算比较数列与参考数列差的绝对值：

$$\Delta_j(k)=\left|X_i'(k)-Y_j'(k)\right|, k=1,2,3,\cdots \tag{11-34}$$

（4）求出差序列的最大值与最小值：

$$M=\max_j \max_k \Delta_j(k), m=\min_j \min_k \Delta_j(k) \tag{11-35}$$

（5）计算灰色关联系数：

$$r_{ij}(k)=\frac{m+\xi M}{\Delta_j(k)+\xi M} \tag{11-36}$$

（6）计算灰色关联系数均值，形成关联序列：

$$r_{ij}=\frac{1}{n}\sum_{k=1}^{n}r_{ij}(k) \qquad (11\text{-}37)$$

三、数据来源

结合我国能源-经济系统的具体情况，依据构建指标体系的系统性、科学性、综合性、稳定性和数据的可得性等原则，综合国内外其他有关能源-经济系统或能源-经济-环境系统的指标选择，本节分别构建经济系统的 7 个指标（GDP、人均 GDP、居民消费水平、第一产业对 GDP 的贡献率、第二产业对 GDP 的贡献率、第三产业对 GDP 的贡献率、工业对 GDP 的贡献率）和能源系统的 8 个指标（能源消费总量、人均能源消费量、煤炭占能源总量的比例、石油占能源总量的比例、天然气占能源总量的比例、能源消费弹性系数、能源加工转换效率、单位 GDP 能耗）。鉴于本节基于构建的中国能源资源资产账户分析能源消耗与经济增长的动态关系，选取 2000～2019 年《中国统计年鉴》相关数据进行研究（表 11-13）。

表 11-13　能源-经济系统指标体系统计

能源-经济系统指标体系		指标名称	单位
经济系统指标	经济规模	GDP	亿元
		人均 GDP	元
		居民消费水平	元
	产业结构	第一产业对 GDP 的贡献率	%
		第二产业对 GDP 的贡献率	%
		第三产业对 GDP 的贡献率	%
		工业对 GDP 的贡献率	%
能源系统指标	能源消费	能源消费总量	万吨标准煤
		人均能源消费量	千克标准煤
	能源结构	煤炭占能源总量的比例	%
		石油占能源总量的比例	%
		天然气占能源总量的比例	%
	能源利用	能源消费弹性系数	—
		能源加工转换效率	%
		单位 GDP 能耗	吨标准煤/万元 GDP

现对模型使用的变量作如下说明。

1. 经济系统指标变量

（1）经济规模。经济规模可反映一定时期内经济总量状况。GDP 作为国民经济核算的核心指标，是衡量一个国家经济状况和发展水平的重要指标，因此本节选用 GDP 反映我国经济发展程度与经济总产出水平。此外，本节选用人均 GDP、居民消费水平两个指标反映人民生活质量，进而衡量人民生活水平状况。

（2）产业结构。产业结构在经济分析中扮演着重要角色，其能够清楚地反映各产业部门在国民经济中的地位及其联系，因此本节选用第一、第二、第三产业对 GDP 的贡献率及工业对 GDP 的贡献率四个指标衡量产业结构。

2. 能源系统指标变量

（1）能源消费。能源消费的动态变化能够反映经济向好的总体态势。能源消费总量是衡量一定时期内能源消费规模的核心指标，同时，人均能源消费量是能源消费总量与总人口的比值，因此本节选用能源消费总量、人均能源消费量反映能源消费状况。

（2）能源结构。能源结构能够清晰地刻画各类能源在能源总量中的比例关系，是能源系统工程中的关键内容，因此本节依据 2000~2020 年中国能源资源资产账户，分别计算煤炭、石油、天然气占能源总量的比例，以此反映能源结构状况。

（3）能源利用。本节选用能源消费弹性系数、能源加工转换效率、单位 GDP 能耗三个指标反映能源利用情况。其中，能源消费弹性系数是反映能源消费总量增长与国民经济增长之间关系的关键指标；能源加工转换效率是反映能源在加工转换过程中能源利用效果的指标；单位 GDP 能耗表示一定时期内单位能源提供的有用成果，单位能源提供的产值越多或万元产值消耗的能源越少，表明能源利用效果越好，反之，表明能源利用效果越差。

四、能源资源禀赋状况分析

本节基于第十章编制的能源资源实物资产账户和能源资源货币资产账户进行实证分析，从能源资源存量、能源利用效率等方面反映中国能源资源禀赋状况。

1. 能源资源存量

能源资源是区域发展不可或缺的重要资源。本节将 2000～2019 年中国能源资源存量及其增长率变动列于图 11-10。从能源资源存量来看，2000～2019 年能源资源存量整体呈上升状态，增加近两倍；仅有 2016 年能源资源存量下降，这是由于 2016 年中国能源领域供给侧结构性改革初见成效，能源供给质量进一步提高；同时，化解煤炭过剩产能的年度任务超额完成，原煤产量下降明显。从能源资源存量的增长率可以看出，2000～2004 年能源资源存量的增长率较大，2004 年能源资源存量的增长率达到最大，超过 15%；自 2005 年起，能源资源存量的增长率有所减小，仅在 2006～2007 年、2009～2010 年呈现小幅度增加，直至 2016 年，能源资源存量的增长率达到最小，接近−5%。随着中国经济社会的发展、能源技术的不断创新及工业化的进一步推进，能源资源存量在 2017～2019 年呈现稳定增长态势。

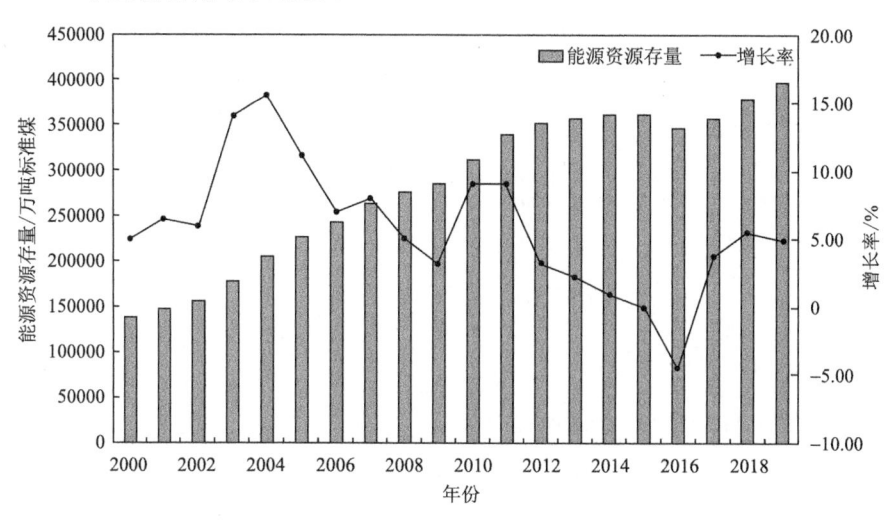

图 11-10 能源资源存量及其增长率变动

从能源资源存量构成（图 11-11）来看，我国能源结构相对单一，以煤炭、石油和天然气为主。从不同种类能源来看，煤炭是能源产业发展的支柱，其占能源资源存量的比例约为 70%，其次为石油，天然气占能源资源存量的比例最少。从各能源资源存量构成的变动趋势可以看出，尽管我国能源发展以煤炭为主，但近几年煤炭占能源资源存量的比例有所降低，尤其在 2015～2019 年煤炭生产出现明显的下降，其占能源资源存量的比例明显低于 70%。同样，2000～2019 年石油占能源资源存量的比例呈减少趋势，2000年石油占能源资源存量的比例接近20%，2019年其占能源资源存量的比例降至6%左右。相反，天然气占能源资源存量的比例逐年增加。因此，从各能源资源存量构成变动情况可以看出，随着中国能源资源结构调整进程的不断推进，可再生能源产能迅速扩大，天然气使用量不断增加，这在一定程度上降低了煤炭占能源资源存量的比例。因此，煤炭在能源产业中的重要性正在逐渐降低，石油的贡献相对稳定，天然气与一次电力等清洁能源在能源产业的发展中扮演越来越重要的角色。

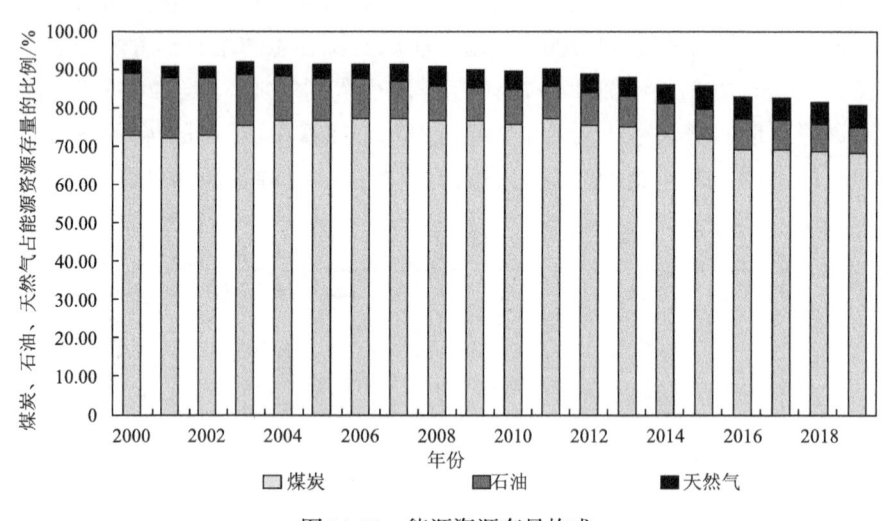

图 11-11 能源资源存量构成

2. 能源利用效率

单位 GDP 能耗即能源强度是反映能源利用效率的关键指标。本节通过计算单位 GDP 能耗来反映 2000～2019 年中国能源资源利用效率情况，其计算公式为：单位 GDP 能耗=能源消费总量（吨标准煤）/GDP（万元）。单位 GDP 能耗越低，说明该国的能源利用效率越高。从图 11-12 中可以看出，中国单位 GDP 能耗从 2004 年开始明显下降，特别是 2004～2015 年，其单位 GDP 能耗从 1.60 吨标准煤/万元下降到 0.60 吨标准煤/万元，这反映了这一阶段能源利用效率的显著提高，也是由于这一阶段中国产业结构的逐渐优化及能源利用技术的显著提高。2014 年以后，中国以工业为重点的产业发展模式已经相对稳定，单位 GDP 能耗达到低位，尽管仍然表现出整体下降趋势，但其下降幅度非常有限。同时，2018 年英国石油（British Petroleum，BP）公司数据显示，随着清洁能源使用比例上升，全球天然气需求不断增长，但由于工业发展增速加快，2017年全球煤炭消费量四年来首次出现上升，碳排放量在连续三年几乎零增长后也出现增长迹象，能源利用效率增速放缓，与我国能源强度变化趋势一致。

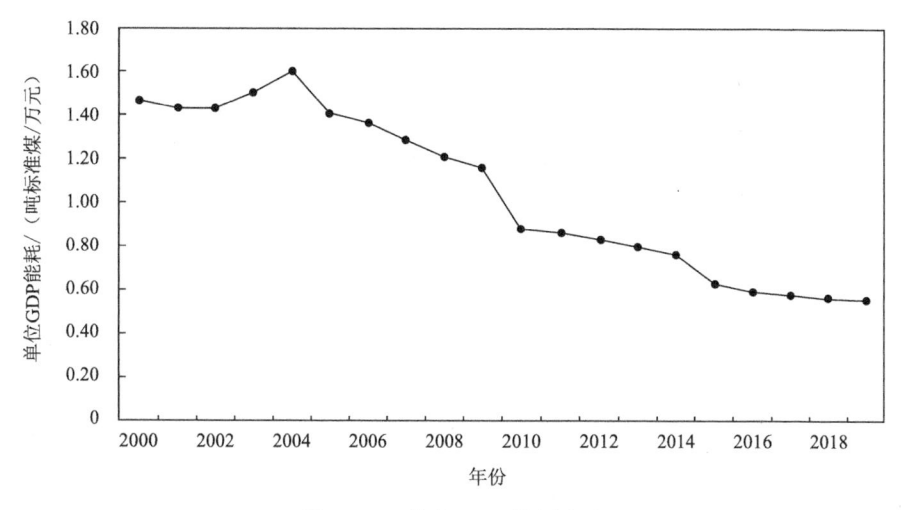

图 11-12　单位 GDP 能耗变动

五、能源安全现状分析

本节从能源消费总量、能源资源的可供能力等方面反映中国能源安全现状，从而全面了解中国能源资源实际发展状况，进一步为能源发展战略目标的实现提供参考。

1. 能源消费总量

能源消费总量是反映社会经济发展的重要指标。图 11-13 展示了 2000~2019 年中国能源消费总量及其增长率的变动情况。从能源消费总量来看，2000~2019 年能源消费总量呈现稳定上升态势，2000 年能源消费总量为 140993 万吨标准煤，2019 年能源消费总量增至 447597 万吨标准煤，增长了 306604 万吨标准煤。从能源消费总量的增长率来看，2000~2004 年，能源消费总量的增长率递增，至 2004 年，其增长率高达 17%；2005~2008 年，能源消费总量的增长率递减，至 2008 年，其增长率降为最低，其原因可能是全球经济增长放缓。自 2012 年起，在节能减排政策实施和技术发展的双重作用下，我国能源消费总量增长整体放缓，增长率为 1%~4%。

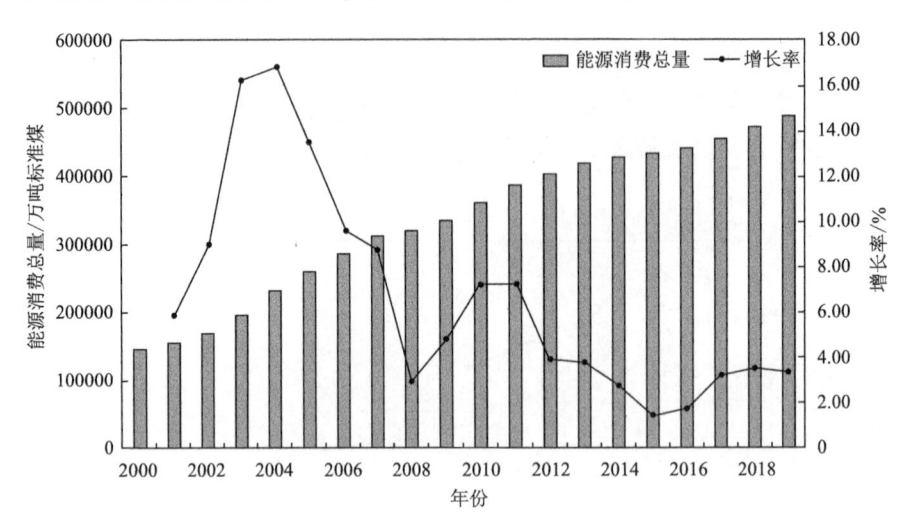

图 11-13 能源消费总量及其增长率变动

图 11-14 为 2000~2019 年中国能源消费总量的构成情况。从图 11-14 中可以看出，中国能源消费主要由煤炭、石油、天然气三类能源构成。从构成比例来看，中国作为全球产煤大国，煤炭占能源消费总量的比例超过 60%，这种低产出、高消费且结构单一的能源产出、消费结构缺乏可持续性与抵御能源市场波动的能力。尽管过去 20 年来可再生能源在全球能源消费总量中的比例不断上升，仅 2018 全球可再生能源使用量就同比增长 17%，但煤炭在全球能源消费总量中的比例依然保持不变。从各能源消费总量构成的变动趋势来看，煤炭占能源消费总量的比例呈下降趋势，尤其自 2011 年起，煤炭占能源消费总量的比例下降趋势明显。天然气占能源消

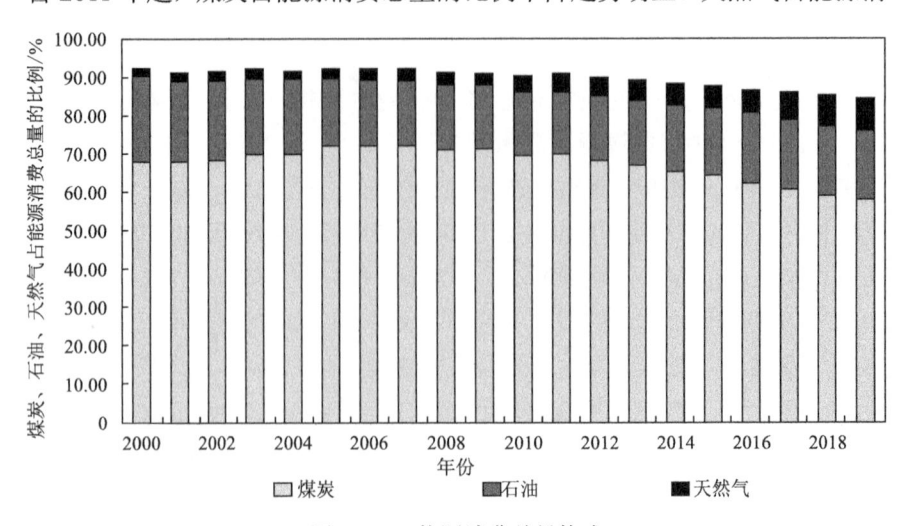

图 11-14 能源消费总量构成

费总量的比例呈明显上升趋势，主要驱动因素是中国市场需求的增长，这也是全球能源消费增速提高的主要动力之一。由此可见，随着清洁能源使用比例上升，全球天然气需求不断增长，中国工业及居民能源消费正在由煤炭向天然气转变，一定程度上缩减了煤炭、石油等传统能源的消费比例。

2. 能源资源的可供能力

能源消费总量与能源生产总量的差额可以反映能源资源缺口状况。从图11-15中可以看出，伴随着中国经济社会的发展及工业化的进一步推进，中国能源消费总量与能源生产总量的差额越来越大，2000年中国能源消费总量与能源生产总量的差额仅为2423.30万吨标准煤，而2016年中国能源消费总量与能源生产总量的差额高达65030.34万吨标准煤，尽管近几年能源供给结构有所改善，但能源缺口仍然较高，2019年中国能源消费总量与能源生产总量的差额为50280.00万吨标准煤。随着能源缺口的进一步扩大，能源约束将会在未来进一步限制经济的发展。因此，能源需求的快速增长和巨量的能源消费已严重制约中国经济社会的可持续发展，面对日益严峻的能源和环境问题，中国应加强对原煤和原油供给量的政策调控，提高能源利用效率，同时加大对可再生能源应用的支持力度，进而实现能源消费总量和强度的双控目标。

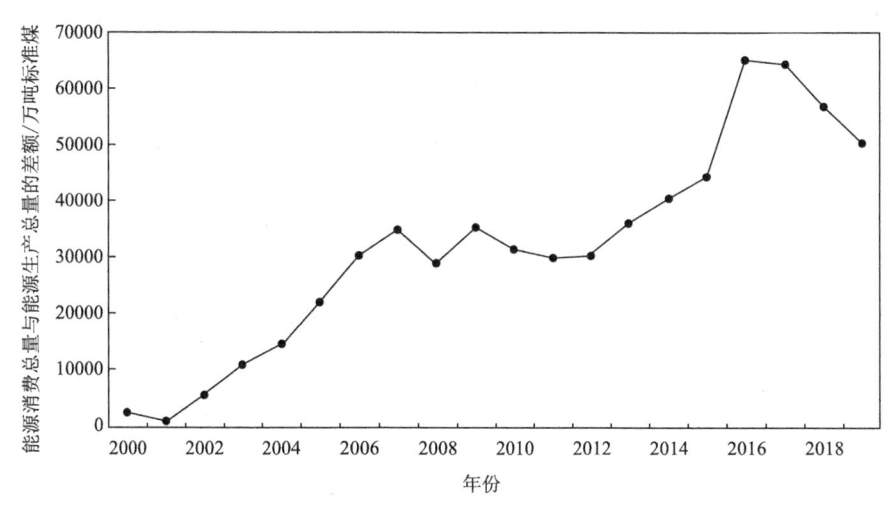

图 11-15 能源资源缺口变动

综上所述，无论是从能源生产方面还是从能源消费方面，在相当长时期内，煤炭仍是能源安全稳定供应的"压舱石"、支撑能源结构调整和转型发展的"稳定器"。随着我国经济发展模式的调整，能源产业获得了越来越多的关注,丰富的油页岩资源的发现及风能、生物质能等新型能源的逐渐开发为能源产业的发展提供了更多的可能。因此,在能源转型过程中,必须以煤电作为可再生能源平抑波动稳定器,可再生能源可以为煤炭的低碳发展助力,将煤炭与新能源进行耦合化学转化、耦合发电、耦合燃烧,两者耦合、协同发展将成为建立新型能源体系的重要途径。我国仍然存在能源缺口问题,能源消费与供给尚未达到完全平衡状态。因此,应将控制能源消费总量与提高整体能源利用效率结合起来,加快能源结构转型,促进能源生产变革,推动能源消费变革,维护能源安全,推进供给侧改革和需求端改革。另外,我国的工业化和城市化仍处于不断推进的阶段,能源需求持续增长,随之带来的碳排放也将处于增长趋势。因此,在优化能源结构的同时,也应合理布局我国节能减排和生态保护等工作,大力开发与利用清洁能源,为"双碳"目标的实现奠定坚实基础。

六、能源资源与经济发展灰色关联分析

能源是国家经济增长的基础动力来源。国家经济的发展,特别是重工业的发展,离不开能源的支持;国家能源资源的生产与消费则会对国家经济发展的能源约束条件产生重要的影响。因此,为探索中国能源资源与经济发展之间的关系,本节应用灰色关联分析法,计算中国能源资源与经济发展的关联度,如表 11-14 所示。

表 11-14　能源资源与经济发展关联度统计

指标	单位GDP能耗	能源消费总量	煤炭消费总量	石油消费总量	天然气消费总量	能源消费弹性系数	能源加工转换效率	人均能源消费量
GDP	0.58	0.64	0.62	0.56	0.56	0.60	0.64	0.66
人均 GDP	0.59	0.66	0.63	0.56	0.58	0.60	0.62	0.63
居民消费水平	0.56	0.68	0.59	0.64	0.67	0.60	0.61	0.65
第一产业对 GDP 的贡献率	0.61	0.68	0.74	0.75	0.66	0.73	0.78	0.67
第二产业对 GDP 的贡献率	0.52	0.65	0.68	0.60	0.61	0.71	0.64	0.63
第三产业对 GDP 的贡献率	0.57	0.63	0.63	0.67	0.68	0.68	0.62	0.68
工业对 GDP 的贡献率	0.53	0.61	0.70	0.67	0.62	0.70	0.66	0.63

从能源资源指标与经济规模的关联度可以看出，人均能源消费量与 GDP 的关联度最强，关联系数为 0.66；能源消费总量和能源加工转换效率与 GDP 的关联度次之，关联系数均为 0.64。能源消费总量与人均 GDP 和居民消费水平的关联度最强，关联系数分别为 0.66、0.68。因此，能源消费总量反映一定时期内煤炭、石油、天然气等能源资源的消费规模，其与 GDP 和居民消费水平的关联度较高可以反映出中国经济迅速发展的确带来了能源消费总量的大幅度提升，能源消费的增加也揭开了经济繁荣的序幕。能源加工转换效率反映了能源在加工、转换过程中能量的有效利用程度，直接影响经济发展的单位产出能耗，故与经济发展之间的关联度较高。

从能源资源指标与产业结构的关联度可以看出，能源加工转换效率与第一产业对 GDP 的贡献率关联度较高，石油消费总量和煤炭消费总量次之，关联系数分别为 0.78、0.75、0.74；能源消费弹性系数与第二产业对 GDP 的贡献率关联度较高，煤炭消费总量次之，关联系数分别为 0.71、0.68；天然气消费总量、能源消费弹性系数、人均能源消费量与第三产业对 GDP 的贡献率关联度较高，关联系数均为 0.68；煤炭消费总量和能源消费弹性系数与工业对 GDP 的贡献率关联度最高，关联系数均为 0.70。因此，我国中长期应加大对可再生能源应用的支持力度，以实现清洁能源对化石能源的有效替代；但短期以煤炭为主的能源结构不会改变，因此应根据中国三次产业各自发展优势，不断加强天然气和清洁能源的开发与利用，提高其在能源结构中的比例；充分协调煤炭、石油在三次产业中的供给，实现能源结构与产业结构相互支撑、相互促进的发展模式。

按照能源资源指标与经济发展的关联度由大到小进行排序，得到表 11-15。从表 11-15 中可以看出，能源消费弹性系数与经济发展的关联度最强，关联系数为 0.65；其次是天然气消费总量、能源消费总量，关联系数为 0.63；能源加工转换效率和单位 GDP 能耗与经济发展的关联度较弱，关联系数分别为 0.59 和 0.57。各能源消费量与经济发展的关联度由大到小分别为天然气>煤炭>石油，由此进一步印证随着天然气等清洁能源工业的崛起，可再生能源对中国经济有序发展起着至关重要的作用。因此，中国可大力发展电力、天然气等绿色能源，去除高耗能、高污染等落后产能，努力发展先进制造业和战略性新兴产业等，从而建设清洁低碳、安全高效的现代能源体系。

表 11-15 能源资源与经济发展关联度排序

项目	单位GDP能耗	能源消费总量	煤炭消费总量	石油消费总量	天然气消费总量	能源消费弹性系数	能源加工转换效率	人均能源消费量
关联度（均值）	0.57	0.63	0.62	0.61	0.63	0.65	0.59	0.62
排序	6	2	3	4	2	1	5	3

第十二章 基于能源供给使用核算的中国能源应用分析

为促进能源、经济、社会与生态环境的绿色可持续发展,本章在能源供给使用核算的基础上,深入挖掘中国国民经济各部门能源消耗情况及中国八大综合经济区能源生态效率演变趋势。在分析能源消耗情况方面,首先,对各部门能源消耗进行供给和使用视角的双重评价,实现能源消耗研究视角的整合分析;其次,基于产业关联,运用经济投入产出 LCA 模型对能源消耗净转移进行量化,识别各部门隐含在经济活动中的能源消耗压力转移;最后,分解各部门能源消耗,并测算能源消耗转移流向,准确量化各部门能源消耗关联程度。在分析能源生态效率方面,将经济、社会福利等期望产出与生态环境污染非期望产出纳入能源生态效率测度框架,运用基于 Shephard 能源距离函数的 SFA 模型,从区域研究视角分析中国八大综合经济区能源生态效率演变趋势,并探讨其驱动因素的作用机制,结果显示:目前中国各部门直接能源消耗强度不断降低,但尚不足以扭转能源消耗使用上升的趋势;非能源工业部门从供给和使用视角来看都是降低能耗的重点部门;值得注意的是,建筑业隐含能源消耗规模远高于直接能源消耗规模,是能源消耗净转入的主要部门,且主要引起能源部门和非能源工业部门能源消耗转移;样本期内全国能源生态效率均值为 0.5839,整体偏低,且呈现显著的空间非均衡分布特征;八大综合经济区能源生态效率呈现由沿海向内陆递减的发展态势;经济发展水平与能源消费结构的估计系数分别为 0.0459、0.0747,对能源生态效率的提高具有抑制作用;产业结构、城镇化水平及环境规制的估计系数分别为 –0.9339、–0.6197、–0.0387,对能源生态效率的提高具有促进作用。

第一节 基于能源供给使用核算的中国国民经济全部门能源消耗转移

一、概述

随着全球工业化进程的逐渐加快,能源过度消耗带来的能源约束趋紧与生态环境恶化问题日益凸显，引发世界各国对绿色发展的广泛关注，节能降耗逐渐成为世界各国发展过程的共识。各国纷纷积极通过调整环境与能源政策、发布节能降耗计划、大力发展清洁能源等多种方式以转变依赖高能耗投入的经济发展方式，缓解资源环境约束不断加剧、生态环境承载能力严重削弱、资源消耗与经济增长间矛盾日益突出的问题，积极应对能源消耗给世界各国的经济发展带来的环境挑战。其中，中国作为世界第二大经济体，对环境问题的重视程度不断加深，积极承担相应的国际责任，履行节能降耗义务。当前，中国经济发展以"绿色发展""可持续发展"的科学理念为核心，充分顺应世界全球化、多极化潮流，推动世界各国环保理念的对接与耦合，充分体现人类命运共同体的发展理念。此外，中国在《能源生产和消费革命战略（2016—2030）》中提出要在 2030 年"能源消费总量控制在 60 亿吨标准煤以内"；十九大报告中进一步提出"构建清洁低碳、安全高效的能源体系"；《中华人民共和国国民经济和社会发展第十四个五年规划和 2035 年远景目标纲要》计划在"十四五"时期将单位 GDP 能耗降低 13.5%。由此可见，深化环境规划约束、着力推进节能降耗，已成为中国实现可持续发展、推动全球环境治理的重要途径与有力措施。

目前，中国虽在节能降耗方面做出了积极贡献，但仍面临较大的能源约束压力，节能降耗仍是中国经济绿色、可持续发展过程中亟待解决的问题。其中，产业部门作为从事同类或相近供给活动基层单位所组成的集合，其产业性质与能源消耗特征密切相关。同时，随着国民经济网络日益成为复杂的有机整体，产业部门间形成的联动效应可能引发能源消耗转移，进而对节能降耗产生影响。因此，基于产业关联辨明节能降耗的关键部门，是破解能源约束矛盾的必经之路，也是顺利实施能源规划目标的迫切需求。深入分析中国国民经济全部门能源消耗转移不仅有利于中国产业部门合理控制能源消耗过快增长，扭转高投入的能源消耗模式，而且可有效助推经济高质量发展，促进经济与环境的协同发展。

近年来，随着我国产业结构合理化程度的逐渐加深及部门间经济贸易的不断深入，国民经济各部门间通过要素市场与产品市场间供求逐渐形成了广泛波及、相互促进与互相制约的产业关联。李善同和钟思斌（1998）将产业关联定义为社会再供给过程中国民经济各部门间形成的直接和间接的相互依存、相互制约的技术及经济联系。从技术经济角度看，产业关联是指通过国民经济各部门间的投入-产出数量关系而结成的某种形式和程度的联系（杨灿和郑正喜，2014）。国民经济网络中各部门形成的这种关联不仅会影响部门间经济的协同发展,而且会通过环境压力的转移影响各种生产要素的消耗和使用。鉴于此,若在制定能源规划目标时忽视部门间错综复杂的联系,仅关注某部门的能源消耗特征,可能引致相关政策的溢出效应及反弹效应,影响政策的实施效果(赵红艳等,2012)。因此,在调整能源总体规划及局部规划时需要着眼于复杂的国民经济网络,挖掘国民经济各部门间能源消耗的关联效应,科学分析产业关联对能源消耗的潜在影响,全面解析部门能源消耗关联特征及联动规律,从更深层次的产业关联出发,统筹考虑产业政策的制定及调整,以筛选节能降耗及发展循环经济的关键部门,促进经济与能源环境的协调发展,从而积极推动经济高质量发展。

鉴于产业关联对优化产业结构、推动区域经济协调发展的重要影响,学者对产业关联的研究最初聚焦测度国民经济各部门间的经济关联效应、考察部门间的经济联动特征,进而对国民经济发展中的关键驱动部门进行挖掘,以此探究调整产业结构的有力途径,深入助力地区或国家经济发展水平的有效提升(谢锐等,2011;贾庆英,2014;余典范和张亚军,2015;黄桂田和徐昊,2018)。随着学者对产业关联研究的愈加深入及对环境问题研究的愈加重视,产业关联逐渐被纳入环境问题的研究框架中。目前,产业关联已被广泛应用到不同层面环境问题研究中,以揭示部门间关联引起的环境压力关联效应,分析环境压力转移对环境问题的影响机制及作用效果,并探寻运用产业关联推动经济可持续发展的路径,进而深入拓展环境问题的研究视角(钱明霞等,2014;贺丹等,2016;原嫄等,2017;丛建辉等,2018)。因此,在促进与制约共存的产业关联愈加密切、各部门通过错综复杂的关联结合成的有机整体日益复杂的背景下,急需深入挖掘产业内部关联及产业结构特征,为政策制定提供更加合理的依据(郑红玲等,2018;郑正喜,2015),即依据国民经济网络部门间依存与制约关系为能源消耗问题的解决提供重要的思路,在全面、深入了解中国各部门能源消耗联系的情况下,为能源消费改革提供相关理论参考,进一步从产业层面助推能源规划目标实现。

现有文献大多从供给视角对能源消耗问题展开研究,供给视角聚焦供给过程中的直接能源消耗情况,未考虑错综复杂的产业关联,忽略了部门间能源消耗压力转移。例如,马海良等(2011)、马晓君等(2017)、Zhao等(2018)、Chen 和 Xu(2019)、Amowine 等(2019)侧重从省域、经济区、国家层面对能源效率进行测度,对能源效率差异及演变规律加以探讨,并对无效来源进行深度分析,探寻能源效率差异的内在原因,进而寻求能源效率有效提升路径。但能源效率指标选取方式会对能源效率测算结果造成一定影响，且目前在能源效率指标体系构建上尚未达成统一意见，因此能源效率指标选取具有一定的主观性，引致能源效率测算存在差异，甚至会产生相悖的研究结论。能源消耗规模及强度视角可以更加聚焦供给过程中能源实际利用情况，以最大化实现经济和节能协调发展。鉴于此，Wu（2012）、Nie 和 Kemp（2013）、Zeng 等（2014）、Yang 等（2016）、Zeng 和 Ye（2019）、Han 等（2020）将各因素对能源消耗强度变动的贡献程度加以量化，探寻影响能源消耗强度的主导因素，以有效调动降低能源消耗强度的潜力，助力形成低能耗的经济发展模式；赵晓丽和洪东悦（2009）、岳婷和龙如银（2010）、李静和方伟（2011）、滕飞等（2013）、Zhang 和 Lahr（2014）、Wang 和 Feng（2018）对能源消耗的驱动因素进行分解，揭示能源消耗变动的影响程度，以探寻最大程度推动节能降耗的有效路径，促进能源消耗减量化发展。

传统的研究视角仅关注供给过程中直接能源消耗，并未考虑产业部门间经济贸易关联引起的环境压力转移，忽略了由深层次的产业关联所引起的能源消耗转移流动，不能以实际责任对能源消耗进行分摊，因此有必要从不同视角对能源消耗进行合理测算。基于供给视角存在的不足，考虑产业关联且从使用视角量化能源消耗的研究纷至沓来，能源消耗研究视角逐渐完善。但现有从使用视角量化能源消耗的研究多采用传统的 EIOA 法探究各部门最终使用引起的能源消耗特征（黄宝荣等，2012；杨蕾等，2014；姚红玉，2013）。虽然传统的 EIOA 法可以从使用视角测算各部门能源消耗情况，但无法反映能源消耗在部门间的具体转移流向，不能对能源消耗的内部结构加以分析，存在较大局限性。EIO-LCA 模型可以在考虑部门间环境压力转移的情况下，通过对最终需求引起的资源或者污染排放数据进行分解，进而完整、全面地反映国民经济各部门间的环境影响。因此，本节考虑将 EIO-LCA 模型引入能源消耗研究，以克服 EIOA 法的缺陷。目前 EIO-LCA 模型在中国能源消耗领域的应用较为匮乏，且研究对象局限于单个部门，尚未完整揭示国民经济各部门能源消耗转移的结构特征。

综上，能源消耗问题的研究视角和分析方法日趋完善，但尚有不足，本节在以下方面做出贡献。第一，在研究视角方面，现有研究大多以独立视角展开分析，即聚焦供给或使用单个视角，兼顾两者对能源消耗展开研究的文献相对不足，未能将两种视角整合在同一个分析框架中。因此，本节以产业关联为切入点，同时从供给和使用视角对各部门直接能源消耗和隐含能源消耗情况展开分析，实现两个视角内容的互补与整合，进而对能源消耗情况进行整体、系统的考察。第二，在研究方法方面，现有文献大多运用 EIOA 法研究使用端能源消耗，该方法未涉及能源消耗内部结构分析，难以揭示部门间能源消耗关联效应。因此，本节首次将 EIO-LCA 模型引入对中国国民经济全局能源消耗问题的研究中，以实现将某部门的环境影响分解至生产链上的各部门，从而体现能源消耗在部门间的具体转移流向。EIO-LCA 模型既克服了 EIOA 法无法展示能源消耗转移情况的局限，又避免了传统 LCA 法主观边界设定造成的截断误差及清单数据收集方面的弊端，将两者的优势结合，以明确中国国民经济各部门能源消耗的关联效应。第三，在研究对象方面，目前运用 EIO-LCA 模型分析中国能源消耗问题的研究对象多拘于国民经济单个部门，研究范围较为狭窄，难以从国民经济全局角度揭示中国能源消耗转移流向。因此，本节以中国整个国民经济为系统边界，以国民经济所有产业部门为研究对象，对各部门的能源消耗转移特征加以关注，增加了部门间能源消耗转移研究的对比性与全局性，从而对各部门能源消耗转移特征做出更为客观的评价，并全面显示产业关联对产业链中所有部门能源消耗的关联影响，以避免由研究对象不全面而引起的能源消耗流向遗漏的问题，并挖掘隐藏、尚未被重视的部门能源消耗转移状况，以全面揭示部门间能源消耗压力的转移特征，为节能降耗提出有针对性的政策建议。

二、研究方法与数据来源

随着工业化的发展，自然生态环境的废物和污染物已超出自然界自身的消化吸收能力，自然资源的消耗也超出其恢复能力，全球生态环境失衡对人类生存造成极大威胁。因此，人们开始寻找能够彻底、全面、综合地测度人类从事各类活动的资源消耗和环境影响的方法，以便实现人与自然和谐共处。目前国际上普遍认同 LCA 法可以达到上述目的。LCA 法是一种量化、评估、比较、开发商品和服务潜在影响的环境管理工具（Rebitzer et al.，2004），自 20 世纪 80 年代开始被广泛应用于产品开发、能源优化、污染预防等众多领域。

随着评价对象的复杂化、系统化，LCA 法也在不断发展新的形式，目前可分为过程生命周期评价（process-based life cycle assessment，PLCA）模型、EIO-LCA 模型及混合生命周期评价（hybrid life cycle assessment，HLCA）模型。本节选用 Hendrickson 等（1998）提出的 EIO-LCA 模型，该模型将 LCA 法与 EIOA 法结合，使两者优势互补。具体来看，将 EIOA 模型中的能源消耗系数列向量加以改进，使其成为对角矩阵，从而基于生命周期角度自上而下地核算并分解产品或服务供给对整个产业链造成的环境负荷，将某部门最终使用引致的环境影响分解至供给链上的各部门，实现对具体产品和服务供给过程所产生的环境负荷的有效溯源。

EIO-LCA 模型的优势在于：一方面，可以从生命周期角度全面考虑国民经济网络中各部门在供给过程中存在的产业关联，从而探究能源消耗在部门间的具体转移流向，完整地核算产品或服务的能耗及环境影响；另一方面，可以有效避免传统的 LCA 法在清单数据收集方面的弊端及 PLCA 法的缺陷，即没有充分考虑供给过程中产业关联引起的环境影响，通常只考虑直接和少数间接的关联。同时，由于投入产出表的边界为整个国民经济系统，EIO-LCA 模型也以整个国民经济系统为边界，可以有效避免 LCA 法把系统边界主观定义在某节点，致使其计算结果存在截断误差的缺陷。此外，EIO-LCA 模型充分利用已有的投入产出表，有效减少人力、物力投入，从源头上减少数据收集的误差，从而可以对各部门能源消耗情况进行完整、公平的测算。

计军平等（2011）提出在使用 EIO-LCA 模型分析能源消耗时需要满足以下基本假设：①国民经济各部门投入与产出间存在正相关关系；②用于供给某产品或服务的所有设备都可以归属于某特定部门；③模型计算结果与该部门最终使用相对应，表示产品或服务供给过程对环境的影响。本节数据以投入产出表为基本来源，而各部门在供给过程中投入增加，产出也会随之增加，两者大致呈现同向变化特征，因此可认为各部门投入与产出间存在正相关关系；为了对部门供给过程中使用的设备加以划分，本节假定用于供给某产品或服务的所有设备都可归属于某特定部门，以明确各部门最终使用引起的环境影响；本节在模型计算时运用扣除进口产品的最终使用矩阵表示各部门对国内产品的最终使用，以反映产品或服务供给过程对中国能源消耗的影响。因此，基本假设均成立。

基本投入产出模型可以表示为

$$x = (I + A + AA + AAA + \cdots) y = (I - A)^{-1} y \tag{12-1}$$

式中，x 为各部门产出列向量；I 为单位矩阵；y 为各部门最终使用列向量；A 为直接消耗系数矩阵，反映各部门间的技术联系；$(I-A)^{-1}$ 为里昂惕夫逆矩阵，反映增加单位最终使用对所有部门产生的直接与间接波及程度。

在式（12-1）中引入各部门直接能源消耗系数矩阵 R，得到最终使用引起的各部门能源消耗向量：

$$B = RX = R(I-A)^{-1}y \qquad (12\text{-}2)$$

式中，R 为对角矩阵，其对角元素 R_i 为各部门直接能源消耗系数，反映各部门单位产出的直接能源消耗，可以表示为

$$R_i = c_i / x_i \qquad (12\text{-}3)$$

式中，c_i 为 i 部门直接能源消耗；x_i 为 i 部门总产出。

为了能够反映国民经济各部门能源消耗在供给链中的分布情况，EIO-LCA 模型将 EIOA 法中的能源消耗系数列向量改进为对角矩阵，即将式（12-2）中的列向量 y 改进为对角矩阵 $\hat{Y}$，以此将某部门最终使用引致的环境影响分解至供给链上的各部门，从而体现能源消耗在部门间的具体转移流向。由此可得能源消耗矩阵：

$$B = RX = R(I-A)^{-1}\hat{Y} \qquad (12\text{-}4)$$

在运用 EIO-LCA 模型测算能源消耗矩阵时，由于目前国家统计局公布的投入产出表为进口竞争型投入产出表，该表能够反映供给过程中产品投入情况，但进口产品并不直接消耗进口国能源，若未从中间使用和最终使用矩阵中剔除进口产品，会造成各部门能源消耗转移结果的偏差。因此，本节采用朱启荣（2014）的处理方式，在无法获悉进口产品在各部门中具体使用数据的情况下，假定国内产品与进口产品比值在中间产品和最终产品中相同，据此对中间使用矩阵和最终使用矩阵进行调整，以期较为准确地反映各部门供给过程中国内产品投入结构。具体操作如下：在式（12-4）中加入表示国内产品比例的对角矩阵 $\hat{\varepsilon}$，同时对最终使用矩阵 $\hat{Y}$ 使用同样的方法进行调整，剔除进口产品的能源消耗矩阵如下：

$$B = R(I - \hat{\varepsilon}A)^{-1}\hat{Y} \qquad (12\text{-}5)$$

式中，对角矩阵 $\hat{\varepsilon}$ 的元素 ε_i 为 i 部门的总产出与 i 部门总产出与进口之和的比值。定义 b_{ij} 为式（12-5）中能源消耗矩阵 B 中的元素（其中，i 为产品或服务供给部门的序号，j 为产品或服务使用部门的序号），可以进一步推导得到

$$b_{\text{diret}} = \sum_i b_{ij} \qquad (12\text{-}6)$$

$$b_{\text{embodied}} = \sum_j b_{ij} \qquad (12\text{-}7)$$

式中，b_{diret} 为某部门供给过程中的直接能源消耗，b_{diret} 中的元素 b_{ij} 反映直

接能源消耗转移的结构分布，表示由各部门产品或服务最终使用引起的 i 部门直接能源消耗，因此供给视角的能源消耗分析即对直接能源消耗的分析；b_{embodied} 为某部门为满足其最终使用而引起的隐含能源消耗，b_{embodied} 中的元素 b_{ij} 反映隐含能源消耗转移的结构分布，表示 j 部门对各部门产品或服务最终使用而产生的隐含能源消耗，因此使用视角的能源消耗分析即对隐含能源消耗的分析。

本节数据来源于中国 2007 年、2010 年、2012 年、2015 年、2017 年投入产出表和 2008 年、2012 年、2014 年、2017 年、2019 年《中国统计年鉴》中的分部门能源消耗数据。由于投入产出表和《中国统计年鉴》的能源消耗数据部门分类不一致，本节采用陈磊和徐琳瑜（2017）提出的部门分类方法，将投入产出表和《中国统计年鉴》中能源消耗数据的细分部门进行合并，最终划分为如下七个部门：农业部门、能源部门、非能源工业部门、建筑业、交通运输仓储和邮政业、批发零售住宿和餐饮业、服务业其他部门。据此对投入产出表和能源消耗数据进行合并整理，具体部门合并方式如表 12-1 所示。该分类不仅可规避使用三次产业分类掩盖产业内部差异的问题，而且可避免因分类过细导致的部门间能源消耗转移流向繁杂、特征不明显的问题。

表 12-1　部门分类情况

部门分类	投入产出表部门分类	《中国统计年鉴》部门分类
农业部门	农林牧渔产品和服务业	农、林、牧、渔、水利业
非能源工业部门	金属矿采选业，非金属矿采选业，食品制造业，纺织业，服装皮革羽绒及其制品业，木材加工及家具制造业，造纸印刷及文教用品制造业，化学工业，非金属矿物制品业，金属冶炼及压延加工业，金属制品业，通用设备制造业，专用设备制造业，交通运输设备制造业，电气机械及器材制造业，通用设备、计算机及其他电子设备制造业，仪器仪表及文化办公机械制造业，其他制造业，金属制品、机械和设备修理服务业，废弃资源综合利用业，水的生产和供应业	黑色金属矿采选业，有色金属矿采选业，非金属矿采选业，开采辅助活动，其他采矿业，农副食品加工业，食品制造业，酒、饮料和精制茶制造业，烟草制品业，纺织业，纺织服装、服饰业，皮革、毛皮、羽毛及其制品和制鞋业，木材加工和木、竹、藤、棕、草制品业，家具制造业，造纸和纸制品业，印刷和记录媒介复制业，文教、工美、体育和娱乐用品制造业，化学原料和化学制品制造业，医药制造业，化学纤维制造业，橡胶和塑料制品业，非金属矿物制品业，黑色金属冶炼和压延加工业，有色金属冶炼和压延加工业，金属制品业，通用设备制造业，专用设备制造业，汽车制造业，铁路、船舶、航空航天和其他运输设备制造业，电气机械和器材制造业，计算机、通信和其他电子设备制造业，仪器仪表制造业，其他制造业，废弃资源综合利用业，金属制品、机械和设备修理业，水的生产和供应业

续表

部门分类	投入产出表部门分类	《中国统计年鉴》部门分类
能源部门	煤炭开采和洗选业，石油和天然气开采业，石油加工、炼焦及核燃料加工业，电力、热力的生产和供应业，燃气生产和供应业	煤炭开采和洗选业，石油和天然气开采业，石油加工、炼焦和核燃料加工业，电力、热力生产和供应业，燃气生产和供应业
建筑业	建筑业	建筑业
交通运输仓储和邮政业	交通运输仓储和邮政业	交通运输、仓储和邮政业
批发零售住宿和餐饮业	批发零售住宿和餐饮业	批发、零售业和住宿、餐饮业
服务业其他部门	信息传输、软件和信息技术服务，金融业，房地产业，租赁和商务服务，科学研究和技术服务，水利、环境和公共设施管理，居民服务修理和其他服务，教育卫生和社会工作，文化、体育和娱乐，公共管理、社会保障和社会组织	其他行业

说明：《中国统计年鉴》部门分类以 2019 年《中国统计年鉴》为准。

此外，各部门增加值数据来自投入产出表，并以 2007 年为基期进行调整，其中，农业部门、建筑业、交通运输仓储和邮政业直接使用对应部门增加值指数进行调整；批发零售住宿和餐饮业先分别使用批发和零售业、住宿和餐饮业增加值指数调整其子部门增加值，再进行加总；服务业其他部门同样先使用子部门（如金融业、房地产业）增加值指数对子部门增加值进行调整，再进行加总；由于目前尚未给出能源部门和非能源工业部门对应的增加值指数，而陈磊和徐琳瑜（2017）认为两者均归属于工业部门，本节使用工业部门增加值指数对两者增加值进行调整。

三、供给视角的直接能源消耗分析

从直接能源消耗来看，各部门供给过程中的直接能源消耗整体呈持续上升趋势，但上升比例存在差异。由图 12-1 可知，除农业部门外，各部门研究期间直接能源消耗增长率均高于50%。农业部门研究期间直接能源消耗从8244.57万吨标准煤上涨至8931.23万吨标准煤，增长率仅为8.33%。这主要是因为农业部门规模相对稳定，供给过程中对能源的依赖程度较小，所以直接能源消耗较低且波动幅度较小。建筑业、交通运输仓储和邮政业、批发零售住宿和餐饮业、服务业其他部门直接能源消耗增长率均超过100%。其中，交通运输仓储和邮政业、批发零售住宿和餐饮业、服务业其他部门均属服务业，其直接能源消耗的变动主要由国民经济发展和社会消费环境变化共同推动服务业使用水平提升而引起，导致服务业规模呈现快速增长态势，促使服务业直接能源消耗显著上升。值得注意的是，建筑业直接能源消耗在研究期间从4031.44万吨标准煤增长至8554.51万吨标准煤，增长率高达112.19%，仅次于服务业其他部门。这归因于住房及商业地产使用量不断增加、基础设施建设规模扩张及社会投资力度加大，导致建筑业规模呈急剧扩张之势，进而推动其直接能源消耗高速提升。此外，能源消耗水平较高的能源部门和非能源工业部门在研究期间直接能源消耗分别从43115.75万吨标准煤、147051.55万吨标准煤上涨至67723.34万吨标准煤、226764.71万吨标准煤，增长率仅为57.07%和54.21%。这主要归功于国家在节能环保重点部门落实转变经济发展方式、合理控制能源消耗量的效果显著。

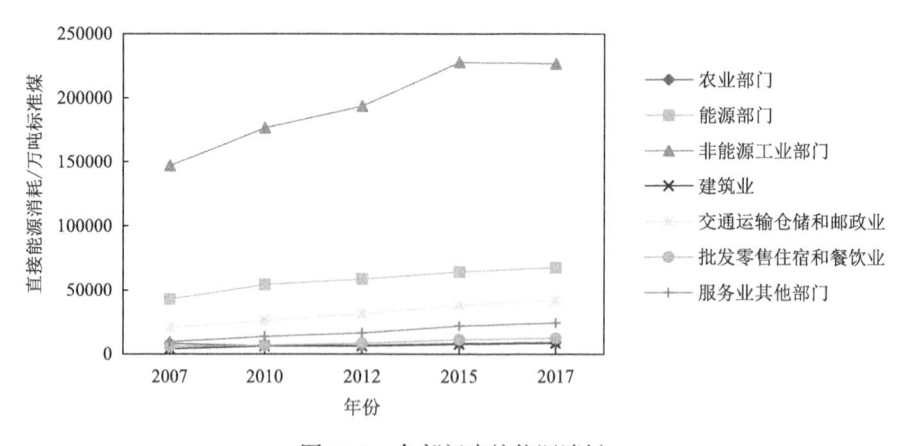

图 12-1 各部门直接能源消耗

从直接能源消耗强度来看，由图12-2可知，各部门存在较大的差异性。其中，能源部门、非能源工业部门、交通运输仓储和邮政业直接能源消耗强度较大，研究期间直接能源消耗强度均值分别为1.71吨标准煤/万元、1.46吨标准煤/万元、1.59吨标准煤/万元。这些部门在同等经济效益水平上所需投入能源量相对较多,能源利用效率处于较低水平。农业部门、建筑业、批发零售住宿和餐饮业、服务业其他部门研究期间直接能源消耗强度均值分别仅为 0.24 吨标准煤/万元、0.25 吨标准煤/万元、0.22 吨标准煤/万元、0.18 吨标准煤/万元,从经济效益视角来看,能源利用较为充分,属于能源利用高效率部门。

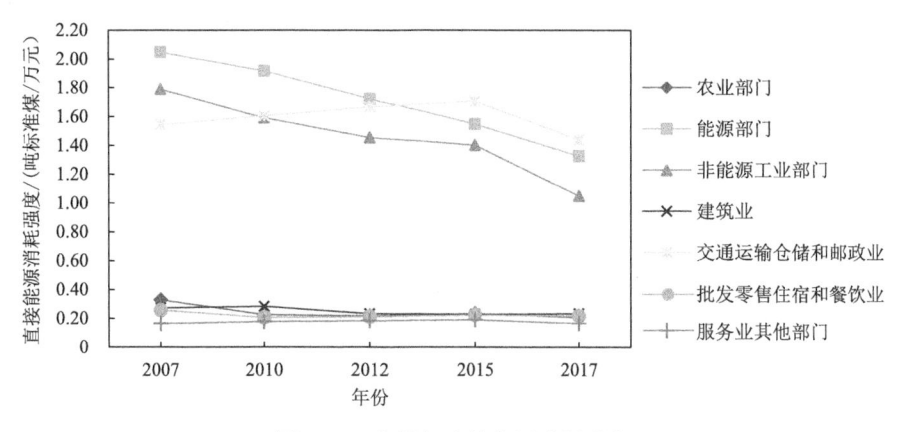

图 12-2 各部门直接能源消耗强度

从直接能源消耗强度变动方向来看,各部门总体呈同步下降趋势,且直接能源消耗强度较高、直接能源消耗较大的部门的直接能源消耗强度下降程度更大。由图 12-2 可知,能源部门和非能源工业部门直接能源消耗较大、直接能源消耗强度较高,直接能源消耗强度下降程度较其他部门也更为显著。这两个部门直接能源消耗强度在研究期间分别从 2.05 吨标准煤/万元、1.79 吨标准煤/万元下降至 1.33 吨标准煤/万元、1.05 吨标准煤/万元,但由于两者供给过程对能源的依赖程度较高,在控制直接能源消耗和降低直接能源消耗强度方面仍面临较大压力。

从直接能源消耗位次来看,各部门在研究期间基本维持不变。从图 12-3 来看,非能源工业部门由于存在较大的规模效应及高投入、高消耗的供给模式,其直接能源消耗占各部门直接能源消耗总量的约 60%,能源消耗居于首位。能源部门、交通运输仓储和邮政业直接能源消耗仅次于非能源工业部门,约占各部门直接能源消耗总量的 18%和 9.5%。建筑业、批发零售住宿和餐饮业、服务业其他部门直接能源消耗位次相对靠后,这主要因为这些部门初始直接能源消耗相对较小,虽保持高速增长,但占比仍维持在较低水平。

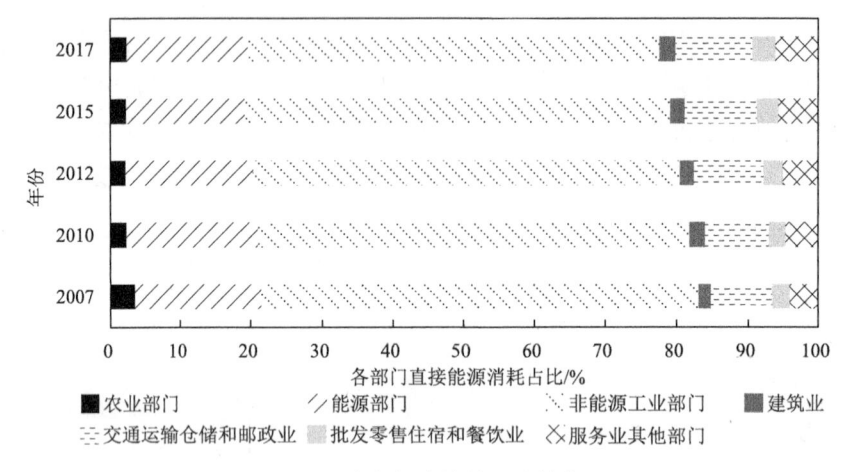

图 12-3　各部门直接能源消耗占比

总体而言，研究期间各部门直接能源消耗整体呈上升趋势，但各部门直接能源消耗强度不同程度下降。这主要得益于中国在经济发展过程中对能源消耗问题的重视程度不断加深，例如，相继颁布《节能中长期专项规划》《中华人民共和国可再生能源法》《中国应对气候变化国家方案》等多项政策法规，加大对节能降耗政策的调控力度。但直接能源消耗强度下降尚不足以抵消经济发展对能源的高额使用，因此各部门直接能源消耗仍保持上升态势。

四、使用视角的隐含能源消耗分析

从隐含能源消耗来看，由于关联程度及贸易强度不同，各部门隐含能源消耗差距较为显著，但整体在研究期间显著提升。由图 12-4 和图 12-5 可知，非能源工业部门隐含能源消耗从 137605.45 万吨标准煤增长至 190280.68 万吨标准煤，上升态势尤为突出，且其占各部门隐含能源消耗总量的比例最多，高达约 55%。能源部门隐含能源消耗的位次靠后，甚至在 2007 年隐含能源消耗仅为 5825.72 万吨标准煤，成为排名最后的部门。由此可见，能源部门隐含能源消耗与非能源工业部门隐含能源消耗间存在显著差距。究其原因，非能源工业部门与能源部门供给过程中所需投入的产品和服务的规模悬殊，导致最终使用通过产业关联引起的隐含能源消耗差距较大。从使用视角来看，非能源工业部门是国民经济中能源消耗的主要部门，而能源部门的能源消耗相对较少。建筑业和服务业其他部门为隐含能源消耗第二、第三大部门，其隐含能源消耗占各部门隐含能源消耗总量的约 20%和 13%。农业部门、交通运输仓储和邮政业、批发零售住宿和餐饮业对产品和服务依赖程度较小，商品贸易中隐含能源消耗转移程度在各部门中相对较小，最终使用带动国民经济各部门能源消耗的能力较弱，因此隐含能源消耗处于相对较低水平。从隐含能源消耗变动情况来看，随着各部门规模扩张，部门间贸易强度不断提升，隐含在商品贸易中的能源消耗转移量变大，由产业关联引起的各部门隐含能源消耗均出现不同程度的增长。

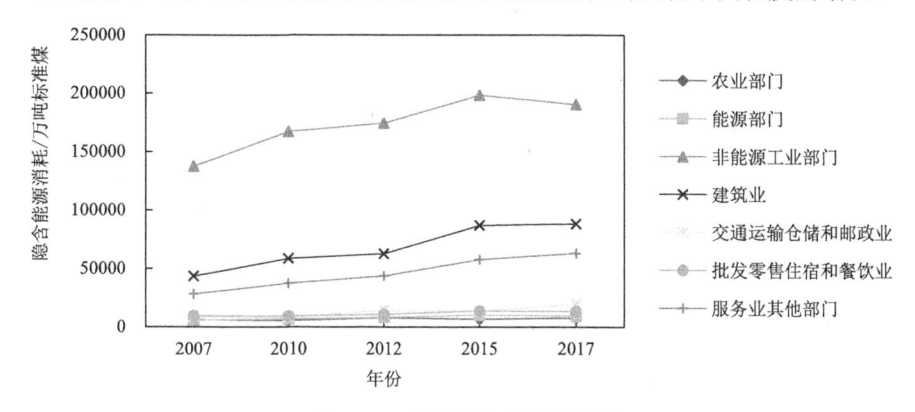

图 12-4　各部门隐含能源消耗

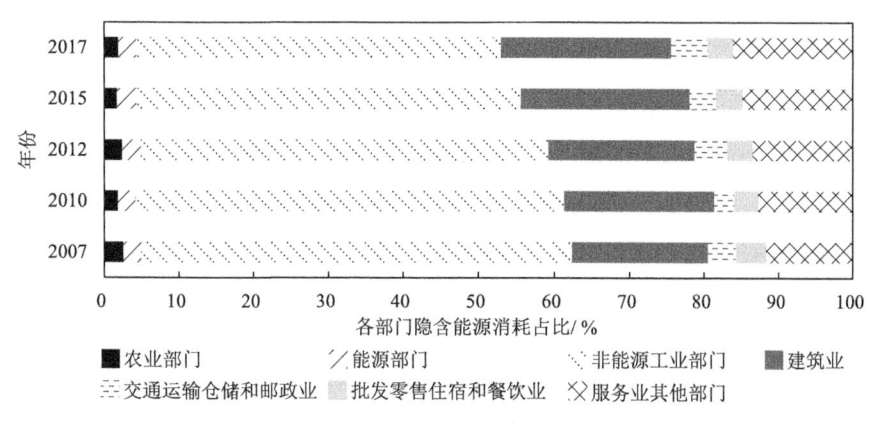

图 12-5　各部门隐含能源消耗占比

从隐含能源消耗强度来看，各部门差异较为明显。由图 12-6 可知，建筑业隐含能源消耗强度最高，研究期间其隐含能源消耗强度均值高达 2.59 吨标准煤/万元。非能源工业部门隐含能源消耗强度次之，其隐含能源消耗强度均值为 1.32 吨标准煤/万元，与居于首位的建筑业存在较大差距。其他部门隐含能源消耗强度均值均低于 0.65 吨标准煤/万元。其原因主要为建筑业和非能源工业部门供给资料投入量较大，对高耗能产品依赖程度较强，可通过产业关联引起国民经济各部门较大规模的能源消耗转移，导致两部门隐含能源消耗强度处于较高水平。各部门隐含能源消耗强度总体呈明显下滑趋势，具有较强的同步性。其中，非能源工业部门隐含能源消耗强度下降幅度较为显著，从 1.67 吨标准煤/万元下降至 0.88 吨标准煤/万元，这主要归功于其内部结构的优化、环保投资力度的增大及管理水平的提高等，改善了非能源工业部门的工艺供给水平及供给要素的利用率。

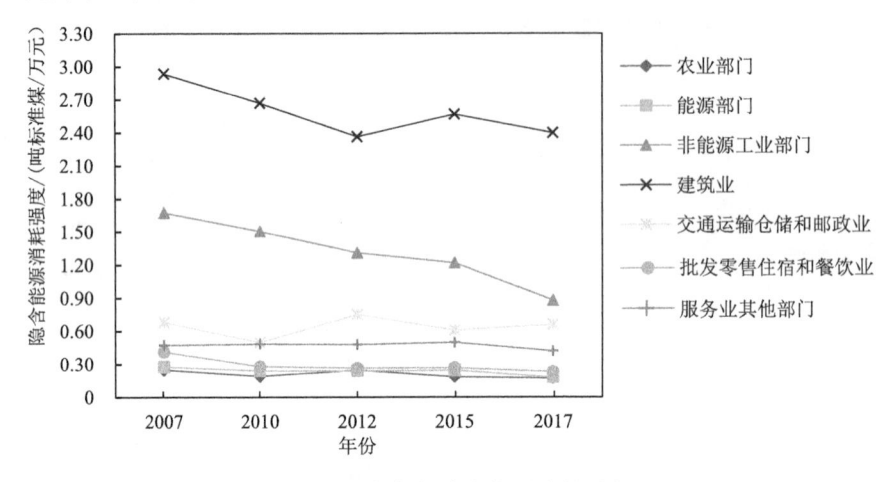

图 12-6　各部门隐含能源消耗强度

对比供给视角和使用视角的能源消耗情况，可依据直接和隐含能源消耗特征将所有部门归为四类：①直接能源消耗强度和隐含能源消耗强度均较高的部门，即非能源工业部门；②直接能源消耗强度较高、隐含能源消耗强度较低的部门，即能源部门、交通运输仓储和邮政业；③隐含能源消耗强度较高、直接能源消耗强度较低的部门，即建筑业；④直接能源消耗强度和隐含能源消耗强度均较低的部门，即农业部门、批发零售住宿和餐饮业、服务业其他部门。此外，由图 12-1～图 12-6 可知，各部门能源消耗和能源消耗强度大致呈正相关关系。因此，在制定节能政策时，应尽力同时协调能源消耗和能源消耗强度，针对各部门能源消耗特点，合理优化能源消耗结构，引导能源消耗和能源消耗强度同步降低。

五、基于产业关联的能源消耗净转移分析

由于各部门基于供给视角和使用视角的能源消耗水平存在差异，国民经济各部门存在能源消耗净转移情况。能源消耗净转移量为各部门隐含能源消耗与直接能源消耗的差值，若差值为正，则该部门为能源消耗净转入部门，两者的差额为该部门能源消耗净转入量，表示其在供给过程中向其他部门转移能源消耗压力的程度；反之，若差值为负，则该部门为能源消耗净转出部门，两者的差额为该部门能源消耗净转出量，表示其在供给过程中承接其他部门能源消耗压力的程度。各部门能源消耗净转移情况如图 12-7 所示。

图 12-7 各部门能源消耗净转移量

	2007年	2010年	2012年	2015年	2017年
农业部门	−2058.19	−1024.97	981.98	−1623.82	−1349.94
能源部门	−37290.03	−47587.39	−50620.89	−54165.50	−58409.84
非能源工业部门	−9446.10	−9563.50	−19406.38	−29638.06	−36484.03
建筑业	39484.93	52370.46	56330.74	79079.45	79532.23
交通运输仓储和邮政业	−11548.88	−18001.90	−17319.80	−24647.24	−22831.50
批发零售住宿和餐饮业	3602.11	2436.15	2225.24	2326.26	941.90
服务业其他部门	18414.42	23686.00	26866.25	35645.15	38601.18

基于直接能源消耗和隐含能源消耗计算所得

从能源消耗净转移方向来看，农业部门、能源部门、非能源工业部门及交通运输仓储和邮政业总体为能源消耗净转出部门；建筑业、批发零售住宿和餐饮业及服务业其他部门为能源消耗净转入部门。

在能源消耗净转出部门中，能源部门的净转出规模居于首位，这主要是由于该部门生产技术水平较低且发展过程过度依靠能源驱动，且由于与其他部门的技术经济关联性相对较小，其他部门能源消耗的能力也相对较弱，直接能源消耗与隐含能源消耗差异显著，能源消耗净转出规模较大。非能源工业部门作为国民经济主要产品供应部门，担负着向国民经济各部门提供主要工业产品的任务，生产过程能源投入量相对较大，且伴随着较大规模的商品贸易，引起部门间较大规模能源消耗压力的转移流动，直接能源消耗与隐含能源消耗在国民经济各部门中均处于最高水平，两者差距并不显著，因此能源消耗净转出规模相对较小，甚至在 2007 年和 2010 年能源消耗净转出规模仅高于农业部门。农业部门由于产业规模相对较小且位于供给链上游，直接能源消耗和隐含能源消耗相对较低且趋于平衡，能源消耗净转出规模较小。交通运输仓储和邮政业生产过程中直接投入的能源消耗高于其最终使用引致的隐含能源消耗，两者的差值使其成为能源消耗净转出部门，其能源消耗净转出规模高于非能源工业部门和农业部门，但远低于能源部门。

在能源消耗净转入部门中，建筑业能源消耗净转入规模居于首位，这主要是由于建筑业生产过程中并不直接投入大量能源，但对钢材、水泥等高耗能建设原材料的依赖程度较高，导致其隐含能源消耗远高于直接能源消耗，其向其他部门转移能源消耗压力的程度在国民经济各部门中处于最高水平。批发零售住宿和餐饮业与农业部门类似，维持产品和服务正常生产所需能源水平较低，且其作为服务部门，对隐性高耗能产品的使用程度也相对较低，直接能源消耗和隐含能源消耗趋于平衡，因此能源消耗净转入规模相对较小。但与农业部门不同的是，其隐含能源消耗略高于直接能源消耗，是能源消耗净转入规模最小的部门。服务业其他部门生产过程对能源依赖程度相对较小，需直接投入的能源消耗相对较低，与其最终使用引致的隐含能源消耗存在一定的差距，因此在生产过程中向其他部门转移能源消耗压力，其能源消耗净转入规模虽高于批发零售住宿和餐饮业，但远低于建筑业。

六、基于产业关联的能源消耗转移流向分析

基于产业关联将各部门能源消耗分解，可实现对能源消耗转移具体流向的考察，确认能源消耗的最终影响来源，并依据各部门能源消耗转出和转入情况探寻直接能源消耗和隐含能源消耗转移的结构特征。图 12-8 是对 2017 年国民经济部门间能源消耗转移分解的具体结果[①]。

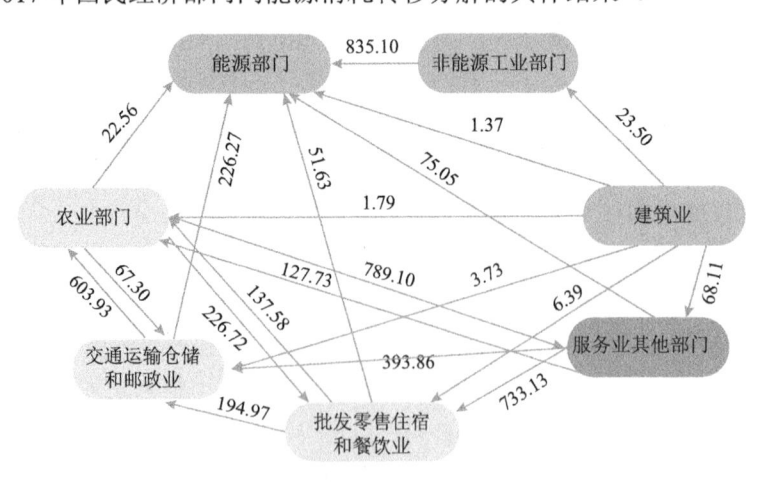

(a)低于1000万吨标准煤的能源消耗转移流向

---

① 此处转移流向仅以 2017 年为例，一方面是篇幅所限，另一方面了解转移流向最新动态对政策制定更具实际意义。

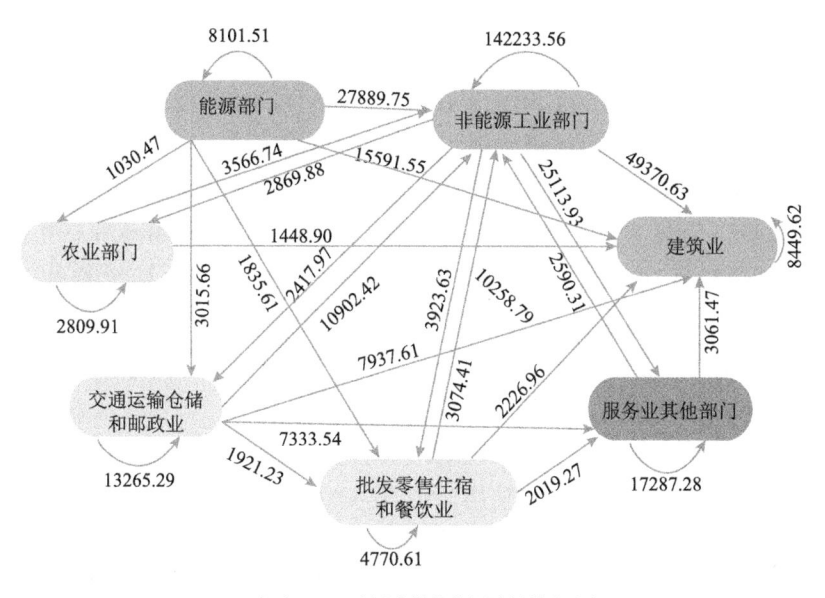

(b) 高于1000万吨标准煤的能源消耗转移流向

图 12-8　2017 年能源消耗转移流向（单位：万吨标准煤）

各部门能源消耗转出情况，即基于产业关联对其直接能源消耗加以分解，可以量化由其他部门最终使用引致的直接能源消耗转移，呈现各部门直接能源消耗的最终影响来源。从各部门能源消耗转出量来看，非能源工业部门向其他部门转出的直接能源消耗为 84531.15 万吨标准煤[①]，居于首位，除向能源部门转出的直接能源消耗为 835.10 万吨标准煤（图 12-8(a)）外，向其他部门转出的直接能源消耗均高于 1000 万吨标准煤（图 12-8(b)）。但转出的直接能源消耗占该部门直接能源消耗的比例仅为 37.28%，其余部分均由本部门最终使用引致，说明非能源工业部门的最终使用是本部门直接能源消耗的主要原因。究其缘由，非能源工业部门作为国民经济主要产品供给部门，其供给过程中对本部门工业产品使用程度较高，各子部门间大量产品贸易导致部门内部存在较大规模的能源消耗流动，进而引致本部门供给过程中的直接能源消耗规模较大。能源部门向其他部门转出的直接能源消耗仅次于非能源工业部门，为 59621.83 万吨标准煤，但与非能源工业部门不同，其直接能源消耗中仅有 11.96%满足本部门最终使用，其余部分均通过产业关联转出至其他部门，且各转出的直接能源消耗均高于 1000 万吨标准煤（图 12-8（b）），但向不同部门转出的直接能源消耗存在显著差异，其中，向非能源工业部门和建筑业转出的直接能源消

---

① 误差由四舍五入引起，下同。

耗分别为 27889.75 万吨标准煤、15591.55 万吨标准煤，占能源部门直接能源消耗的比例高达 64.20%，是能源部门直接能源消耗主要转出方。原因在于，作为能源的直接供应部门，其供给活动主要为向国民经济其他部门提供能源产品，直接投入的能源主要用于满足其他部门最终使用，以非能源工业部门和建筑业最为突出。此外，交通运输仓储和邮政业、批发零售住宿和餐饮业、农业部门向其他部门转出的直接能源消耗分别为 28925.00 万吨标准煤、7704.82 万吨标准煤、6121.32 万吨标准煤，居于第三、第四、第六位，占本部门直接能源消耗的比例均处于 60%～70%，说明这些部门的直接能源消耗大多通过产业关联转出至其他部门，而非为满足本部门的最终使用。相反地，服务业其他部门和建筑业的直接能源消耗主要用于满足本部门的最终使用，通过产业关联转出至其他部门的直接能源消耗仅占本部门直接能源消耗的 28.77%和 1.23%，居于第五、第七位。

各部门能源消耗转入情况，即基于产业关联对其隐含能源消耗加以分解，可以量化该部门最终使用引致的其他部门隐含能源消耗转移，呈现各部门隐含能源消耗的结构特征。从各部门能源消耗转入量来看，建筑业向其他部门转入的隐含能源消耗为 79637.12 万吨标准煤，居于首位，转入的隐含能源消耗占本部门隐含能源消耗的比例也居于首位，高达 90.41%。这表明建筑业隐含能源消耗大多来自产业关联引致的其他部门能源消耗转入，这主要是由于其在供给过程中对其他部门产品和服务的依赖程度较高。由图 12-8（b）可知，2017 年建筑业向能源部门和非能源工业部门转入的隐含能源消耗分别为 15591.55 万吨标准煤、49370.63 万吨标准煤，占建筑业隐含能源消耗的 73.75%。这主要是由于建筑业在供给过程中需投入大量的工业产品，而能源部门和非能源工业部门是这些重要工业供给建设原料的提供者，最终使用会通过产业关联将较大规模的能源消耗转入引致这两个部门，而其他部门的能源消耗转入量则相对较小。非能源工业部门和服务业其他部门向其他部门转入的隐含能源消耗仅次于建筑业，分别为 48047.12 万吨标准煤、45582.73 万吨标准煤，但其占本部门隐含能源消耗的比例存在明显差异，分别为 25.25%、72.50%。其原因主要为非能源工业部门供给过程中大量消耗本部门产品，最终使用主要引致部门内部的能源消耗流动，服务业其他部门则呈现相反的特征，其最终使用主要通过产业关联引致国民经济其他部门的能源消耗转入。农业部门、能源部门、交通运输仓储和邮政业、批发零售住宿和餐饮业最终使用引致的向其他部门转入的隐含能源消耗均低于 10000 万吨标准煤，这主要是由于这些部门对于其他部门产品和服务的使用程度相对较低，最终使用通过产业关联引致其他部门的能源消耗转入量也相对较少。

第二节 基于能源供给使用核算的中国八大综合经济区能源生态效率测度

一、概述

当今时代堪称"世界能源时代"。人们从没有像今天这样重视能源,世界能源形势的热点问题更是举世瞩目。能源问题是一个跨学科的复杂问题,它直接影响全球气候变化和环境污染问题,并且由于能源已经成为人类赖以生存和发展的基本保障,涉及国家利益,能源问题间接影响全球大国间的博弈,由此引发一系列全局性、战略性政治经济问题。作为全球最大的发展中国家,中国是目前世界上的能源生产大国和消费大国,为了承担大国的国际责任且同时实现自身可持续发展的目标,中国正在积极探寻改善资源短缺和环境恶化问题的可行路径。《中华人民共和国国民经济和社会发展第十四个五年规划和 2035 年远景目标纲要》明确指出未来五年实现单位 GDP 二氧化碳排放降低 18%、单位 GDP 能源消耗降低 13.5%,可见降低能源消耗强度、减少碳排放已成为中国能源发展的重要目标。能源问题归根是能源利用问题,提高能源效率是其关键。能源的低效利用会导致排放大量的废弃物,这种以牺牲环境为代价的低效发展方式使经济收益明显低于环境收益,对环境造成严重污染。通常用能源消耗对社会发展的贡献来衡量能源效率,且生态效率要求同时将经济效益和生态效益纳入考虑。因此,能源生态效率兼顾能源效率评价和生态效率评价,是可持续发展目标的集中体现。要实现对能源生态效率的管理,推动经济可持续发展,准确测度能源生态效率无疑是十分重要的。在测度能源生态效率的基础上,探讨中国各地区间能源生态效率差异问题,有利于促进能源、经济、社会与生态环境的绿色可持续发展。

目前关于能源生态效率的研究大多集中在测算方法和影响因素两方面,并且研究主体涵盖国家、区域、省际、地级市和行业层面。因此,本节将从以下三方面归纳能源生态效率相关研究。

1. 能源生态效率的测算方法

能源生态效率的定义为在促进经济增长并提高社会福利的同时,尽可能减弱能源开发利用对生态环境系统的影响(周敏等,2019)。关于能源生态效率的测算主要分为参数与非参数两种方法。由于 DEA 法等非参数方法无须对生产函数形式与分布形式进行假设，学者多运用 DEA 法及其衍生模型进行相关研究。关伟和许淑婷（2015）、李根等（2019）通过构建考虑非期望产出的基于松弛值测算（slack-based measure，SBM）模型对中国省际能源生态效率进行测度。陈莹文等（2019）将能源结构调整纳入对 SBM 模型的改进，对我国 30 个省区市的生态效率的测度问题进行研究。于静和屈国强（2021）认为 SBM 模型忽略了输入变量之间的比例关系，存在低估效率得分现象，而基于能量模型（energy-based models，EBM）同时考虑非径向松弛问题及目标值与实际值之间的径向比例问题，较好地克服了 DEA 模型和 SBM 模型的缺点，因此其评价结果更准确。

但 DEA 法等非参数方法在效率测度时会受到测量误差或其他随机因素的冲击，且不能直接对技术效率的影响因素进行分析，可能导致效率测算结果不稳健。研究表明，相较于 DEA 法，以 SFA 模型为代表的参数方法充分考虑环境变化对生产行为造成的影响，估计稳健性更强、结论更可靠，更符合能源生产消费的本质特征（傅晓霞和吴利学，2007）。目前 SFA 模型已广泛应用于经济管理领域，而运用其对能源生态效率及其影响因素的研究相对匮乏。孟凡生和邹韵（2018）基于投影寻踪（projection pursuit，PP）的 SFA 模型，结合速度激励思想，研究了中国省际能源生态效率及三大区域的能源生态效率差异。但其测算的是单一产出的能源生态效率，能源生产活动的产出不仅包含期望产出，而且包括生态环境影响等非期望产出。单一产出评价指标无法全面反映能源消耗对经济、社会及生态环境的影响，评价结果缺乏客观性。因此，本节将进一步扩展 SFA 模型，在能源生态效率的生产框架内同时纳入期望产出与非期望产出，以弥补其单一产出设定的不足。

2. 能源生态效率的研究主体

从研究主体视角来看，现有对能源生态效率进行测度的研究多从国家、地区、行业层面展开，其中，从地区层面展开的研究最多。在国家层面，王晓岭和武春友（2015）将生态福祉和社会福祉纳入国家层面的能源效率测度理论框架中，通过构建超级基于 ε 的测度（super-ε-based measure，Super-EBM）模型，对二十国集团（Group of 20，G20）成员方的能源经济效率和能源环境效率进行比较，并根据测算结果将 G20 成员方划分为绿色型、经济型、生态型和双低型四类，中国暂被划分为双低型。在地区层面，由于中国各地区在经济基础、能源禀赋、产业结构及生态环境状况等方面各有不同，各地区能源生态效率也存在较大差距，多数国内学者研究了地区能源生态效率差异问题。王腾等（2017）、周敏和艾敬（2019）、于静和屈国强（2021）以省际面板数据样本为基础，评价研究期内国内各地区的能源生态效率，并依据《中华人民共和国国民经济和社会发展第七个五年计划》将 30 个省区市划分为东、中和西三大地区，分析其变化趋势和地区差异。除了以省区市作为研究主体，部分学者将研究主体细化到地级市。孙伟（2020）测算了 2003～2016 年黄河流域 62 个地级市的能源生态效率，探讨黄河流域不同区域能源生态效率的空间差异；唐晓灵等（2021）使用超效率 SBM 模型对 2002～2017 年关中平原城市群 11 个城市的能源生态效率进行测度，发现各城市能源生态效率差异显著。在行业层面，关伟和李丹阳（2021）利用超效率 SBM 模型对中国能源生态效率的行业特征进行研究，发现中国能源生态效率行业间差异显著，其中，技术密集型行业的能源生态效率最高，资源密集型行业的能源生态效率较低。王向前等（2020）以我国采矿业为研究主体，通过测算我国采矿业的静态能源生态效率和动态演进特征，发现采矿业整体能源生态效率偏低且分行业差异显著。

3. 能源生态效率的影响因素

在厘清能源生态效率的测算方法及明确其研究主体之后，为明确能源生态效率的影响因素，部分学者对此开展了一系列研究。关伟和许淑婷（2015）通过建立空间计量模型，发现在影响能源生态效率空间效应的诸多因素中，产业结构的影响最大，能源投资与交通基础设施建设对能源生态效率存在负效应，经济、人口及外商投资对能源生态效率存在正效应，城镇化率与对外贸易量对能源生态效率的直接影响不显著。杨刚强和李梦琴（2018）运用方向性距离函数和面板数据模型分析了在财政分权体制下政治晋升对能源生态效率提升的影响，研究表明，尽管财政分权对能源生态效率的影响为负，但财政分权和政治晋升的联合效应对能源生态效率的改善作用显著，且政治晋升对能源生态效率的贡献突出。周敏等（2019）发现财政分权显著改善了能源生态效率，而地方政府间经济竞争降低了能源生态效率。唐晓灵和曹倩（2020）基于能源-经济-环境系统研究发现，能源生态效率与经济发展水平之间呈 U 形分布，并且产业结构、能源结构、城镇化水平对能源生态效率起抑制作用，而环境规制、对外开放水平、外商直接投资是能源生态效率提升的主要驱动因素。总体来看，能源生态效率受多种因素的联合影响，包括行业内部的规模、技术和管理水平及市场化程度等外部环境因素。

此外，目前能源生态效率期望产出的表征指标多囿于传统新古典经济学框架，侧重将地区生产总值作为期望产出的替代变量。福利门槛假说认为经济增长和福利增加之间呈倒 U 形关系，即经济增长只能在一定范围内改进生活质量和福利水平，超过这个范围，将会导致生活质量和福利水平退化（Max-Neef，1995）。因此，地区生产总值无法全面反映能源开发利用带来的社会福祉，未能兼顾经济与社会子系统的协调发展。由联合国开发计划署（United Nations Development Programme，UNDP）提出的人类发展指数由于现实操作性强、涵盖范围广而常被作为经济社会福利的替代指标（方时姣和肖权，2019）。

综合来看，多数学者使用非参数方法对能源生态效率进行测算，但其测算结果的稳健性仍有待检验；使用参数方法测算能源生态效率仍在进一步探索之中。因此，本节在论据充分合理的基础上大胆尝试，使用参数方法进行测算，为其完善和发展提供参考。另外，现有关于能源生态效率区域差异性的研究多聚焦传统三大经济带或四大经济区域的划分视角，但随着全国各地区发展方式的转变，这种区域划分方法显得较为粗略，不便于深入分析区域差距和制定区域政策。国务院发展研究中心根据不同地区社会经济发展状况提出的八大综合经济区划分构想更符合当今经济社会发展的实际需求，可操作性更强。因此，本节突破传统地区划分限制，使用更加符合经济发展现状的划分原则，分析区域间能源生态效率差异问题。

本节首先将社会福利指标纳入能源生态效率测度框架，构建反映能源-经济-社会-生态环境的评价指标体系，其次运用基于 Shephard 能源距离函数的"一步法"SFA 模型测度 2003～2017 年中国 30 个省区市（不包括西藏、香港、澳门和台湾）能源生态效率，最后从八大综合经济区视角分析其演变趋势，并探讨各驱动因素的作用效果，旨在为促进能源生态文明建设、推动中国经济高质量发展提供参考。与已有研究相比，本节主要在以下三方面进行创新和改进。第一，构建包含社会福利在内的能源生态效率测度框架，全面反映期望产出。维持良好的社会福利是实现经济、环境和社会可持续发展的最终目的，由于能源生态效率直接对社会福利产生一定影响，影响的当地社会福利应该被关注，例如，人类健康受到能源消耗过程中的污染物危害影响。因此，应将社会福利纳入能源生态效率的测算中，构建反映能源-经济-社会-生态环境的评价指标体系，从而更加全面、系统地衡量能源生态效率。第二，应用改进的能源生态效率测度方法，准确测度能源生态效率。本节引入 Shephard 能源距离函数定义能源生态效率，能够准确获知实际生产利用过程中的能源利用效率和可节能空间。同时，应用相比 DEA 法更具稳健性和可比性的 SFA 模型估计生产函数，且"一步法"SFA 模型充分考虑了随机因素和外部环境因素对个体差异的影响，放宽了前沿生产函数有关假设，能够更加真实地反映实际能源生态效率。第三，突破传统地区划分限制，分析区域间差异。本节使用更能准确反映区域间经济发展形势的八大综合经济区划分原则，分析中国区域间能源生态效率差异问题。通过对比不同区域能源生态效率，能够准确把握各区域发展水平和差距，全面认识区域发展特点和区域间联系，精准分析区域间相互关系，对未来我国提升能源生态效率和优化能源资源配置具有一定的参考意义。

二、研究方法

1. Shephard 能源距离函数

Zhou 等（2012）提出的 Shephard 能源距离函数由投入距离函数衍生而来，通过缩减投入来衡量生产者所在生产点与生产可能性边界的距离，将劳动和资本的无效率分离出来，仅反映能源要素的投入效率，故能准确获知实际生产利用过程中的能源利用效率和可节能空间。因此，本节引入 Shephard 能源距离函数定义能源生态效率，具体构建过程如下：

假设 N 表示 $1,2,\cdots,30$ 个省区市的决策单位，考虑三要素生产函数框架，以资本（K）、劳动力（L）、能源（E）作为投入要素，期望产出（Y）及非期望产出（C）作为产出，生产技术集定义如下：

$$S = \{(K,L,E,Y,C):(K,L,E)\text{可以生产}(Y,C)\} \quad (12\text{-}8)$$

式中，S 为有界闭集，且满足：①投入要素和期望产出的强可处置性，即投入要素和期望产出是可支配的；②非期望产出的弱可处置性，即非期望产出的处理是有成本的；③零结合性生产，即只有期望产出为 0，非期望产出才可能为 0（檀勤良等，2013）。

$$D_E(K,L,E,Y,C) = \sup\left\{\beta:\left(K,L,\frac{E}{\beta},Y,C\right)\in S\right\} \quad (12\text{-}9)$$

Shephard 能源距离函数假定期望产出和非期望产出按相同比例扩张到达生产前沿。式（12-9）表示一个地区当给出既定资本、劳动投入与产出时，在现行生产技术条件下可以最大限度缩减能源投入量的程度 β，$E/D_E(K,L,E,Y,C)$ 为到达生产前沿时的最佳能源投入量。能源生态效率

(energy eco-efficiency，EEE）被定义为最佳能源投入量与实际能源投入量（E）的比例：

$$\text{EEE} = \frac{E/D_E(K,L,E,Y,C)}{E} = \frac{1}{D_E(K,L,E,Y,C)} \quad (12\text{-}10)$$

能源生态效率是Shephard能源距离函数的倒数，其度量的是一定时点能源的利用效率，取值范围为（0，1]。能源投入量可缩减程度越低，说明实际生产活动中偏离最佳能源投入量的程度越小，能源生态效率越高。当且仅当$D_E(K,L,E,Y,C)=1$时，能源生态效率位于生产前沿上，取值为1。

2. 基于Shephard能源距离函数的SFA模型

SFA模型是研究生产效率的有效工具（Aigner et al., 1977）。同DEA法相比，SFA模型采用复合形式的误差结构并运用计量方法估计生产函数，既考虑了测量误差和其他统计噪声对测量结果产生的影响，又可以对模型参数和模型本身进行统计检验，研究结果具有稳健性，且其测度的是绝对生产效率，研究结果更具可比性（张德钢和陆远权，2017）。Battese和Coelli（1995）提出了针对面板数据的"一步法"SFA模型。"一步法"针对前沿生产函数的解释变量与技术无效率项的解释变量同时构建回归方程并进行极大似然估计，充分考虑了随机因素和外部环境因素对个体差异的影响，且放宽了前沿生产函数解释变量必须独立于技术无效率项解释变量的假设，规避了变量间内生性问题（Wang and Schmidt, 2002）。此外，超越对数生产函数能够更好地展现不同要素之间、各要素与时间之间交互项对产出的影响，是一种灵活性和包容性很强的变弹性生产函数模型（郑照宁和刘德顺，2004）。因此，本节采取基于超越对数生产函数形式的"一步法"估计Shephard能源距离函数，并参照Sun等（2019）的研究进行适当的数学变形和推导，可得

$$\begin{aligned}\ln \frac{1}{E_{it}} =& \beta_0 + \beta_K \ln K_{it} + \beta_L \ln L_{it} + \beta_Y \ln Y_{it} + \beta_C \ln C_{it} \\ & + \frac{1}{2}\beta_{KK}(\ln K_{it})^2 + \frac{1}{2}\beta_{LL}(\ln L_{it})^2 + \frac{1}{2}\beta_{YY}(\ln Y_{it})^2 \\ & + \frac{1}{2}\beta_{CC}(\ln C_{it})^2 + \beta_{KL}(\ln K_{it})(\ln L_{it}) + \beta_{KY}(\ln K_{it})(\ln Y_{it}) \\ & + \beta_{KC}(\ln K_{it})(\ln C_{it}) + \beta_{LY}(\ln L_{it})(\ln Y_{it}) + \beta_{LC}(\ln L_{it})(\ln C_{it}) \\ & + \beta_{YC}(\ln Y_{it})(\ln C_{it}) + \beta_T T + \frac{1}{2}\beta_{TT}T^2 + \beta_{TK}(T)(\ln K_{it}) \\ & + \beta_{TL}(T)(\ln L_{it}) + \beta_{TY}(T)(\ln Y_{it}) + \beta_{TC}(T)(\ln C_{it}) + v_{it} - u_{it}\end{aligned} \quad (12\text{-}11)$$

$$EEE_{it} = \exp(-u_{it}) \qquad (12\text{-}12)$$

式中，β 为待估参数；K_{it}、L_{it}、E_{it}、Y_{it} 和 C_{it} 分别为 i 地区第 t 年的资本、劳动力及能源等投入要素与期望产出、非期望产出；T 为时间趋势项，表示技术效率的时变特征；$u_{it} \sim \text{i.i.d.} N(m_{it}, \sigma_{it}^2)$ 表示与技术无效率项有关的非负随机向量，与 v_{it} 相互独立；$v_{it} \sim \text{i.i.d.} N(0, \sigma_v^2)$ 表示测量误差及各种不可控的随机因素。通过对式（12-11）进行估计，可以得到各地区当年的能源生态效率成分 u_{it}，并根据式（12-12）计算出各地区当年的能源生态效率 EEE_{it}，进一步估计各驱动因素对能源生态效率的影响：

$$m_{it} = \delta_0 + \delta_1 ED_{it} + \delta_2 IS_{it} + \delta_3 ECS_{it} + \delta_4 UB_{it} + \delta_5 ES_{it} + \varepsilon_{it} \qquad (12\text{-}13)$$

式中，ED_{it}、IS_{it}、ECS_{it}、UB_{it}、ES_{it} 分别为 i 地区第 t 年经济发展水平、产业结构、能源消费结构、城镇化水平、环境规制；ε_{it} 为随机误差项；δ 为估计系数，反映影响因素对能源生态效率的影响程度。若影响因素估计系数为正值，则外部影响因素对能源生态效率具有负向影响；反之，则外部影响因素对能源生态效率具有正向影响。实际应用中，可根据 γ 来检验复合方差中技术无效率项占比（Battese and Corra，1977）。γ 取值范围为 [0，1]，γ 越接近 1，说明误差项中技术无效率项的占比越大，此时运用 SFA 模型是合理的。反之，使用普通最小二乘法分析即可。

3. 指标选取及数据来源

（1）能源生态效率评价指标。以新古典经济学理论为蓝本，综合现有研究成果，构建能源生态效率评价指标体系（表 12-2）。①投入指标选取。以能源（E）、劳动力（L）、资本（K）作为生产阶段的投入指标，分别选取能源消费总量、年末单位从业人员总数、资本存量作为其表征指标。其中，资本存量采用永续盘存法（Goldsmith，1951）计算，折旧率与基期资本存量借鉴单豪杰（2008）的研究成果。②产出指标选取。期望产出（Y）选取人类发展指数作为其衡量指标，参照 UNDP（1990）定义框架，从经济发展水平、教育发展水平和健康医疗水平三个维度对各地区经济、社会效益进行量化评估，有效弥补以传统地区生产总值作为唯一衡量指标的缺陷，指标选取更具权威性。非期望产出（C）选取工业固体排放总量、废水排放总量、烟（粉）尘排放量、二氧化硫排放量及二氧化碳排放量作为其衡量指标，并运用熵权法综合成生态环境污染指标。其中，二氧化碳排放量计算依据王勇等（2017）的研究方法。

表 12-2　能源生态效率评价指标体系

类别	一级指标	具体指标	单位
投入指标	能源投入	能源消费总量	万吨标准煤
	资本投入	资本存量	亿元
	劳动力投入	年末单位从业人员总数	万人
产出指标	期望产出	人均地区生产总值	亿元
		平均受教育年限	年
		卫生技术人员占比	%
	非期望产出	废水排放总量	万吨
		工业固体排放总量	万吨
		烟（粉）尘排放量	万吨
		二氧化硫排放量	吨
		二氧化碳排放量	亿吨

（2）驱动因素指标。运用"物理-事理-人理"系统方法构建能源生态效率驱动因素指标体系（顾基发和高飞，1998）。具体而言，"物理"包含经济、技术因素；"事理"包含能源、产业因素；"人理"包含人力、管制因素。本节选取人均地区生产总值反映地区经济发展水平，作为衡量经济、技术因素的变量；选取煤炭消费量占能源消费总量的比例、第三产业产值占总产值的比例反映能源消费结构水平和产业结构水平，作为衡量能源、产业因素的变量；选取城市人口占全国总人口的比例、工业污染治理的投资额占地区生产总值的比例反映城镇化水平和环境规制水平，作为衡量人力、管制因素的变量，进而分析各变量对能源生态效率的作用效果。

（3）数据来源。考虑指标数据的权威性和可获得性，以 2003~2017 年中国 30 个省区市（不包括西藏、香港、澳门、台湾）的面板数据为研究样本。原始指标数据均来自 2004~2018 年《中国统计年鉴》《中国环境统计年鉴》《中国能源统计年鉴》及各省区市统计年鉴。为消除价格因素对指标的影响，以 2003 年为基期采用固定资产价格指数、地区生产总值平减指数对固定资本形成总额和地区生产总值进行平减处理。

三、模型适用性检验

1. 多重共线性检验

本节对技术无效率函数中的变量执行多重共线性检验。如表 12-3 所示，各变量方差膨胀因子（variance inflation factor，VIF）均小于 10，模型不存在多重共线性，可平行反映出各驱动因素对能源生态效率的作用效果，变量体系的构建较为完整。

表 12-3 多重共线性检验结果

变量	VIF
ED	4.224
IS	2.289
ECS	1.112
UB	4.211
ES	1.052

2. SFA 模型设定检验

本节使用极大似然估计法对 SFA 模型中参数进行如下假设检验，以保证设定估计能源生态效率的生产函数与技术无效率函数的有效性。检验统计量 $\lambda = -2[\mathrm{LR}(H_0) - \mathrm{LR}(H_1)]$，其中，$\mathrm{LR}(H_0)$ 和 $\mathrm{LR}(H_1)$ 分别表示含有约束条件和不含约束条件模型似然函数值，服从卡方分布，自由度为约束变量的个数，检验结果见表 12-4。

表 12-4 SFA 模型设定检验结果

检验内容	零假设 H_0	似然函数值	似然比检验统计量	临界值（1%）	结果
检验一	$\gamma = \delta_0 = \delta_1 = \delta_2 = \delta_3 = \delta_4 = \delta_5 = 0$	153.0141	38.4730	23.5510	拒绝
检验二	$\beta_T = \beta_{TT} = \beta_{TK} = \beta_{TL} = \beta_{TY} = \beta_{TC} = 0$	121.4405	101.6202	23.5510	拒绝
检验三	$\beta_{TK} = \beta_{TL} = \beta_{TY} = \beta_{TC} = 0$	158.1846	28.1320	23.5510	拒绝
检验四	$\beta_{KK} = \beta_{LL} = \beta_{YY} = \beta_{CC} = \beta_{KL} = \beta_{KY} = \beta_{KC}$ $= \beta_{LY} = \beta_{LC} = \beta_{YC} = \beta_{TK} = \beta_{TL} = \beta_{TY} = \beta_{TC} = 0$	86.5095	171.4822	23.5510	拒绝

检验一为验证技术无效率项是否存在。零假设在 1%显著性水平下被拒绝，说明技术无效率项存在，即技术无效率函数中驱动因素参数的设定合理，可以采用 SFA 模型进行估计。检验二为验证技术进步水平效应是否存在。零假设在 1%显著性水平下被拒绝，说明能源生态效率是随时间变化的，存在技术进步。检验三为进一步验证技术进步是否为希克斯中性。零假设在 1%显著性水平下被拒绝，说明技术进步是非希克斯中性。检验四为验证柯布-道格拉斯生产函数形式的适用性。SFA 模型需要确定合适

的生产函数形式,主要有柯布-道格拉斯生产函数和超越对数生产函数两种。采用柯布-道格拉斯生产函数形式的零假设在 1%显著性水平下被拒绝,说明超越对数生产函数形式设定合理。

四、SFA 模型估计结果分析

1. 前沿生产函数分析

运用 Frontier 4.1 软件对 2003～2017 年中国 30 个省区市的年度面板数据进行"一步法"极大似然估计,同时得到模型参数估计结果与能源生态效率测度结果。如表 12-5 所示,γ 趋近 1,进一步说明设定带有技术无效率影响的 SFA 模型是合理有效的。

表 12-5 超越对数生产函数的 SFA 模型估计结果

模型	变量	系数	t 值	变量	系数	t 值
前沿生产函数	常数项	−3.3202	−3.8505***	$\ln L \cdot \ln Y$	−0.2328	−2.4267**
	$\ln K$	−0.7989	−4.1143***	$\ln L \cdot \ln C$	0.9969	5.6345***
	$\ln L$	−0.0064	−0.0213	$\ln Y \cdot \ln C$	1.8855	2.8632***
	$\ln Y$	1.8188	3.1444***	T	0.1189	1.9422*
	$\ln C$	−10.0109	−11.1452***	$T \cdot T$	−0.0070	−1.8560*
	$\ln K \cdot \ln K$	−0.0302	−0.6982	$T \cdot \ln K$	−0.0164	−1.2080
	$\ln L \cdot \ln L$	−0.0731	−1.1486	$T \cdot \ln L$	−0.0114	−1.1756
	$\ln Y \cdot \ln Y$	−2.0654	−8.1001***	$T \cdot \ln Y$	0.1261	5.0766***
	$\ln C \cdot \ln C$	−3.8524	−2.6353**	$T \cdot \ln C$	−0.0766	−1.5609
	$\ln K \cdot \ln L$	0.0778	2.3625**	σ^2	0.0289	14.1315***
	$\ln K \cdot \ln Y$	0.1986	2.6118**	γ	0.9999	35.5439***
	$\ln K \cdot \ln C$	−0.1735	−0.9727	—	—	—
技术无效率函数	常数项	1.0873	6.2411***	ECS	0.0747	2.9379***
	ED	0.0459	2.2666**	UB	−0.6197	−1.9727*
	IS	−0.9339	−5.1290***	ES	−0.0387	−2.7896**
检验信息	极大似然估计的对数似然函数值			172.2506		
	似然比检验统计量			38.4730		

*在 10%的水平上显著。
**在 5%的水平上显著。
***在 1%的水平上显著。

由表 12-5 可知,资本投入系数和劳动力投入系数分别为−0.7989 和

–0.0064，资本投入系数的绝对值大于劳动力投入系数的绝对值，说明资本对能源消费的提升拉动作用较大，我国企业发展轨迹正由劳动密集型向资本密集型转变。期望产出系数显著为正，表明随着居民生活水平和生活质量逐渐改善，人们开始追求更加绿色、环保、高效的生活方式。非期望产出系数显著为负，表明能源消耗带来的非期望产出造成较为严重的生态环境污染。政府应积极采取节能减排措施来降低能源使用过程中污染物排放，提高能源利用效率。时间趋势项系数显著为正，而时间趋势项二次项系数显著为负，说明经济发展初期能源消费呈现下降趋势。但长期来看，我国的能源消费是逐年增加的。

2. 技术无效率函数分析

（1）经济发展水平影响。经济发展水平系数显著为正。随着经济发展，能源生态效率呈现微弱的下降趋势。这表明我国以能源消耗驱动经济增长的发展方式尚未发生根本改变，经济增长仍然建立在高能耗、高污染的传统发展方式之上。因此，政府应大力发展低碳经济，推动形成绿色发展方式，实现经济发展方式由规模速度粗放型增长向质量高效率集约型转变。

（2）产业结构影响。产业结构系数显著为负，第三产业产值占总产值的比例每增加1%，能源生态效率提高93.39%。从产业结构发展的演变规律来看，我国经济发展重心逐渐由低级形式向高级形式过渡，环境保护型、经济效益好的第三产业得到进一步的发展。产业结构的合理化和高级化降低了能源消耗和环境压力，对提升能源生态效率起到积极的促进作用。因此，在经济发展过程中，政府应积极引导产业结构调整，优化产业空间布局。

（3）能源消费结构影响。能源消费结构系数显著为正。煤炭消费量占能源消费总量的比例每增加1%，能源生态效率降低7.47%。煤炭作为我国主要能源产品，在能源消费总量中占有较大比例，且利用过程中伴随着大量污染排放，破坏了生态环境，降低了人民福利水平，进而导致能源生态效率降低。因此，企业在注重节能减排的同时应优化能源消费结构，提高传统化石能源利用效率，推动能源低碳化发展；同时，引进先进技术和发展模式，着重开发新能源和利用可再生资源，实现能源消费方式的根本性转变。

（4）城镇化水平影响。城镇化水平系数显著为负。随着我国人口规模不断扩大及城市化进程加快，生产生活资料伴随着人口向城镇转移逐步形成产业集聚效应，不断提高产业的生产效率和科技创新能力，推动了节能技术的发展，进一步提高了能源生态效率。

（5）环境规制影响。环境规制系数显著为负。这与李根等（2019）的研究结论相反。工业污染治理的投资额占地区生产总值的比例每提高1%，能源生态效率提高 3.87%。究其原因，环境规制可以刺激企业加快技术创新，减少低效设备的使用，更加注重使用节能、绿色能源。技术水平改善带来的创新补偿将高于遵循成本，从而提升了能源生态效率。

五、能源生态效率演变趋势分析

2003~2017 年中国各省区市能源生态效率及其排名如表 12-6 所示（限于篇幅，此处仅列出偶数年份能源生态效率）。为进一步研究能源生态效率变化趋势和地区分布特点，依据国务院发展研究中心发布的相关文件，将中国划分为东北（辽宁、吉林、黑龙江）、北部沿海（北京、天津、河北、山东）、东部沿海（上海、江苏、浙江）、南部沿海（福建、广东、海南）、黄河中游（陕西、山西、河南、内蒙古）、长江中游（湖北、湖南、江西、安徽）、大西南（云南、贵州、四川、重庆、广西）及大西北（甘肃、青海、宁夏、新疆）八大综合经济区，并基于测度结果绘制全国及八大综合经济区能源生态效率化趋势图（图 12-9）。

表 12-6 2003~2017 年中国各省区市能源生态效率及其排名

区域	省区市（排名）	2004年	2006年	2008年	2010年	2012年	2014年	2016年	均值
东北	辽宁（14）	0.5250	0.5875	0.6165	0.5917	0.4878	0.5932	0.4879	0.5742
	吉林（13）	0.4466	0.5684	0.5759	0.6457	0.5299	0.6038	0.5987	0.5751
	黑龙江（24）	0.5011	0.5060	0.5065	0.5351	0.4559	0.5434	0.4664	0.5119
	均值	0.4909	0.5539	0.5663	0.5908	0.4912	0.5801	0.5177	0.5537
北部沿海	北京（1）	0.9281	0.9748	0.9544	0.9328	0.8970	0.9675	0.9687	0.9325
	天津（19）	0.5685	0.5824	0.5516	0.5045	0.4592	0.5236	0.5446	0.5369
	河北（28）	0.4307	0.4134	0.4324	0.4423	0.4642	0.5306	0.4778	0.4679
	山东（26）	0.4886	0.4452	0.4502	0.4749	0.4650	0.5504	0.5275	0.4977
	均值	0.6039	0.6040	0.5971	0.5886	0.5714	0.6430	0.6296	0.6087
东部沿海	上海（7）	0.7299	0.7032	0.6676	0.6147	0.5544	0.6013	0.5111	0.6217
	江苏（10）	0.6428	0.5959	0.5788	0.5827	0.5795	0.6167	0.5869	0.6121
	浙江（6）	0.6005	0.6357	0.6374	0.6380	0.6552	0.6544	0.5715	0.6301
	均值	0.6577	0.6449	0.6279	0.6118	0.5964	0.6242	0.5565	0.6213

续表

区域	省区市（排名）	2004年	2006年	2008年	2010年	2012年	2014年	2016年	均值
南部沿海	福建（12）	0.5520	0.5745	0.5418	0.5674	0.5834	0.6004	0.5765	0.5820
	广东（8）	0.6156	0.6015	0.6058	0.6463	0.6072	0.6476	0.5899	0.6211
	海南（2）	0.9437	0.9793	0.9178	0.8859	0.8751	0.9239	0.8718	0.8793
	均值	0.7038	0.7184	0.6885	0.6999	0.6886	0.7240	0.6794	0.6941
黄河中游	山西（21）	0.5264	0.5160	0.5317	0.5429	0.4656	0.4993	0.4792	0.5265
	内蒙古（17）	0.4941	0.5072	0.5906	0.6225	0.4813	0.5823	0.4719	0.5592
	河南（18）	0.4741	0.4928	0.5147	0.5634	0.5086	0.6085	0.5725	0.5461
	陕西（5）	0.7066	0.6621	0.6930	0.6623	0.6154	0.6555	0.5927	0.6562
	均值	0.5503	0.5445	0.5825	0.5978	0.5177	0.5864	0.5291	0.5720
长江中游	安徽（15）	0.5168	0.5498	0.5654	0.5915	0.5578	0.6015	0.5890	0.5700
	江西（4）	0.7023	0.7268	0.7420	0.7115	0.6740	0.6481	0.6329	0.6947
	湖北（27）	0.4823	0.4763	0.4575	0.4476	0.4224	0.5114	0.4846	0.4813
	湖南（25）	0.5668	0.4816	0.4818	0.4652	0.4240	0.5193	0.4840	0.5034
	均值	0.5670	0.5586	0.5617	0.5539	0.5196	0.5701	0.5476	0.5623
大西南	重庆（11）	0.7327	0.6404	0.6220	0.6061	0.4875	0.5938	0.5678	0.6054
	四川（16）	0.6065	0.5833	0.5689	0.5486	0.4880	0.5597	0.5605	0.5643
	贵州（23）	0.4502	0.5210	0.5548	0.6324	0.3950	0.4484	0.4960	0.5139
	云南（22）	0.4374	0.4510	0.4833	0.4972	0.4994	0.5656	0.6266	0.5184
	广西（3）	0.7461	0.7575	0.7356	0.7429	0.6038	0.6443	0.5989	0.6994
	均值	0.5946	0.5906	0.5929	0.6054	0.4948	0.5624	0.5700	0.5803
大西北	甘肃（29）	0.4238	0.4357	0.4574	0.4833	0.4356	0.4455	0.4785	0.4564
	青海（9）	0.6419	0.5445	0.5263	0.5877	0.5526	0.5862	0.8784	0.6129
	宁夏（30）	0.3751	0.4164	0.4510	0.4874	0.4396	0.4428	0.4531	0.4370
	新疆（20）	0.5986	0.5539	0.5534	0.5728	0.4342	0.4668	0.5742	0.5284
	均值	0.5099	0.4876	0.4970	0.5328	0.4655	0.4853	0.5961	0.5087
全国	均值	0.5818	0.5828	0.5855	0.5942	0.5366	0.5912	0.5773	0.5839

说明：本表的区域均值因先加总后四舍五入造成数值无法完全对应。

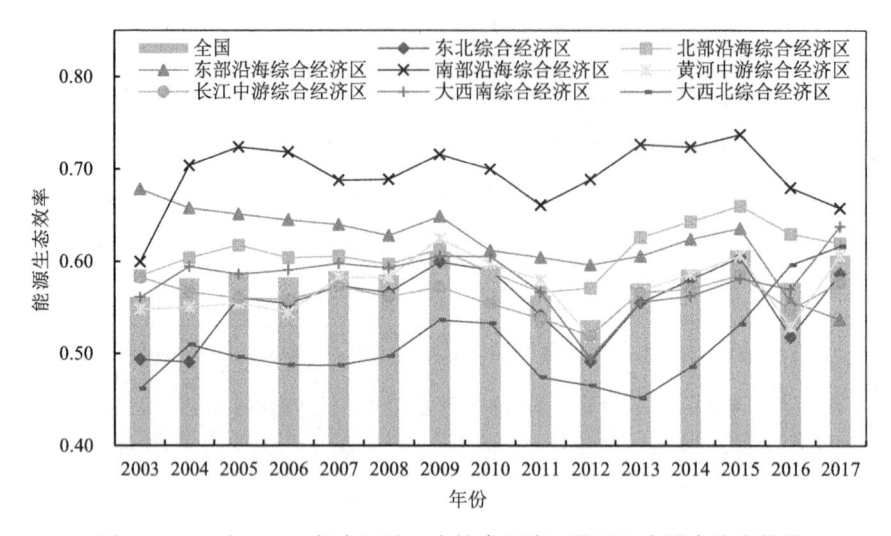

图 12-9　2003～2017 年全国及八大综合经济区能源生态效率演变趋势

1. 全国层面

从全国来看，中国能源生态效率大致呈 N 形的阶梯式失衡分布特征。如图 12-9 所示，2003～2009 年，中国能源生态效率大致呈上升趋势。这主要得益于"十一五"期间政府开始调整能源结构与节能减排的政策调控，《中华人民共和国可再生能源法》《中国应对气候变化国家方案》等法律法规、政策措施相继出台，在节能减排的同时加快了产业结构的调整与升级，能源生态效率进入稳步攀升期。然而受 2008 年国际金融危机的影响，我国工业发展中的重工业化模式凸显，第二产业占比开始回升（张同斌和宫婷，2013），在造成能源消费大幅度增长的同时使得能源利用效率降低，导致 2009 年以后能源生态效率恶化。党的十八大报告提出"大力推进生态文明建设"，各地区积极引进先进生产技术，提高能源利用效率，改善生态环境质量，人民生活福利水平不断提升，能源生态效率彻底扭转了前期持续下滑态势，步入快速增长阶段。但总体来看，样本期间内我国能源生态效率均值多数年份低于 0.6，未达到 1，整体处于较低水平，距离到达生产前沿仍有较大提升空间。因此，经济发展需求、社会福利提升和区域资源环境承载能力有限之间的矛盾依然存在且亟待改善。

2. 区域层面

从区域来看，八大综合经济区能源生态效率总体变动趋势与全国基本一致，且呈现由沿海向内陆地区递减的发展态势。如图 12-9 所示，南部沿海综合经济区、东部沿海综合经济区和北部沿海综合经济区处于高效率水平地区。但东部沿海综合经济区能源生态效率整体呈现下滑发展态势，说明其在能源消耗与经济社会发展、生态环境保护方面仍有欠缺，政府应对此加以重视。大西南综合经济区、东北综合经济区、长江中游综合经济区、黄河中游综合经济区处于中效率水平地区且波动较为剧烈，其主要原因在于该地区资源与能源依赖型省区市较多，长期侧重重工业发展，生态环境较为脆弱，人民生活福利水平相对较低，加之生产技术水平相对落后导致能源利用效率较低，严重影响该地区能源生态效率的良性发展态势。大西北综合经济区发展相对滞后，且随着西部大开发战略和共建"一带一路"的深入实施，经济快速增长的同时伴随着过度的能源消耗和环境污染问题，导致该地区环境效益和社会效益下降，能源生态效率开始走低。2013年以后，大西北综合经济区能源生态效率迅速攀升，赶超东部沿海综合经济区、东北综合经济区、长江中游综合经济区、黄河中游综合经济区。这主要是由于近几年来青海省能源生态效率急剧攀升。2014年，国家六部委批准《青海省生态文明先行示范区建设实施方案》，将先行示范区上升为国家战略。青海省依托其高原特有的自然生态资源和天然气、太阳能、水能等清洁能源资源，积极培育绿色产业，促进了能源生态效率的提升。

3. 省际层面

从不同省区市来看，中国能源生态效率两极分化倾向显著。如表12-6所示，北京、海南、广西、江西和陕西等能源生态效率位居前列；湖南、山东、湖北、河北、甘肃和宁夏等能源生态效率位次靠后，这些省区教育、医疗水平相对落后，产业结构相对不合理、粗放型经济增长方式造成能源极大损耗，并由此引发了一系列环境污染问题。此外，综合对比区位条件不难发现，同一地区不同省区市间能源生态效率存在一定程度的个体异质性，且存在显著的空间非均衡分布特征。例如，河北和山东位于北部沿海综合经济区，处于高能源生态效率的塌陷地带，其长期以来高耗能的重化工型产业结构造成了严重的资源浪费和环境污染。湖北和湖南能源生态效率也明显低于长江中游综合经济区其他省份，随着"十二五"以来能源改革力度的不断加大，湖北和湖南在优化能源结构、节能减排等方面取得显著成效，但受自然资源禀赋和产业结构的约束，能源生态效率持续低迷。值得一提的是，陕西和广西能源生态效率明显高于黄河中游综合经济区和大西南综合经济区其他省区市，处于低能源生态效率的隆起地带，这要归功于其大力推进生态文明建设，积极推动节能环保产业发展。

第十三章 基于能源投入产出核算的中国能源应用分析

能源问题及由能源使用导致的污染问题已经成为我国未来社会经济发展中的核心问题之一。本章基于能源投入产出核算，以地区发展差异及中美贸易中的环境成本差异为切入点，分析中国各省区市碳排放路径分解与中美贸易隐含碳排放测算。在中国各省区市碳排放路径分解方面，首先采用改进的 CRITIC 法测度 30 个省区市的综合发展水平，并运用 K-均值聚类将 30 个省区市划分为五个发展程度；其次采用 EIOA-SPA 模型量化各省区市部门间的碳排放转移流向；最后基于各省区市发展特征和碳排放路径分解结果进行综合分析，为我国不同地区发展提出更精准的碳减排应对策略。在中美贸易隐含碳排放测算方面，将中美两国贸易总量、各部门贸易规模，以及贸易增加值与贸易隐含碳排放相结合，分析双方在对外贸易过程中参与的隐含碳排放比率，为中国的隐含碳排放责任的分配与对外贸易结构的调整提供依据，也可以映射到大多数发展中国家，为其提供更加合理的责任分配方案和贸易调整方案，以期更好地实现全球碳减排。

第一节 基于能源投入产出核算的中国各省区市碳排放路径分解

一、概述

我国作为世界上最大的发展中国家，具有人口众多、幅员辽阔、发展不平衡等特点。区域非平衡发展是我国经济的基本特征之一，且随着我国经济快速发展，区域之间的差距逐年扩大。造成这种差距的先天原因在于不同地区自然基础具有一定差异，区位条件的差异直接决定了交通发展程度、开发难易程度、人口密度和自然资源储备。此外，在我国的发展进程中，不同历史时期的政策条件不同，各地区的制度具有一定差异，各阶段所处的国际环境也不同。党的十九大报告提出，"我国社会主要矛盾已经转化为人民日益增长的美好生活需要和不平衡不充分的发展之间的矛盾"。发展的"不平衡"首先体现在地区之间的不平衡（孙志燕和侯永志，2019）。由于地区经济发展阶段与生产结构存在突出的不平衡特征（刘华军等，2019），投入产出部门在不同区域表现出差异化的碳排放情况及其转移特征，碳排放路径呈现显著的地区差距特征。

随着全球海平面上升、冰川融化等一系列问题的发生，气候变化已经成为一个全球性问题，造成这种现象的主要原因之一是二氧化碳浓度的增加，控制碳排放是国际社会面临的共同挑战。为了减少碳排放，国际组织采取了一系列行动，在《联合国气候变化框架公约》中建立了碳减排进程，IPCC 提出了关于气候变化和可能采取的对策的五项评估。降低碳排放是应对气候变化的重要举措，是实现世界经济可持续发展的关键。随着经济全球化和对外贸易的快速发展，我国经济取得了令人瞩目的成就。然而，经济增长的同时伴随着能源消耗和碳排放的急剧上升。《中华人民共和国国民经济和社会发展第十四个五年规划和 2035 年远景目标纲要》中明确将单位 GDP 碳排放降低作为约束目标。我国既要保持经济中高速发展，又要实现"双碳"目标。但是受地域差异影响，我国地区发展呈现出不平衡特征。因此，要实现"双碳"目标，区域差异不容忽视。

在我国努力实现经济低碳转型的今天，从考虑地区发展不平衡的实际情况出发，制定技术可行性的差异化碳减排方案，对我国实现高质量发展具有重要意义。本节基于能源投入产出核算，从经济、社会、创新、资源与环境四方面对地区综合发展水平进行测度，并结合各省区市碳排放路径分解结果，围绕"如何在我国地区发展不平衡特征的背景下，实现各省区市碳减排目标"提出相关建议。

地区差距是各国区域发展中普遍存在的现象，并且是长期存在的发展问题之一，多数国家越来越重视区域平衡发展问题（孙志燕和侯永志等，2019）。目前，国内有关地区发展差异的研究较为丰富，视角也非常多样。从区域发展的协调度出发，李裕瑞等（2014）、张鸿等（2015）相继从工业化、城镇化、信息化和农业现代化四个角度构建区域协调发展综合评价指标体系，并对区域发展的协调度和同步发展水平进行测度，分别得到我国各地区的"四化"发展水平、耦合度与协调度存在明显空间差异，我国"四化"同步发展存在着显著的区域差异的研究结论；孟宪超等（2017）、田光辉等（2018）以新发展理念为指导思想，构建了区域发展评价指标体系，并根据不同类型区域的特点，针对性地提出区域协调发展方略。立足于我国高质量发展背景，蔡玉胜和吕静韦（2018）从经济基础质量、社会发展质量、基础建设质量和生态环保质量四方面构建了发展质量评价指标体系，并对京津冀地区和长三角地区的发展质量进行测度比较；马茹等（2019）从高质量供给、高质量需求、发展效率、经济运行和对外开放的视角构建了区域经济高质量发展评价指标体系，研究表明，我国经济高质量发展呈现区域非均衡态势；魏巍等（2020）通过建立地区科技创新与经济高质量发展指标体系，探讨了地区科技创新与高质量发展的耦合协调关系。从区域经济发展水平出发，刘彦君（2017）采用经济结构、经济运行热度、经济效益和经济关系四个经济指标对地区经济发展水平进行了评价；陈梦根和张帅（2020）基于夜间灯光数据研究我国地区经济发展不平衡的演化及其影响因素，实证结果表明，我国四大地区间的经济差异是我国地区经济不平衡的主要根源。从区域绿色发展水平出发，万媛媛等（2020）采用因子分析和熵权的理想解相似度排序（technique for order of preference by similarity to ideal solution，TOPSIS）法，从生态文明建设和经济高质量发展两个角度对区域的协调发展情况进行了评价，研究结果表明，在生态文明建设和经济高质量发展指标体系中环境治理强度、经济发展实力权重较大，推进我国生态文明建设需要实现社会经济与生态发展的有机平衡；孙钰等（2021）构建生态文明可持续发展效率的动态和静态分析模型，测度了各区域的生态文明可持续发展效率与区域差异，发现我国各区域之间生态文明可持续发展效率差异明显。

随着区域研究的兴起，一些学者开始关注区域层面碳排放情况，例如，李金铠等（2020）、马晓君等（2018）、夏四友等（2020）、黄和平等（2019）分别研究了区域碳排放效率、能源消费碳排放、农业碳排放和旅游业碳排放。尽管对碳排放进行研究的方法日趋多样，但多数文献仍集中从宏观层面对地区碳排放进行测度，深入探究各地区生产链上部门之间的碳排放传递路径的文献相对空白。IOA-SPA 起初多用于经济社会领域的研究，分析经济和社会现象之间的关系。这是由于经济社会是一个复杂而庞大的系统，内部不同账户彼此之间存在错综复杂的关系，而 SPA 恰好能够深入探究内部不同账户之间的关系。Feng 等（2019）基于山西省投入产出数据，运用 IOA-SPA 探究了区域的能水关系，探究了协调能源与水资源之间关系的途径；冯翠洋等（2017）运用 IOA-SPA 对我国对外贸易中的隐含石油进行定量分析，并识别出关键产业路径；Hong 等（2016）将 IOA-SPA 应用于我国建筑行业，并考虑我国区域差异性，从区域和部门角度量化整个供应链中的环境影响传递路径，绘制了建筑行业整个供应链中的能源流动图，对直接和间接传递路径进行了分析。Defourny 和 Thorbeck（1984）将 SPA 应用在环境问题中，提出 EIOA，将环境的外部性考虑在内，更适用于对资源利用和环境排放的研究,因此 EIOA-SPA 能够对部门之间碳排放流动情况进行深入分析。Wu（2019）运用 EIOA-SPA 研究了我国医疗碳足迹,研究发现,与美国、澳大利亚等发达国家相比,我国人均医疗碳足迹较低,而单位卫生支出的碳排放量相对较高;张琼晶等（2019）采用 EIOA-SPA 研究了城乡居民消费对碳排放的拉动作用,分别找出了影响城镇和农村居民消费碳排放的主要部门。

总体来看,现有研究存在以下不足:第一,现有对地区发展差距的研究多从经济、社会、创新三个角度进行测度与分析,将资源与环境角度纳入评价体系的研究较少。在我国高质量发展的背景下,地区的生态文明建设逐渐成为评价地区绿色可持续发展的重要方面,因此有必要将资源与环境相关指标纳入地区综合发展水平评价指标体系中。第二,现有对地区碳排放的研究不够深入,基于地区综合发展差异从投入产出视角探究各地区不同部门的直接碳排放与间接碳排放转移路径的研究较少。从地区层面进行碳排放的研究无法得到生产链上的碳排放情况;从部门层面展开的碳排放测度分析则能够深入挖掘生产链上部门间的碳排放转移特征。第三,地区发展特征与碳排放情况割裂,碳减排策略缺乏针对性。尽管已有研究对我国不同地区提出了相关减排政策,但是未能充分考虑我国区域发展的不平衡特征,即地区减排方案与地区发展特征的结合不紧密。因此,现有研究为我国不同地区所提出的碳减排对策尽管满足差异性,但是缺乏有效性和适应性。

在我国地区发展不平衡的背景下,本节以地区发展差异为切入点,首先,从经济、社会、创新、资源与环境四个维度构建地区综合发展水平评价指标体系,并采用改进的 CRITIC 法,从指标间的对比强度和冲突性出发,对我国 30 个省区市 2006~2017 年综合发展水平进行测度,并运用 K-均值聚类将 30 个省区市划分为五个发展程度,进一步分析我国地区发展不平衡性的演变进程;其次,基于 EIOA-SPA 量化不同发展程度省区市部门间的碳排放转移流向,探究各地区碳排放转移的关键路径;最后,综合考虑地区发展特征与碳排放路径分解结果,提出适应地区发展的碳减排应对策略。针对已有研究存在的不足,本节的创新点主要有以下三方面:第一,立足我国现阶段的发展特征,综合考虑影响地区发展的多方面因素,从经济、社会、创新、资源与环境四个维度构建更加完善的地区综合发展水平评价指标体系,并运用改进的 CRITIC 法,从客观赋权的视角对各地区的发展情况进行科学全面的测度,有利于更准确地发现不同地区之间的发展差异;第二,基于地区综合发展水平对我国 30 个省区市的发展程度进行划分,并通过细分指标得分分析,得到不同发展程度省区市的发展特征,进而在考虑地区发展差异的基础上,从投入产出视角,运用 EIOA-SPA 模型分别对我国不同发展程度省区市的部门碳排放转移路径进行深入研究,挖掘不同发展程度省区市的关键碳排放转移路径;第三,实现地区发展特征与碳排放情况的整合分析,结合不同发展程度省区市的发展特征,进行碳排放路径研究。本节所提出的碳减排策略不仅具有差异性和针对性,而且具有发展适应性和有效性,通过提出更精准的碳减排策略,采用自下而上的方式推动我国高质量发展。

二、理论基础

1. 产业关联理论

产业关联是指产业间以各种投入品和产出品为连接纽带的技术经济联系。Hirschman(1958)在其《经济发展战略》(*The Strategy of Economic Development*)一书中首先提出了产业关联理论,他认为国民经济各产业部门之间存在相互依存的关系,某产业的发展必定会影响或带动其他产业的发展;可以采用产业的关联度来衡量关联效应,如果某产业的关联度较大,则该产业可以作为产业结构升级过程中的关键产业或主导产业。产业关联按照产业间供给与需求联系可以划分为前向关联和后向关联。前向关联是指某产业部门对其他产业部门的投入而产生的关联效应;后向关联是指某产业部门对其他产业部门的需求而产生的关联效应。

随着产业关联理论的研究深化,其实践应用日益多元化,涉及能源、环境、水资源、人口等领域。聚焦产业关联理论在环境问题中的应用,产业活动作为碳排放的重要来源之一,产业间的关联不仅会影响部门间经济协同发展,而且会引起部门间环境压力转移,各部门的碳排放行为决定着一国低碳减排的成效(Chen et al., 2021)。因此,将产业关联纳入环境问题的研究框架,可以揭示部门间关联活动引起的碳排放消耗和转移,将终端的商品和服务的消费与生产链上各部门的碳排放联系起来(张琼晶等,2019)。

2. EIOA 的应用理论

早在 1993 年,联合国、世界银行、国际货币基金组织、OECD、欧洲共同体委员会对《1993 国民账户体系》(*System of National Accounts 1993*,简称 SNA(1993))进行修订,将环境资源因素引入其中,提出了 SEEA（1993）。随后又提出 SEEA-AE（2017）作为 SEEA（2012）的扩展和补充。这些体系为各国进行生产核算提供了技术指南和国际规范。IOA 作为核算的重要工具，其主要依据经济学的一般均衡理论，通过编制投入产出表并建立相应的数学模型来反映国民经济系统中各部门之间相互依存和制约的关系（冯翠洋等，2017）。由于投入产出表能够综合体现部门间的数量关系，IOA 已经拓展到经济研究领域的各方面，并能够用于研究某些社会问题。按照投入产出表所反映的内容属性，国内外学者相继编制了产品投入产出表、能源投入产出表、水资源投入产出表、环境投入产出表等。

以环境投入产出表为例，其打破了原有投入产出表单纯考虑国民经济生产部门间的技术经济联系的局限，将经济过程对环境资源的利用视为经济部门的投入，将经济活动对环境资源部门的影响视为产出。环境投入产出表将经济活动过程中的污染物排放和治理都纳入了表中，以此来描述经济活动与环境资源的关联。投入产出表是 IOA 的核心，同样地，环境投入产出表是 EIOA 的核心。利用 EIOA 可以实现终端的商品和服务的消费与生产链上各部门的碳排放的联系（张琼晶等，2019）。

三、研究方法

1. 基于改进的 CRITIC 法的地区综合发展水平测度

在多指标评价中，指标权重的合理性、准确性会直接影响评价结果的准确性。相较于主观赋权法，客观赋权法根据样本指标值本身的特点来进行赋权，更具科学性和稳定性。熵值法是目前广泛使用的多指标客观赋权法之一，但是熵值法更适用于样本指标相互之间具有复杂联系的情况。另外，客观赋权法容易受到样本数据的影响，不同的样本采用该方法可能得出不同的权重（毛建华，2007）。综合考虑现有多指标赋权法的利弊，本节选择一种改进的 CRITIC 法进行多指标评价。

Diakoulaki 等（1995）提出了一种客观赋权法，以评价指标之间的对比强度和冲突性为基础来确定各指标的权重。首先，对比强度反映同一指标在不同样本中的取值差异，通常以标准差来度量指标的对比强度，对比强度越大，指标在不同样本中的取值差异越大；其次，冲突性反映指标之间的相关性，通常以相关系数来度量指标的冲突性，冲突性越小，两个指标之间的相关性越强。这种客观赋权法可以同时考虑不同地区之间和指标之间的差异，保证权重能够更加客观、科学地反映各指标的相对重要程度。

考虑正向指标、逆向指标的混合将影响聚类结果，张立军和张潇（2015）对常规 CRITIC 法的计算公式进行了改进，通过计算 $\sum_{i=1}^{n}\left(1-|r_{ij}|\right)$ 指标来度量指标之间的冲突性。因此，本节采用改进的 CRITIC 法对地区综合发展水平各项指标进行客观赋权，具体步骤如下。

（1）构建地区综合发展水平评价指标的原始数据矩阵：

$$X = \begin{pmatrix} x_{11} & \cdots & x_{1b} \\ \vdots & & \vdots \\ x_{a1} & \cdots & x_{ab} \end{pmatrix} \tag{13-1}$$

式中，x_{mn} 为第 m 个地区在第 n 项指标上的均值，$m=1,2,\cdots,a$，$n=1,2,\cdots,b$；a 为地区数；b 为指标数。

（2）数据无量纲化处理。为了避免因单位不同对评价结果产生影响，利用极差法对各项指标进行无量纲化处理，使得处理后的数据取值范围为 $[0, 1]$。

正向指标：

$$z_{ab} = \frac{x_{ab} - x_{b\min}}{x_{b\max} - x_{b\min}} \tag{13-2}$$

逆向指标：

$$z_{ab} = \frac{x_{b\max} - x_{ab}}{x_{b\max} - x_{b\min}} \tag{13-3}$$

式中，$x_{b\min}$ 为第 b 项指标中的最小值；$x_{b\max}$ 为第 b 项指标中的最大值。

（3）计算指标的信息量：

$$C_n = S_n \sum_{m=1}^{a} \left(1 - |r_{mn}|\right) = S_n R_n \tag{13-4}$$

式中，S_n 和 R_n 分别为第 n 项指标的冲突性与对比强度；r_{mn} 为第 m 项指标与第 n 项指标之间的相关系数；C_n 为第 n 项指标的信息量。信息量越大，该指标在整个评价体系中的作用越大，分配的权重就应该越大。

（4）对指标进行客观赋权：

$$W_j = \frac{C_j}{\sum_{j=1}^{n} C_j} \tag{13-5}$$

式中，W_j 为第 j 项指标的权重。W_j 既包含了决策问题结构中的对比强度，也包含了其冲突性。

2. 基于 EIOA-SPA 模型的地区碳排放路径分解

目前,利用投入产出表的部门数据探寻生产链上部门之间流动情况的常见方法是 EIO-LCA 模型,该模型将 LCA 法与 IOA 法结合,将某部门最终需求引致的环境影响分解至生产链上的各部门,实现对具体产品和服务生产过程所产生环境负荷的有效溯源。但是该模型在实际应用中有一定的使用限制:第一,需要较完整的产品生命周期数据;第二,仅局限于对碳排放有明显拉动作用的部门进行研究,且没有进一步分析这些部门之间生产活动所产生的碳排放(张琼晶等,2019)。

相比 EIO-LCA 模型,SPA 能够将一个经济体的整体气体排放量在其生产系统中分解为无穷多条路径,按照每条路径的气体排放量进行排序,找到排名靠前的路径,进而识别出气体排放量的关键驱动因素(袁小慧和范金,2010)。SPA 利用 EIOA 深入挖掘部门之间的联系,尤其适用于环境经济系统中重要流量的测量(Yang et al.,2015)。EIOA-SPA 能够清晰展现和精确量化各省区市不同部门之间碳排放转移情况,探索在复杂供应链中对环境产生影响的重要路径,确定有效缓解碳排放的关键因素。

基本的投入产出模型如下:

$$X = AX + Y = (I-A)^{-1}Y \tag{13-6}$$

式中,X 为 $n \times 1$ 的列向量,代表经济的总产出;n 为投入产出模型中的部门数;Y 为 $n \times 1$ 的列向量,代表产品的最终需求;$(I-A)^{-1}$ 为 $n \times n$ 矩阵,是里昂惕夫逆矩阵;I 为 $n \times n$ 的单位矩阵;A 为 $n \times n$ 矩阵,是直接消耗系数矩阵,可以表示为

$$A = \begin{pmatrix} a_{11} & a_{12} & \cdots & a_{1j} & \cdots & a_{1n} \\ a_{21} & a_{22} & \cdots & a_{2j} & \cdots & a_{2n} \\ \vdots & \vdots & & \vdots & & \vdots \\ a_{i1} & a_{i2} & \cdots & a_{ij} & \cdots & a_{in} \\ \vdots & \vdots & & \vdots & & \vdots \\ a_{n1} & a_{n2} & \cdots & a_{nj} & \cdots & a_{nn} \end{pmatrix} \tag{13-7}$$

式中,a_{ij} 为直接消耗系数,表示为了满足 j 部门的单位需求,需要 i 部门的投入,计算方法如下:

$$a_{ij} = \frac{x_{ij}}{X_j} \quad (13\text{-}8)$$

式中，x_{ij} 为 j 部门在生产过程中对 i 部门产品的消耗量，也可以表示为 i 部门产品分配给 j 部门使用的数量；X_j 为 j 部门的总产出。

基于 IOA 法，本节所使用的 EIOA 模型如下：

$$\hat{G} = F(I - \varepsilon A)^{-1} \hat{Y} \quad (13\text{-}9)$$

式中，G 为满足最终需求 Y 的生产链上各部门的碳排放总量矩阵，且仅表示各部门在产品生产过程中的排放，不包括各类消费者在最终需求使用过程中产生的排放；考虑竞争型投入产出表会造成各部门能源转移结果的偏差，本节采用 Chen 等（2021）的处理方式，在式（13-9）中加入表示国内产品比例的对角矩阵 $\hat{\varepsilon}$；F 为直接排放系数矩阵，用各部门单位货币的直接碳排放量表示，具体表达形式为

$$F = \begin{pmatrix} f_1 & \cdots & 0 \\ \vdots & & \vdots \\ 0 & \cdots & f_n \end{pmatrix} \quad (13\text{-}10)$$

式中，矩阵对角线元素为环境排放系数，具体计算如下：

$$f_j = \frac{C_j}{X_j} \quad (13\text{-}11)$$

式中，C_j 为 j 部门的碳排放总量；X_j 为 j 部门的总产出。

利用幂级数逼近，将式（13-11）中的里昂惕夫逆矩阵进一步扩展，得到

$$\begin{aligned}\hat{G} &= F[I + (\hat{\varepsilon}A) + (\hat{\varepsilon}A)^2 + (\hat{\varepsilon}A)^3 + \cdots]\hat{Y} \\ &= \underbrace{F\hat{Y}}_{\text{PL}_0} + \underbrace{F(\hat{\varepsilon}A)\hat{Y}}_{\text{PL}_1} + \underbrace{F(\hat{\varepsilon}A)^2\hat{Y}}_{\text{PL}_2} + \underbrace{F(\hat{\varepsilon}A)^3\hat{Y}}_{\text{PL}_3} + \cdots \end{aligned} \quad (13\text{-}12)$$

式（13-12）等号右边的每一项定义为一个生产层 PL，其中，PL_0 表示直接碳排放，$\text{PL}_1, \text{PL}_2, \text{PL}_3, \cdots$ 表示间接碳排放，碳排放总量是直接碳排放与间接碳排放的加总。举例来讲，这个过程可以表述如下：y 表示生产一架飞机的需求，则 PL_0 是生产过程中某部门的直接碳排放；PL_1 是其他部门的生产投入为 Ay 时该部门产生的碳排放；当其他部门的生产投入增加为 A^2y 时，该部门将会继续产生 PL_2 的碳排放，整个过程通过幂级数的无限扩展进行。这架飞机在生产过程中产生的碳排放总量被层层分解，得

到所有的碳排放路径（张琼晶等，2019）。

四、指标构建与数据来源

对地区发展的综合性研究不仅要关注地区发展系统的传统因素，而且要注意与新因素的结合（樊杰，2004）。当地区可持续发展兴起与地区协调发展战略提出以后，地区发展的可持续性受到广泛关注，社会、生态等综合分析逐渐被纳入其中（樊杰等，2019）。如今地区的科学技术发展和创新能力发展逐渐成为极为重要的发展因素，生态和环境也成为地区可持续发展的重要因素。本节从经济、社会、创新、资源与环境四个维度综合测度地区发展情况，符合我国当前的发展政策和路线，具有一定的借鉴意义。

参照现有地区综合发展水平评价指标体系（赵先贵和马彩虹，2008；张纯记，2010；李裕瑞等，2014；孟宪超，2017；蔡玉胜和吕静韦，2018；田光辉等，2018），对其所使用的指标进行频度统计，并以指标的可得性、代表性和科学性等为原则完成对评价指标的初次筛选。运用相关分析法对初次筛选的指标进行分析，并剔除相关性较高的指标。通过分析各指标对地区综合发展水平的影响，进而系统探讨地区之间的发展差异。

（1）经济发展指标。我国经济发展进入新常态，经济发展指标的建立应该体现出经济发展的量和质。因此，在经济发展指标中，本节从经济发展水平、经济结构、经济增长速度三个子系统进行度量。其中，经济发展水平和经济结构反映了地区现阶段的经济发展情况，经济增长速度反映了地区的经济发展潜力。以人均地区生产总值、人均财政收入、居民必需品支出占居民可支配收入的比例三个指标来测度经济发展水平；以第三产业增加值占地区生产总值的比例、城乡收入比、经济外向度三个指标来测度经济结构；以地区生产总值增长率、固定资产投资（不含农户）比上年增长来测度经济增长速度。

（2）社会发展指标。在社会发展指标中，本节从人口发展与素质、社会保障与就业、基础建设与公共服务三个子系统进行测度。其中，人口发展与素质子系统主要包括人口数量的增长和人口素质的提高，人口数量的增长为地区发展提供劳动力资源，人口素质的提高对社会发展起着决定性的作用。基础建设与公共服务是地区进一步发展的基础条件。以人口自然增长率、大专以上人口占比、城镇人口占比三个指标来测度人口发展与素质；以社会保障与就业支出占财政支出的比例、城镇登记失业率两个指标来测度社会保障与就业；以每万人拥有公共车辆数、人均城市道路面积、人均教育支出、每千人拥有医院床位数四个指标来测度基础建设与公共服务。

（3）创新发展指标。创新是引领发展的第一动力，测度一个地区的创新能力对评价该地区的发展情况很重要。本节从创新资源与投入、创新成果产出和创新环境三个角度对创新发展进行测度。创新资源与投入和创新成果产出表现了地区的创新能力，创新环境表现了地区的创新潜力。以研发人员全时当量、研发投入强度、科学技术支出占财政支出的比例三个指标测度创新资源与投入；以万人发明专利授权量、高技术产业新产品销售收入占主营业务收入的比例两个指标测度创新成果产出；以研发机构数、技术市场成交额两个指标测度创新环境。

（4）资源与环境发展指标。资源与环境发展测度了地区的发展潜力和发展质量。在资源方面，本节从人均耕地和人均水资源两个角度进行指标的选取；在环境方面，本节从环境绿化情况、环境质量和环境治理情况三个角度进行指标的选取。以人均耕地面积、人均水资源量两个指标测度资源；以森林覆盖率、人均绿地面积两个指标测度环境绿化情况；以人均主要污染物排放量、人均废水排放量两个指标测度环境质量；以人均环境污染治理完成投资额、工业固体废物综合利用率两个指标测度环境治理情况。

结合我国现有统计数据的实际情况，本节选取我国 2006～2017 年 30 个省区市（不包括西藏、香港、澳门和台湾）的面板数据，研究数据来源于《中国统计年鉴》《中国科技统计年鉴》《中国环境统计年鉴》《中国高技术产业统计年鉴》。其中，投入产出数据来源于 2017 年中国 30 个省区市的投入产出表，各省区市的部门碳排放数据来源于 CEADs。由于海南、青海和宁夏部门碳排放数据缺失较多，本节未对其碳排放路径进行分析。此外，由于投入产出表部门分类和 CEADs 部门分类不一致，为保证可比性和一致性，本节依据两个原始数据集的部门经济含义，结合《国民经济行业分类》所规定的行业分类，将部门进行整合，如表 13-1 所示。

表 13-1　33 个部门划分

序号	部门	序号	部门
S1	农林牧渔产品和服务	S8	纺织服装鞋帽皮革羽绒及其制品
S2	煤炭采选产品	S9	木材加工品和家具
S3	石油和天然气开采产品	S10	造纸印刷和文教体育用品
S4	金属矿采选产品	S11	石油、炼焦产品和核燃料加工品
S5	非金属矿和其他矿采选产品	S12	化学产品
S6	食品和烟草	S13	非金属矿物制品
S7	纺织品	S14	金属冶炼和压延加工品

续表

序号	部门	序号	部门
S15	金属制品	S25	水的生产和供应
S16	通用设备	S26	建筑
S17	专用设备	S27	批发和零售
S18	交通运输设备	S28	交通运输、仓储和邮政
S19	电气机械和器材	S29	住宿和餐饮
S20	通信设备、计算机和其他电子设备	S30	居民服务、修理和其他服务
S21	仪器仪表	S31	教育
S22	其他制造产品和废品废料	S32	卫生和社会工作
S23	电力、热力的生产和供应	S33	文化、体育和娱乐
S24	燃气生产和供应	—	—

五、各省区市综合发展水平差异分析

基于 2006～2017 年 30 个省区市的综合得分情况，表 13-2 呈现了 2006～2017 年我国各省区市的发展趋势和发展差异。

表 13-2　30 个省区市的发展趋势和发展差异

省区市	2006年	2007年	2008年	2009年	2010年	2011年	2012年	2013年	2014年	2015年	2016年	2017年
北京	0.617	0.650	0.625	0.691	0.648	0.671	0.690	0.698	0.714	0.702	0.701	0.700
天津	0.489	0.423	0.478	0.485	0.472	0.496	0.476	0.483	0.468	0.436	0.437	0.428
河北	0.306	0.317	0.337	0.352	0.344	0.333	0.312	0.306	0.319	0.313	0.324	0.346
山西	0.265	0.300	0.327	0.318	0.326	0.317	0.316	0.327	0.307	0.292	0.306	0.292
内蒙古	0.309	0.334	0.370	0.349	0.307	0.349	0.336	0.356	0.360	0.330	0.364	0.360
辽宁	0.353	0.356	0.380	0.371	0.355	0.374	0.395	0.375	0.350	0.319	0.309	0.366
吉林	0.375	0.385	0.361	0.363	0.345	0.325	0.350	0.336	0.343	0.323	0.339	0.316
黑龙江	0.376	0.356	0.381	0.385	0.381	0.363	0.390	0.380	0.352	0.343	0.354	0.354
上海	0.490	0.465	0.469	0.493	0.444	0.463	0.446	0.436	0.469	0.465	0.493	0.480
江苏	0.405	0.423	0.433	0.462	0.474	0.486	0.454	0.470	0.490	0.500	0.497	0.499
浙江	0.443	0.433	0.464	0.476	0.500	0.506	0.489	0.495	0.516	0.538	0.548	0.539
安徽	0.305	0.351	0.341	0.355	0.350	0.353	0.363	0.369	0.378	0.379	0.401	0.415
福建	0.400	0.398	0.380	0.407	0.416	0.396	0.415	0.411	0.414	0.419	0.415	0.421

续表

省区市	2006年	2007年	2008年	2009年	2010年	2011年	2012年	2013年	2014年	2015年	2016年	2017年
江西	0.316	0.319	0.365	0.367	0.360	0.352	0.355	0.349	0.355	0.359	0.360	0.381
山东	0.428	0.403	0.425	0.437	0.432	0.444	0.432	0.433	0.444	0.437	0.450	0.451
河南	0.315	0.323	0.318	0.309	0.285	0.283	0.286	0.340	0.346	0.341	0.349	0.382
湖北	0.327	0.344	0.352	0.367	0.352	0.353	0.366	0.384	0.412	0.407	0.416	0.423
湖南	0.320	0.349	0.354	0.382	0.350	0.344	0.337	0.356	0.370	0.384	0.387	0.387
广东	0.435	0.408	0.438	0.470	0.502	0.469	0.448	0.459	0.464	0.484	0.496	0.512
广西	0.315	0.326	0.310	0.336	0.334	0.313	0.305	0.336	0.340	0.348	0.346	0.357
海南	0.349	0.375	0.385	0.400	0.401	0.395	0.383	0.388	0.369	0.359	0.367	0.358
重庆	0.263	0.297	0.303	0.370	0.321	0.380	0.359	0.366	0.386	0.399	0.385	0.386
四川	0.300	0.329	0.287	0.331	0.277	0.302	0.315	0.319	0.319	0.322	0.328	0.354
贵州	0.182	0.197	0.233	0.239	0.229	0.264	0.288	0.312	0.326	0.334	0.324	0.345
云南	0.248	0.289	0.303	0.301	0.284	0.314	0.311	0.332	0.336	0.325	0.334	0.342
陕西	0.312	0.315	0.334	0.347	0.334	0.340	0.364	0.366	0.378	0.358	0.386	0.365
甘肃	0.236	0.251	0.269	0.265	0.265	0.294	0.312	0.325	0.310	0.282	0.305	0.287
青海	0.291	0.313	0.304	0.310	0.319	0.361	0.343	0.318	0.307	0.291	0.304	0.319
宁夏	0.309	0.316	0.327	0.380	0.347	0.340	0.321	0.365	0.365	0.355	0.353	0.377
新疆	0.332	0.312	0.324	0.307	0.332	0.348	0.325	0.352	0.345	0.365	0.377	0.392

从时间来看，2006年综合发展水平较高的省区市集中在我国沿海地区，且中西部地区与沿海地区之间的差异较大。2010年相较于2006年总体分布情况类似，只是少数省区市的综合发展水平有略微的变动，例如，广东和浙江的综合发展水平达到或超过0.5。原因在于广东、福建、浙江、上海等作为我国最早开放的地区，位置优越，拥有良好的工业基础，人口密度大且有国家的政策支持，形成了产业聚集，高科技与含金量高的企业多在沿海地区。随着西部大开发、中部地区崛起、东部地区率先发展等重大区域性战略的深入推进，中西部地区相继开始发展。在沿海地区的带动下，中西部地区的综合发展水平逐渐增高，且沿海地区与中西部地区之间的差距明显缩小。整体来看，2006~2017年我国地区发展不平衡性有了一定改善，东中西部地区发展差距逐渐缩小，这表明我国对地区发展的宏观调控取得了一定的成效。但是南北地区发展差距仍然明显，这与盛来运等（2018）得出的结论一致。

从地区来看，四川、云南、甘肃等这些曾属于国家规定的深度贫困地区近年来的发展成果显著。原因在于国家适时出台了一些扶贫攻坚政策来扶助这些地区脱贫，例如，根据地方的资源优势进行特色产业扶贫、加大西部地区开放力度以带动当地经济发展。此外，以浙江、上海、广东为代表的沿海地区以其先天的区位优势和较高的经济外向度成为我国对外开放与经济率先发展的首选之地。浙江一直维持在较高的综合发展水平。这一定程度上归因于浙江具有较高的对外开放水平，其作为我国对外开放的重要窗口，在跨境电商和自贸试验区建设等方面均走在全国前列。

从各项指标得分来看，总体上经济比较发达的省区市的社会发展水平和创新发展水平也相对较高。北京、上海、广东、浙江、天津的经济发展水平、社会发展水平和创新发展水平相关指标均位居前列。同样，这些经济发展较快的省区市产生了许多粗放式的经济扩张和发展方式，在城市化进程中也产生了各类城市病，导致碳排放增多，生存环境恶化。因此，这些省区市将更多的支出用于环境治理和建设。

根据地区综合发展水平评价指标对各省区市进行聚类分析，采用 K-均值聚类以划分各省区市的发展程度，聚类结果见表13-3。

表13-3　30个省区市发展程度划分

发展程度	省区市
高	北京、上海、天津
中高	广东、浙江、福建、江苏、山东
中	重庆、湖南、湖北、黑龙江、吉林、辽宁、江西
中低	河北、河南、安徽、陕西、山西
低	四川、广西、海南、贵州、云南、甘肃、青海、新疆、内蒙古、宁夏

表13-3的划分结果符合当前我国发展的实际情况，即发展程度较高的省区市大多集中于东部沿海地区，发展程度较低的省区市分布在西部地区。结合不同地区的各项指标得分，北京、天津、上海经济发展、社会发展和创新发展相关指标的得分普遍较高。此外，这些省区市紧跟国家高质量发展大趋势，重视本省（区市）经济的可持续发展，在资源与环境发展方面的指标得分也相对较高。云南、贵州、四川等省区市的财政支出多集中于医疗卫生、公共服务等基础设施建设，在教育、创新发展等领域的投入较少，再加上产业活力不足且长期依靠传统的工业生产方式，导致发展程度低。

基于以上现实情况，如何解决经济发展和环境保护之间的矛盾，如何适应新的发展要求，使经济发展与环境、社会等要素处在动态均衡状态中，缩小区域发展差距，进一步实现各地区的均衡可持续发展仍然是一个需要破解的难题。

六、各省区市碳排放路径分解及对比分析

本节基于我国 30 个省区市的发展情况，运用 SPA 深入研究我国不同发展程度省区市的碳排放路径，并基于各部门最终需求结果进行分析，进而探索适合各省区市发展的碳减排应对策略。

基于表 13-3 的地区划分结果，对高、中高、中、中低和低发展程度省区市的部门直接碳排放进行测算，找到各省区市直接碳排放排名前五位的主要来源部门，进而探究不同发展程度省区市部门直接碳排放特征，结果见表 13-4。

表 13-4　不同发展程度省区市部门直接碳排放前五名

发展程度	省区市	第一名	第二名	第三名	第四名	第五名
高	北京	S28	S23	S11	S30	S27
	上海	S23	S14	S7	S8	S10
	天津	S23	S14	S30	S1	S13
中高	广东	S23	S13	S10	S14	S1
	浙江	S23	S13	S7	S10	S2
	福建	S23	S13	S10	S14	S1
	江苏	S23	S2	S10	S13	S7
	山东	S23	S14	S28	S26	S13
中	重庆	S11	S12	S23	S14	S13
	湖南	S22	S23	S26	S30	S1
	湖北	S23	S29	S27	S30	S1
	黑龙江	S23	S30	S29	S27	S1
	吉林	S13	S23	S14	S6	S9
	辽宁	S14	S23	S28	S30	S11
	江西	S23	S13	S14	S12	S2
中低	河北	S14	S23	S13	S28	S29
	河南	S23	S2	S14	S11	S13
	安徽	S23	S13	S30	S26	S2
	陕西	S26	S27	S6	S1	S12
	山西	S23	S11	S2	S14	S1

续表

发展程度	省区市	第一名	第二名	第三名	第四名	第五名
低	四川	S23	S29	S28	S11	S30
	广西	S23	S13	S6	S14	S12
	贵州	S27	S29	S30	S23	S1
	云南	S2	S12	S11	S23	S1
	甘肃	S23	S14	S13	S1	S11
	新疆	S23	S24	S14	S11	S12
	内蒙古	S23	S1	S14	S11	S2

从表 13-4 中可以发现，S23 是大部分省区市直接碳排放的主要来源部门，只是排名不同。通过计算，S23 分别覆盖了广东、浙江、福建、江苏、山东、湖北、黑龙江、河南、安徽、山西、广西、甘肃、新疆和内蒙古 15 个省区市 50%以上的直接碳排放。由此可见，我国大部分省区市的能源结构在一定程度上仍然依赖煤炭。S23 作为传统碳排放的来源部门依旧是我国未来碳减排的重点。

将发展程度考虑在内，发展程度高的省区市需要注意 S14 的直接碳排放，S14 分别贡献了上海和天津 36.4%、26.0%的直接碳排放。此外，北京的直接碳排放部门比较特殊，S28 作为北京主要的直接碳排放来源部门之一，产生了本地区 33.5%的直接碳排放。S23 和 S13 是所有中高发展程度省区市直接碳排放的主要来源部门。中和中低发展程度省区市直接碳排放的主要来源部门比较广泛，主要集中在 S23、S14、S13。低发展程度省区市需要注意 S23、S11 和 S12 三个部门的直接碳排放。其中，S11 分别释放了四川、云南、甘肃、新疆和内蒙古 8.5%、12.1%、3.0%、3.1%和2.1%的直接碳排放；S12 分别释放了广西、云南和新疆 4.0%、12.1%和2.8%的直接碳排放。

以上结果表明，所有省区市主要的直接碳排放来源部门均属于国家明确规定的高耗能产业范围。这些部门在生产过程中消耗的能源较多，给环境带来了极大的压力，集中力量降低高耗能产业的碳排放将有助于我国加速实现碳减排。

计算发现，间接一阶段碳排放路径更能体现出各省区市部门之间碳排放的转移特征，并且一阶以上路径对各省区市部门碳排放的影响相对较小。因此，本节对各省区市的间接碳排放路径分析集中于一阶段。以间接一阶段碳排放路径为例，路径"部门1→部门2"表示由部门2的最终需求所引起部门1产生的碳排放。本节用桑基图直观展示不同发展程度省区市间接一阶段碳排放在部门之间的流动情况。桑基图的左侧代表碳排放来源部门，右侧代表最终需求部门。

图13-1呈现了3个高发展程度省区市的间接一阶段主要碳排放路径。将最终需求部门考虑在内，工业相关部门对3个省区市其他部门的碳排放拉动影响仍然较大，如北京的S23和S11、天津和上海的S14和S12。值得注意的是，S28的需求均引起3个省区市的其他部门产生了不同大小的碳排放。通过计算，北京S28→S28、天津S23→S28、上海S23→S28分别贡献了3个省区市间接一阶段碳排放的20.7%、12.1%和13.8%。高发展程度的省区市拥有经济发展迅速、交通便利、开放水平高等特点，再加上我国公路交通的不断扩张，电商等服务平台不断兴起，极大地带动了S28的需求，该部门进而引致了大量的碳排放。由于北京、天津、上海的人民生活水平相对较高，居民消费开始从生存型向发展与享受型过渡（张琼晶等，2019），S30、S27、S29这种关系人民生活的部门同样进入了3个省区市的主要碳排放路径。

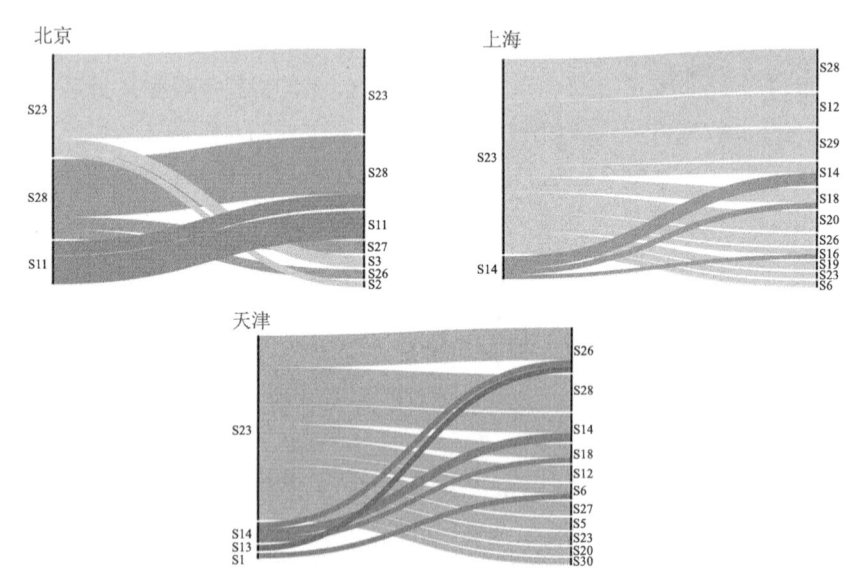

图13-1 高发展程度省区市间接一阶段主要碳排放路径

图13-2呈现了5个中高发展程度省区市的间接一阶段主要碳排放路径。总体来看，相关工业部门对5个省区市其他部门的碳排放有一定的拉

动作用。具体来说，广东 S23→S23、浙江 S23→S12、福建 S23→S23、江苏 S23→S12、山东 S23→S23 这 5 条路径分别贡献了 5 个省区市间接一阶段碳排放的 21.5%、11.3%、9.6%、19.3%和 7.4%。S7 作为浙江的传统优势产业，在浙江经济发展过程中起着举足轻重的作用。但 S7 也属于高污染行业之一，在印染过程中会产生大量污染物。因此浙江有必要积极推动 S7 的转型升级。需要注意的是，S26 作为最终需求部门的碳排放路径均进入了 5 个省区市的间接一阶段主要碳排放路径。尤其是山东，前三条主要碳排放路径中 S26 均作为最终需求部门。在 5 个省区市中，S26 所拉动的部门集中在 S23、S13、S14 和 S2。随着我国城镇化进程的加快及人民对住房需求的逐渐提升，S26 在广东、山东等中高发展程度省区市得到了快速发展，但是 S26 所引起的碳排放将带来严重的环境问题，因此这些省区市不能忽视 S26 的碳减排工作。

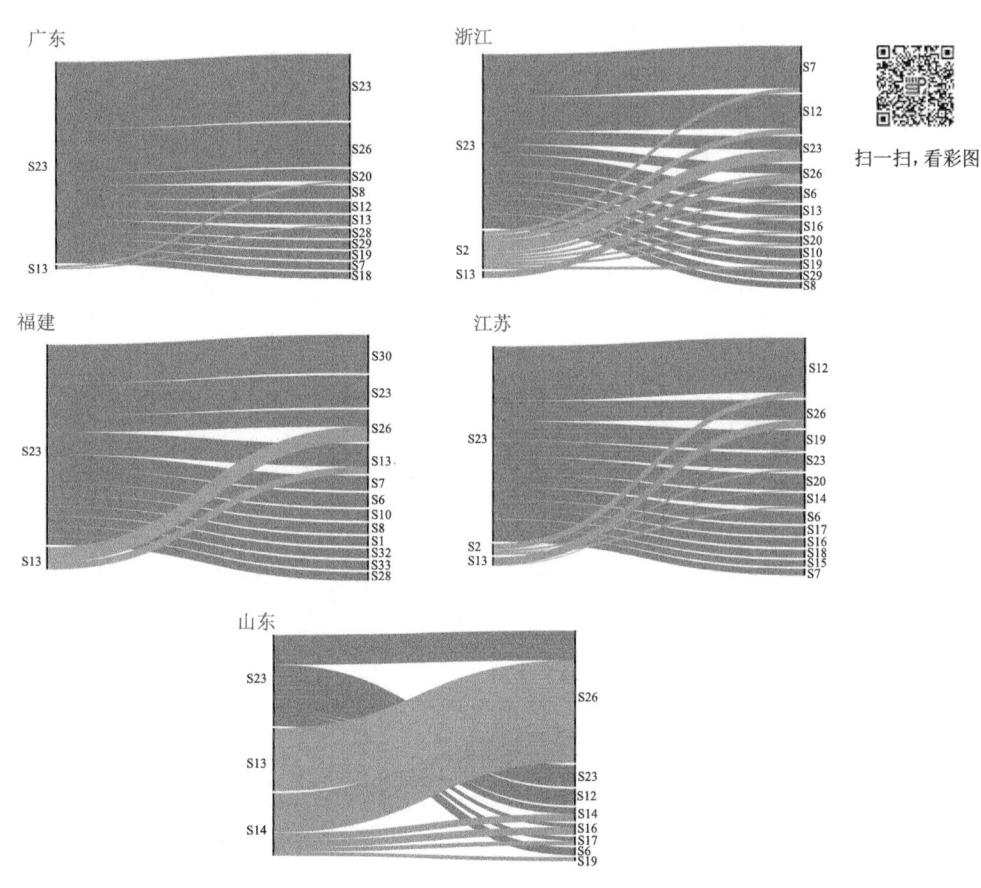

图 13-2　中高发展程度省区市间接一阶段主要碳排放路径

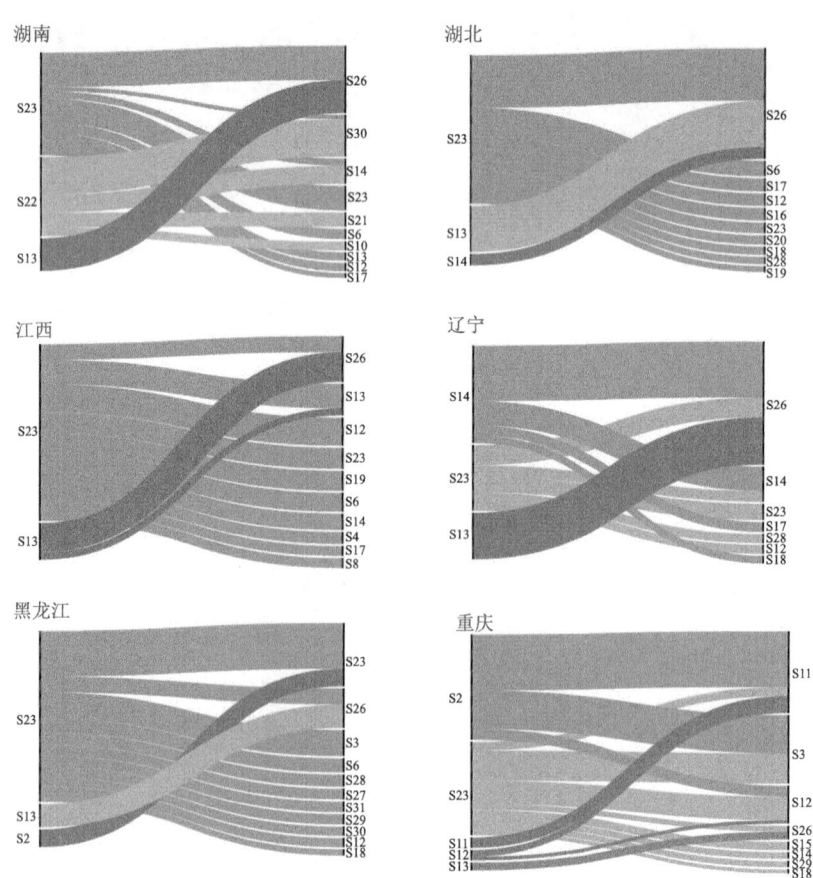

图 13-3 呈现了 7 个中等发展程度省区市的间接一阶段主要碳排放路径。通过比较分析可以得出以下结论：S26 对大部分中等发展程度省区市其他部门的碳排放产生了很大的拉动作用。以湖北和辽宁为代表，由 S26 的最终需求所引起的其他部门产生的碳排放远超过中高发展程度的福建和江苏。以相关工业部门作为最终需求的路径同样进入了 7 个省区市的主要碳排放路径中，只是碳排放大小不同。例如，重庆 S2→S11、黑龙江 S23→S23 和吉林 S23→S13 分别贡献了各自间接一阶段碳排放的 13.1%、12.3% 和 18.5%。这是因为这些省区市的创新能力和经济结构相对薄弱，产业结构还不够完善，部分省区市的发展依靠传统的工业部门。与其他 6 个中等发展程度省区市相比，重庆前三条主要碳排放路径的需求部门均是高碳部门。原因在于重庆目前处于大规模工业化进程中，尽管这一定程度上带动了本市的高速发展，但是相关部门也需要注意减排降碳，大力推动重庆工业部门的转型升级。

扫一扫，看彩图

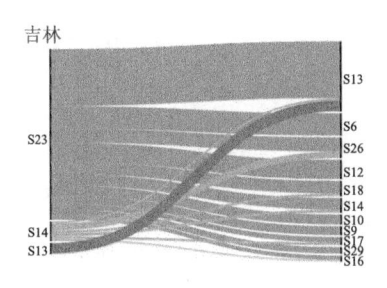

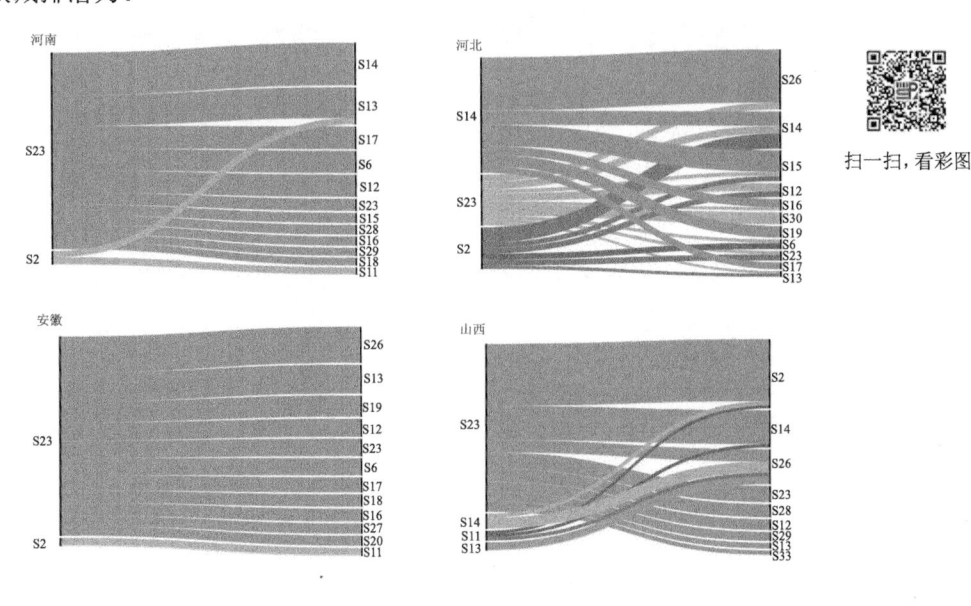

图 13-3 中等发展程度省区市间接一阶段主要碳排放路径

图 13-4 呈现了中低发展程度的 5 个省区市的间接一阶段主要碳排放路径。可以明显看出，5 个省区市的间接一阶段碳排放集中在以相关工业部门作为最终需求部门的碳排放路径中，如 S14、S12、S23、S13。主要原因在于这些省区市的经济发展较为落后，产业升级较慢，要素配置效率较低，传统的工业部门仍然是其发展的主体。然而，这些传统工业部门均属于高碳行业，无疑会给本省（区市）带来很大的环境问题。以 S26 作为最终需求部门的碳排放路径也需要引起重视。除河南以外，河北 S14→S26、安徽 S23→S26、山西 S23→S26、陕西 S23→S26 分别贡献了各自间接一阶段 17.1%、11.0%、4.6%和 12.1%的碳排放。这是因为河南作为我国的人口大省和农业大省，相较于其他省区市城镇化水平偏低，工业化进程缓慢。综合来看，这些以工业部门为主导的中低发展程度省区市所面临的很大问题就是如何升级产业结构，进一步挖掘各省区市传统工业部门的碳减排潜力。

扫一扫，看彩图

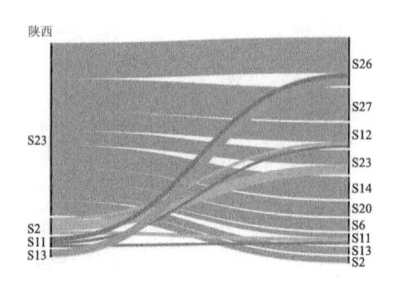

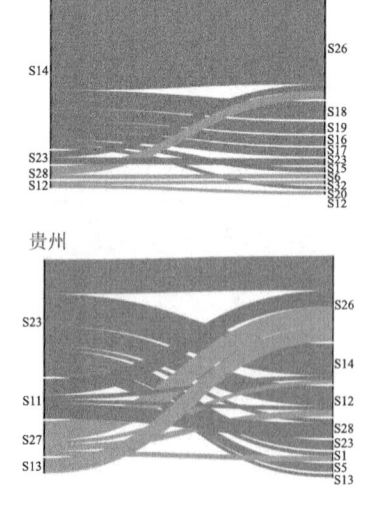

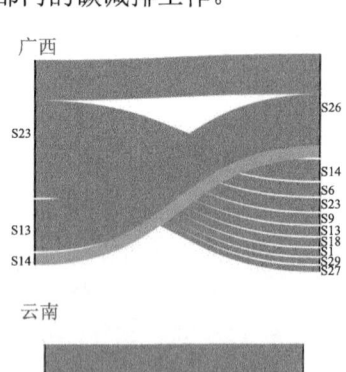

图 13-4　中低发展程度省区市间接一阶段主要碳排放路径

图 13-5 呈现了 7 个低发展程度省区市的间接一阶段主要碳排放路径。以 S26 和 S14 作为最终需求部门的路径成为 7 个省区市间接一阶段的主要碳排放路径。具体地，有四川 S14→S26、广西 S23→S26 和 S23→S14、贵州 S23→S26 和 S23→S14、云南 S13→S26、甘肃 S23→S14 和 S23→S26、新疆的 S23→S14、内蒙古 S23→S14。S23 主要对新疆和内蒙古两个省区的一些部门碳排放有较大的拉动作用。主要原因在于这些省区受资源禀赋和区位条件的双重约束，以基础设施建设薄弱、产业结构落后、创新能力不足为主要特征，长期以来对高耗能行业依赖度较高。相关国家战略的实施与推进为这些欠发达地区提供了发展机遇，S26 实现了从无到有、从小到大的快速发展。这些省区市在努力补齐基础建设等重点领域的短板、完善住房设施建设的同时，也要注意相关部门的碳减排工作。

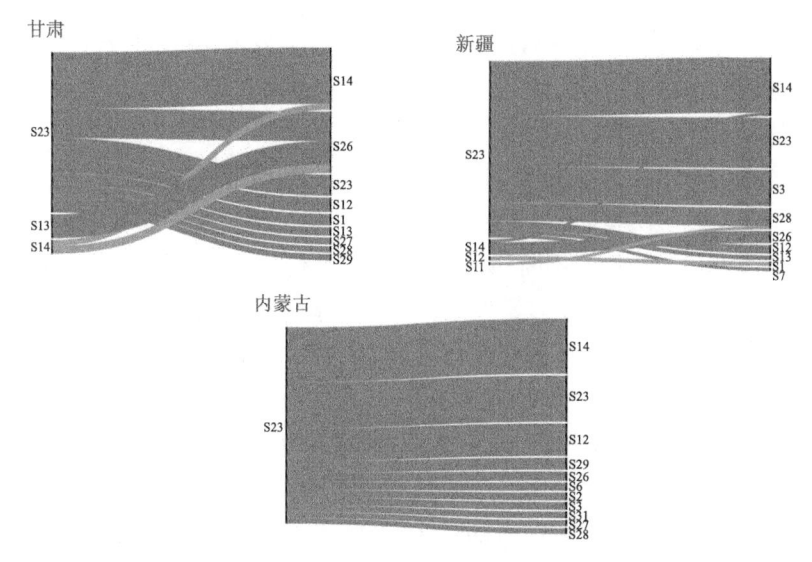

图 13-5 低发展程度省区市间接一阶段主要碳排放路径

第二节 基于能源投入产出核算的中美贸易隐含碳排放测算

一、概述

当前世界面临百年未有之大变局，各国间的联系和依存日益加深，同时面临诸多共同挑战。IPCC 第四次评估报告指出，人类社会发展过程中对化石能源的大量需求所导致的碳排放是全球气候变化的重要原因。这表明人类以牺牲环境为代价的发展方式已经严重影响全球气候变化，世界各国已达成碳减排的共识。但由于碳排放权意味着发展权，并且全球变化导致的冰川融化会涉及岛国和部分非洲国家的生存问题，因此，长期以来并没有达成覆盖世界各国的碳减排协议。

领土责任原则、消费者责任原则和共同责任原则作为当前全球主要的三种碳减排责任分配方案。若遵循国际通用的领土责任原则，则对所有的贸易隐含碳排放净出口国家有很大的不利。这是因为主要的贸易隐含碳排放净出口国家是发展中国家，若仍按领土责任原则分配碳减排责任，无疑会阻碍发展中国家的进一步发展。同时，共同责任原则因为难以实现在各国之间的公平分配，所以并未得到广泛采用。因此，面对日益紧急的碳减排任务和大国之间的利益博弈，选择折中的碳排放分配原则、合理分配世界各国的碳减排责任、建立更为公平的碳减排体系刻不容缓。

此外，因为生产者并不会独自承担碳排放的成本，所以解决国际贸易的碳排放问题价格不能发挥很大的作用；因为各国之间难以开展碳关税、碳排放权，所以难以有效发挥价格机制的作用。基于以上研究背景，本节通过对中美贸易隐含碳排放的测算，探索更加合理的碳减排责任分配方案，实现发展中国家和发达国家碳减排责任的公平分配。

随着经济全球化的不断加深，不同国家凭借自身的发展优势加入全球价值链的分工中。然而，多数发展中国家处于全球价值链的低端，主要负责劳动密集型、微利化、低技术含量的生产、加工、制造或组装，而发达国家处于中高端，专注于高新技术产业，掌握核心科技。由于发展中国家与发达国家所从事的环节有很大差异，这就导致贸易隐含碳排放问题。针对这一问题，国外不少学者展开了研究。关于国际贸易隐含碳排放的测算等相关问题，IOA 法受到学者的青睐。IOA 法发展初期，国外学者一般使用 SRIO 模型开展贸易隐含碳排放的相关研究。Wyckoff 和 Roop（1994）利用 SRIO 模型与多边贸易矩阵对 OECD 的六大成员国 21 种进口制成品的隐含碳排放进行核算。Machado 等（2001）在全球贸易背景下利用 SRIO 模型对巴西的能源利用率与碳排放之间的关系进行了研究。Shui 和 Harriss（2006）运用 EIO-LCA 模型测算了 1997~2003 年中美进出口贸易中的隐含碳排放。

随着科学技术的发展和研究的深入，MRIO 模型应运而生。在碳排放测算方面，相比于 SRIO 模型，MRIO 模型可以呈现出多个国家或地区之间的隐含碳排放流动情况。Peters 和 Hertwich（2008）采用 MRIO 模型发现挪威有近 67%的通过对外贸易进口的隐含碳排放。与其他学者不同，Dietzenbacher 等（2012）构建了将制造业贸易、非制造业贸易、本国消费和外商投资进行区分的 MRIO 模型，并对隐含碳排放进行了测算。

在国际贸易隐含碳排放越来越大及隐含碳排放测算方法日趋成熟的背景下，一些学者对碳减排责任分配方案持有不同的看法。Rodrigues 等（2006）认为消费者和生产者在身份上是对等的，应采用共同责任原则进行碳减排责任分配。Weber 等（2008）认为中国在国际贸易过程中的大规模生产制造是为了满足发达国家和其他国家的消费需求，而在这一过程中产生的碳排放如果都由中国来承担显然是极度不合理的，但目前基于领土责任原则的碳减排责任分配方案正在将这种不合理公正化，给类似中国这样的出口大国带来沉重的碳减排压力。Peters（2008）研究发现单方面遵循消费者责任原则进行碳减排责任分配将有很大弊端，可能导致碳排放总量增加，从而引发更多的摩擦和争端。

国内对贸易隐含碳排放测算的研究相对较晚，国内学者将国外的已有方法与我国独特的贸易情况相结合进行了分析。齐晔等（2008）利用 SRIO 模型测算了中国对外贸易的隐含碳排放，研究发现，1997~2006 年中国在对外贸易中的隐含碳排放持续增加。周新（2010）、鲁倩倩（2017）利用 MRIO 模型，以领土责任原则和消费者责任原则为背景，从生产侧与消费侧两方面分别测算贸易隐含碳排放，发现在多边贸易过程中存在严重"碳泄漏"现象，而共同责任原则下的碳减排责任分配更为公平合理。汪中华和石爽（2018）利用 MRIO 模型发现在中美贸易中，美国始终处于贸易隐含碳排放转出国的地位，中国承担了远超过美国的贸易隐含碳排放转移。此外，张少雪（2019）利用世界投入产出数据库（world input-output database，WIOD），测算了 1995~2015 年中国与东盟贸易隐含碳排放，发现 2011 年后中国的贸易隐含碳排放略微下降，但是中国在研究期内始终是贸易隐含碳排放的净出口国。兰天和夏晓艳（2020）利用增加值分解法在对中欧制造业贸易隐含碳排放进行测算时发现，中国出口隐含碳排放是中欧制造业贸易隐含碳排放的主要来源，如果以消费者责任原则进行分配，欧盟需要承担中欧制造业贸易隐含碳排放的主要责任。

综上所述，一些学者利用 SRIO 模型对不同地区的贸易隐含碳排放进行测算，均得到了较为丰富的研究结论。但 SRIO 模型具有一定的局限性，其主要用来测算单个国家或区域的贸易隐含碳排放，无法对多国或者多区域的贸易隐含碳排放进行测算。MRIO 模型可以很好地解决上述问题。原因在于 MRIO 模型测算范围更广、测算结果更加精确，从而弥补了 SRIO 模型存在的一些漏洞和缺陷。随着我国对外贸易隐含碳排放的相关研究不断丰富，碳减排责任分配的相关研究也在不断完善。现有关中国贸易隐含碳排放的测算结果均显示中国在对外贸易中承担着巨大规模的隐含碳排放。因此，中国长期处于对外贸易隐含碳排放的净出口国位置，且在对外贸易中承担较多的碳减排责任。

总的来说，国内外学者在进行对外贸易隐含碳排放的相关研究时，多集中于贸易隐含碳排放测算和碳减排责任分配方案。其中，在对外贸易隐含碳排放测算过程中，IOA 法已经趋于成熟，尤其 MRIO 模型已经成为众多学者使用的主流；在碳减排责任分配方案方面，现有文献尚未充分结合贸易隐含碳排放和贸易增加值对一国在对外贸易中的定位进行研究，且国内外学者多聚焦领土责任原则或者消费者责任原则研究隐含碳排放责任分配问题。因此，已有文献未从根本上解决贸易隐含碳排放责任分配问题。在贸易隐含碳排放测算方法上，应考虑采用 MRIO 模型以更加准确地测算各区域的隐含碳排放;在碳减排责任分配方案上,可以基于共同责任原则探索合理分配碳减排责任的方案。

中国作为制造业大国,若按照领土责任原则来界定碳减排责任,难以解决中美贸易中的环境成本差异及排放转移问题,其中,高额的贸易隐含碳排放使中国被称为全球最大的碳排放国家,且遭受了来自国际社会的多方指责。为进一步了解中国在中美贸易关系中的地位,揭示目前碳减排责任分配方案所造成的大规模贸易隐含碳排放问题,以及为世界各国的碳减排责任分配方案提供经验,本节首先从中美贸易视角通过构建 MRIO 模型量化中美贸易中的隐含碳排放强度,其次从行业层面分析两国进出口贸易隐含碳排放与贸易额之间的关系,并比较分析领土责任原则、消费者责任原则和共同责任原则三种隐含碳排放责任分配方案。

本节的贡献主要表现在三方面。第一,现有文献大多只考虑贸易给一国带来的好处为对增加值的拉动,而忽略其对一国中各产业的拉动情况。本节不仅从国家层面测度中美两国贸易总量,而且从分部门层面定量测算各行业的贸易规模,并综合考虑贸易增加值与贸易隐含碳排放,全面衡量一国在国际贸易中的"获利",能够更加准确地判断中美两国参与对外贸易过程中的隐含碳排放,进一步为中国隐含碳排放责任分配与通过调整对外贸易结构实现低碳转型提供依据。第二,本节使用 MRIO 模型以反映中美两国各部门之间的贸易情况,从而得到贸易规模与碳排放强度之间的联系,较好地克服 SRIO 模型中技术相关性假设所带来的误差。第三,为了更好地突出一国中各行业的贸易规模和隐含碳排放,以及中国制造业和美国高新技术产业的碳排放强度对比,本节采用的行业划分标准更具参考价值。此外,本节使用世界投入产出表的最新数据进行分析,所得研究成果更具时效性。

二、中美进出口贸易现状与贸易地位分析

为分析中美贸易过程涉及的隐含碳排放问题,首先需要了解中美贸易现状及两国的贸易地位,以进一步发现其中涉及的贸易隐含碳排放问题。本节全面分析 2001~2019 年中美贸易总量的具体情况,并且通过比较两国在中美贸易中的地位,阐述中美贸易对两国发展的重要性。同时,两国之间不可替代的贸易关系也从侧面反映出合理解决贸易隐含碳排放问题的必要性和紧迫性。

中美两国分别是世界上最大的发展中国家与发达国家,同时是世界上两大贸易强国,彼此是重要的贸易合作伙伴。两国的贸易关系影响着各国的经济情况，两国的经济情况反映着世界的经济形势。因此，良好的中美贸易伙伴关系将为中美两国乃至全世界的发展注入强劲动力。2001~2019年，中美进出口贸易总额呈现飞速增长的趋势。国家统计局发布的进出口数据（图 13-6）显示，中美进出口贸易总额由 2001 年的 80.48 亿美元增长到 2018 年的 633.52 亿美元，虽然 2009 年、2016 年与 2019 年中美进出口贸易总额有所下降，但总体呈上升趋势，且增长近 7 倍。2001~2019年中美贸易过程大致可分为六个阶段，包含三个增长阶段和三个下降阶段，该变化趋势与全球经济大环境的影响和对外贸易政策的改变有着很大的关系。

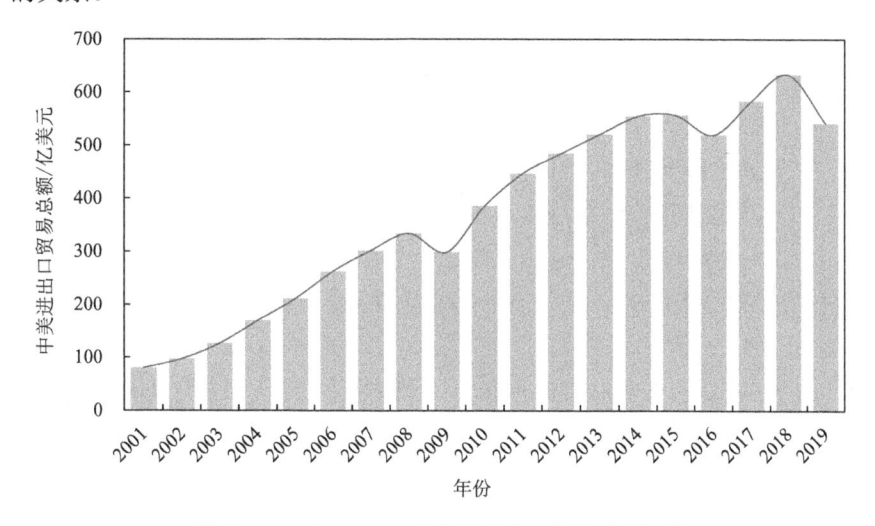

图 13-6　2001~2019 年中美进出口贸易总额变化

在第一阶段（2001~2008 年），中美进出口贸易总额从 80.48 亿美元增长到 333.74 亿美元，增长了 253.26 亿美元，增长率高达 314.7%，年均增长率约为 22.5%，处于增速较快的阶段。中国于 2001 年成功加入世界贸易组织（World Trade Organization，WTO），在经济全球化浪潮和 WTO 的相关政策助推下，中国迅速融入全球经济潮流中，最直接的体现就是进出口贸易额飞速增长，中美进出口贸易总额走势就是其缩影。

在第二阶段（2008~2009 年），中美进出口贸易总额首次表现出下降趋势，2009 年的中美进出口贸易总额较 2008 年下降 35.48 亿美元，降幅较大，达到 10.6%。2008 年美国次贷危机席卷全球，导致全球爆发巨大的金融危机，因此中美进出口贸易总额在 2009 年出现较大幅度的下降。为了应对金融危机导致全球经济陷入低迷状态这一问题，大多数国家迅速对本国的货币政策和财政政策做出相应调整，通过刺激国内消费以拉动国内经济增长。

在第三阶段（2009~2015 年），各国在金融危机后迅速进行的政策调整起到了立竿见影的效果，2009 年以后，全球经济再次焕发新的生机，中美进出口贸易总额转而呈现增长趋势。中美进出口贸易总额由 2009 年的 298.26 亿美元增长到 2015 年的 557.02 亿美元，增长率为 86.8%，年均增长率为 11.0%。该阶段中美进出口贸易总额基数大，因此与上一个增长阶段相比，总体增长率下降，但同样处于增速较快的阶段。

在第四阶段（2015~2016 年），经历过一个增速较快的阶段后，中美进出口贸易总额在 2016 年出现小幅度下降，较 2015 年下降约 37.31 亿美元。各国在应对金融危机时采取的货币政策和财政政策在该阶段出现边际效用递减甚至暴露出负效应，对全球经济形势产生负向影响，因此该阶段中美进出口贸易总额出现一定程度的下滑。

在第五阶段（2016~2018 年），全球经济回暖的基础已经形成，并且全球贸易反弹和投资环境改善为此次经济好转提供了支持，因此中美进出口贸易总额在该阶段迎来新的快速增长期，尤其在 2018 年，中美进出口贸易总额达到 633.52 亿美元，为中美进出口贸易总额的顶峰，增长率高达 21.9%。

在第六阶段（2018~2019 年），形势扭转直下，中美进出口贸易总额出现极大幅度的下降。在极不寻常的 2018 年，美国政府采取了一系列措施，对价值高达 500 亿美元的中国进口商品加征关税，中美贸易摩擦拉开序幕。中美贸易涉及各方的经济利益，在贸易合作上难免出现摩擦，但以往的摩擦并没有影响中美贸易合作大局，然而此次美国发动中美贸易摩擦的动机是要在进出口贸易逆差的幌子下对中国进行利益敲诈。过去几年，中美两国就现存贸易逆差问题进行积极磋商，美国政府虽声称要从根本上解决这一问题，但采取的措施治标不治本，悍然发动了大规模的中美贸易摩擦，因此中美进出口贸易总额在 2019 年出现严重下滑。

尽管中美关系尚处在紧张阶段，贸易摩擦也时有发生，但是中美两国作为世界前两大经济体，两国之间的贸易往来对各国的经济影响不容小觑。中美两国贸易不仅体量巨大，而且其中涉及的利益关系复杂，仅从贸易总量方面对两国贸易博弈进行分析是片面的。因此，在贸易总量分析的基础上，辅以从中美双方在两国贸易中的地位入手的分析，可以明晰双方在两国贸易中的地位及重要程度，为进一步分析贸易隐含碳排放问题作铺垫。

1. 美国在中国对外贸易中的地位

美国作为目前中国最重要的三大贸易伙伴之一，在中国贸易体系中具有不可或缺的地位。中美两国的积极合作对经济全球化的趋势和发展有着积极影响。中国海关总署发布的相关统计数据显示，2018 年中美进出口贸易总额几乎占到中国与整个北美洲进出口贸易总额的 91%。2020 年 1～8 月，中国对欧盟、东盟和美国的出口增长率分别为 11.8%、15.7%、−3.7%，进口增长率分别为 6.7%、6.9%、−23.5%，贸易顺差分别扩大 22.9%、65.4% 和 7.7%。值得关注的是，由于近年中美贸易摩擦加剧，美国的贸易伙伴位置已被东盟超越，并由第二降到第三。

2. 中国在美国对外贸易中的地位

商务部国别报告网公布的美国自主要贸易伙伴进口额的数据（表 13-5）显示，2019 年，美国自主要贸易伙伴进口额中，中国位于第一，达到 4522.43 亿美元，占比达到 18.1%，同比下降 16.2%。按照 2019 年美国对主要贸易伙伴出口额（表 13-6）的排序，中国位于第三。具体来说，美国对中国出口额达到 1066.27 亿美元，同比下降 11.3%，占比达到 6.5%。原因是美国对中国的出口产品加收关税，造成贸易动荡。总体来看，中美在两国贸易关系中均处于至关重要的地位。两国经济规模和经济结构具有很大的差异，对外贸易也各有特点，并且具有一定的互补性。美国较中国拥有世界上先进的技术和较强的创新能力；中国在劳动力资源和制造业两方面极具竞争优势。

表 13-5　2019 年美国自主要贸易伙伴进口额

国家	金额/亿美元	同比/%	占比/%
中国	4522.43	−16.2	18.1
墨西哥	3581.26	3.5	14.3
加拿大	3197.36	0.3	12.8
日本	1436.36	0.9	5.8
德国	1274.62	1.3	5.1
韩国	775.11	4.4	3.1
越南	666.80	35.6	2.7
英国	631.87	4.0	2.5
爱尔兰	617.68	7.5	2.5
印度	576.65	6.1	2.3
法国	574.49	9.6	2.3
意大利	571.60	4.4	2.3

表 13-6 2019 年美国对主要贸易伙伴出口额

国家	金额/亿美元	同比/%	占比/%
加拿大	2923.82	−2.5	17.8
墨西哥	2563.74	−3.4	15.6
中国	1066.27	−11.3	6.5
日本	746.53	−0.8	4.5
英国	691.57	4.3	4.3
德国	602.96	4.4	3.7
韩国	568.97	0.7	3.5
荷兰	512.33	5.2	3.1
巴西	430.83	8.9	2.6
法国	377.71	3.2	2.3
比利时	347.69	10.6	2.1
印度	344.10	2.7	2.1

三、研究方法与数据来源

由于 SRIO 模型需要假设国内外生产技术相同，一国的投入产出系数和碳排放强度可能并不适用于其他国家。本节通过构建 MRIO 模型，实现对中美两国贸易隐含碳排放的准确测算。如表 13-7 所示，MRIO 表是在 SRIO 表的基础上编制而成的。从横向来看，分别有中间投入、最终消费和总产出；从列向来看，分别有中间投入、增加值和总投入。

表 13-7 MRIO 表

项目		中间投入			最终消费			总产出
		1	2	⋯	m	1	2	⋯	m	
中间投入	1	Z_{11}	Z_{12}	⋯	Z_{1m}	Y_{11}	Y_{12}	⋯	Y_{1m}	X_1
	2	Z_{21}	Z_{22}	⋯	Z_{2m}	Y_{21}	Y_{22}	⋯	Y_{2m}	X_2
	⋮	⋮	⋮		⋮	⋮	⋮		⋮	⋮
	m	Z_{m1}	Z_{m2}	⋯	Z_{mm}	Y_{m1}	Y_{m2}	⋯	Y_{mm}	X_m
增加值		⋯	⋯		⋯					
总投入		⋯	X_1	X_2	⋯	X_m				

表 13-7 中，Z_{pq} 为 p 国生产过程中使用的 q 国的中间投入品，Y_{pq} 为 p 国进口自 q 国并用于最终消费的产品；X_m 为 m 国的总产出，这是一个由各行业产出构成的向量。根据表 13-7，可以得出

$$\begin{pmatrix} X_1 \\ X_2 \\ \vdots \\ X_m \end{pmatrix} = \begin{pmatrix} a_{11} & a_{12} & \cdots & a_{1m} \\ a_{21} & a_{22} & \cdots & a_{2m} \\ \vdots & \vdots & & \vdots \\ a_{m1} & a_{m2} & \cdots & a_{mm} \end{pmatrix} \begin{pmatrix} X_1 \\ X_2 \\ \vdots \\ X_m \end{pmatrix} \quad (13\text{-}13)$$

式（13-13）等号左边的列向量表示各国的总产出，等号右边的 A 是直接消耗系数矩阵。A 中的元素 a_{ij} 是一种相对比值，表达式为

$$a_{ij} = \frac{x_{ij}}{X_j}$$

式（13-8）反映了该国的各部门生产所消耗另一国消耗品的价值，可以改写为

$$X = AX + Y$$

对其进行矩阵的基本变换，可以推导出

$$X = (I - A)^{-1} Y$$

式中，I 为单位对角矩阵；$(I-A)^{-1}$ 为里昂惕夫逆矩阵，表示最终需求变动引致的总产出变动。

在 MRIO 模型中，还需要考虑不同国家间的贸易关系，因此本节将一国的最终需求划分为国内最终需求和进口最终需求。将国内最终需求和进口最终需求分别用 Y^a 和 Y^b 表示，因此可以将 X 表示为

$$X = (I - A)^{-1} (Y^a + Y^b) \quad (13\text{-}14)$$

令 F 表示中国的碳排放系数向量，该向量中的元素表示中国某行业单位产出所引致的碳排放总量，因此可以用 FX 来表示隐含碳排放出口，则有

$$\mathrm{F}X = G(I - A)^{-1} Y \quad (13\text{-}15)$$

类比式（13-15），可以得到中国同美国的隐含碳排放进出口，同样可以测得中美贸易增加值，进一步结合投入产出数据和碳排放数据，可以进行贸易隐含碳排放测算和结果分析。

本节所选取的数据来自 WIOD，该数据库涵盖全球经济总量达到 85%以上的国家或地区及其行业。WIOD 将各国家或地区划分为 35 个行业，如表 13-8 所示。对于 WIOD 中的中美投入产出数据，由于中美贸易往来会影响其他国家的贸易情况，进而引起贸易隐含碳排放的转移，还需考虑其他国家的相关数据。为了突出中美两国的投入产出关系，本节将投入产出表划分为中国、美国、其他国家三个区域，其他国家即除中国和美国以外的 38 个国家。

表 13-8 WIOD 中的 35 个行业

行业代码	行业	行业代码	行业
C1	农、林、牧、渔、狩猎业	C19	汽车及摩托车保养、燃料零售业
C2	采掘业	C20	批发交易和零售业
C3	食品、饮料、烟草业	C21	家居用品维修业
C4	纺织、皮革、鞋类制造业	C22	旅馆及餐馆业
C5	皮革、皮革制类和鞋类制品业	C23	陆地运输业
C6	木材加工制品业	C24	水路运输业
C7	纸浆、印刷品及出版业	C25	航空运输业
C8	焦炭、精炼石油及核燃料业	C26	其他运输服务和旅游代理
C9	化学制品业	C27	邮政及电信业
C10	橡胶及塑胶制品业	C28	金融及保险业
C11	其他非金属矿物制品业	C29	房地产活动
C12	金属冶炼及压延加工业	C30	机械设备租赁及其他商业
C13	机械设备制造业	C31	公共管理和国防
C14	电子及光学设备制造业	C32	教育
C15	交通运输制造业	C33	卫生保障和社会公益事业
C16	其他制造业及其回收	C34	其他社会和个人服务业
C17	电力、燃气及水的供应业	C35	私人家庭雇佣服务业
C18	建筑业		

本节使用的碳排放数据来自 WIOD 环境账户，该账户中的碳排放数据仅更新至 2009 年，因此需要在测算过程中假定两国各部门的碳排放强度保持不变。本节基于国际能源署公布的数据，以 2009 年的数据为标准，计算 2010~2014 年的碳排放调节系数，结果如表 13-9 所示。

表 13-9　2010~2014 年碳排放调节系数

项目		2009 年	2010 年	2011 年	2012 年	2013 年	2014 年
碳排放/GDP/（亿吨/亿美元）	中国	1.27	1.26	1.27	1.2	1.16	1.08
	美国	0.35	0.36	0.34	0.32	0.32	0.32
碳排放调节系数/（千克/美元）	中国	1	0.99	0.99	0.94	0.91	0.85
	美国	1	1.02	0.98	0.92	0.92	0.91

四、中美贸易隐含碳排放测算

为合理分配贸易隐含碳排放的责任，首先必须测算贸易隐含碳排放。本节使用已构建的 MRIO 模型展开实证研究，使用 WIOD 提供的数据，测算 2000~2014 年中国对美国进出口隐含碳排放及贸易规模，结果如表 13-10 所示。

表 13-10　2000~2014 年中国对美国进出口隐含碳排放及贸易规模

年份	出口贸易隐含碳排放/亿吨	进口贸易隐含碳排放/亿吨	净出口隐含碳排放/亿吨	出口贸易规模/亿美元	进口贸易规模/亿美元
2000	0.7550	0.0212	0.7338	368.25	55.50
2001	0.7244	0.0302	0.6942	381.00	76.43
2002	0.9009	0.0273	0.8736	492.68	75.37
2003	1.1881	0.0269	1.1612	663.24	80.52
2004	1.5549	0.0316	1.5233	884.35	104.34
2005	1.9616	0.0360	1.9256	1189.49	131.92
2006	2.1017	0.0431	2.0586	1409.72	172.50
2007	2.1284	0.0466	2.0818	1672.66	177.63
2008	1.8783	0.0504	1.8279	1701.98	198.14
2009	1.7388	0.0527	1.6861	1549.49	231.69
2010	1.7267	0.0597	1.6670	1909.80	284.54
2011	1.5029	0.0632	1.4397	2047.73	327.15
2012	1.4049	0.0657	1.3392	2233.55	371.97
2013	1.1527	0.0685	1.0842	2065.34	415.60
2014	1.0616	0.0709	0.9907	2170.68	455.99

由表 13-10 可知，从中国对美国出口贸易隐含碳排放来看，2000~2007 年，中国对美国的出口贸易隐含碳排放呈逐年上升趋势，从 0.7550 亿吨上升至 2.1284 亿吨。2008 年，中国对美国的出口贸易隐含碳排放下降，部分原因在于随着中国改革开放的深入，中国产业的创新水平提高。从中国对美国的进口贸易隐含碳排放来看，总体上中国对美国的进口贸易隐含

碳排放呈上升趋势，由 2000 年的 0.0212 亿吨增长到 2014 年的 0.0709 亿吨。但从增长量和增长率来看，中国对美国进口贸易隐含碳排放增长量和增长率显著低于中国对美国出口贸易隐含碳排放。因此可以判定，在研究期内美国通过进出口贸易将大量的贸易隐含碳排放转移到中国，美国始终处于贸易隐含碳排放的转出国地位。中美贸易为美国减少碳排放提供了极大便利，而中国由此额外增加了大量的碳排放。

在初步了解 2000~2014 年中国对美国进出口贸易规模及隐含碳排放的基础上，为更加明晰关键时间节点的中美贸易之间碳排放转移情况，本节分别对 2004 年、2007 年、2011 年和 2014 年中美贸易过程中隐含碳排放的转移量进行测算，如图 13-7 和图 13-8 所示。

图 13-7　中国向美国转入贸易隐含碳排放情况

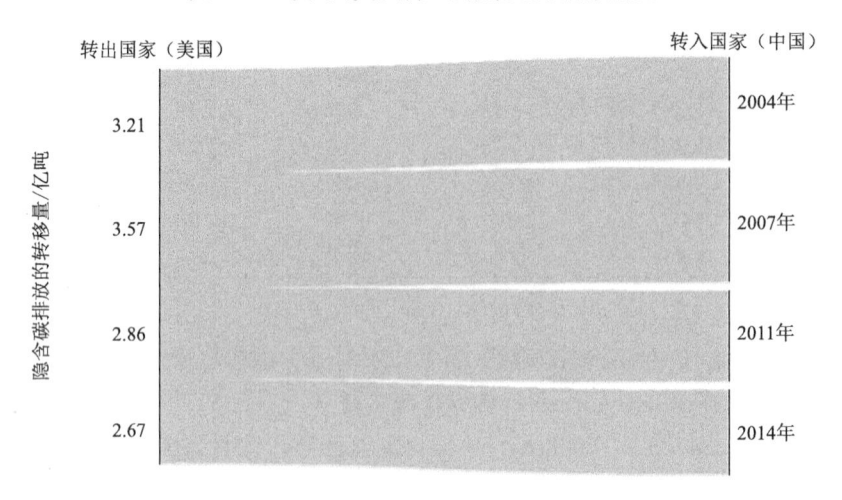

图 13-8　美国向中国转入贸易隐含碳排放情况

由图 13-7 和图 13-8 可知,从隐含碳排放转移规模来看,在本节所选择的四个关键时间节点上,美国向中国转入的贸易隐含碳排放远超过中国向美国转入的贸易隐含碳排放。以 2007 年为例,美国向中国转入了 3.57 亿吨的隐含碳排放,而中国向美国仅转入了 0.28 亿吨隐含碳排放,即美国通过消费中国生产的商品,向中国净转移 3.29 亿吨的隐含碳排放。从隐含碳排放转移增长情况来看,2007 年以后美国通过贸易向中国转移的隐含碳排放出现一定幅度的下降,主要原因是全球经济和贸易进出口受到美国次贷危机的影响。尽管中国向美国转入的贸易隐含碳排放呈现不断上升态势,但是增长幅度较小。

五、分行业中美贸易隐含碳排放转移测算

依据表 13-8 中的行业划分,本节从行业层面对中美贸易隐含碳排放转移进行测算分析。根据数据测算,得到 2000~2014 年美国对中国采掘业、服务业、农业、传统制造业、先进制造业[①],以及电力、燃气及水的供应业等六大行业的净贸易隐含碳排放,如表 13-11 所示。

表 13-11 美国对中国各行业净贸易隐含碳排放　　单位:万吨

年份	采掘业	服务业	农业	传统制造业	先进制造业	电力、燃气及水的供应业
2000	−201	−247	−116	−2749	−664	−3362
2001	−187	−240	−113	−2575	−562	−3266
2002	−210	−295	−134	−3095	−692	−4310
2003	−299	−356	−185	−3896	−881	−5996
2004	−447	−460	−246	−5211	−937	−7932
2005	−550	−569	−353	−6286	−1153	−10345
2006	−559	−586	−403	−6027	−1270	−11741
2007	−608	−566	−376	−5924	−1278	−12066
2008	−656	−495	−246	−5533	−1245	−10103
2009	−570	−500	−229	−5017	−1094	−9453
2010	−565	−489	−229	−5010	−1049	−9327
2011	−493	−407	−186	−4393	−889	−8028
2012	−463	−381	−168	−4079	−825	−7476
2013	−377	−285	−148	−3287	−660	−6084
2014	−346	−255	−137	−2989	−599	−5581

从表 13-11 中可以看出,2000~2014 年美国对中国六大行业的净贸易

---

① 先进制造业包括化学制品业、电子及光学设备制造业。

隐含碳排放均为负值,这表明研究期内美国每年都会向中国的六大行业转移隐含碳排放。值得注意的是,传统制造业和电力、燃气及水的供应业两大行业隐含碳排放的绝对值均超过了2000万吨,有些甚至超过了10000万吨。原因在于21世纪初中国创新水平较低,仍然依靠传统的产业结构、人口红利和资源红利进行发展;美国科技创新能力居世界首位,贸易产业结构完善。为直观展示六大行业的隐含碳排放转移情况,将表13-11的数据可视化,如图13-9和图13-10所示。

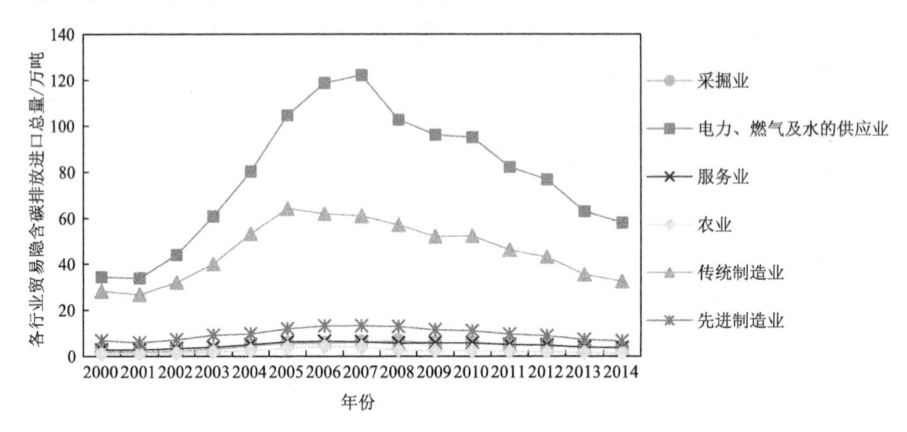

图13-9 美国对中国各行业贸易隐含碳排放进口总量

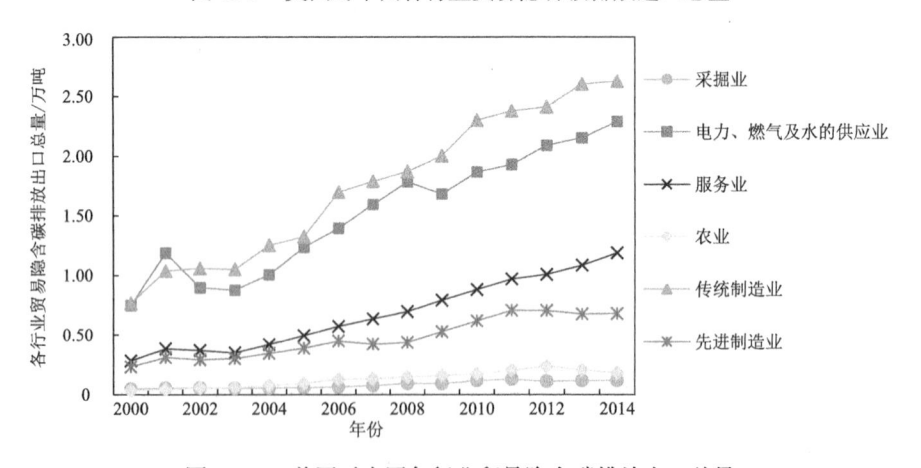

图13-10 美国对中国各行业贸易隐含碳排放出口总量

由图13-9可知,2008~2014年,美国次贷危机对全球进出口贸易产生影响,中美贸易同样受到较大冲击,六大行业贸易隐含碳排放进口总量呈持续下降趋势。此次危机对全球经济造成不可逆转的危害,全球经济持续低迷,贸易额增长缓慢,可见影响程度深、范围广。由图13-10可知,六大行业贸易隐含碳排放出口总量呈现出不同的增长趋势。其中,传统制造业、服务业、先进制造业,以及电力、燃气及水的供应业四大行业的贸易隐含碳排放出口总量增长趋势较为显著,而采掘业和农业的贸易隐含碳排放出口总量比较平稳,增长趋势较微弱,说明贸易隐含碳排放出口总量与行业性质有一定的联系。

对比图 13-9 和图 13-10,中美贸易隐含碳排放存在较大差别,美国六大行业发展相对均衡,各行业的隐含碳排放出口总量均低于中国。因此,中美贸易的隐含碳排放问题不仅需要从总量方面进行控制,而且需要从优化贸易结构方面入手,后者对前者至关重要。

化学制品业、轻工业[①]、其他、机械设备制造业等四个行业中国对美国出口商品隐含碳排放占比如图 13-11 所示。由图 13-11 可以看出,以机械设备制造业为代表的传统制造业占比达到 41.1%;轻工业占比为 15.2%;化学制品业占比为 11.0%。图 13-12 呈现了美国对中国出口商品隐含碳排放分行业占比,可以看出,化学制品业、机械设备制造业、交通运输业及农业占比差距不大,依次为 17.1%、16.2%、13.9% 和 11.5%。总体来看,中国对美国的出口产品主要集中于制造业,而美国对中国的出口产品涉及农业、制造业、交通运输业等多个部门。

对比图 13-11 和图 13-12,美国多个部门会对中国贸易的隐含碳排放产生影响,而中国只有少数部门会对美国贸易的隐含碳排放产生影响,若以生产者责任来界定碳减排责任,仅在中美两国间已经存在不公平现象。在中美贸易中,美国通过消费从中国进口的机械设备制造业与化学制品业等能源密集型商品以贸易的形式将碳排放转移到中国,从而避免直接在本国造成碳排放。虽然中国通过贸易获得一定的经济效益,但被迫承担了隐含碳排放。

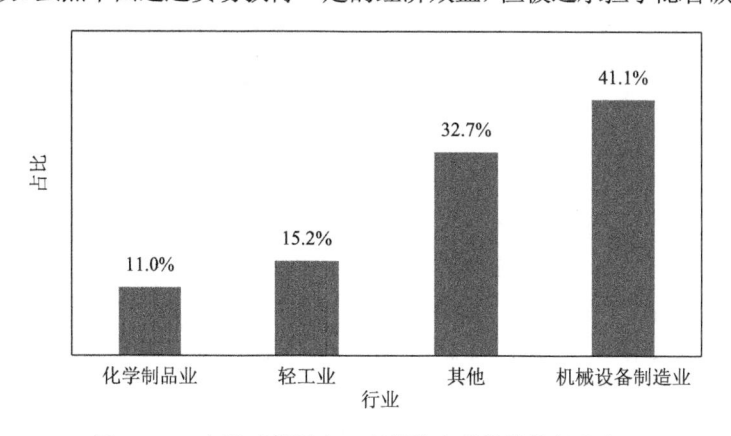

图 13-11 中国对美国出口商品隐含碳排放分行业占比

---

① 轻工业包括食品、饮料、烟草业,纺织、皮革、鞋类制造业,皮革、皮革制类和鞋类制品业,木材加工制品业,纸浆、印刷品及出版业。

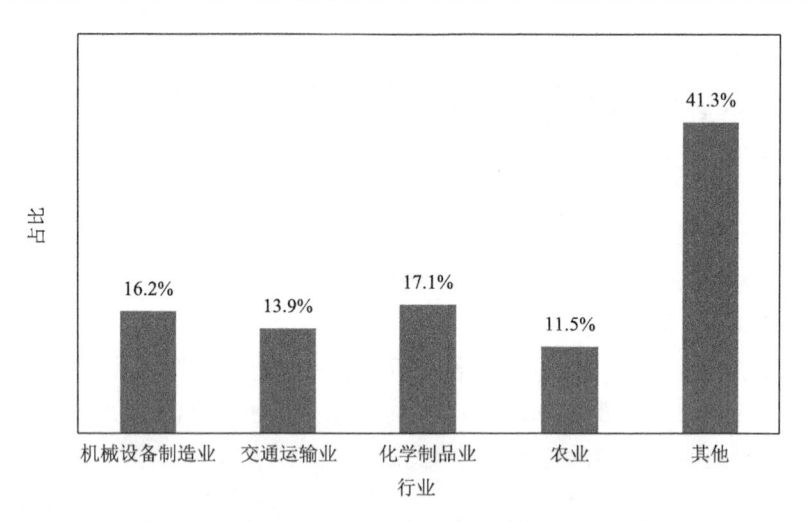

图 13-12 美国对中国出口商品隐含碳排放分行业占比

由于中国的劳动力等生产要素的成本相对较低，中国出口产品的碳排放强度普遍较高。此外，通过测算发现，中国在传统的工业材料生产过程中单位产品产量的碳排放远超欧盟；中国这些传统的工业产品的单价大多低于欧美国家和地区。换言之，在获得相同经济收益的前提下，中国将付出数倍于其他国家的资源和环境代价。然而，中国在中美贸易中的环境成本逆差并不仅仅由中美商品的经济成本决定。处于全球价值链高端的美国实现了高利润，同时降低了本国的环境成本。由低劳动力成本决定的中国制造商品的低成本虽然有利于中国出口商品以低价进一步赢得国际市场份额，但是单位研发投入的相对不足造成中国通过出口商品获得的单位环境成本的经济效益普遍低于美国，这阻碍了我国实现高质量发展。

六、分行业中美贸易碳排放占比分析

图 13-13 呈现了具体行业细分层面的中国对美国出口中间品占比和隐含碳排放转移量占比。由于 C5、C16、C18 等 13 个行业的数据极小，仅选择 C1、C2、C3 等 22 个行业进行详细说明。中国对美国出口中间品占比小于隐含碳排放转移量占比的行业主要有 C17、C13、C1、C3。其中，C17 的差异最大，该行业出口中间品占比仅 0.03%，但隐含碳排放转移量占比达到 54.65%，这主要是因为该行业虽然不直接出口产品，但为各行业出口产品提供电力、燃气、水等资源。中国对美国隐含碳排放转移量占比小于出口中间品占比的行业主要有 C14、C30、C12、C9、C4 等。

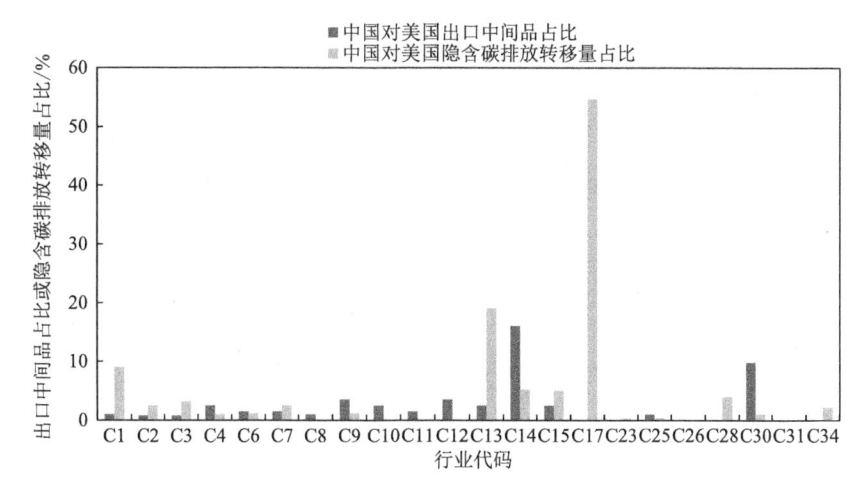

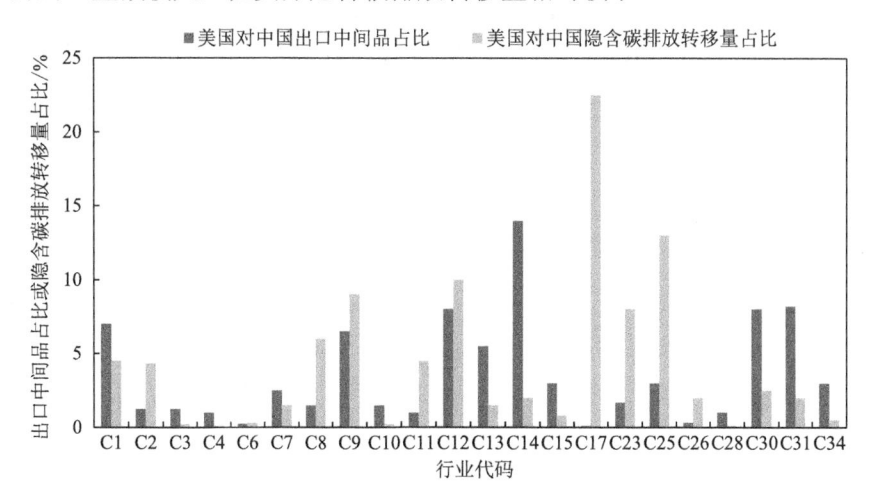

图 13-13　中国对美国出口中间品占比及隐含碳排放转移量占比

图 13-14 呈现了具体行业细分层面的美国对中国出口中间品占比和隐含碳排放转移量占比。美国对中国隐含碳排放转移量占比大于出口中间品占比的行业主要有 C17、C25、C11、C12、C23、C2 等。美国对中国隐含碳排放转移量占比小于出口中间品占比的行业主要有 C14、C31、C30 等。由于中美两国的贸易结构具有很大差距，两国具有不同的隐含碳排放的贸易结构。美国对中国出口中间品占比小于隐含碳排放转移量占比的行业多属于高碳产业且处于全球价值链的上游。虽然这些行业的最终产品出口较少，但其他中下游行业出口产品的生产需要这些行业的大量投入，因此产生大量直接或者间接的隐含碳排放。与之相反，C14、C13、C15 等行业的出口金额较大，但实际隐含碳排放转移量相对较小。

图 13-14　美国对中国出口中间品占比及隐含碳排放转移量占比

表 13-12 是 2010~2014 年中美贸易主要部门的进出口隐含碳排放。按照行业性质，本节将除 C1 以外的主要行业统称为制造业。从数值正负来看，C1 均为正值但具体数值较小，C2 从 2011 年开始取值由负转正。其余数值均为负数，这说明美国向中国转移了大量的隐含碳排放。从增长趋势来看，整个制造业的贸易隐含碳排放整体上呈现上升趋势。以 C11 为例，2010 年 C11 的隐含碳排放的绝对值为 3737 万吨，仅四年时间上升至 5620 万吨，增长率约为 50.39%。

表 13-12　2010~2014 年中美贸易主要部门的进出口隐含碳排放　单位：万吨

行业代码	2010 年	2011 年	2012 年	2013 年	2014 年
C1	350	420	439	452	510
C2	−10	16	22	57	36
C3	−108	−139	−131	−128	−76
C4	−3596	−4080	−4111	−4316	−4240
C5	−60	−48	−56	−65	−60
C7	−10	−30	−30	−30	−22
C9	−455	−595	−661	−734	−700
C11	−3737	−4618	−4908	−5270	−5620
C13	−35310	−40750	−48417	−43190	−39603

总体来看，若按照领土责任原则对隐含碳排放进行分配，仅 2005~2014 年，中国将承受美国制造业生产所产生的 483110 万吨贸易隐含碳排放；若按照消费者责任原则对隐含碳排放进行分配，483110 万吨的贸易隐含碳排放将转移给美国。由此可以判断，在不同的责任分配方案下，各国碳排放将有很大的差异。若单独以某原则为标准，无疑将对该国的环境治理产生巨大的压力。因此，在经济全球化的今天，应该更多地考虑共同承担碳减排责任。

第十四章 主要结论、政策建议与研究展望

第一节 主 要 结 论

一、理论与国际经验篇的主要结论

（1）相比于能源平衡表，能源卫星账户存在定义和核算规则与国民经济核算体系一致、数据维度多样的优势，深受部分国家青睐。能源平衡表作为各国能源统计的核心，与国民经济核算体系使用的定义和核算规则不同，所构建的部分能源指标准确性较低；同时，能源平衡表只能核算能源产品实物流量，维度较为单一，已逐渐无法满足当今世界各国能源数据的需求。SEEA-Energy（2019）为能源卫星账户的编制提供了国际标准，能源卫星账户一方面与国民经济核算体系的核算规则一致，提高了两者共建指标的准确性；另一方面增加了货币流量、能源资源存量，以及能源行业的产出、增加值核算，多维度核算能源。基于此，部分国家开始以 SEEA-Energy（2019）为理论基础，编制能源卫星账户，进而改进能源平衡表的不足。

（2）能源卫星账户经历了从 SEEA（1993）到 SEEA-Energy（2019）的发展，形成了能源卫星账户的核算框架，并突破了 SNA（2008）中心框架的部分定义和核算规则。在能源卫星账户的理论进展中，SEEA-Energy（2019）的发展并非一蹴而就，而是经历从 SEEA（1993）到 SEEA（2003）增加能源资源资产账户、SEEA（2012）增加实物流量账户、SEEA-Energy（2019）增加货币流量账户/能源存货资产账户/能源行业指标的过程。SEEA-Energy（2019）的核算框架首先界定了核算范围，然后逐步编制了实物流量账户、货币流量账户和能源资源资产账户，进而构建了能源指标体系，扩展了能源卫星账户的功能。相比于 SNA（2008）涉及卫星账户的编制方法，SEEA-Energy（2019）扩展了资产与成本的概念，并从外部效应、活动全貌和行业视角进行核算，突破了 SNA（2008）中心框架的研究视角。

（3）在能源卫星账户的国际实践中，目前各国编制能源卫星账户的依据主要是 SEEA（2012），自 SEEA-Energy（2019）发布后，仅英国、澳

大利亚等个别国家开始研究并计划依据 SEEA-Energy（2019）编制能源卫星账户。各国能源卫星账户在核算范围上，主要参考 SIEC 和 UNFC（2009）并依据本国国情进行适当调整；在关键表式上，主要编制能源实物流量账户和能源资源资产账户；在指标构建上，从能源供给和使用指标、能源行业与能源经济指标、其他行业能源指标和可再生能源指标四方面，根据本国关注重点编制多种能源指标以监测能源可持续发展状况；在能源资源估价上，各国在实践中均采用净现值法作为能源资源的估价方法，但具体技术假设存在显著差异。

（4）中国以能源平衡表为核心的能源核算体系需要向能源卫星账户改革，其他专题卫星账户的编制标准为中国能源卫星账户的编制提供了更多改革方向。基于 SEEA-Energy（2019）的核算框架，中国编制能源卫星账户的可行性如下：第一，能源平衡表与能源卫星账户中实物流量账户的内容基本一致、相互匹配，可为能源实物流量账户提供较为完善的数据来源；第二，自然资源部的能源资源统计和国家能源局的能源存货调查较为完善，可为能源资源和能源存货资产账户提供数据来源；第三，尽管尚无能源货币流量的数据来源，但中国能够以能源统计报表为基础，增加货币流量项目以获取货币流量数据。依据现有的数据基础，逐步确定中国能源卫星账户的核算范围、关键表式、能源资源估价方法，进而编制中国能源卫星账户，并构建中国能源指标，以提升中国部分能源指标的准确性及能源数据种类的丰富度，提高中国能源核算的国际可比性。此外，SEEA-AFF（2020）、SEEA-AE（2017）为中国能源卫星账户的编制提供了更多改革方向。基于此，中国可编制能源生产账户、能源供给使用表、能源投入产出表和能源资源资产账户等表式，从而构建完整的中国能源卫星账户。

（5）能源卫星账户难以核算能源的污染排放和税收数据，而在环境经济核算体系中，除 SEEA-Energy（2019）记录能源数据外，SEEA（2012）的空气排放账户、水体排放账户、固体废物账户和环境税账户记录与能源相关的污染排放和税收数据。将以上账户纳入能源卫星账户中，建立能源-环境一体化卫星账户，并编制相应的指标体系，有利于更为广泛地解决能源供给使用过程中引发的环境问题，促进能源可持续发展。

二、核算篇的主要结论

1. 中国能源生产账户的编制与指标体系

①构建中国能源生产账户，能够同时详细阐述产出、中间消耗、增加

值等数据的推算,增强编制数据的可靠性与科学性,合理解决了货币型能源产出数据的估计困难问题,推动能源生产核算从理论到实践的飞跃。②从能源生产账户指标体系的数据解读可以看出,中国能源产业发展重心偏移,供需处于紧平衡状态。能源产品总供给中,仅有石油、煤炭及其他燃料加工品,电力、热力生产和供应两个能源特征产品部门供应总量较大,其生产主要来自煤炭开采和洗选业,石油、煤炭及其他燃料加工业,电力、热力生产和供应业三个部门,而其他能源特征部门的能源产品产出较少。③比较能源产出规模贡献度发现,能源特征产业贡献度较低,制造业中核心产业贡献度较高。电力、热力生产和供应业,化学原料和化学制品制造业,非金属矿物制品业,金属冶炼和压延加工业,电气机械和器材制造业的增加值和中间消耗占比较大,因此,能源特征产业的产出、增加值、中间消耗占比均小于能源相关产业。

2. 中国能源供给使用表的编制与指标体系

①能源供给使用核算是能源核算的关键环节,而能源供给使用核算中最重要的是编制能源供给使用表。能源供给使用表可以全面反映各种能源的生产、消费、分配及进出口的平衡关系,了解各种能源对经济发展与提高人民生活的保障程度,并为开展能源规划工作和进行能源应用研究提供基础数据。②基于编制的能源供给使用表,可确定四个绝对能源指标(能源供给与使用指标、能源产品进出口指标、能源生产指标、能源最终使用指标)、三个相对能源指标(产业能源负担能力指标、住户能源负担能力指标、能源产品价格指标)。

3. 中国能源投入产出表的编制与指标体系

①应根据研究目的,选择能源投入产出表类型。三种能源投入产出表构建思路各有优劣,不能仅凭某原因而拒绝其他构建思路,应该具体问题具体分析,根据研究问题选择不同的构建思路。②混合型、含能源实物流量的价值型能源投入产出表的应用更为广泛。这是因为混合型能源投入产出表剔除了产业部门之间使用与消耗的价格差别;含能源实物流量的价值型能源投入产出表涵盖了价值型投入产出表的方法理论,能够针对不同需求进行分析。③不考虑产业部门间接能源消耗特征的判断是武断的。综合考虑各产业部门的能源消耗特征,有助于评估本国(或区域)的能源产业结构,制定合理的碳减排政策。

4. 中国能源资源资产账户的编制与指标体系

①开展能源资源实物资产账户和能源资源货币资产账户核算，能够在实物量和价值量基础上掌握行政区域内能源资源的"家底"，同时能够充分展现能源资源的静态存量和动态变化。中国能源资源实物资产账户和能源资源货币资产账户包括期初存量、期末存量、存量增加量和存量减少量等核算项目，以"期初存量+存量增加量-存量减少量=期末存量"为平衡等式，能够准确计算出一定核算期内能源资源的动态变化情况，为能源资源的管理与配置提供数据支撑，从而为能源资源资产审计提供核算技术和数据基础，有利于提高资源的配置效率。②基于能源资源实物资产账户和能源资源货币资产账户指标体系的数据解读为核算框架、核算过程提供了逻辑结构和核算结构的分析，能够更好地衡量中国能源资源禀赋状况，有助于政府宏观经济政策的制定及能源资源管理工作的有效实施。研究发现，2018年煤炭占能源资源价值总量的比例最高，而天然气等清洁能源占能源资源价值总量的比例较低，因此应加强新能源、清洁能源的开发与利用，调整能源消费结构，有效推进能源产业高质量发展。

三、应用篇的主要结论

1. 基于中国能源生产账户的中国能源产出影响因素分析

①能源产业结构不断优化，能源生产步入多元化、合理化的新阶段。从能源产业产出贡献度中可以看出，能源产出结构呈现巨大变化，传统能源产业（如煤炭开采和洗选业、石油和天然气开采业等高碳化产业）产出下降明显，其产出规模贡献度逐渐降低，能源结构向着多元化方向发展，不同品种能源占比呈现不同趋势。②经济规模效益与技术进步水平是能源产出变动的主要因素。在能源产业产出影响因素分解中，能源产业结构对产出的贡献表现为抑制作用，能源产业产出由集约式向多元式发展；能源产业强度、经济规模效益、技术进步水平、城镇化水平与人口规模因素对产出的贡献表现为激励作用，有利于促进能源产出增长。

2. 基于中国能源供给使用表的中国能源价格波动驱动因素分析

①各行业的能源价格迥然不同，同一行业的不同能源产品价格存在较大差异。农林牧渔业、建筑业、批发、零售、住宿和餐饮业，交通运输、仓储和邮政业不使用石油和天然气开采产品，使用最多的是制造业，电力、燃气、蒸汽和空调制冷业。石油、煤炭及其他燃料加工品价格最高的是建

筑业。②在各促增效应中,技术进步水平的正向驱动作用最强,2007～2012年效应最大,引致了 736 元/吨标准煤的煤炭价格上升。其次是产出规模和消费规模的正向驱动作用。消费规模 2017～2018 年对煤炭价格波动出现微弱的负向驱动作用。③消费价格强度对煤炭价格波动首先起促进作用,然后起抑制作用,最后起促进作用。煤炭消费强度和技术进步效率对煤炭价格的促降效应作用均不显著,未来有很大的降价潜力;技术价格强度对煤炭价格波动既有促进作用也有抑制作用。

3. 基于中国能源投入产出表的中国能源消耗路径分析

①从部门直接能源消耗来看,我国八大综合经济区呈现出显著的区域差异。三大沿海综合经济区的交通运输、仓储和邮政直接能源消耗最为突出;黄河中游综合经济区主要直接能源消耗部门集中在金属冶炼和压延加工品等高耗能部门;长江中游综合经济区的建筑、制造业部门,以及交通运输、仓储和邮政是主要的直接能源消耗部门;大西南综合经济区和大西北综合经济区的主要直接能源消耗部门多集中在传统的高耗能部门。②从间接能源消耗的需求拉动部门来看,我国八大综合经济区有一定的相似点,但也存在很大的差异,例如,沿海综合经济区的交通运输、仓储和邮政,大西北综合经济区的资本密集型制造业、卫生和社会工作分别是该地区间接能源消耗的主要需求部门。

4. 基于中国能源资源资产账户的中国能源资源状况与经济影响分析

①从能源总量规模层面看,2000～2019 年能源资源存量与能源消费量持续增加,呈现稳定增长的态势。从能源总量规模的变动趋势发现,2000～2010 年中国处于快速经济增长阶段,能源生产与消费总量也呈现快速增长态势,随着中国经济由高速发展转向高质量发展,增长速度有所减缓。从能源结构及能源安全层面看,煤炭的生产能力及在能源结构中的重要性都明显提高,石油产量占能源生产总量的比例则明显下滑,天然气产量占能源生产总量的比例有所增长,但不明显。②从能源资源与经济发展的关联关系看,能源消费总量和能源加工转换效率与 GDP、人均 GDP、居民消费水平的关联度较高;对比不同能源资源种类与经济发展指标的关联关系发现,煤炭消费总量、石油消费总量与第一、第二、第三产业对 GDP 的贡献率关联度呈逐渐变小的趋势,而天然气消费总量与第一、第二、第三产业对 GDP 的贡献率关联度呈现逐渐增大的趋势,同时各能源消费量与经济发展的关联度由大到小分别为天然气>煤炭>石油,从侧面

印证了国家积极推动天然气和其他清洁能源政策的实施取得关键成效。

5. 基于能源供给使用核算的中国国民经济全部门能源消耗转移

①目前中国各部门直接能源消耗强度不断降低,但尚不足以扭转能源消耗需求上升的趋势。具体地,从能源消耗强度来看,研究期间各部门直接能源消耗强度均出现不同程度降低,其中,能源部门和非能源工业部门最为显著。但从直接能源消耗量来看,除农业部门外,各部门直接能源消耗增长率均高于50%,总体仍保持上升趋势。其中,建筑业直接能源消耗增长率高达112.19%,第三产业中的交通运输仓储和邮政业、批发零售住宿和餐饮业、服务业其他部门直接能源消耗增长率均超过100%。②非能源工业部门从供给和使用视角来看都是降低能耗的重点部门,且各子部门间由产品贸易流动引起的部门内部关联对其直接能源消耗和隐含能源消耗具有较大影响。③同一部门的直接能源消耗和隐含能源消耗位次可能存在较大差异,出现直接能源消耗和隐含能源消耗不对等的情况。④能源部门是能源消耗净转出的主要部门,其直接能源消耗远高于隐含能源消耗。建筑业隐含能源消耗远高于直接能源消耗,是能源消耗净转入的主要部门,且主要引起能源部门和非能源工业部门能源消耗转移。

6. 基于能源供给使用核算的中国八大综合经济区能源生态效率测度

①2003~2017年能源生态效率总体呈N形的阶梯式失衡分布特征。样本期内全国能源生态效率均值为0.5839,整体水平偏低,仍具有很大的提升空间。②八大综合经济区能源生态效率呈显著的阶梯式失衡分布特征,且呈由沿海向内陆地区递减的发展态势。此外,中国能源生态效率存在显著的空间非均衡分布特征,不同地区或同一地区不同省区市之间能源生态效率参差不齐。③人均地区生产总值、煤炭消费量占能源消费总量的比例的提高对能源生态效率改善具有抑制作用;第三产业产值占总产值的比例、城市人口占全国总人口的比例、工业污染治理的投资额占地区生产总值的比例的提高对能源生态效率改善具有促进作用。

7. 基于能源投入产出核算的中国各省区市碳排放路径分解

①从整体来看,2006~2017年我国地区发展不平衡性逐渐改善,西北地区发展颇见成效,但东部沿海和中西部区域发展程度仍有一定差距。②不同发展程度省区市的直接碳排放主要来源于高耗能部门,尤其是电力、热力的生产和供应部门。③不同发展程度省区市的间接碳排放路径有

一定差异,高发展程度省区市交通运输、仓储和邮政部门碳排放拉动作用明显,中高和中等发展程度省区市建筑部门碳排放拉动作用较为突出,中低和低发展程度省区市建筑部门、非金属矿物制品部门、金属冶炼和压延加工品部门的碳排放拉动作用比较突出。

8. 基于能源投入产出核算的中美贸易隐含碳排放测算

①中国在中美贸易中处于碳排放转移的净转入国位置。2000~2014年,除受美国次贷危机影响,双方碳排放转移量有所下降之外,美国转移到中国的碳排放远大于中国转移给美国的碳排放。②中国碳排放转移的部门结构和产品贸易结构与美国截然不同。中国制造业和电力、燃气及水的供应业两大行业是碳排放转移量较大的行业。其中,电力、燃气及水的供应业占比高的主要原因是电力、燃气等是生产其他产品的必需投入,同时中国制造业产品的出口规模庞大,自然大量增加该行业的碳排放。此外,中国作为资源大国,发电主要来自煤炭的燃烧,这也是该行业碳排放高的另一个原因。③发达国家在高新技术产业中投放的经济价值较高,单位碳排放产生的经济效益是巨大的。美国在高投入的基础上实现较高的产值,获利增多并且有效降低环境成本,而中国依靠人口和资源,获得的贸易效益与承担的环境成本不成正比。因此,美国更应该承担较大的碳减排责任,并且有义务帮助中国发展节能减排技术,从而有效降低碳排放。

第二节　政　策　建　议

一、理论与国际经验篇的政策建议

1. 扩展能源核算口径,全口径核算能源

作为核算工作的基础,编制能源卫星账户首先要确定核算对象和解决与核算对象有关的一系列基础问题。由于能源卫星账户中各统计项目与特定的核算对象紧密联系,确定中国能源卫星账户的口径是构建中国能源卫星账户的前提条件。参考 SEEA-Energy(2019)明确能源卫星账户的核算范围,可确保账户信息能够随着时间推移、跨越国家并用于不同的分析领域。中国能源核算将能源产品限定在煤炭、石油、天然气和电力等传统能源上,将潮汐能、地热能和生物质能等可再生能源视为生产电力的方式而非能源,导致对可再生能源的统计较为薄弱。首先,中国能源卫星账户应扩展能源产品口径,调整相关能源分类标准,加强对太阳能、风能、潮汐能、地热能和生物质能等可再生能源的统计，实现所有能源产品的全口径核算。其次，中国应增加运输和贸易行业，形成完整的能源行业链，并将次要活动和辅助活动纳入核算范围。最后，中国应依据调整的能源分类标准，配套制定相应的能源统计数据收集方法，提高可再生能源统计数据的可获得性。

2. 调整现有能源统计制度，建立能源实物流量账户

鉴于各国调整现有能源数据和能源平衡表作为能源实物流量账户数据来源的经验，以及 SEEA-Energy（2019）编制实物流量账户以调整现有能源数据和能源平衡表作为数据基础的建议，由于能源平衡表和能源卫星账户均核算能源实物流量，调整现有能源统计数据和能源平衡表是目前中国编制能源实物流量账户较为经济的办法。

首先，中国应调整能源统计报表，使其收集数据的定义和核算规则符合能源卫星账户的编制要求，进而编制能源实物流量账户。根据 SEEA-Energy（2019）所讨论能源平衡表与能源卫星账户的关键差异，调整数据要明确定义的区别，转化生产、供给、最终消费、库存等定义，在编制能源卫星账户的过程中消除平衡差额；转化地理范围，将能源平衡表使用的领土原则转化为能源卫星账户使用的常住原则。

其次，SEEA-Energy（2019）已详细介绍能源平衡表与能源实物流量账户的转化办法——编制能源平衡表与能源卫星账户的桥联表，以显示转化能源平衡表和能源卫星账户之间需增加或减少的国外常住单位购买量、出口量、存货变化等数据。中国应参考 SEEA-Energy（2019）中两者的转化方法，收集桥联表所需数据，从而编制能源平衡表与能源卫星账户的桥联表，以向使用者说明能源平衡表与能源卫星账户之间各能源产品供给量和使用量的具体区别。

3. 利用其他部门数据和调查，建立货币流量账户和资产账户

中国以能源平衡表为核心核算能源的实物流量，无法满足中国能源可持续发展的数据种类需要。中国能源卫星账户应增加能源核算表式，编制货币流量账户和资产账户，以实物量和货币量多维度核算能源的流量和存量，丰富能源核算内容，反映中国与能源有关的活动全貌。对于能源卫星账户中能源货币流量账户、能源资源资产账户、能源存货资产账户等新增内容，中国可开拓新的数据来源以开展能源卫星账户的编制工作。

首先，在能源货币流量账户编制方面，由于实物流量数据和货币流量

数据同为流量数据，两者的收集方式相似，中国农林渔产品采取实物流量数据和货币流量数据同时收集的办法，有效降低了农林渔产品数据的收集成本，并为能源货币流量数据提供了收集思路。因此，中国可借鉴农林渔产品收集流量数据的方法，在能源统计报表中新增货币流量的相关项目，同时收集能源实物流量与货币流量数据，以降低能源统计成本，从而开展能源货币流量账户的编制工作。此外，中国应选择适当的数据来源，关注数据来源在能源生产者和能源消费者两方面的问题：第一，能源生产者往往集中于特定能源或整个能源供给链的一部分，大多数能源数据由企业直接提供，其他能源生产者只占国家能源资源生产的一小部分，从事与能源相关的次要活动和辅助活动，它们必须纳入能源卫星账户，但难以提供详细的能源数据；第二，能源消费者几乎包括国民经济的所有行业，能源消费者的复杂性将给数据质量造成巨大挑战，一些能源（如生物质能）很可能通过能源消费者特别是住户部门提供数据，这类数据质量存在一定问题。

其次，在能源资源资产账户和能源存货资产账户的编制方面，自然资源部对能源资源的勘探和调查较为详尽，国家能源局主要负责中国能源存货的调查与统计，因此，中国可通过自然资源部和国家能源局的调查数据分别编制能源资源资产账户和能源存货资产账户。中国在首次编制能源卫星账户时应对能源资源的存量进行全面调查，每五年或十年应进行能源资源的全面调查，非全面调查年份可根据每年能源资源的存量变化数据调整能源资源资产账户。

4. 完善现行统计制度，准确估价能源资源

完善的统计制度是实现能源卫星账户数据完整性和可靠性的重要保障，强大的法治框架是建立健全中国能源核算制度的重要先决条件之一。法治框架由《中华人民共和国统计法》和其他相关国家法律和条例提供，这些法律和条例在不同程度上规定了数据提供、收集、编制、使用的权利和责任。在建立能源实物流量账户、货币流量账户和资产账户后，中国应完善法治框架，设计良好的能源卫星账户数据收集法律和条例，确保能源数据质量。编制能源卫星账户必须以可靠的数据来源为基础，数据来源稳定、连续，且具有国际可比性。能源卫星账户作为一种综合核算账户，有别于单一的能源统计，数据来源将直接决定能源卫星账户的质量。

目前，大多数国家采用 SEEA（2012）和 SEEA-Energy（2019）推荐使用的净现值法进行能源资源估价，但各国具体技术假设不同，导致各国

对能源资源的估价存在较大差异。SEEA（2012）建议针对不同矿床收集数据，并在不同资源范围内进行分类汇总，以获得能源资源的总价值。其优点在于，一方面，考虑不同矿床开采成本的异质性，准确估计资源租金的未来概况；另一方面，考虑不同矿床的产量限制，降低开采速度的计算难度。然而，该方法将大幅提高数据收集工作的难度。中国应详细制定能源资源的估价方法，根据实际情况确定净现值法的具体技术假设和是否针对不同矿床收集数据，从而准确地进行能源资源估价。

5. 分步编制能源卫星账户，多方面构建能源指标

能源卫星账户虽然是一致而完整的系统，但 SEEA-Energy（2019）认为独立编制各账户并不影响其发挥功能。澳大利亚、荷兰等国家多数采取分步编制的措施以编制能源卫星账户；中国可借鉴各国编制能源卫星账户的经验，根据实际状况进行分步编制。例如，能源平衡表可提供能源实物供给使用表所需的大量基础数据，能源实物供给使用表实施难度较小，而能源货币供给使用表由于缺乏能源货币交易数据而实施难度较大。因此，中国可先实施能源实物供给使用表并展开能源货币交易调查，再实施能源货币供给使用表。实物资产账户是货币资产账户的基础，且编制难度较货币资产账户低。因此，中国可先编制实物资产账户，再编制货币资产账户。

在能源卫星账户编制完成后，SEEA-Energy（2019）详细介绍了能源指标的构建方法，中国可在一定程度上参考 SEEA-Energy（2019）的指标编制方法；同时，中国可依据自身发展特色构建多方面的能源指标，如编制反映发展水平和规模的静态总量指标与反映对国民经济贡献的直接贡献指标。在能源供给和使用指标方面，中国可使用能源供给量和使用量反映能源的供给使用水平，通过国内能源消费量占一次能源生产量的比例反映能源自给程度，通过能源进出口量反映能源的外贸情况。由于几乎所有行业都将能源作为直接投入，中国还可通过单位 GDP 能源使用量反映能源投入对国民经济的直接贡献。在能源行业与能源经济指标方面，中国可使用能源行业的产出、增加值、固定资本消耗等能源行业指标反映能源行业发展水平，通过能源产品消费总额反映能源的交易规模，通过能源资源的货币价值反映能源资源财富量。在其他行业能源指标方面，中国可通过各行业的单位增加值能源使用量反映行业能源投入对各行业经济的直接贡献。在可再生能源指标方面，中国可通过可再生能源的供给量和使用量反映可再生能源的供给使用水平。在上述指标中，能源供给量和使用量、能源进出口量、能源行业指标、能源产品消费总额、能源资源财富量、可

再生能源的供给量和使用量可作为静态总量指标，单位 GDP 能源使用量和各行业的单位增加值能源使用量可作为直接贡献指标。中国的决策者、研究者和其他用户还可将能源卫星账户与其他信息来源相结合，进一步补充能源指标。

二、核算篇的政策建议

1. 根据中国能源生产账户的编制与指标体系结论提出的政策建议

首先，创新能源生产核算的科学理论。本书构建的中国能源生产账户具体表式及测算结果可作为能源生产研究的基础性数据，但本书能源生产账户数据源为国民经济 19 个产业部门的分类数据，其部门分类还不够详细，因此建议对能源产业部门进行更加详细的分类。同时，应进一步精确针对能源生产账户的核算范围，尤其是进行市场性交易活动中能源相关服务的生产。

其次，核算能源价值型产出数据。鉴于当前的理论与技术水平，能源生产总量的研究多为中国能源平衡表提供的实物型产出数据，缺乏价值型产出数据，导致能源生产核算在产出数据测度方面不具有针对性，严重制约了能源产业产出与其他产业产出的可比性。因此，应不断改进和完善中国能源核算基础与核算方法，在提供能源实物型产出数据的同时，核算能源价值型产出数据，以更好地服务宏观经济决策和社会需求。

2. 根据中国能源供给使用表的编制与指标体系结论提出的政策建议

首先，处理好能源平衡表和能源供给使用表的关系，以推动社会、经济、环境可持续发展。能源供给和使用在本质上影响贫富差距和人类生活的发展，随着新时代能源发展理念的深化及能源科技水平的不断提高，用能单位对能源供给使用数据需求存在较大差异。因此，国家统计局、自然资源部、国家能源局应加强对能源供给使用表的认识，深入分析各经济活动能源供给需求特点，以期对能源企业提供准确的宏观指导，为能源高质量发展提供数据支撑。

其次，将新能源纳入能源供给使用表核算范畴。为保护环境，顺利实现碳减排目标，中国开始积极谋求低碳发展，优化能源消费结构，大力发展煤炭、石油、天然气以外的能源，实现能源可持续发展。因此，建议将太阳能、地热能、风能、海洋能等新能源的实物和货币数据纳入能源供给使用表核算框架中进行系统分析。

最后，细分能源产品分类。本书编制的能源供给使用表中的能源产品仅分为5种能源产品（煤炭开采和洗选产品，石油和天然气开采产品，石油、煤炭及其他燃料加工品，电力、热力生产和供应，燃气生产和供应）。能源供给使用表细化能源产品种类，一方面，有助于提高自然资源部、国家能源局等部门细致的能源管理，为出台更具客观性、真实性和科学性的能源决策提供数据支撑；另一方面，可为能源企业提供信息技术支持，有助于以数字化手段对能源进行精确统计，推动节能减排工作的开展。例如，将石油和天然气开采产品细分为原油、汽油、煤油、柴油、燃料油、液化天然气等其他石油制品，以此准确反映石油和天然气开采产品存量、实物量及价值量变化情况。

3. 根据中国能源投入产出表的编制与指标体系结论提出的政策建议

首先，利用能源投入产出表展开多角度实证分析。能源投入产出表作为传统价值型投入产出表的延伸扩展，既包含了价值型数据也包含了环境流量数据即能源消耗实物型数据，因此利用能源投入产出表能够从不同角度进行实证分析。本书编制了我国30个省区市2017年能源投入产出表，因此可以将编制的能源投入产出表作为基础数据，与其他模型结合，多角度、充分挖掘能源投入产出表中的信息，进一步推动我国经济社会的持续健康发展。

其次，构建更加完善的测度指标，全面描述产业部门的能源消耗特征。本书基于能源投入产出表，分别从生产和最终需求视角构建了指标体系。基于生产视角，可选择国内产品直接能源消耗强度、能源消耗密度等指标描述产业部门的能源消耗特征。基于最终需求视角，可选择产业部门影响力系数、产业部门隐含能源消耗、产业部门能源转移率等指标描述产业部门的能源消耗情况。除此之外，还可以添加其他相关指标，如反映能源结构的指标和对外贸易的指标，进一步完善指标体系。充分测度各个国家或地区的产业结构特征，实施更适合地区经济发展、更具针对性、更细致的节能举措，可协调产业结构升级与产业部门节能降耗的关系，实现经济发展与高质量发展的双赢局面，推动我国产业结构绿色低碳转型。

最后，综合考虑产业链整体，制定合理的能源政策。在制定节能政策时，需要结合产业部门之间的能源消耗关系，同时考虑产业部门的生产和消费环节。由于最终需求视角下的能源消耗能够反映各产业部门的隐含能源消耗，一些产业部门因最终需求引致其他产业部门产生了大量的能源消耗，有关部门需要尽可能减少该产业部门的需求。因此，在制定节能政策时，需全方位考察产业链整体的能源消耗特征，注重产业部门之间的投入产出关系，设计更加合理、全面的政策，以推动我国产业低碳转型。

4. 根据中国能源资源资产账户的编制与指标体系的结论提出的政策建议

首先，统一部门核算口径，为能源资源货币资产账户提供基本数据。目前，我国自然资源价值核算体系处于初步阶段，其定价方式并未统一，因此，要实现能源资源核算从实物量向价值量转化，需统一各部门对自然资源的分类与核算方法，完善各类自然资源的产权管理制度，提高能源数据的真实性、有效性和准确性。

其次，推动部门间的协调，为能源资源资产账户的编制提供政策支持。由于能源资源资产账户能够刻画能源禀赋状况及能源安全现状，政府应积极推动统计、自然资源、财政等部门的协调工作，统一能源资源资产的核算范围、分类标准、核算内容、核算方法等；同时，建议加强县域范围内的能源资源统计工作，例如，进行自然资源资产负债表的编制与数据统计，以县为基础进行逐级汇总，不仅增加基层数据统计力量，而且减轻工作量、提高工作效率。

三、应用篇的政策建议

1. 根据基于能源卫星账户的中国能源应用分析结论提出的政策建议

首先，积极调整能源产业结构，坚定能源产业发展的道路选择。第一，加强能源产业结构调整，促进产业融合发展，如大力培育附加值高、能耗低、污染少的能源行业，化解煤炭和煤电产业的过剩产能，加强工业和交通运输、仓储和邮政业的节能降耗和能源产品结构调整，形成囊括煤、油、气、核、新能源与可再生能源的多元能源供应体系。第二，从生产领域加强优质能源供给，例如，大力发展可再生能源，降低部门能源消耗强度，重视居民生活节能，重视能源供应侧的加工转换和输配效率，采取加强能源输配网络和储备设施建设等措施，真正实现能源领域生产力和生产关系的根本性变革。第三，通过节能技术政策促进技术创新、通过税收政策提高能源与其他要素间相对价格、通过产业政策逐步淘汰高耗能产业，依次发挥科学技术、要素替代和产业结构升级在节能中的重要作用，在实施更加积极主动的开放策略时，一些高耗能产品需求可通过进口满足。

其次，推动建立绿色低碳的现代能源体系，引领能源产业发展的前进方向。第一,用辩证的思维和发展的眼光看待目前的能源产业发展局势。尽管当前中国供给需求不平衡的情况依然存在,但更需坚持推进能源供给侧结构性改革,严禁煤矿超强度生产,提高能源利用效率,开创中国能源发展实践新局面。第二,推动能源技术革命。对清洁能源、低碳化能源产品的相关技术研发予以大力支持,以绿色低碳为前进方向,全力推动新能源产业的发展,将能源技术及其相关的能源产业发展成促进中国产业升级的新增长点。第三,在产业优化方面,新增的产业生产尽可能通过绿电,已有的产业全面实施节能改造等措施,以进一步提高能源利用效率、降低能源消耗。政府也可通过减免部分税费、发放财政补贴、设立专项研发奖励等措施鼓励企业积极开展提高新能源转换率、改进清洁能源设备等方面的研究,以探寻降低新能源成本的有效途径。同时,鼓励地方政府与清洁能源厂商签订中长期购买合同,并根据企业情况以配额、政策补贴等方式推广清洁能源,促进清洁能源规模化使用。第四,实施差异化节能方案,精准实现地区节能降耗。由于各区域的路径转移特征有一定的相似之处但仍具有一定的差异,在充分了解区域能源消耗特征的基础上,对不同区域实施更具针对性的节能政策,将会极大程度地强化政策的实施效果,对我国产业结构低碳转型具有重要的助推作用。

最后,针对高耗能产业,制定相关针对性节能政策。第一,适度把控建筑经济规模,实现建筑经济的绿色发展。一方面,建筑业对国民经济发展有显著的推动作用;另一方面,我国大部分地区建筑业的需求拉动作用非常显著,建筑业将引致其他产业部门大量的能源消耗。因此,需要兼顾建筑业的经济效益和环境效益,重点监控建筑业的能源消耗,继续推进绿色建筑的激励和监督政策,把绿色融入建筑全生命周期,实现建筑业的高质量发展。第二,针对沿海综合经济区,合理控制交通运输、仓储和邮政业能源消耗,加快构建绿色交通体系;针对东北综合经济区,大力扶持污染密集型产业的节能降耗,促进劳动密集型制造业向资本密集型制造业和技术密集型制造业方向的转变;针对黄河中游综合经济区、长江中游综合经济区、大西南综合经济区和大西北综合经济区,大力调整制造业的内部结构,促进制造业产业结构转型,逐步摆脱粗放型生产方式,推动制造业向清洁绿色方向发展。

2. 根据基于能源供给使用核算的中国能源应用分析结论提出的政策建议

第一,对于直接能源消耗和隐含能源消耗不对等的部门,制定针对性的降耗措施。例如，针对直接能源消耗较高、隐含能源消耗较低的能源部门，降耗重点应为减少直接能源消耗。中国可通过设立专项扶持基金、提供税收优惠等手段促进企业加大环保投入，推进节能设备更新、改造；开展企业节能评级，对评级较高的企业给予等级认定和一定的政策奖励；设立节能试点企业，探寻可推广经验，从源头上降低该部门直接能源消耗。针对隐含能源消耗远高于直接能源消耗，且主要通过产业关联引起能源部门和非能源工业部门的能源消耗转移的建筑业，需侧重通过产业关联降低其隐含能源消耗。政府可鼓励优势企业开展校企合作，以技术升级推动工艺生产流程改进，实现建筑业对能源部门和非能源工业部门中间产品的高效利用。

第二，实现第三产业生产及需求"双低耗"发展，构建高效节能交通运输体系。针对第三产业总体能源利用效率较高，但其所含的交通运输、仓储和邮政业直接能源利用效率相对较低的特点，应积极建设节能交通运输体系，鼓励使用新能源交通运输工具，助推其实现能源消耗减量化发展。具体来看，在公共交通领域，可通过优化现有公共交通网络中的衔接中转枢纽布局及公共交通运行路线，实现城市公共交通布局网络的合理规划，通过公共交通系统提效实现节能效果；通过税收减免优惠、贷款贴息、研发资金支持等方式优化节能技术研发的激励机制，不断提升新能源汽车的性能，从而提高其市场占有率，实现交通工具的能源结构优化。在车辆购置方面，可通过开展汽车能耗评级，针对不同能耗级别汽车实施车辆购置差别税费，助推低能耗汽车市场发展。

第三，积极推动非能源工业部门内部生态产业链建设。鉴于非能源工业部门直接能源消耗和隐含能源消耗均较高，且子部门间贸易流动对其直接能源消耗和隐含能源消耗影响较大，中国需对该部门给予足够的重视。政府可依靠工业园区的聚集效应，支持并引导园区内非能源工业企业开展技术对接、产品对接和信息共享；在引进企业时考虑与现有企业的互补性，推动工业园区内形成经济、环保、高效的中间产品供应链，进而提升工业园区内非能源工业部门的中间产品在生产投入过程中的利用率。此外，政府可依托网络平台及线下见面会等形式，为非能源工业企业搭建产品对接交流平台，通过加强引导和提供优惠政策等方式鼓励上下游企业开展合作，积极推动各子部门间协同发展，以促进非能源工业部门的内部生态产业链建设，实现直接能源消耗和隐含能源消耗下降的双重目标。

第四，为消除八大综合经济区能源生态效率显著性差异，各地区应消除市场分割和地方保护主义，建立区域合作与互助机制。南部、东部和北部沿海综合经济区等效率前沿地区应积极推动由能源消费者向产消者的转变，筑牢能源生态安全的产业和技术支撑，并进一步优化升级社会服务，同时，充分发挥高效率地区的示范效应和辐射带动作用，科学有序地引导高新技术产业向黄河中游、大西北综合经济区转移，切实做到对低效率地区的对口支援；东北综合经济区应促进以工业为主导的产业结构向以第三产业为主导的产业结构转化，避免能源消费快速增长；大西南、黄河中游及长江中游综合经济区应将淘汰落后产能与培育特色战略性新兴产业齐头并进，以政策鼓励支持技术创新；大西北综合经济区应整合优质科技资源，以发展生态产业、提高生态环境质量为突破口，推动低排放、高循环的产业集群化发展，同时，加强居住环境和综合服务设施建设。

第五，除国家均衡发展的相关政策外，能源生态效率较低的省区市应从降本增效方面出发，双管齐下，缓解全国省区市间能源生态效率的两极分化现象。在降本方面，能源生态效率较低的省区市大多使用传统能源作为维持经济发展的燃料，因此提升勘探技术以降低对煤炭的使用成本至关重要；在增效方面，能源生态效率较低的省区市应由具体省情出发，选择性发展适合的新型能源作为传统能源的替代。另外，需要在省级层面上进一步细分到各地级市展开工作，通过缩小政策有效范围以加强政策激励力度，逐一击破各地级市范围内复杂的能源问题，努力提升全国能源生态效率的最低水平。

3. 根据基于能源投入产出核算的中国能源应用分析结论提出的政策建议

首先，针对不同地区发展程度，因地制宜地采取差异化碳减排方案。不同发展程度地区的碳排放特征不同，碳减排重点也不相同，碳减排措施应该具有差异性。因地制宜地采取差异化碳减排方案，将有助于我国实现地区发展和减排降碳的双赢局面。对各地区采取更有力和更具针对性的碳减排措施，助力我国开启生态文明新时代。第一，高发展程度地区需要加强绿色低碳交通运输体系建设。这些地区可以通过提倡居民低碳出行、加大新能源汽车研发和推广力度等措施来缓解该部门的碳排放；在积极利用自身区位优势、资源优势的基础上，逐渐建设便捷高效、绿色低碳、共享智能的综合交通运输体系；各地区能源相关部门碳减排仍然不能松懈，需要继续减少传统能源使用，进一步优化本地区能源结构。第二，中高发展程度地区需要大力推动产业结构优化和新能源研发利用。中高发展程度地区作为我国未来发展的潜力地区，在现有发展基础上补齐能源发展短板，推动新能源产业高质量发展;加强节能环保产业培育力度,促进新型节能环保技术研发应用,进而构建清洁低碳、安全高效的能源体系;个别地区还应将建筑部门作为未来碳减排重点。第三,中等发展程度地区需要加快传统建筑业向绿色建筑业的更新。重点监测建筑部门的碳排放是解决中等发展程度地区环境问题的一大关键。这些地区在加快城镇化步伐的同时,要注意建筑业的直接碳排放与间接碳排放,发挥建筑领域的碳减排潜力;通过加大小区绿化面积和城市绿化面积,实施绿色建造、智慧工地、数字建造和装配式建造,以及对建筑废弃物进行再利用等措施,实现建筑业低碳发展。

其次,构建合理的碳减排责任分配方案。碳减排不是一个国家的责任,而是全人类共同合作才能解决的一个难题。现有的气候谈判体系以领土责任原则为基础进行世界各国的碳减排责任分配。这种分配方案将极大地损害包括中国在内的发展中国家的利益,降低许多发展中国家的碳减排积极性。因此,以中国为代表的新兴国家不仅需要为全球碳减排贡献自身力量,而且应合理维护自身发展利益。新兴国家可以考虑绕开旧的权力轴心以建立新的国际组织,争取相互间更大的合作,不断提升国际话语权,积极主动地参与国际经贸规则的制定,构建更为合理和公平的对外贸易隐含碳排放测算体系,从而合理划分各国碳减排责任,共同实现全球碳减排目标。

再次,加快转变中国外贸增长方式。对比美国,中国长期处于全球价值链的低端。为扭转这一局面,应加快转变原有的粗放型外贸增长方式,把外贸发展的重点放到提高质量和效益上,优化贸易结构可以从两方面入手:一方面,优化经营主体结构,实现各企业齐头并进,其中,大企业要融入全球供应链、产业链、价值链,小企业则要聚焦主业,朝高精尖方向发展;另一方面,优化经营客体结构,在货物贸易领域,要不断提升高质量、高技术、高附加值产品在对外贸易中的比例,对劳动密集型产品进行提档升级,实现中国对外贸易的可持续发展,在服务贸易领域,要发展数字贸易,不断提升服务贸易的质量和水平。

最后,加快技术创新,推动能源产业发展。由美国的单位碳排放经济效益大于中国这一现象出发,结合中国的电力、燃气和水的供应业是主要隐含碳排放净出口行业,中国政府应加快技术创新,在传统能源产业和新能源产业方面双管齐下,实现新旧能源转化的平稳过渡。对于传统能源产业,一方面,政府可通过设立专项扶持基金、提供税收优惠等手段促进企业加大环保投入,推进生产设备更新、改造,同时对碳减排效果显著的企业给予一定的政策奖励;另一方面,可以通过改进传统能源的生产流程有效降低碳排放，例如，在钢铁生产中推广应用氢气还原铁的新技术流程，在航空运输中使用生物航空燃油等。当前中国碳减排最迫切的需求在于通过清洁能源发电替代燃煤发电，从而降低电力行业的碳排放。对于新能源产业，政府可以通过税收减免优惠、贷款贴息、研发资金支持等方式优化节能技术研发的激励机制。在激励机制下，推动更多的能源产业实现创新研发，改进产业结构，进而降低能源产业碳排放强度与规模。另外，鼓励龙头企业加大植树造林力度，抵消工业生产活动中产生的二氧化碳，通过碳去除取得碳排放的平衡效果。

第三节　研 究 展 望

一、能源卫星账户的理论展望

1. 追踪 SEEA-Energy（2019）的更新方向

其他卫星账户的国际标准在实践一段时间后，会与时俱进地更新部分定义和核算规则，并加入新表式，如环境经济核算体系从 SEEA（1993）到 SEEA（2012）的逐步更新。因此，SEEA-Energy（2019）可从以下两方面进行更新：一方面，在如今可再生能源迅速发展的情况下，人造太阳、氢能的发展可能使 SIEC 做出更新，进而使 SEEA-Energy（2019）进行更新；另一方面，由于未来高科技的电池可能将可再生能源长时间、高效率地储存起来，形成编制可再生能源资产账户的现实基础，SEEA-Energy（2019）未来可能更新可再生能源存量的相关理论，编制可再生能源资产账户。

2. 将能源卫星账户应用至其他行业卫星账户

能源卫星账户的能源使用表在 SEEA-AFF（2020）中的农林渔业卫星账户中得到应用，详细核算了农林渔业各细分行业的能源使用量。由于能源使用是空气排放的主要原因之一，能源卫星账户中的能源使用表可作为空气排放卫星账户的表式之一。因此，能源卫星账户中的表式可用于未来编制其他行业卫星账户，特别地，能源使用表可详细核算某行业中各细分行业的能源使用量。

二、中国能源卫星账户的实践编制展望

1. 深化完善中国能源生产账户理论与方法体系

能源生产账户的理论框架和部门划分仍需进一步深化与完善，如能

产业部门和产品部门可依据国家供给使用表与投入产出表进行更为详尽的分类,能源生产账户的核算范围也须进一步精确,尤其是进行市场性交易活动中能源相关隐含服务的生产。同时,从系统性的角度,基于能源生产账户的应用进行多方面的探索,如探索能源产出与经济增长的关联机制、预测未来几年能源各产业产出数据及发展趋势。总之,通过探究更具有针对性、全面性和实践性的中国能源生产账户,可丰富能源生产核算的科学理论,为能源产业供给侧结构性改革提供更坚实的依据。

2. 加强中国能源资源资产账户的编制力量

当前中国能源资源资产账户的初步编制具有可操作性,但仍存在局限性,此领域的研究空间非常广阔。第一,中国能源资源分类需要进一步细化,这项工作需要结合中国能源资源现状和国际标准进行,以便在国际比较中真实反映中国能源潜力、开发及消耗情况;第二,亟须扩展中国能源资源开采、使用和耗减数据来源,以便未来中国能源资源资产账户的编制工作顺利推进;第三,关于中国能源资源资产账户的实证研究几近空白,未来可编制不同空间或不同时间的中国能源资源资产账户,进而基于编制结果对能源资源资产问题进行时空分析,为中国能源禀赋和资源安全问题提供参考。

三、中国能源核算的实践应用展望

1. 探索能源供给使用表的应用研究

能源供给使用表较能源平衡表可提供更丰富的数据,中国可从以下方面深入探索能源供给使用表的应用研究。第一,能源平衡表的能源实物供给不分行业显示,从能源平衡表中难以分析各行业能源供给之间的关系;能源供给使用表可分行业显示供给。除以生产、运输、销售能源为主要活动的能源行业之外,对其他行业在能源活动中的作用仍未进行深入研究,在中国编制能源卫星账户后,结合统计模型分析此类能源行业供给问题将是值得研究的重要内容之一。第二,能源供给使用表在能源经济学领域具有较为乐观的应用前景,可以将该表作为数据基础,与其他模型结合对能源安全问题进行实证测算与科学预测。例如,与 LMDI 分解模型、要素生产函数相结合,测算中国各产业能源回弹效应。第三,本书编制的能源实物和货币供给使用表以中国作为测算范围,未来还可编制省际能源供给使用表。利用省际能源供给使用表的数据,对中国不同省区市的能源供给与使用情况进行分析、比较，以梳理中国不同省区市之间能源供给与使用的复杂关系。

2. 深入对中国能源存货的分析探究

能源存货资产账户是能源卫星账户的新增内容之一。在环境经济核算体系中，由于卫星账户需要对某主题进行深入分析，SEEA-Energy（2019）和 SEEA-AFF（2020）对存货变化的分析较 SNA（2008）更为深入。中国能源存货可供中国在能源进口中断的情况下使用不足两个月，与国际能源安全警戒线（90 天）相比存在较大差距。因此，在编制中国能源存货资产账户后，结合其他数据探究中国能源存货的发展趋势和影响因素将是今后重要研究领域之一，可为构筑中国能源安全防线奠定坚实地基。

3. 多方面展开能源投入产出表应用实践

能源投入产出表作为传统价值型投入产出表的延伸扩展，同时包含了价值型数据与能源消耗实物型数据。中国未来可将地区能源投入产出表作为实证分析的基础数据，与其他模型结合，充分挖掘能源投入产出表中的信息。例如，结合 LMDI 分解模型与要素生产函数测算我国不同地区的部门能源回弹效应、预测各地区未来的能源需求并对能源安全问题进行分析。

4. 研究更为公平的碳减排责任分配方案

基于能源卫星账户数据，对共同责任原则这一碳减排责任分配方案开展探索、研究和完善，可能是未来对进出口贸易隐含碳排放研究的趋势。在对外贸易的发展过程中，世界各国之间有着千丝万缕的联系，如果单纯割裂生产国与消费国的关系，就可能使一些国家只注重自身利益而忽略自身行为对他国造成的影响，不仅导致碳减排责任分配有失公允，而且难以实现全球碳减排目标。共同责任原则的公平性高，易于形成减排合力，更有利于提高各国的碳减排积极性，是提升全球气候治理水平的关键途径，是碳减排责任分配方案研究的潜力区域。中国可基于能源卫星账户的数据，探索、研究和完善共同责任原则这一碳减排责任分配方案。

参 考 文 献

蔡伟光. 2011. 中国建筑能耗影响因素分析模型与实证研究[D]. 重庆: 重庆大学.

蔡玉胜, 吕静韦. 2018. 基于熵值法的京津冀区域发展质量评价研究[J]. 工业技术经济, 37(11): 67-74.

曹建飞, 韩延玲. 2022. 考虑行业能耗差异的工业全要素能源效率度量及影响因素——基于新疆 34 个行业面板数据的实证分析[J]. 生态经济, 38(1): 60-68.

常虹. 2018. 中国省域能源、经济与环境关系的系统特征研究[D]. 青岛: 青岛大学.

陈操操, 刘春兰, 汪浩, 等. 2014. 北京市能源消费碳足迹影响因素分析——基于 STIRPAT 模型和偏小二乘模型[J]. 中国环境科学, 34(6): 1622-1632.

陈传龙, 韩盼星. 2020. 外需引致中国工业废水排放的关键路径[J]. 环境经济研究, 5(1): 99-113.

陈丹丹. 2017. 美国 R&D 卫星账户编制及其对中国的启示[J]. 统计研究, 34(4): 15-25.

陈晖, 陈政, 杨曦, 等. 2020. 基于能源投入产出表和 LMDI 分解法的分行业能源回弹效应研究[J]. 湘潭大学学报(自然科学版), 42(6): 105-118.

陈磊, 徐琳瑜. 2017. 基于行业关联研究的广东省能源消费分析[J]. 中国环境科学, 37(10): 3972-3980.

陈梦根, 张帅. 2020. 中国地区经济发展不平衡及影响因素研究——基于夜间灯光数据[J]. 统计研究, 37(6): 40-54.

陈楠, 刘学敏, 等. 2016. 垂直专业化下中日贸易"隐含碳"实证研究[J]. 统计研究, 33(3): 80-87.

陈雯, 李强. 2014. 我国对外贸易的能源消耗分析——基于非竞争型投入产出法的研究[J]. 世界经济研究(4): 26-31, 88.

陈莹文, 王美强, 李丹. 2019. 基于改进 SBM 模型的中国省际间生态效率研究[J]. 科技管理研究, 39(6): 248-254.

陈莹莹. 2020. 自然资源资产负债表的编制: 方法与模拟[D]. 北京: 清华大学.

陈志芳, 赵晓宇. 2018. 云南省自然资源资产负债表编制初探[J]. 生态经济, 34(11): 146-152.

程大中. 2014. 中国增加值贸易隐含的要素流向扭曲程度分析[J]. 经济研究, 49(9): 105-120.

程进, 周冯琦. 2017. 自然资源资产负债表编制与应用的问题思考[J]. 社会科学(11): 60-66.

丛建辉, 常盼, 刘庆燕. 2018. 基于三维责任视角的中国分省碳排放责任再核算[J]. 统计研究, 35(4): 41-52.

崔湛钜, 葛建平. 2016. 资源型地区能源生产总量与人均收入水平的协整关系研究——以山西省为例[J]. 资源与产业, 18(6): 8-14.

邓碧华, 高亚楠. 2020. 自然资源资产负债表编制及报表构架探讨[J]. 中国国土资源经济, 33(3): 13-17.

邓吉祥, 刘晓, 王铮. 2014. 中国碳排放的区域差异及演变特征分析与因素分解[J]. 自然资源学报, 29(2): 189-200.

丁誉. 2021. 中国能源效率的时空格局演变及影响因素分析[J]. 能源与节能(12): 26-29.

樊纲, 苏铭, 曹静. 2010. 最终消费与碳减排责任的经济学分析[J]. 经济研究, 45(1): 4-14, 64.

樊杰, 王亚飞, 梁博. 2019. 中国区域发展格局演变过程与调控[J]. 地理学报, 74(12): 2437-2454.

樊杰. 2004. 地理学的综合性与区域发展的集成研究[J]. 地理学报, 59(S1): 33-40.

范丹. 2013. 中国能源消费碳排放变化的驱动因素研究——基于 LMDI-PDA 分解法[J]. 中国环境科学, 33(9): 1705-1713.

范建双, 周琳. 2018. 中国城乡居民生活消费碳排放变化的比较研究[J]. 中国环境科学, 38(11): 4369-4383.

范振林. 2017. 矿产资源资产负债表编制技术与框架探讨[J]. 国土资源情报(2): 32-38.

方创琳. 2004. 中国人地关系研究的新进展与展望[J]. 地理学报, 59(S1): 21-32.

方时姣, 肖权. 2019. 中国区域生态福利绩效水平及其空间效应研究[J]. 中国人口·资源与环境, 29(3): 1-10.

封志明, 杨艳昭, 李鹏. 2014. 从自然资源核算到自然资源资产负债表编制[J]. 中国科学院院刊, 29(4): 449-456.

冯翠洋, 唐旭, 金艺, 等. 2017. 中国隐含石油出口变动的产业间路径分解研究[J]. 石油科学通报, 2(4): 546-556.

冯烽, 白重恩. 2019. 广东省能源需求预测与碳排放达峰路径研究——基于混合单位能源投入产出模型[J]. 城市与环境研究, 6(2): 8-27.

冯烽. 2018. 能效改善与能源节约: 助力还是阻力——基于中国 20 个行业能源回弹效应的分析[J]. 数量经济技术经济研究, 35(2): 82-98.

冯年华. 2002. 人地协调论与区域土地资源可持续利用[J]. 南京农业大学学报(社会科学版), 2(2): 29-34.

傅珊. 2013. 能源、经济与环境驱动关系的统计研究[D]. 长沙: 湖南大学.

傅晓霞, 吴利学. 2007. 前沿分析方法在中国经济增长核算中的适用性[J]. 世界经济, 30(7): 56-66.

高敏雪. 2016. 扩展的自然资源核算——以自然资源资产负债表为重点[J]. 统计研究, 33(1): 4-12.

高敏雪, 赵碧君. 2010. 能源统计: 如何做到全覆盖[J]. 中国统计(9): 47-48.

高瑞凤. 2021. 能源经济与区域经济增长间的关系分析[J]. 中国中小企业(1): 90-91.

高亚春, 付韶军. 2010. 能源统计、能源平衡表和能源账户的差异探讨[J]. 统计与决策(19): 28-30.

葛振华, 苏宇, 王楠. 2020. 矿产资源资产负债表编制的框架及技术方法探讨[J]. 国土资源情报(6): 51-56, 34.

耿建新, 唐洁珑. 2016. 负债、环境负债与自然资源资产负债[J]. 审计研究, 2016(6): 3-12.

顾基发, 高飞. 1998. 从管理科学角度谈物理-事理-人理系统方法论[J]. 系统工程理论与实践, 18(8): 1-5.

关军, 储成龙, 张智慧. 2015. 基于投入产出生命周期模型的建筑业能耗及敏感性分析[J]. 环境科学研究, 28(2): 297-303.

关伟, 李丹阳. 2021. 中国工业集聚对能源生态效率的门槛效应[J/OL]. 首都师范大学学报(自然科学版). (2021-05-19)[2024-05-22]. http://kns.cnki.net/kcms/detail/11.3189. N.20210518.1604.004.html.

关伟, 许淑婷. 2015. 中国能源生态效率的空间格局与空间效应[J]. 地理学报, 70(6): 980-992.

郭朝先. 2010. 中国碳排放因素分解: 基于LMDI分解技术[J]. 中国人口·资源与环境, 20(12): 4-9.

郭正权, 张兴平, 郑宇花. 2018. 能源价格波动对能源—环境—经济系统的影响研究[J]. 中国管理科学, 26(11): 22-30.

国家统计局. 2004—2018. 中国统计年鉴[M]. 北京: 中国统计出版社.

国家统计局能源司. 2004—2018. 中国环境统计年鉴[M]. 北京: 中国统计出版社.

国家统计局能源司. 2010. 能源统计工作手册[M]. 北京: 中国统计出版社.

国务院. 2007. 国务院关于印发中国应对气候变化国家方案的通知[EB/OL]. (2007-06-08)[2024-05-22]. http://www.gov.cn/zwgk/2007-06/08/content_641704.htm.

韩磊. 2020. 基于自然资源资产负债表的环境审计探索——以矿产资源审计为例[J]. 科技经济市场(4): 36-38.

韩松. 2020. 中国能源结构与产业结构发展现状及灰色关联关系研究[J]. 工程建设标准化(7): 69-79.

韩芸. 2021. 基于产业结构调整的山西能源消费与经济增长的灰色关联研究[J]. 经济师(1): 19-21, 23.

郝苏霞. 2010. 能源实物价值型投入产出表编制方法[J]. 中国市场(35): 56-57.

贺爱忠, 刘盼. 2015. 中国流通业CO_2排放的因素分解和脱钩分析[J]. 中国环境科学, 35(3): 953-960.

贺丹, 黄涛, 姜友雪. 2016. 产业结构低碳转型的主导产业选取与发展策略[J]. 宏观经济研究(11): 131-141, 175.

胡鞍钢, 郑云峰, 高宇宁. 2015. 中国高耗能行业真实全要素生产率研究(1995—2010)——基于投入产出的视角[J]. 中国工业经济(5): 44-56.

胡剑波, 高鹏, 张伟. 2017. 中国对外贸易增长与隐含碳排放脱钩关系研究[J]. 管理世界(10): 172-173.

胡娅. 2020. 自然资源资产负债的核算与应用研究[D]. 阜阳: 阜阳师范大学.

黄宝荣, 王毅, 张慧智, 等. 2012. 北京市分行业能源消耗及国内外贸易隐含能研究[J]. 中国环境科学, 32(2): 377-384.

黄登笑, 吴开尧, 朱启贵. 2011. 3E核算内容框架研究[J]. 现代管理科学(3): 13-16.

黄桂田, 徐昊. 2018. 中国钢铁的产业关联效应及国际比较——基于投入产出表的研究[J]. 经济问题(11): 1-8.

黄和平, 乔学忠, 张瑾, 等. 2019. 绿色发展背景下区域旅游业碳排放时空分异与影响因素研究——以长江经济带为例[J]. 经济地理, 39(11): 214-224.

黄会平, 赵荣钦, 韩宇平. 2019. 我国不同区域隐含碳排放流动研究[J]. 华北水利水电大学学报(自然科学版), 40(4): 83-93.

黄慧微. 2018. 能源经济效率、能源环境绩效与区域经济增长关系研究[J]. 生态经济,

34(8): 86-91.

黄伟如, 张贤, 查冬兰. 2016. 中日贸易内涵能源的测算与分解——基于非竞争型投入产出表的分析[J]. 经济经纬, 33(5): 48-53.

黄研利, 何璞玉, 喻小宝, 等. 2014. 改进灰色关联度算法在地区能源-经济-环境系统协调关系中的应用[J]. 水电能源科学, 32(11): 202-206.

计军平, 刘磊, 马晓明. 2011. 基于 EIO-LCA 模型的中国部门温室气体排放结构研究[J]. 北京大学学报(自然科学版), 47(4): 741-749.

贾庆英. 2014. 房地产产业关联的国际比较——基于非竞争型投入产出表[J]. 现代管理科学(9): 87-89.

贾薪昌, 李德山, 丁志鹏, 等. 2012. 异质性能源消耗强度变化及其影响因素分解——基于四川省可比价能源投入产出表[J]. 技术经济, 31(3): 82-86, 109.

江东, 付晶莹, 封志明, 等. 2017. 自然资源资产负债表编制系统研究[J]. 资源科学, 39(9): 1628-1633.

姜朗. 2020. 基于投入产出法的我国行业能源消耗分析[J]. 环境保护与循环经济, 40(2): 10-12, 74.

焦志倩, 王红瑞, 许新宜, 等. 2018. 自然资源资产负债表编制设计及应用Ⅰ：设计[J]. 自然资源学报, 33(10): 1706-1714.

金培振, 张亚斌, 彭星. 2014. 技术进步在二氧化碳减排中的双刃效应——基于中国工业 35 个行业的经验证据[J]. 科学学研究, 32(5): 706-716.

兰天, 夏晓艳. 2020. 全球价值链下的中欧制造业贸易隐含碳研究[J]. 中南大学学报(社会科学版), 26(4): 111-123.

雷宇羚. 2017. 自然资源资产负债表下负债账户构建研究[D]. 绵阳: 西南科技大学.

李风琦. 2019. 基于 STIRPAT 模型的农村生活能源消费的生态效应分析[J]. 湖南科技大学学报(社会科学版), 22(1): 75-83.

李根, 刘家国, 李天琦. 2019. 考虑非期望产出的制造业能源生态效率地区差异研究——基于 SBM 和 Tobit 模型的两阶段分析[J]. 中国管理科学, 27(11): 76-87.

李根, 刘家国, 王晓敏. 2018. 基于 I-O 与 SVAR 模型的制造业完全能耗强度影响因素研究[J]. 中国管理科学, 26(12): 99-112.

李国荣, 姜娇阳, 夏千卉. 2021. 不变价格能源投入产出表的编制与应用[J]. 统计与信息论坛, 36(5): 14-22.

李花菊. 2010. 中国水资源核算中的混合账户与经济账户[J]. 统计研究, 27(3): 89-93.

李金华. 2015. 中国国家资产负债表卫星账户设计原理研究[J]. 统计研究, 32(3): 76-83.

李金铠, 马静静, 魏伟. 2020. 中国八大综合经济区能源碳排放效率的区域差异研究[J]. 数量经济技术经济研究, 37(6): 109-129.

李静, 方伟. 2011. 长三角对外贸易增长的能源环境代价研究[J]. 财贸经济(5): 80-85.

李善同, 钟思斌. 1998. 我国产业关联和产业结构变化的特点分析[J]. 管理世界(3): 61-68.

李小建, 文玉钊, 李元征, 等. 2020. 黄河流域高质量发展：人地协调与空间协调[J]. 经济地理, 40(4): 1-10.

李小平, 卢现祥. 2010. 国际贸易、污染产业转移和中国工业 CO_2 排放[J]. 经济研究, 45(1): 15-26.

李晓飞, 赵黎晨, 吕可文. 2018. 基于 VAR 模型的河南省能源-经济-环境动态关系研究[J]. 河南理工大学学报(社会科学版), 19(1): 48-54, 71.

李艳梅, 付加锋. 2010. 中国出口贸易中隐含碳排放增长的结构分解分析[J]. 中国人口·资源与环境, 20(8): 53-57.

李颖, 2021. 江苏省农业能源消耗碳排放与经济发展脱钩分析[J]. 农业与技术, 41(24): 77-80.

李影, 李子联. 2020. 山西能源消费与经济增长的灰色关联度分析——基于能源结构约束的视角[J]. 数学的实践与认识, 50(5): 60-66.

李裕瑞, 王婧, 刘彦随, 等. 2014. 中国"四化"协调发展的区域格局及其影响因素[J]. 地理学报, 69(2): 199-212.

李裕伟. 2017. 国家矿产资源资产账户[J]. 国土资源情报(4): 3-10.

李裕伟. 2021. 世界主要地区矿业税费研究[J]. 中国国土资源经济, 34(1): 11-20.

联合国, 欧盟委员会, 经济合作与发展组织, 等. 2012. 2008 国民账户体系[M]. 北京: 中国统计出版社.

林伯强, 蒋竺均. 2009. 中国二氧化碳的环境库兹涅茨曲线预测及影响因素分析[J]. 管理世界, 187(4): 27-36.

林伯强, 牟敦国. 2008. 能源价格对宏观经济的影响——基于可计算一般均衡(CGE)的分析[J]. 经济研究, 43(11): 88-101.

林伯强, 吴微. 2020. 全球能源效率的演变与启示——基于全球投入产出数据的 SDA 分解与实证研究[J]. 经济学(季刊), 19(2): 663-684.

林洁, 祁悦, 蔡闻佳, 等. 2018. 公平实现《巴黎协定》目标的碳减排贡献分担研究综述[J]. 气候变化研究进展, 14(5): 529-539.

林宁. 2020. 四川省自然资源资产负债核算中水资源存量及变动分析浅议[J]. 四川水利, 41(6): 53-57.

刘畅. 2021. X 地区自然资源资产负债表编制及其运用研究[D]. 镇江: 江苏科技大学.

刘华军, 刘传明, 孙亚男. 2015. 中国能源消费的空间关联网络结构特征及其效应研究[J]. 中国工业经济(5): 83-95.

刘华军, 石印, 雷名雨. 2019. 碳源视角下中国碳排放的地区差距及其结构分解[J]. 中国人口·资源与环境, 29(8): 87-93.

刘华军, 张耀, 孙亚男. 2015. 中国区域发展的空间网络结构及其时滞变化——基于 DLI 指数的分析[J]. 中国人口科学(4): 60-71, 127.

刘惠敏. 2016. 中国经济增长与能源消耗的脱钩——东部地区的时空分异研究[J]. 中国人口·资源与环境, 26(12): 157-163.

刘利. 2020. 自然资源资产负债核算的最新研究进展与方向[J]. 统计与决策, 36(17): 46-50.

刘起运. 2002. 关于投入产出系数结构分析方法的研究[J]. 统计研究, 19(2): 40-42.

刘彦君. 2017. 地区经济发展的评价指标研究[J]. 经贸实践(9): 119.

鲁倩倩. 2017. 多区域贸易隐含碳的时序分析及碳排放责任分担比较——基于 MRIO 模型视角[J]. 价值工程, 36(18): 7-12.

逯进, 常虹, 赵少平, 等. 2016. 山东省能源、经济与环境耦合关系的演化特征[J]. 经济地理, 36(9): 42-48.

罗杰. 2016. 分析能源经济与区域经济增长的关系研究[J]. 经贸实践(23): 128.

罗良清, 平卫英, 张雨露. 2021. 基于融合视角的中国数字经济卫星账户编制研究[J].

统计研究, 38(1): 27-37.

闫浩, 周德群, 周鹏. 2013. 基于能源投入产出分析的节能减排政策研究[J]. 北京理工大学学报(社会科学版), 15(4): 34-41.

吕拉昌, 黄茹. 2013. 人地关系认知路线图[J]. 经济地理, 33(8): 5-9.

马国霞, 於方, 王金南, 等. 2017. 中国 2015 年陆地生态系统生产总值核算研究[J]. 中国环境科学, 37(4): 1474-1482.

马海良, 黄德春, 姚惠泽. 2011. 中国三大经济区域全要素能源效率研究——基于超效率 DEA 模型和 Malmquist 指数[J]. 中国人口·资源与环境, 21(11): 38-43.

马晋文. 2017. 能源经济效率、能源环境效率与产业结构变迁关系研究: 以江西省为例[D]. 南昌: 南昌大学.

马茹, 罗晖, 王宏伟, 等. 2019. 中国区域经济高质量发展评价指标体系及测度研究[J]. 中国软科学(7): 60-67.

马晓君, 陈瑞敏, 董碧滢, 等. 2019. 中国工业碳排放的因素分解与脱钩效应[J]. 中国环境科学, 39(8): 3549-3557.

马晓君, 陈瑞敏, 苏衡. 2021. 中国工业行业能源消耗的驱动因素与脱钩分析[J]. 统计与信息论坛, 36(3): 70-81.

马晓君, 董碧滢, 于渊博, 等. 2018. 东北三省能源消费碳排放测度及影响因素[J]. 中国环境科学, 38(8): 3170-3179.

马晓君, 魏晓雪, 刘超, 等. 2017. 东北三省全要素能源效率测算及影响因素分析[J]. 中国环境科学, 37(2): 777-785.

马忠, 王苗苗. 2012. 张掖市实物水供给使用表的编制——SEEAW 的初步应用[J]. 水利经济, 30(6): 11-13, 38, 69.

毛汉英. 1999. 区域可持续发展机理与调控[M]. 北京: 科学出版社.

毛建华. 2007. 指标赋权方法比较[J]. 广西大学学报(哲学社会科学版), 29(4): 136.

孟凡生, 邹韵. 2018. 基于PP-SFA的能源生态效率动态评价——以我国 30 个省市自治区为例[J]. 系统工程, 36(5): 47-56.

孟凡生, 邹韵. 2019. 中国生态能源效率时空格局演化及影响因素分析[J]. 运筹与管理, 28(7): 100-107.

孟宪超. 2017. 构建衡量区域综合发展的"五位一体"指标体系探索[J]. 中国统计(10): 62-64.

孟彦菊, 成蓉华, 黑韶敏. 2013. 碳排放的结构影响与效应分解[J]. 统计研究, 30(4): 76-83.

缪谢雨, 杨晨. 2018. 基于无偏灰色模型的中国能源生产总量及其构成的分析与预测[J]. 工业经济论坛, 5(4): 1-5, 19.

穆静静, 王朝阳, 邱丁毅, 等. 2019. 基于灰色模型的能源状况评价与分析[J]. 河南城建学院学报, 28(3): 86-92.

潘成龙. 2018. 基于系统动力理论的江苏省能源经济环境耦合系统的关系研究[J]. 中国集体经济(25): 79-81.

潘韬, 封志明, 刘玉洁, 等. 2019. 自然资源资产负债表编制中的负债核算方法与案例[J]. 国土资源科技管理, 36(2): 74-84.

裴孝东, 吴静, 薛俊波. 2021. 基于 LMDI 和层次聚类的中国省级工业 SO_2 排放影响因素分析[J]. 生态经济, 37(12): 183-189.

彭佳雯, 黄贤金, 钟太洋, 等. 2011. 中国经济增长与能源碳排放的脱钩研究[J]. 资源科学, 33(4): 626-633.

彭水军, 张文城, 孙传旺. 2015. 中国生产侧和消费侧碳排放量测算及影响因素研究[J]. 经济研究, 50(1): 168-182.

彭水军, 张文城, 卫瑞. 2016. 碳排放的国家责任核算方案[J]. 经济研究, 51(3): 137-150.

齐晔, 李惠民, 徐明. 2008. 中国进出口贸易中的隐含碳估算[J]. 中国人口·资源与环境, 18(3): 8-13.

钱娟. 2019. 能源节约偏向型技术进步对经济增长的影响研究[J]. 科学学研究, 37(3): 436-449.

钱明霞, 路正南, 王健. 2014. 产业部门碳排放波及效应分析[J]. 中国人口·资源与环境, 24(12): 82-88.

青海省人民政府办公厅. 2018. 青海省人民政府办公厅转发省发展改革委关于青海省生态文明先行示范区建设 2018 年度工作要点的通知[J]. 青海政报(11): 13-23.

邱东. 2021-04-21. 新时代中国特色统计学问题研究与国际统计标准的中国参与[N]. 光明日报, 11.

邱琳, 俞洁, 邓劲松, 等. 2019. 遥感和 GIS 支持下浙江省自然资源资产负债表编制研究[J]. 中国环境管理, 11(5): 36-41.

单豪杰. 2008. 中国资本存量 K 的再估算: 1952—2006 年[J]. 数量经济技术经济研究, 25(10): 17-31.

商玉萍, 韦晨珺娃, 李超. 2018. 我国能源生产总量组合预测研究[J]. 牡丹江师范学院学报(自然科学版)(1): 10-13.

邵帅, 张曦, 赵兴荣. 2017. 中国制造业碳排放的经验分解与达峰路径——广义迪氏指数分解和动态情景分析[J]. 中国工业经济(3): 44-63.

申萌, 李凯杰, 曲如晓. 2012. 技术进步、经济增长与二氧化碳排放: 理论和经验研究[J]. 世界经济, 35(7): 83-100.

沈文涛. 2018. 基于 LMDI 的辽宁省能源消费影响因素分解及预测[D]. 大连: 大连理工大学.

盛来运, 郑鑫, 周平, 等. 2018. 我国经济发展南北差距扩大的原因分析[J]. 管理世界, 34(9): 16-24.

施发启. 2021. 我国探索编制自然资源资产负债表情况介绍[J]. 中国统计(6): 43-45.

施锭, 程璐, 仲冰, 等. 2021. 煤炭资源资产负债表编制方法及应用[J]. 资源科学, 43(9): 1711-1727.

施青, 许蔓, 孙晓奇. 2021. 能源价格波动对我国一般价格水平及其变化趋势的影响——基于投入产出价格影响模型[J]. 世界经济文汇(2): 54-70.

史丹, 王俊杰. 2020. 自然资源资产负债表研究现状、评述与改进方向[J]. 中国人口·资源与环境, 30(1): 1-11.

宋杰鲲. 2012. 基于 LMDI 的山东省能源消费碳排放因素分解[J]. 资源科学, 34(1): 35-41.

孙倩, 汪鹏, 蔡国田, 等. 2019. 基于 LMDI 的城市能源消费总量指标评价模型研究[J]. 生态经济, 35(6): 98-105.

孙伟. 2020. 黄河流域城市能源生态效率的时空差异及其影响因素分析[J]. 安徽师范

大学学报(人文社会科学版), 48(2): 149-157.

孙亚丽, 闫军印. 2020. 基于 SEEA 框架的河北省矿产资源资产负债表编制研究[J]. 河北地质大学学报, 43(6): 94-100.

孙钰, 苗世青, 梁一灿. 2021. 生态文明可持续发展效率及其区域动态差异——基于 31 个省份的面板数据[J]. 生态经济, 37(1): 212-219.

孙志燕, 侯永志. 2019. 对我国区域不平衡发展的多视角观察和政策应对[J]. 管理世界, 35(8): 1-8.

谭鑫, 徐秋磊, 王洁雨, 等. 基于改进共原点灰色聚类的清洁能源消纳综合效益评估[J]. 广东电力, 34(2): 28-35.

檀勤良, 张兴平, 魏咏梅, 等. 2013. 考虑技术效率的碳排放驱动因素研究[J]. 中国软科学(7): 154-163.

唐洁珑. 2017. 国际矿产资源核算的现状及启示[J]. 财会月刊(34): 94-99.

汤文豪, 吴初国, 曹庭语, 等. 2020. 加拿大联邦能源监管体制研究及启示[J]. 国土资源情报(4): 11-16.

唐晓灵, 曹倩. 2020. 基于"能源-经济-环境"系统的省际生态效率影响机理研究[J]. 环境污染与防治, 42(5): 644-650.

唐晓灵, 冯艳蓉, 杜莉. 2021. 产业结构调整与能源生态效率的演变特征及耦合关系——以关中平原城市群为例[J]. 技术经济, 40(4): 58-64.

滕飞, 刘毅, 金凤君. 2013. 中国特大城市能耗变化的影响因素分解及其区域差异[J]. 资源科学, 35(2): 240-249.

田光辉, 赵宏波, 苗长虹. 2018. 基于五大发展理念视角的河南省区域发展状态评价[J]. 经济经纬, 35(1): 22-28.

田立新, 张蓓蓓. 2011. 中国碳排放变动的因素分解分析[J]. 中国人口·资源与环境, 21(11): 1-7.

万媛媛, 苏海洋, 刘娟. 2020. 生态文明建设和经济高质量发展的区域协调评价[J]. 统计与决策, 36(22): 66-70.

汪菲, 王长建. 2017. 新疆能源消费碳排放的多变量驱动因素分析——基于扩展的 STIRPAT 模型[J]. 干旱区地理, 40(2): 441-452.

汪克亮, 杨力, 杨宝臣, 等. 2013. 能源经济效率、能源环境绩效与区域经济增长[J]. 管理科学, 26(3): 86-99.

汪中华, 石爽. 2018. 美国向中国转移碳排放的测算[J]. 统计与决策, 34(23): 133-137.

王兵, 吴英东, 刘朋帅, 等. 2022. 可再生能源发展影响因素区域异质性研究——基于生产-输送-消费全产业链视角[J]. 北京理工大学学报(社会科学版), 24(1): 39-50.

王博峰, 李富有, 杨恒. 2012. 中国 2007 绿色能源投入产出表编制及应用分析[J]. 统计与信息论坛, 27(8): 63-69.

王崇梅. 2010. 中国经济增长与能源消耗脱钩分析[J]. 中国人口·资源与环境, 20(3): 35-37.

王凤云. 2008. 我国能源供给与需求和经济增长之间关系实证研究[J]. 工业技术经济, 27(10): 77-80, 85.

王锋, 吴丽华, 杨超. 2010. 中国经济发展中碳排放增长的驱动因素研究[J]. 经济研究, 45(2): 123-136.

王娟, 何莉敏, 孙庆雪. 2021. 基于灰色系统 GM(1, 1)模型的内蒙古地区能源消费趋势预测[J]. 内蒙古民族大学学报(自然科学版), 36(3): 185-189.

王蕾, 魏后凯. 2014. 中国城镇化对能源消费影响的实证研究[J]. 资源科学, 36(6): 1235-1243.

王梦奎. 2005. 中国中长期发展的重要问题(2006—2020)[M]. 北京: 中国发展出版社.

王娜, 张瑾, 王震, 等. 2007. 基于能源消耗的我国国际贸易实证研究[J]. 国际贸易问题(8): 9-14.

王然, 卓信, 袁紫璇, 等. 2020. 煤炭资源资产负债表的编制研究[J]. 商业会计(20): 14-18.

王如松, 欧阳志云. 2012. 社会-经济-自然复合生态系统与可持续发展[J]. 中国科学院院刊, 27(3): 337-345, 403-404, 254.

王腾, 严良, 易明. 2017. 中国能源生态效率评价研究[J]. 宏观经济研究(7): 149-157.

王文治, 陆建明. 2016. 中国对外贸易隐含碳排放余额的测算与责任分担[J]. 统计研究, 33(8): 12-20.

王向前, 夏咏秋, 李慧宗, 等. 2020. 中国矿业能源生态效率差异及动态演进[J]. 技术经济, 39(9): 110-118.

王潇涵. 2021. 石油资源资产负债表编制方法与应用研究[D]. 西安: 西安科技大学.

王晓岭, 武春友. 2015. "绿色化"视角下能源生态效率的国际比较——基于"二十国集团"面板数据的实证检验[J]. 技术经济, 34(7): 70-77.

王勇, 毕莹, 王恩东. 2017. 中国工业碳排放达峰的情景预测与减排潜力评估[J]. 中国人口·资源与环境, 27(10): 131-140.

王长波, 张力小, 庞明月. 2015. 生命周期评价方法研究综述——兼论混合生命周期评价的发展与应用[J]. 自然资源学报, 30(7): 1232-1242.

王长建, 汪菲, 叶玉瑶, 等. 2020. 基于供需视角的中国煤炭消费演变特征及其驱动机制[J]. 自然资源学报, 35(11): 2708-2723.

王淑, 朱靖, 余玉冰. 2020. 四川省矿产资源资产负债表编制探索[J]. 现代商业(3): 183-186.

王紫霖. 2021. 天然气资源资产负债表编制方法与应用研究[D]. 西安: 西安科技大学.

魏本勇, 方修琦, 王媛, 等. 2009. 基于投入产出分析的中国国际贸易碳排放研究[J]. 北京师范大学学报(自然科学版), 45(4): 413-419.

魏巍, 符洋, 杨彩凤. 2020. 科技创新与经济高质量发展测度研究——基于耦合协调度模型[J]. 中国科技论坛(10): 76-83.

吴传钧. 1991. 论地理学的研究核心: 人地关系地域系统[J]. 经济地理, 11(3): 1-6.

吴开尧, 杨廷干. 2016. 国际贸易碳转移的全球图景和时间演变[J]. 统计研究, 33(2): 43-50.

吴开尧, 朱启贵. 2011. 能源卫星核算体系研究[J]. 上海交通大学学报(哲学社会科学版), 19(5): 60-67.

吴振信, 石佳, 王书平. 2014. 基于LMDI分解方法的北京地区碳排放驱动因素分析[J]. 中国科技论坛(2): 85-91.

夏四友, 赵媛, 许昕, 等. 2020. 近20年来中国农业碳排放强度区域差异、时空格局及动态演化[J]. 长江流域资源与环境, 29(3): 596-608.

向书坚, 郑瑞坤. 2016. 自然资源资产负债表中的负债问题研究[J]. 统计研究, 33(12): 74-83.

向书坚. 2006. 2003 年 SEEA 需要进一步研究的主要问题[J]. 统计研究, 23(6): 17-21.

向书坚, 吴文君. 2019. 中国数字经济卫星账户框架设计研究[J]. 统计研究, 36(10): 3-16.

谢建国, 姜珮珊. 2014. 中国进出口贸易隐含能源消耗的测算与分解——基于投入产出模型的分析[J]. 经济学(季刊), 13(4): 1365-1392.

谢锐, 王腊芳, 赖明勇. 2011. 中国钢铁产业关联效应及国际比较分析[J]. 统计研究, 28(8): 49-54.

徐蔼婷, 祝瑜晗. 2017. R&D 卫星账户整体架构与编制的国际实践[J]. 统计研究, 34(9): 76-89.

徐素波, 王耀东. 2020. 黑龙江省自然资源资产负债表试编[J]. 财会通讯(15): 117-121.

徐盈之, 彭欢欢. 2010. 外向型经济与节能减排——基于能源投入产出表的实证研究[J]. 软科学, 24(4): 34-38.

徐盈之, 徐康宁, 胡永舜. 2011. 中国制造业碳排放的驱动因素及脱钩效应[J]. 统计研究, 28(7): 55-61.

许宪春, 张美慧. 2020. 中国数字经济规模测算研究——基于国际比较的视角[J]. 中国工业经济(5): 23-41.

薛静静, 沈镭, 刘立涛, 等. 2014. 中国能源供给安全综合评价及障碍因素分析[J]. 地理研究, 33(5): 842-852.

闫明喆, 李宏舟, 田飞虎. 2018. 中国的节能政策有效吗?——基于 SFA-Bayes 分析框架的生态全要素能源效率测定[J]. 经济与管理研究, 39(3): 89-101.

闫庆友, 尹洁婷. 2017. 基于广义迪氏指数分解法的京津冀地区碳排放因素分解[J]. 科技管理研究, 37(19): 239-245.

闫云凤, 常荣平. 2017. 全球价值链下的中美贸易利益核算: 基于隐含碳的视角[J]. 国际商务(对外经济贸易大学学报)(3): 17-26.

闫云凤, 杨来科. 2009. 中美贸易与气候变化——基于投入产出法的分析[J]. 世界经济研究(7): 40-44, 88.

闫云凤, 赵忠秀, 王苒. 2013. 基于 MRIO 模型的中国对外贸易隐含碳及排放责任研究[J]. 世界经济研究(6): 54-58, 86, 88-89.

严翔, 成长春, 贾亦真. 2018. 中国城镇化进程中产业、空间、人口对能源消费的影响分解[J]. 资源科学, 40(1): 216-225.

燕景. 2018. 基于 BP 神经网络数字的省级能源预测: 河南的视角[J]. 数字通信世界(11): 144.

杨灿, 郑正喜. 2014. 产业关联效应测度理论辨析[J]. 统计研究, 31(12): 11-19.

杨刚强, 李梦琴. 2018. 财政分权、政治晋升与能源生态效率提升——基于中国 257 个城市的实证[J]. 宏观经济研究(8): 41-51.

杨果, 叶家柏. 2018. 中国真的承担了更少的碳减排任务吗?[J]. 管理世界, 34(11): 176-177.

杨凯. 2016. 京津冀协同发展背景下河北省能源经济环境关系研究[D]. 北京: 华北电力大学.

杨蕾, 杜鹏, 夏斌. 2014. 基于投入产出分析的广东省隐含能消费及贸易研究[J]. 科技管理研究, 34(13): 224-228.

杨世忠, 谭振华, 王世杰. 2020. 论我国自然资源资产负债核算的方法逻辑及系统框架构建[J]. 管理世界, 36(11): 132-144.

杨世忠, 谭振华. 2020. 论自然资源资产负债表的编制[J]. 常州大学学报(社会科学版), 21(5): 33-44.

杨仲山, 张美慧. 2019. 数字经济卫星账户: 国际经验及中国编制方案的设计[J]. 统计研究, 36(5): 16-30.

姚红玉. 2013. 基于最终需求视角的中国服务业能源消耗特征解析[J]. 统计与决策(15): 124-128.

姚霖. 2021. 自然资源资产负债表的实践进展与理论反思[J]. 财会通讯(17): 85-88, 156.

叶晓佳, 孙敬水, 董立锋. 2011. 低碳经济发展中的碳排放驱动因素实证研究——以浙江省为例[J]. 经济理论与经济管理(4): 13-23.

尹建华, 王兆华. 2011. 中国能源消费与经济增长间关系的实证研究——基于1953-2008年数据的分析[J]. 科研管理, 32(7): 122-129.

于凤玲, 周扬, 陈建宏, 等. 2013. 中国能源消费与经济发展关系的实证研究[J]. 中南大学学报(社会科学版), 19(3): 29-35.

于静, 屈国强. 2021. 中国区域生态能源效率与节能减排潜力研究[J]. 统计与决策, 37(12): 66-69.

余典范, 张亚军. 2015. 制造驱动还是服务驱动?——基于中国产业关联效应的实证研究[J]. 财经研究, 2015, 41(6): 19-31.

袁小慧, 范金. 2010. 收入对居民消费影响的结构性路径分析: 江苏案例[J]. 数学的实践与认识, 40(1): 32-43.

原嫄, 席强敏, 李国平. 2017. 产业关联水平对碳排放演化的影响机理及效应研究——基于欧盟27国投入产出数据的实证分析[J]. 自然资源学报, 32(5): 841-853.

岳书敬, 王旭兰. 2014. 长三角地区制造业能源消耗的差异性研究——基于细分行业的视角[J]. 东南大学学报(哲学社会科学版), 16(3): 38-43, 134-135.

岳婷, 龙如银. 2010. 基于LMDI的江苏省能源消费总量增长效应分析[J]. 资源科学, 32(7): 1266-1271.

张纯记. 2010. 中国省级区域经济发展水平的动态综合评价[J]. 工业技术经济, 29(7): 80-83.

张德钢, 陆远权. 2017. 市场分割对能源效率的影响研究[J]. 中国人口·资源与环境, 27(1): 65-72.

张鸿, 范阳梓, 关启轩, 等. 2015. 区域"四化"同步发展水平评价[J]. 西安邮电大学学报, 20(4): 84-91.

张黎. 2013. 基于LMDI的中国能源消费的影响因素分解分析[J]. 中国能源, 35(10): 21-24.

张立军, 张潇. 2015. 基于改进CRITIC法的加权聚类方法[J]. 统计与决策(22): 65-68.

张琼晶, 田聿申, 马晓明. 2019. 基于结构路径分析的中国居民消费对碳排放的拉动作用研究[J]. 北京大学学报(自然科学版), 55(2): 377-386.

张少雪, 蒋雪梅. 2020. "一带一路"背景下中国与东盟双边贸易对全球碳排放的影响[J]. 生态经济, 36(3): 24-30, 58.

张少雪. 2019. 中国与东盟贸易隐含碳测算分析[J]. 现代商业(23): 49-50.

张同斌, 宫婷. 2013. 中国工业化阶段变迁、技术进步与能源效率提升——基于时变参数状态空间模型的实证分析[J]. 资源科学, 35(9): 1772-1781.

张为付, 杜运苏. 2011. 中国对外贸易中隐含碳排放失衡度研究[J]. 中国工业经济(4): 138-147.

张伟, 朱启贵, 李汉文. 2013. 能源使用、碳排放与我国全要素碳减排效率[J]. 经济研究, 48(10): 138-150.

张文彬, 郝佳馨. 2020. 生态足迹视角下中国能源效率的空间差异性和收敛性研究[J]. 中国地质大学学报(社会科学版), 20(5): 76-90.

张武英, 冯景春, 卞勇, 等. 2019. 碳强度考核评估要求下的能源统计现状分析与改进建议[J]. 中国能源, 41(7): 36-40, 10.

张炎治, 聂锐, 吕涛. 2007. 九块式能源投入产出模型与能源需求量预测[J]. 科技导报, 25(5): 25-29.

张颖, 王智晨. 2021. 自然资源资产负债表编制研究现状及其拓展[J]. 中国地质大学学报(社会科学版), 21(5): 101-109.

张友国. 2010. 中国贸易含碳量及其影响因素——基于(进口)非竞争型投入产出表的分析[J]. 经济学(季刊), 9(4): 1287-1310.

张云, 唐海燕. 2015. 中国贸易隐含碳排放与责任分担：产业链视角下实例测算[J]. 国际贸易问题(4): 148-156.

赵红艳, 耿涌, 郗凤明, 等. 2012. 基于生产和消费视角的辽宁省行业能源消费碳排放[J]. 环境科学研究, 25(11): 1290-1296.

赵建辉. 2013. 能源价格、碳排放量与经济增长的联动效应研究[J]. 中国矿业, 22(11): 36-40, 71.

赵亮. 2021. 河南省主导产业选择分析与产业结构升级[J]. 经营与管理(3): 182-187.

赵胜男, 常建闯, 林剑艺. 2017. 基于改进的LMDI模型的内蒙古能源强度变化驱动力分析[J]. 干旱区资源与环境, 31(8): 38-43.

赵先贵, 马彩虹. 2008. 基于科学发展观的区域发展评价系统研究[J]. 水土保持通报, 28(3): 193-197.

赵晓丽, 洪东悦. 2009. 中国对外贸易对能源消费的影响：基于结构因素分解法的分析[J]. 财贸经济(9): 102-107.

赵艺璇. 2020. 河北省能源消费与经济增长的灰色关联度分析[J]. 经济研究导刊(14): 23-24.

赵玉焕. 2010. 国际贸易与气候变化的关系研究[J]. 中国软科学(4): 183-192.

赵志成, 柳群义. 2019. 中国能源战略规划研究——基于能源消费、能源生产和能源结构的预测[J]. 资源与产业, 21(6): 1-8.

郑红玲, 刘肇民, 刘柳. 2018. 产业关联乘数效应、反馈效应和溢出效应研究[J]. 价格理论与实践(4): 122-125.

郑照宁, 刘德顺. 2004. 考虑资本-能源-劳动投入的中国超越对数生产函数[J]. 系统工程理论与实践, 24(5): 51-54, 115.

郑正喜. 2015. 开放经济下的产业关联效应测度——基于非竞争型和区域间产业关联理论的改进认识[J]. 统计研究, 32(8): 27-36.

周国富, 田孟, 刘晓琦. 2017. 雾霾污染、能源消耗与结构分解分析——基于混合型能源投入产出表[J]. 现代财经(天津财经大学学报), 37(6): 3-14.

周茂荣, 谭秀杰. 2012. 国外关于贸易碳排放责任划分问题的研究评述[J]. 国际贸易问题(6): 104-113.

周敏, 艾敬. 2019. 基于 TOPSIS-RSR 的中国省际能源生态效率评估[J]. 生态经济, 35(3): 45-50, 67.

周敏, 王腾, 严良, 等. 2019. 财政分权、经济竞争对中国能源生态效率影响异质性研究[J]. 资源科学, 41(3): 532-545.

周虓岗. 2013. 中国能源消费与经济增长的实证分析[D]. 上海: 上海交通大学.

周新. 2010. 国际贸易中的隐含碳排放核算及贸易调整后的国家温室气体排放[J]. 管理评论, 22(6): 17-24.

朱平芳, 徐伟民. 2003. 政府的科技激励政策对大中型工业企业 R&D 投入及其专利产出的影响——上海市的实证研究[J]. 经济研究, 38(6): 45-53, 94.

朱启荣. 2014. 中国外贸中虚拟水与外贸结构调整研究[J]. 中国工业经济(2): 58-70.

朱勤, 彭希哲, 陆志明, 等. 2009. 中国能源消费碳排放变化的因素分解及实证分析[J]. 资源科学, 31(12): 2072-2079.

邹甘娜, 卢洪友, 刘杰. 2018. 能源价格冲击与货币政策的特征事实研究——基于 SVAR 模型[J]. 宏观经济研究(6): 21-30, 175.

Aigner D, Knox Lovell C A, Schmidt P. 1977. Formulation and estimation of stochastic frontier production function models[J]. Journal of Econometrics, 6(1): 21-37.

Al-Ghandoor A. 2012. Analysis of Jordan's industrial energy intensity and potential mitigations of energy and GHGs emissions[J]. Renewable and Sustainable Energy Reviews, 16(7): 4479-4490.

Amowine N, Ma Z Q, Li M X, et al. 2019. Energy efficiency improvement assessment in Africa: An integrated dynamic DEA approach[J]. Energies, 12(20): 3915.

Australian Bureau of Statistics. 2019. Energy Account, Australia[M/OL]. [2024-05-22]. https://www.abs.gov.au/statistics/industry/energy/energy-account-australia.

Bagheri M, Guevara Z, Alikarami M, et al. 2018. Green growth planning: A multi-factor energy input-output analysis of the Canadian economy[J]. Energy Economics, 74: 708-720.

Banerjee O, Cicowiez M, Horridge M. 2016. A conceptual framework for integrated economic: Environmental modeling[J]. The Journal of Environment & Development, 25(3):276-305.

Battese G E, Coelli T J. 1995. A model for technical inefficiency effects in a stochastic frontier production function for panel data[J]. Empirical Economics, 20(2): 325-332.

Battese G, Corra G. 1977. Estimation of a production frontier model: With application to the pastoral zone of Eastern Australia[J]. Australian Journal of Agricultural Economics, 21(3): 169-179.

Cansino J M, Sánchez-Braza A, Rodríguez-Arévalo M L. 2015. Driving forces of Spain's CO_2 emissions: A LMDI decomposition approach[J]. Renewable and Sustainable Energy Reviews, 48(8): 749-759.

Chen J Q, Guo Y S, Su H N, et al. 2021. Empirical analysis of energy consumption transfer in China's national economy from the perspective of production and demand[J]. Environmental Science and Pollution Research, 28(15): 19202-19221.

Chen Y, Xu J T. 2019. An assessment of energy efficiency based on environmental constraints and its influencing factors in China[J]. Environmental Science and

Pollution Research, 26(17): 16887-16900.

Chontanawat J, Wiboonchutikula P, Buddhivanich A. 2014. Decomposition analysis of the change of energy intensity of manufacturing industries in Thailand[J]. Energy, 77: 171-182.

Cloodt M, Hagedoorn J, Kranenburg H V. 2006. Mergers and acquisitions: Their effect on the innovative performance of companies in high-tech industries[J]. Research Policy, 35(5): 642.

Conte Grand M. 2016. Carbon emission targets and decoupling indicators[J]. Ecological Indicators, 67: 649-656.

de Freitas L C, Kaneko S. 2011. Decomposing the decoupling of CO_2 emissions and economic growth in Brazil[J]. Ecological Economics, 70(8): 1459-1469.

Defourny J, Thorbeck E. 1984. Structural path analysis and multiplier decomposition within a social accounting matrix framework[J]. Economic Journal, 94(373): 111-136.

Diakoulaki D, Mavrotas G, Papayannakis L. 1995. Determining objective weights in multiple criteria problems: The critic method[J]. Computers and Operations Research, 22(7): 763-770.

Dietzenbacher E, Pei J S, Yang C H. 2012. Trade, production fragmentation, and China's carbon dioxide emissions[J]. Journal of Environmental Economics and Management, 64(1): 88-101.

Dimova G, Tzanov E, Ninov P, et al. 2014. Complementary use of the WEAP model to underpin the development of SEEAW physical water use and supply tables[J]. Procedia Engineering, 70: 563-572.

Enerdata. 2020. Definition of energy efficiency index ODEX in ODYSSEE data base[EB/OL]. (2020-10)[2024-05-22]. https://www.indicators.odyssee-mure.eu/odex-indicators-database-definition.pdf.

Federal Statistical Office. 2017. Tables on environmental-economic accounting 2017 edition part 2: Energy[J/OL]. [2024-05-22]. https://www.destatis.de.

Feng C Y, Tang X, Jin Y, et al. 2019. Regional energy-water nexus based on structural path betweenness: A case study of Shanxi Province, China[J]. Energy Policy, 127: 102-112.

Fernández González P, Landajo M, Presno M J. 2014. Tracking European Union CO_2 emissions through LMDI(logarithmic-mean Divisia index)decomposition. The activity revaluation approach[J]. Energy, 73: 741-750.

Food and Agriculture Organization of the United Nations, United Nations Statistics Division. 2020. System of environmental-economic accounting for agriculture, forestry and fisheries[EB/OL]. [2024-05-22]. https://seea.un.org.

Goldsmith R W. 1951. A perpetual inventory of national wealth[R]. New York: NBER.

Han Y, Qi X Y, Yang Y F. 2020. Analysis of the spillover effect of energy intensity among provinces in China based on space-time lag model[J]. Environmental Science and Pollution Research, 27(14): 16950-16962.

Hendrickson C, Horvath A, Joshi S, et al. 1998. Economic input-output models for environmental life-cycle assessment[J]. Environmental Science & Technology, 32(7): 184A-191A.

Hirschman A. 1958. The Strategy of Economic Development[M]. New Haven: Yale University Press.

Holechek J L, Geli H M E, Sawalhah M N, et al. 2022. A global assessment: Can renewable energy replace fossil fuels by 2050?[J]. Sustainability, 14(8): 1-22.

Hong J J, Shen Q P, Xue F. 2016. A multi-regional structural path analysis of the energy supply chain in China's construction industry[J]. Energy Policy, 92: 56-68.

Kaya Y. 1990. Impact of carbon dioxide emission control on GNP growth: Interpretation of proposed scenarios[R]. Paris: IPCC Energy and Industry Subgroup, Response Strategies Working Group.

Lenzen M, Murray J. 2010. Conceptualising environmental responsibility[J]. Ecological Economics, 70(2): 261-270.

Lenzen M. 1998. Primary energy and greenhouse gases embodied in Australian final consumption: An input-output analysis[J]. Energy Policy, 26(6): 495-506.

Leontief W. 1973. National income, economic structure, and environmental externalities[J]. The Measurement of Economic and Social Performance, 23: 565-576.

Li J L, Lin B Q. 2017. Ecological total-factor energy efficiency of China's heavy and light industries: Which performs better?[J]. Renewable and Sustainable Energy Reviews, 72: 83-94.

Lin B Q, Sun C W. 2010. Evaluating carbon dioxide emissions in international trade of China[J]. Energy Policy, 38(1): 613-621.

Machado G, Schaeffer R, Worrell E. 2001. Energy and carbon embodied in the international trade of Brazil: An input-output approach[J]. Ecological Economics, 39(3): 409-424.

Malla S. 2009. CO_2 emissions from electricity generation in seven Asia-Pacific and North American countries: A decomposition analysis[J]. Energy Policy, 37(1): 1-9.

Max-Neef M A. 1995. Economic growth and quality of life: A threshold hypothesis[J]. Ecological Economics, 15(2): 115-118.

Miller R E, Blair P D. 1985. Input-output Analysis: Foundations and Extensions[M]. New York: Cambridge University Press.

Munksgaard J, Pedersen K A. 2001. CO_2 accounts for open economies: Producer or consumer responsibility?[J]. Energy Policy, 29(4): 327-334.

Nie H G, Kemp R. 2013. Why did energy intensity fluctuate during 2000—2009?[J]. Energy for Sustainable Development, 17(5): 482-488.

Office for National Statistics. 2016. UK Environmental Accounts[M/OL]. (2016-11-10) [2024-05-22]. https://www.ons.gov.uk/economy/environmentalaccounts/methodologies/environmentalaccounts.

Peters G P, Hertwich E G. 2008. Post-Kyoto greenhouse gas inventories: Production versus consumption[J]. Climatic Change, 86(1-2): 51-66.

Peters G P. 2008. From production-based to consumption-based national emission inventories[J]. Ecological Economics, 65(1): 13-23.

Pierre A P, Shunta Y. 2018. Compiling mineral and energy resource accounts according to the System of Environmental-Economic Accounting(SEEA)2012[J/OL]. (2018-03-16)

[2024-05-22]. https://www.oecd-ilibrary.org/environment/compiling-mineral-and-energy-resource-accounts-according-to-the-system-of-environmental-economic-accounting-seea-2012_3fcfcd7f-en.

Qiu S, Lei T, Wu J T, et al. 2021. Energy demand and supply planning of China through 2060[J]. Energy, 234: 121193.

Rahman M M, Kashem M A. 2017. Carbon emissions, energy consumption and industrial growth in Bangladesh: Empirical evidence from ARDL cointegration and granger causality analysis[J]. Energy Policy, 110(11): 600-608.

Rebitzer G, Ekvall T, Frischknecht R, et al. 2004. Life cycle assessment: Part 1. Framework, goal and scope definition, inventory analysis, and applications[J]. Environment International, 30(5): 701-720.

Rodrigues J, Domingos T, Giljum S, et al. 2006. Designing an indicator of environmental responsibility[J]. Ecological Economics, 59(3): 256-266.

Roinioti A, Koroneos C. 2017. The decomposition of CO_2 emissions from energy use in Greece before and during the economic crisis and their decoupling from economic growth[J]. Renewable and Sustainable Energy Reviews, 76(9): 448-459.

Román-Collado R, Cansino J M, Botia C. 2018. How far is Colombia from decoupling? Two-level decomposition analysis of energy consumption changes[J]. Energy, 148: 687-700.

Shao S, Liu J, Geng Y, et al. 2016. Uncovering driving factors of carbon emissions from China's mining sector[J]. Applied Energy, 166: 220-238.

Shi X H, Chu J H, Zhao C Y. 2021. Exploring the spatiotemporal evolution of energy intensity in China by visual technology of the GIS[J]. Energy, 228(4): 120650.

Shui B, Harriss R C. 2006. The role of CO_2 embodiment in US-China trade[J]. Energy Policy, 34(18): 4063-4068.

Sjoerd S. 2007. The Dutch energy accounts[J/OL]. (2007-04-18)[2024-05-22]. https://unstats.un.org/unsd/envaccounting/ceea/archive/Energy/Dutch_Energy_Accounts.pdf.

Smirnova E, Kot S, Kolpak E, et al. 2021. Governmental support and renewable energy production: A cross-country review[J]. Energy, 230(9): 120903.

Statistics Denmark. 2018. Energy Accounts for Denmark[M/OL]. (2021-11-29) [2024-05-22]. https://www.dst.dk/en/Statistik/dokumentation/documentationofstatistics/energy-accounts-for-denmark.

Statistics Netherlands. 2014. Environmental Accounts of the Netherlands 2013[M/OL]. (2014-11-14) [2024-05-22]. https://www.cbs.nl/en-gb/publication/2014/46/environmental-accounts-of-the-netherlands.

Statistics New Zealand. 2020. Environmental-economic Accounts: Sources and Methods[M/OL]. 3rd ed. (2020-07-21)[2024-05-22]. https://www.stats.govt.nz/methods/environmental-economic-accounts-sources-and-methods.

Statistics Norway. 2018. Energy Account and Energy Balance[M/OL]. (2018-11-21) [2024-05-22]. https://www.ssb.no/en/energi-og-industri/artikler-og-publikasjoner/_attachment/369609?_ts=1673ff47a70.

Statistics South Africa. 2017. Environmental Economic Accounts Compendium[M/OL].

(2017-03)[2024-05-22]. http://www.statssa.gov.za/publications/Report-04-05-20/Report-04-05-20March2017.pdf.

Sun H P, Edziah B K, Sun C W, et al. 2019. Institutional quality, green innovation and energy efficiency[J]. Energy Policy, 135(12): 111002.

UNDP. 1990. Human Development Report 1990[M]. New York and Oxford: Oxford University Press.

United Nations, European Commission, Food and Agriculture Organization of the United Nations, et al. 2003. Integrated Environmental and Economic Accounting 2003[M/OL]. (2003-05-01)[2024-05-22]. https://unstats.un.org/unsd/environment/seea2003.pdf.

United Nations, European Commission, Food and Agriculture Organization of the United Nations, et al. 2012. System of Environmental-economic Accounting 2012 Central Framework[M/OL]. (2014-02-20)[2024-05-22]. https://seea.un.org/sites/seea.un.org/files/seea_cf_final_en.pdf.

United Nations. 1993. Integrated Environmental and Economic Accounting[M/OL]. (2003-10-10)[2024-05-22]. https://unstats.un.org/unsd/publication/SeriesF/SeriesF_61E.pdf.

United Nations. 2000. Integrated Environmental and Economic Accounting: An Operational Manual [M/OL]. [2024-05-22]. https://unstats.un.org/unsd/publication/SeriesF/SeriesF_78E.pdf.

United Nations. 2014. System of Environmental Economic Accounting 2012-Experimental Ecosystem Accounting[M/OL]. (2014-03-05)[2024-05-22]. https://unstats.un.org/unsd/envaccounting/seearev/eea_final_en.pdf.

United Nations. 2017. System of Environmental-economic Accounting 2012 Aplications and Extensions[M/OL]. (2017-01-10)[2024-05-22]. https://seea.un.org/sites/seea.un.org/files/ae_final_en.pdf.

United Nations. 2018. International Recommendations for Energy Statistics[M/OL]. (2018-03-06)[2024-05-22]. https://unstats.un.org/unsd/energystats/methodology/documents/IRES-web.pdf.

United Nations. 2019. System of Environmental-economic Accounting for Energy[M/OL]. (2019-02-28)[2024-05-22]. https://seea.un.org/sites/seea.un.org/files/documents/seea-energy_final_web.pdf.

Wang H J, Schmidt P. 2002. One-step and two-step estimation of the effects of exogenous variables on technical efficiency levels[J]. Journal of Productivity Analysis(18): 129-144.

Wang J, Hu M M, Rodrigues J F D. 2018. The evolution and driving forces of industrial aggregate energy intensity in China: An extended decomposition analysis[J]. Applied Energy, 228: 2195-2206.

Wang M, Feng C. 2018. Decomposing the change in energy consumption in China's nonferrous metal industry: An empirical analysis based on the LMDI method[J]. Renewable and Sustainable Energy Reviews, 82(3): 2652-2663.

Wang S S, Zhou D Q, Zhou P, et al. 2011. CO_2 emissions, energy consumption and economic growth in China: A panel data analysis[J]. Energy policy, 39(9): 4870-4875.

Wang W W, Liu X, Zhang M, et al. 2014. Using a new generalized LMDI (logarithmic mean Divisia index) method to analyze China's energy consumption[J]. Energy, 67: 617-622.

Wang Y, Wang Y, Zhou J, et al. 2011. Energy consumption and economic growth in China: A multivariate causality test[J]. Energy Policy, 39(7): 4399-4406.

Wang Y, Zhou Y, Zhu L, et al. 2018. Influencing factors and decoupling elasticity of China's transportation carbon emissions[J]. Energies, 11(5): 1157-1186.

Weber C L, Matthews H S. 2007. Embodied environmental emissions in U.S. international trade, 1997—2004[J]. Environmental Science & Technology, 41(14): 4875-4881.

Weber C L, Matthews H S. 2008. Quantifying the global and distributional aspects of American household carbon footprint[J]. Ecological Economics, 66(2-3): 379-391.

Weber C L, Peters G P, Guan D B, et al. 2008. The contribution of Chinese exports to climate change[J]. Energy Policy, 36(9): 3572-3577.

Wei Y M, Wang L, Liao H, et al. 2014. Responsibility accounting in carbon allocation: A global perspective[J]. Applied Energy, 130: 122-133.

Wiedmann T, Lenzen M, Turner K, et al. 2007. Examining the global environmental impact of regional consumption activities-part 2: Review of input-output models for the assessment of environmental impacts embodied in trade[J]. Ecological Economics, 61(1): 15-26.

Wu R. 2019. The carbon footprint of the Chinese health-care system: An environmentally extended input-output and structural path analysis study[J]. The Lancet Planetary Health, 3(10): e413-e419.

Wu R, Geng Y, Dong H, et al. 2016. Changes of CO_2 emissions embodied in China-Japan trade: Drivers and implications[J]. Journal of Cleaner Production, 112: 4151-4158.

Wu Y R. 2012. Energy intensity and its determinants in China's regional economies[J]. Energy Policy, 41: 703-711.

Wu Y, Zhu Q W, Zhu B Z. 2018. Decoupling analysis of world economic growth and CO_2 emissions: A study comparing developed and developing countries[J]. Journal of Cleaner Production, 190: 94-103.

Wyckoff A W, Roop J M. 1994. The embodiment of carbon in imports of manufactured products: Implications for international agreements on greenhouse gas emissions[J]. Energy Policy, 22(3): 187-194.

Yang G F, Li W L, Wang J L, et al. 2016. A comparative study on the influential factors of China's provincial energy intensity[J]. Energy Policy, 88: 74-85.

Yang Z Y, Dong W J, Xiu J F, et al. 2015. Structural path analysis of fossil fuel based CO_2 emissions: A case study for China[J]. PLoS One, 10(9): e0135727.

Yao H Z, Zang C F. 2021. The spatiotemporal characteristics of electrical energy supply-demand and the green economy outlook of Guangdong Province, China[J]. Energy, 214: 118891.

Zeng L T, Ye A Z. 2019. Spatial-temporal modeling of inside and outside factors on energy intensity: Evidence from China[J]. Environmental Science and Pollution Research, 26(31): 32600-32609.

Zeng L, Xu M, Liang S, et al. 2014. Revisiting drivers of energy intensity in China during 1997—2007: A structural decomposition analysis[J]. Energy Policy, 67(4): 640-647.

Zhang H Y, Lahr M L. 2014. China's energy consumption change from 1987 to 2007: A multi-regional structural decomposition analysis[J]. Energy Policy, 67: 682-693.

Zhao C H, Zhang H N, Zeng Y R, et al. 2018. Total-factor energy efficiency in BRI countries: An estimation based on three-stage DEA model[J]. Sustainability, 10(2): 278.

Zhao G M, Gao C, Xie R, et al. 2019. Provincial water footprint in China and its critical path[J]. Ecological Indicators, 105(10): 634-644.

Zhao Y H, Wang S, Zhang Z H, et al. 2016. Driving factors of carbon emissions embodied in China-US trade: A structural decomposition analysis[J]. Journal of Cleaner Production, 131: 678-689.

Zhou P, Ang B W, Zhou D Q. 2012. Measuring economy-wide energy efficiency performance: A parametric frontier approach[J]. Applied Energy, 90(1): 196-200.

附表

附表1 2012年能源生产账户测算结果

单位：亿元

	项目	能源特征产业							能源相关产业			
		煤炭开采和洗选业	石油和天然气开采业	石油、煤炭及其他燃料加工业	电力、热力生产和供应业	燃气、水的生产和供应业	金属矿采选业	非金属矿和其他矿采选及开采辅助活动	食品制造及加工业	木材加工和家具制造业	造纸印刷和文教体育制造业
能源特征产品	煤炭开采和洗选产品	21825.10	0	303.30	143.97	0	2.98	20.25	32.48	4.18	3.67
	石油和天然气开采产品	17.34	12053.49	56.02	0	30.03	0	100.37	0	0	0
	石油、煤炭及其他燃料加工品	405.04	351.22	36602.10	19.12	71.52	0.24	19.82	1.55	0	0
	电力、热力生产和供应	384.66	18.46	83.80	46975.32	6.17	10.12	33.15	29.87	1.69	56.72
	燃气、水生产和供应	6.12	17.15	65.37	45.95	4489.02	10.67	9.14	2.81	0	1.57
能源相关产品	金属矿采选产品	112.47	0	21.71	0.15	0	11056.95	36.23	1.82	1.96	2.64
	非金属矿产品及开采辅助活动	25.29	53.37	4.60	109.27	6.34	39.42	5552.11	29.96	3.80	8.01
	食品制造及加工产品	13.80	0	2.78	1.91	8.43	8.49	11.76	86880.56	8.41	41.69

续表

		能源特征产业						能源相关产业		
项目	煤炭开采和洗选业	石油和天然气开采业	石油、煤炭及其他燃料加工业	电力、热力生产和供应业	燃气、水的生产和供应业	金属矿采选业	非金属矿和其他矿采选及采辅助活动	食品制造及加工业	木材加工和家具制造业	造纸印刷和文教体育制造业
木、竹等加工制品和家具	0.28	0	0.32	4.19	0.09	0	1.13	17.21	17977.34	278.02
造纸、印刷及相关制品	18.44	0	0.21	3.75	0	0	0.43	138.49	59.57	28321.23
化学原料和化学制品	359.37	35.32	4307.39	56.93	22.16	59.24	74.16	394.56	62.57	358.51
非金属矿物制品	212.51	5.29	46.65	40.77	10.25	19.73	203.33	44.93	19.94	73.05
金属冶炼和压延加工品	354.88	0	153.16	233.63	0	848.49	25.80	103.24	49.54	77.69
能源相关产品										
金属制品	59.77	0	0.09	9.16	0.04	19.09	0.89	9.03	86.01	107.86
通用设备	229.14	0	3.00	44.59	7.09	4.02	3.52	12.46	4.89	26.82
专用设备	361.85	0	2.30	0.95	7.50	0.98	12.27	39.01	25.16	26.45
铁路、船舶、航空航天和其他运输设备	19.71	0	6.93	33.43	0	0	1.50	25.85	30.69	18.43
电气机械和器材	33.67	0	0.27	114.56	0.24	0	0.76	2.16	9.99	19.05
其他制造产品	124.47	0	60.56	17.38	10.05	1.13	6.72	185.14	71.78	241.51

续表

	能源特征产业					能源相关产业			
项目	煤炭开采和洗选业	石油和天然气开采业	石油、煤炭及其他燃料加工业	电力、热力生产和供应业	燃气、水的生产和供应业	金属矿采选业	非金属矿和其他矿采选及采辅助活动	食品制造及加工业	木材加工和家具制造业	造纸印刷和文教体育制造业
非能源特定产品	0	0	0	0	0	0	0	0	0	0
总产出	24563.90	12534.30	41720.58	47855.02	4668.92	12081.55	6113.34	87951.13	18417.51	29662.93
中间消耗	13195.46	5064.61	33798.76	35493.31	3258.43	7572.42	3482.63	67260.57	14245.12	22641.39
增加值	11368.43	7469.69	7921.82	12361.71	1410.49	4509.13	2630.71	20690.56	4172.38	7021.54
劳动者报酬	5691.76	1514.86	1760.62	3581.95	557.45	1899.88	1120.63	6436.82	1812.83	3310.79
生产税净额	2368.43	2263.70	3929.40	2026.52	163.47	817.06	678.21	6200.54	797.72	1144.62
固定资产折旧	1036.42	932.42	967.71	4265.19	407.85	526.53	285.80	2175.17	536.57	1056.74
营业盈余	2271.82	2758.71	1264.10	2488.06	281.72	1265.65	546.08	5878.03	1025.26	1509.39

附表 365

右续上表

	项目	化学原料和化学制品制造业	非金属矿物制品业	金属冶炼和压延加工业	金属制品业	通用设备制造业	专用设备制造业	铁路、船舶、航空航天和其他运输设备制造业	电气机械和器材制造业	其他制造业	非能源特定产业	总产出合计
能源特征产品	煤炭开采和洗选产品	55.43	15.52	39.27	23.64	2.14	7.60	3.77	0.70	0	0	22484.00
	石油和天然气开采产品	1.11	0	0.23	0	0	2.14	0	3.19	24.24	0	12288.16
	石油、煤炭及其他燃料加工品	2100.03	77.60	330.83	0.09	0	23.07	0.44	3.07	0	0	40005.73
	电力、热力生产和供应	252.72	23.65	422.09	1.43	146.29	1.54	34.50	110.20	22.83	0	48615.21
	燃气、水生产和供应	22.71	1.34	120.66	0.09	4.49	9.68	4.61	2.47	34.06	0	4847.94
能源相关产品	金属矿采选产品	74.28	36.37	1025.62	70.21	6.47	10.04	1.33	0.47	22.83	0	12481.56
	非金属矿和其他矿产品及开采辅助活动	151.09	253.23	24.66	5.87	4.70	34.94	2.30	1.37	34.06	0	6344.38
	食品制造及加工产品	737.23	22.08	49.63	16.80	15.51	30.57	7.71	0.49	101.74	0	87959.58
	木、竹等加工制品和家具	69.62	70.49	45.83	111.56	14.68	19.08	11.78	24.64	102.61	0	18748.88

续表

项目	化学原料和化学制品制造业	非金属矿物制品业	金属冶炼和压延加工业	金属制品业	通用设备制造业	专用设备制造业	铁路、船舶、航空航天和其他运输设备制造业	电气机械和器材制造业	其他制造业	非能源特定产业	总产出合计
造纸、印刷及相关制品	277.83	83.58	17.57	61.69	45.79	35.04	11.15	30.63	247.54	0	29352.94
化学原料和化学制品	112097.47	320.17	682.19	164.65	106.79	325.21	201.28	286.65	1109.96	0	121024.58
非金属矿物制品	358.04	44803.68	302.16	155.18	35.26	77.57	13.39	53.20	129.69	0	46604.62
金属冶炼和压延加工业	474.43	174.74	102493.67	2040.12	454.88	604.33	243.74	839.39	941.59	0	110113.31
金属制品	145.95	140.65	1504.13	27916.91	759.60	369.22	353.04	414.02	331.03	0	32226.49
通用设备	151.35	96.21	720.28	1168.17	35893.50	1416.33	954.33	748.70	731.91	0	42216.30
专用设备	397.61	55.10	29.36	473.03	1687.87	26494.11	546.10	281.70	487.06	0	30928.39
铁路、船舶、航空航天和其他运输设备	166.49	43.94	127.01	262.45	616.16	196.12	62432.56	331.40	343.81	0	64656.50
电气机械和器材	462.49	85.96	76.90	140.20	317.48	279.17	96.69	47151.80	1213.28	0	50004.67
制品	813.60	116.57	668.52	413.82	423.21	358.65	446.19	1914.33	138360.63	0	144234.28
非能源特定产品	0	0	0	0	0	264.25	0	0	0	675899.49	676163.74
总产出	118809.47	46420.88	108944.88	33025.92	40534.81	30294.41	65364.91	52198.44	144238.87	675899.49	1601301.25

续表

项目	化学原料和化学制品制造业	非金属矿物制品业	金属冶炼和压延加工业	金属制品业	通用设备制造业	专用设备制造业	铁路、船舶、航空航天和其他运输设备制造业	电气机械和器材制造业	其他制造业	非能源特定产业	总产出合计
					能源相关产业						
中间消耗	95870.68	34697.11	88770.67	26411.68	31981.83	23815.08	52347.82	43373.85	114965.25	346580.25	1064826.91
增加值	22938.79	11723.77	20174.21	6614.24	8552.98	6479.34	13017.09	8824.59	29335.21	329583.49	—
劳动者报酬	7892.47	4656.81	6386.55	2853.47	3931.04	3032.90	5849.70	3609.16	13711.99	184522.41	—
生产税净额	3997.90	2490.57	3248.88	1088.40	1503.57	994.47	2294.42	1296.13	3308.11	32994.11	—
固定资产折旧	3435.06	1905.03	3844.86	879.70	1055.38	772.37	1513.68	973.89	3252.04	41859.56	—
营业盈余	7613.36	2671.36	6693.91	1792.67	2062.98	1679.59	3359.29	2945.40	9063.07	70207.41	—

附表 2 2018 年能源生产账户测算结果

单位：亿元

项目		能源特征产业							能源相关产业			
		煤炭开采和洗选业	石油和天然气开采业	石油、煤炭及其他燃料加工业	电力、热力生产和供应业	燃气、水的生产和供应业	金属矿采选业	非金属矿及其他矿采选及开采辅助活动	食品制造及加工业	木材加工和家具制造业	造纸印刷和文教体育制造业
能源特征产品	煤炭开采和洗选产品	21270.66	0	221.65	216.36	0	3.34	22.50	4.56	0.31	0.61
	石油和天然气开采产品	34.78	9504.81	42.88	0	73.83	0	7.47	0	0	0
	石油、煤炭及其他燃料加工品	608.12	172.09	39733.29	13.97	107.54	0	7.32	12.93	3.69	0.89
	电力、热力生产和供应	539.74	7.22	146.83	59847.84	35.12	1.57	93.52	34.35	3.19	73.64
	燃气、水生产和供应	39.20	18.01	231.03	39.60	8166.39	0.07	46.55	1.56	0	0.72
	金属矿采选产品	0	0	0	0	0.77	8601.45	37.98	5.27	4.90	5.75
	非金属矿和其他矿产品及开采辅助活动	42.25	40.52	30.38	3.11	33.24	49.96	8275.46	44.45	6.27	41.43
能源相关产品	食品制造及加工产品	1.58	0	11.94	11.50	0.41	0.01	14.36	86018.23	11.45	27.43
	木、竹等加工制品和家具	0.01	0	3.28	0	0	2.35	0	2.33	25262.38	635.39
	造纸、印刷及相关制品	20.72	0	3.48	0	0	0	0.05	42.90	34.75	25739.39
	化学原料和化学制品	551.18	35.99	4503.33	24.65	26.11	79.08	53.23	254.18	22.19	180.75
	非金属矿物制品	52.09	0	48.17	10.37	0.03	40.78	150.56	11.08	53.12	448.93
	金属冶炼和压延加工品	131.64	0	108.52	12.08	0	771.30	1.03	140.86	9.76	207.88
	金属制品	34.57	0	0.23	10.39	2.29	13.25	0.82	1.36	74.17	182.97

续表

项目	能源特征产业					能源相关产业			
	煤炭开采和洗选业	石油和天然气开采业	石油、煤炭及其他燃料加工业	电力、热力生产和供应业	燃气、水的生产和供应业	金属矿采选业	非金属矿采选及其他采矿辅助活动	食品制造及加工业	木材加工和家具制造业	造纸印刷和文教体育制造业
通用设备	104.86	0	1.86	0.29	10.96	0.25	50.35	1.06	4.99	71.56
专用设备	91.04	2.40	5.42	0.39	6.16	0.19	0.44	14.30	28.01	47.20
铁路、船舶、航空航天和其他运输设备	1.15	0	0	0	0	0	0	0	9.00	12.54
电气机械和器材	6.33	0	0	12.42	8.29	0	0.49	0.46	33.15	17.07
其他制造产品	73.03	0	140.05	14.09	24.66	2.46	13.53	775.44	190.84	1751.80
非能源特定产品	0.04	0	3.85	0	0	4.42	0.04	0.71	58.96	13987.65
总产出	23602.99	9781.04	45236.19	60217.06	8495.80	9570.48	8775.70	87366.03	25811.13	43433.60
中间消耗	13953.58	4070.57	35384.32	43137.60	5246.71	7512.61	6461.49	73343.21	19620.60	33380.69
增加值	9639.40	5710.47	9851.84	17079.46	3249.10	2057.88	2314.20	14010.30	6190.52	10052.91
劳动者报酬	3603.16	1200.13	1248.33	5158.98	1202.80	688.19	1094.30	5925.31	3401.01	4960.21
生产税净额	1301.46	772.64	4986.09	197.69	36.50	236.28	275.07	1205.88	400.68	735.09
固定资产折旧	1522.66	1822.99	1127.26	8592.74	1036.84	442.54	386.53	2076.55	686.39	1470.01
营业盈余	3212.11	1914.71	2490.16	3130.05	972.96	690.87	558.30	4802.56	1702.44	2887.60

右续上表

	项目	能源相关产业								非能源特定产业	总产出合计
		化学原料和化学制品制造业	非金属矿物制品业	金属冶炼和压延加工业	金属制品业	通用设备制造业	专用设备制造业	铁路、船舶、航空航天和其他运输设备制造业	电气机械和器材制造业	其他制造业		
能源特征产品	煤炭开采和洗选产品	37.73	22.83	47.58	1.00	0.86	1.28	0	0	47.44	0	21898.71
	石油和天然气开采产品	2.28	0	0	0	0	0.34	0	0.21	0	0	9666.60
	石油、煤炭及其他燃料加工品	2025.87	54.10	467.96	5.84	0.40	24.85	0.05	0.21	24.61	0	43263.73
	电力、热力生产和供应	229.45	40.90	1195.67	2.78	10.65	5.65	0.44	101.21	99.03	0	62468.80
	燃气、水生产和供应	34.57	2.61	160.73	2.56	5.19	25.82	0	18.40	21.28	0	8814.29
	金属矿采选产品	47.89	26.14	581.67	93.96	3.34	3.68	1.44	6.39	32.58	0	9483.59
	非金属矿和其他矿产品及开采辅助活动	135.65	521.81	17.87	14.52	14.09	36.70	1.38	3.67	29.95	0	9324.27
能源相关产品	食品制造及加工产品	326.21	26.60	1.53	1.46	9.06	10.07	2.21	0.45	942.59	0	87408.43
	木、竹等加工制品和家具	18.33	82.20	57.27	172.63	9.25	33.06	3.00	29.22	177.47	0	26448.37
	造纸、印刷及相关制品	64.60	18.71	1.35	42.19	20.55	24.81	0.17	2.57	276.50	0	26289.26
	化学原料和化学制品	72407.29	248.51	715.60	63.71	31.02	83.97	12.53	150.60	2395.56	0	81839.48
	非金属矿物制品	282.15	70417.49	174.14	192.00	93.28	122.16	23.46	123.42	498.16	0	72741.39
	金属冶炼和压延加工品	243.43	59.30	107098.56	3155.98	280.85	237.54	126.73	791.00	670.98	0	114047.44
	金属制品	49.32	175.79	1855.55	42285.54	857.53	585.72	281.48	444.82	825.53	0	47681.33
	通用设备	198.06	53.63	293.00	956.78	40296.07	1980.13	262.07	1443.81	1593.36	0	47323.09

续表

项目		能源相关产业								非能源特定产业	总产出合计
		化学原料和化学制品制造业	非金属矿物制品业	金属冶炼和压延加工业	金属制品业	通用设备制造业	专用设备制造业	铁路、船舶、航空航天和其他运输设备制造业	电气机械和器材制造业	其他制造业		
能源相关产品	专用设备	81.62	82.18	65.78	397.01	1139.96	30198.50	106.71	314.23	1319.65	0	33901.19
	铁路、船舶、航空航天和其他运输设备	7.09	15.29	73.00	92.09	109.83	261.15	14003.71	47.72	345.82	0	14978.39
	电气机械和器材	168.70	64.30	113.80	232.70	697.72	258.51	126.77	59561.14	2639.18	0	63941.03
	其他制造产品	1645.85	475.03	931.62	849.91	1631.77	1834.13	607.95	3051.85	356979.35	0	370993.36
非能源特定产品		19.96	48.72	7.84	37.58	21.73	16.82	21.51	25.64	261.00	1263108.01	1277624.48
总产出		78026.05	72436.14	113860.52	48600.24	45233.15	35744.89	15581.61	66116.56	369180.04	1263108.01	2430177.23
中间消耗		63189.98	56995.23	95958.65	38184.05	33650.57	26580.46	11682.05	52601.51	276127.67	676359.54	—
增加值		14836.06	15440.91	17901.86	10416.18	11582.58	9164.44	3899.55	13515.05	93052.39	586748.47	—
劳动者报酬		4447.83	5577.13	5023.05	5550.20	5950.30	4641.64	2257.89	6359.31	41188.28	365549.40	—
生产税净额		1448.52	1290.17	1669.52	552.17	489.67	461.07	223.98	781.40	9438.19	4473.38	—
固定资产折旧		3237.40	2646.76	4162.11	1548.18	1638.44	1280.31	586.32	1906.41	11844.48	85683.36	—
营业盈余		5702.31	5926.86	7047.17	2765.63	3504.16	2781.42	831.36	4467.94	30581.45	131042.34	—

附表 3　北京市 2017 年能源投入产出表

单位：吨标准煤

项目	农林牧渔产品和服务	煤炭采选产品	石油和天然气开采产品	金属矿采选产品	非金属矿和其他矿采选产品	食品和烟草	纺织品	纺织服装鞋帽皮革羽绒及其制品	木材加工品和家具	造纸印刷和文教体育用品	石油、炼焦产品和核燃料加工品	化学产品	非金属矿物制品
农林牧渔产品和服务	486143.25	27.41	0	168.42	1.55	2252176.77	3789.63	10933.79	302.19	1227.06	6.54	679543.24	161.92
煤炭采选产品	1765.66	13141.03	3.79	23039.25	519.21	1362.54	0.05	27.98	733.75	47.12	3186.03	193.93	43806.81
石油和天然气开采产品	0	0	52327.86	0	0	0	0	0	0	0	2171857.70	67967.43	0
金属矿采选产品	0	0.36	0	401959.31	0.46	1.00	0	0	0	0	3.98	2871.63	21300.66
非金属矿和其他矿采选产品	15.47	485.76	0.69	7504.61	140387.44	2718.34	66.47	57.10	547.17	599.03	28.50	13624.98	437653.95
食品和烟草	539450.56	70.52	10.56	67.69	977.26	1744713.50	332.19	260.36	389.27	16550.83	1244.82	102767.30	5264.69
纺织品	2964.23	271.11	85.10	1010.08	1047.98	37784.30	53646.35	456562.31	24529.68	23930.79	1353.77	66728.32	4635.36
纺织服装鞋帽皮革羽绒及其制品	1805.07	404.50	777.54	556.26	2765.02	9775.92	1862.50	262305.80	26678.56	2616.36	253.88	10942.90	3201.17
木材加工品和家具	1174.41	1135.34	16.19	352.02	190.42	95180.15	186.40	2408.08	423593.42	27508.68	2628.43	40002.99	28252.14
造纸印刷和文教体育用品	10710.47	545.40	239.41	407.64	1874.65	459759.33	1095.34	22814.79	30183.62	878321.84	9525.22	317723.58	27431.17
石油、炼焦产品和核燃料加工品	19006.49	1138.53	2430.36	34499.42	55127.87	21437.36	785.58	2150.89	2781.01	6354.81	1123972.06	135708.71	117224.65

续表

项目	农林牧渔产品和服务	煤炭采选产品	石油和天然气开采产品	金属矿采选产品	非金属矿和其他矿采选产品	食品和烟草	纺织品	纺织服装鞋帽皮革羽绒及其制品	木材加工品和家具	造纸印刷和文教体育用品	石油、炼焦产品和核燃料加工品	化学产品	非金属矿物制品
化学产品	277599.71	6558.71	171.37	11003.28	110410.63	399192.33	36776.05	21202.58	126246.14	207046.66	377216.60	5704018.73	500872.57
非金属矿物制品	954.08	723.73	83.17	1175.53	5887.79	35128.63	3275.98	731.16	5433.20	11191.55	1029.77	28770.86	1104790.39
金属冶炼和压延加工品	6542.99	8379.65	1262.72	16822.90	6311.70	5020.09	46.64	272.13	42534.36	201406.05	591.44	63338.55	393197.85
金属制品	39938.80	3596.76	37.41	2858.29	5852.53	87162.12	488.69	4262.19	110953.69	15879.96	2319.49	56653.40	102456.06
通用设备	3581.51	3654.25	631.12	7803.22	9744.95	7518.99	707.86	696.42	6366.45	6329.28	2445.38	15974.69	37900.62
专用设备	22502.27	1453.31	2994.27	4060.30	117297.21	5541.88	95.18	664.84	64.64	4209.49	1002.28	9317.41	3823.41
交通运输设备	7733.88	219.50	113.35	984.16	3358.27	934.59	36.97	108.38	38054.89	263.45	28.04	2112.09	2148.40
电气机械和器材	666.06	3089.36	987.19	2238.87	2893.18	2818.20	65.81	2336.76	6839.02	1691.11	345.52	2575.84	29012.81
通信设备、计算机和其他电子设备	1315.68	433.85	89.59	109.68	2225.44	1370.21	90.95	1345.06	1419.63	27729.73	82.68	20252.81	1715.67
仪器仪表	69.94	372.13	868.67	58.57	11961.18	581.18	15.94	0.18	2.84	263.48	820.32	844.23	272.77
其他制造产品和废品废料	8.32	0.09	7.57	205.23	9.86	2494.58	382.09	2245.33	107.57	132.14	2.74	1151.09	22014.05

续表

项目	农林牧渔产品和服务	煤炭采选产品	石油和天然气开采产品	金属矿采选产品	非金属矿和其他矿采选产品	食品和烟草	纺织品	纺织服装鞋帽皮革羽绒及其制品	木材加工品和家具	造纸印刷和文教体育用品	石油、炼焦产品和核燃料加工品	化学产品	非金属矿物制品
金属制品、机械和设备修理服务	4510.67	4266.01	36598.01	40631.30	35391.54	40213.03	641.13	17259.42	9782.49	26858.91	9566.98	100875.39	52826.16
电力、热力的生产和供应	60475.77	16834.85	15024.52	68265.38	3643.84	132501.45	3031.27	12108.82	15494.33	46842.76	67407.27	340907.54	176383.49
燃气生产和供应	432.79	0	0	459.49	854.14	32669.24	933.75	1265.03	2132.35	7625.24	31471.11	25831.73	6641.33
水的生产和供应	302.02	2213.08	101.65	1760.62	231.72	10470.46	300.74	962.56	1003.08	4493.11	13605.48	21000.33	5766.92
建筑	11193.73	702.22	3600.90	1681.35	3308.12	11639.31	177.08	1058.12	4859.45	4332.78	524.23	10167.54	2497.50
批发和零售	54045.17	9467.63	2738.34	9297.69	80512.06	612922.81	5468.42	89241.25	52424.11	72986.19	93519.14	340795.88	361005.38
交通运输、仓储和邮政	81557.27	7723.98	5949.45	45499.95	108001.04	305572.56	6183.70	29397.19	35508.19	56548.47	29773.95	333959.46	316724.94
住宿和餐饮	13607.08	294.78	954.99	548.59	5515.73	171737.70	980.20	5425.08	6061.82	7275.79	2599.14	281134.39	13652.45
信息传输、软件和信息技术服务	6997.33	17.75	307.61	139.30	3765.01	9917.66	1176.38	2286.90	1221.65	6068.91	1187.76	19375.13	5611.20
金融	50842.76	32983.81	8463.64	94355.12	38270.57	82591.18	4446.86	10244.70	4385.49	19398.01	5471.41	151630.08	102781.76
房地产	0	0	7482.84	0.80	2110.24	14434.69	279.03	2769.33	2076.54	12883.68	1201.62	23742.65	22030.98

续表

项目	农林牧渔产品和服务	煤炭采选产品	石油和天然气开采产品	金属矿采选产品	非金属矿和其他矿采选产品	食品和烟草	纺织品	纺织服装鞋帽皮革羽绒及其制品	木材加工品和家具	造纸印刷和文教体育用品	石油、炼焦产品和核燃料加工品	化学产品	非金属矿物制品
租赁和商务服务	24670.71	40802.28	70854.78	20416.10	54661.37	664895.76	5792.92	82233.34	49144.19	41503.93	64938.85	1559613.38	91990.33
研究和试验发展	0	1.35	0	0	0	0	0	0	0	0	0	0	0
综合技术服务	55270.04	240.25	1388.28	40.02	7027.16	32223.92	10.83	14195.81	6324.05	10980.85	4426.75	71021.52	39700.08
水利、环境和公共设施管理	49316.27	23.34	23.34	1004.12	106.68	2555.48	14.46	192.45	147.71	175.25	45.86	2543.22	561.90
居民服务、修理和其他服务	7880.79	1633.35	5403.53	1949.86	4276.08	42882.73	265.12	11182.30	7164.09	6864.68	6681.50	107291.40	14792.39
教育	7396.87	169.26	400.59	281.52	987.64	2909.32	53.53	481.77	802.51	780.29	339.26	7634.59	1477.80
卫生和社会工作	0	0	0	0	0	0	0	0	0	0	0	0	0
文化、体育和娱乐	0	37.91	46.13	58.29	769.07	2124.87	90.33	523.90	645.23	1597.53	90.42	13714.64	1537.67
公共管理、社会保障和社会组织	2829.27	29.73	22.62	23.78	516.25	1068.94	42.36	165.49	182.57	773.09	36.09	1434.77	1008.47
增加值	1225978.74	83239.28	88737.25	213891.95	478690.79	2646795.10	434477.36	423671.77	328361.98	795577.05	364040.79	5994192.25	877946.52
总投入	3081256.10	246358.80	311236.43	1017189.97	1307483.64	9992798.19	177112.14	1496051.36	1375482.93	2556865.96	4396872.80	16749950.60	4982074.39
能源消耗	1767.12	5.34	0	113.58	45.51	302.61	34.20	157.31	280.93	298.52	39.67	223.28	2024.41

续上表

项目	金属冶炼和压延加工品	金属制品	通用设备	专用设备	交通运输设备	电气机械和器材	通信设备、计算机和其他电子设备	仪器仪表	其他制造产品和废品废料	金属制品、机械和设备修理服务	电力、热力的生产和供应	燃气生产和供应	水的生产和供应
农林牧渔产品和服务	25.84	4998.16	73.55	163.40	3115.69	144.04	10.89	0	802.87	0	440.26	50.69	0.10
煤炭采选产品	41.45	243.81	766.48	325.35	1401.04	0	0.64	0	0	0	63398.32	0	0
石油和天然气开采产品	0	0	0	0	0	0	0	0	0	0	336563.93	2470604.58	0
金属矿采选产品	119.80	2944.81	0.34	0	0.25	0.57	0.87	0	0	0	0	0	2.01
非金属矿和其他矿采选产品	82.54	3690.21	462.70	615.04	1844.67	782.77	99.86	0	33.33	191.60	30.90	0	0
食品和烟草	432.70	7275.03	5435.94	3655.74	129169.10	3240.82	34534.61	1548.91	1459.09	1597.50	1088.84	553.68	2736.73
纺织品	888.35	5744.62	2290.50	9335.22	91317.02	4436.27	28534.93	465.33	160.23	4668.31	99.38	742.70	78.34
纺织服装鞋帽皮革羽绒及其制品	200.75	7476.90	2723.82	3821.97	95486.29	1790.64	7232.98	1130.86	6272.09	4040.33	7330.81	1747.36	1484.47
木材加工品和家具	1710.26	21931.92	10619.69	10112.49	683103.40	4184.48	19403.12	5088.09	297.09	5506.70	140.76	370.46	97.12
造纸印刷和文教体育用品	5654.74	32580.50	35207.05	43821.22	295819.02	31929.30	165980.03	12428.21	513.74	2667.65	11126.89	2446.53	1340.73
石油、炼焦产品和核燃料加工品	2365.73	10304.72	20982.13	14989.59	350089.64	13853.27	18136.09	4017.10	3509.93	1631.94	5182.87	31318.14	1059.18

续表

项目	金属冶炼和压延加工品	金属制品	通用设备	专用设备	交通运输设备	电气机械和器材	通信设备、计算机和其他电子设备	仪器仪表	其他制造产品和废品废料	金属制品、机械和设备修理服务	电力、热力的生产和供应	燃气生产和供应	水的生产和供应
化学产品	151704.43	149218.35	313202.50	196200.63	3197657.88	279515.32	911366.65	13664.59	25263.14	24078.69	6391.35	5690.31	63367.21
非金属矿物制品	706.15	81443.62	12876.24	31214.77	357579.67	135306.97	340085.17	21381.85	2665.95	1132.35	10761.81	327.52	788.68
金属冶炼和压延加工品	2254386.17	1231575.50	537929.59	534205.50	1951266.57	527414.99	247927.00	26016.60	7834.70	5587.94	4440.88	1395.27	4233.16
金属制品	2074.15	415894.41	451595.24	266752.00	1336253.21	323307.55	393955.55	87283.62	6639.26	41872.60	18762.98	226.47	3532.98
通用设备	4598.76	62905.86	1514916.72	365449.01	1884164.14	217031.88	133699.44	61799.93	18391.58	33247.13	12244.86	339.17	1610.22
专用设备	4276.74	1746.08	19582.09	744913.99	64156.67	17093.79	44930.90	22489.71	1143.73	1991.90	4384.17	890.46	925.71
交通运输设备	220.52	575.23	26207.48	213167.14	15759918.48	1458.94	3593.46	3627.02	61.92	203280.33	127.27	197.92	148.31
电气机械和器材	443.68	29481.57	155972.60	154940.78	2297754.30	2457256.36	439260.29	189918.61	801.50	12119.19	56067.41	312.15	605.06
通信设备、计算机和其他电子设备	1321.58	57222.50	286146.70	208638.18	1014081.09	262919.44	10045822.50	271325.99	677.60	10543.36	3799.35	111.83	267.40
仪器仪表	162.07	3530.87	128174.31	158769.20	694357.30	69145.49	53829.90	728155.88	30.61	2286.65	2618.21	861.01	1388.00
其他制造产品和废品废料	1636.76	3182.46	31.47	411.20	1141.65	1.67	59.83	1.63	6364.65	0.42	6.26	0.09	3.36
金属制品、机械和设备修理服务	10138.29	91720.72	78451.30	101717.36	125114.13	26996.54	66846.00	3205.16	10484.64	5716.16	444305.86	13919.71	30960.18

续表

项目	金属冶炼和压延加工品	金属制品	通用设备	专用设备	交通运输设备	电气机械和器材	通信设备、计算机和其他电子设备	仪器仪表	其他制造产品和废品废料	金属制品、机械和设备修理服务	电力、热力的生产和供应	燃气生产和供应	水的生产和供应
电力、热力的生产和供应	29418.45	57472.17	62914.27	57024.63	270461.45	47231.99	200265.07	18730.25	7022.49	7721.57	33991484.50	2654.01	133468.97
燃气生产和供应	15967.73	3619.20	3582.24	1539.97	60762.07	6762.89	2602.23	486.78	253.55	6552.47	1523047.08	664185.66	1.94
水的生产和供应	601.51	3738.88	4631.25	3089.61	12764.50	3363.77	17032.87	2552.93	314.49	1259.34	9946.05	524.21	63362.43
建筑	717.41	1583.30	4106.43	4865.05	17482.10	7436.42	30351.51	1775.28	916.64	4963.59	62397.94	1525.96	3695.41
批发和零售	48855.35	120309.15	758420.93	625485.41	5708074.03	1246450.70	4351912.15	375224.83	178433.08	97546.11	32530.74	6889.10	3971.51
交通运输、仓储和邮政	59328.08	131421.81	165466.29	146168.98	984382.56	203635.95	359504.65	54610.28	31837.74	16081.55	77536.55	32107.00	4666.94
住宿和餐饮	1390.52	16545.71	32265.37	48223.58	67490.94	44927.12	70240.03	23013.60	1806.07	4617.45	1529.66	1084.33	1018.33
信息传输、软件和信息技术服务	336.48	3067.39	17297.30	6442.18	31306.97	5768.96	27000.47	15747.38	831.30	1726.88	6605.16	1977.51	4158.02
金融	20858.98	73624.38	125625.77	133400.20	130090.02	50840.97	211337.52	38205.49	4722.25	37969.67	629996.26	10354.71	79957.82
房地产	2854.40	10774.04	14593.20	19801.70	39744.42	19432.52	18508.25	9901.95	701.77	13771.08	33144.50	4843.45	3895.80
租赁和商务服务	16298.21	82414.40	222484.37	195441.61	1609998.94	223507.48	566607.82	95916.29	36817.45	22731.61	412444.42	61106.38	20202.56

续表

项目	金属冶炼和压延加工品	金属制品	通用设备	专用设备	交通运输设备	电气机械和器材	通信设备、计算机和其他电子设备	仪器仪表	其他制造产品和废品废料	金属制品、机械和设备修理服务	电力、热力的生产和供应	燃气生产和供应	水的生产和供应
研究和试验发展	0	0	0	0	0	0	0	0	0	0	0	0	0
综合技术服务	163.63	11439.89	37391.50	18119.53	220362.17	21152.36	34631.42	17939.82	3041.15	851.29	340571.65	2920.01	5620.75
水利、环境和公共设施管理	338.16	447.94	692.00	662.84	1659.05	500.03	1106.18	445.39	69.76	114.87	13813.57	92.84	130066.62
居民服务、修理和其他服务	1453.36	10958.41	33292.11	20273.57	289812.10	29451.62	121943.29	26758.75	1037.60	5352.15	25047.88	6485.15	4311.94
教育	227.54	1470.28	3107.72	4041.24	13358.53	10476.25	6171.84	1455.36	221.13	1350.74	2464.00	2393.46	661.30
卫生和社会工作	0	0	0	0	0	0	0	0	0	0	0	0	0
文化、体育和娱乐	144.34	1669.24	2828.13	3633.02	8044.72	2176.12	5130.51	2253.56	261.81	634.36	2443.29	174.77	187.38
公共管理、社会保障和社会组织	52.99	554.33	1052.78	1257.28	2190.87	521.80	1145.83	425.57	70.99	41.29	311.40	122.89	82.35
增加值	180673.12	650532.50	1486317.82	1496219.38	10198556.14	1458951.50	3195302.56	820473.06	258021.92	488338.71	7823237.81	521860.14	591219.21
总投入	2822871.72	3407330.84	6579717.91	5848909.57	50001332.79	7760399.55	22176104.90	2959425.66	727392.94	1073785.49	45977865.83	3853407.66	1165178.19
能源消耗	70.39	307.72	267.10	231.68	689.32	179.88	168.49	100.15	15.85	3736.49	47.44	44.38

续上表

项目	建筑	批发和零售	交通运输、仓储和邮政	住宿和餐饮	信息传输、软件和信息技术服务	金融	房地产	租赁和商务服务	研究和试验发展	综合技术服务	水利、环境和公共设施服务	居民服务、修理和其他服务	教育
农林牧渔产品和服务	494321.91	494.62	17473.65	302808.58	5955.22	3317.50	17054.41	4642.54	8503.72	104949.56	555273.71	38944.18	72.14
煤炭采选产品	31787.56	0	2491.82	768.83	0	0	0	45.35	2262.21	2045.03	3947.62	0	31553.37
石油和天然气开采产品	0	0	0	0	0	0	0	0	0	0	0	0	0
金属矿采选产品	0	0	0.24	0	0	0	0	0	0	0	0	0	0
非金属矿和其他矿采选产品	1062929.87	0.25	2937.29	227.00	12.27	115.37	136.10	378.37	0	160.85	248.94	91.05	98.20
食品和烟草	9240.52	12995.79	75861.98	2527639.42	45701.40	31802.63	6664.90	23055.56	21003.82	35682.76	5623.66	6862.28	34149.73
纺织品	157.36	23578.40	70257.56	75044.48	298.41	517.70	323.00	6861.57	868.33	9217.99	1265.14	14519.77	915.96
纺织服装鞋帽皮革羽绒及其制品	105903.93	9520.26	48507.94	59575.23	14660.01	81705.73	9578.83	57137.67	7918.92	131061.81	19455.44	30945.64	27226.28
木材加工品和家具	1425691.03	5327.93	21535.02	10614.29	11960.86	6748.71	1953.29	19401.60	7988.22	26979.66	11370.58	1596.64	51247.65
造纸印刷和文教体育用品	304125.51	294059.92	287838.82	183597.49	3986265.06	1595619.59	534062.27	1708070.12	275566.84	1223695.08	45788.58	89380.45	297489.60
石油、炼焦产品和核燃料加工品	483594.46	289442.92	3942209.58	28170.17	113025.26	199004.82	94256.03	254203.20	71688.16	659986.98	75511.05	43520.81	20377.81

续表

项目	建筑	批发和零售	交通运输、仓储和邮政	住宿和餐饮	信息传输、软件和信息技术服务	金融	房地产	租赁和商务服务	研究和试验发展	综合技术服务	水利、环境和公共设施管理	居民服务、修理和其他服务	教育
化学产品	1320492.95	73719.83	112491.01	231596.70	22376.72	6175.90	23613.43	410397.13	2611681.87	1474160.57	438127.53	513187.93	286119.68
非金属矿物制品	9499803.04	844.65	24775.45	8960.73	572.11	331.43	3886.99	1373.67	60956.58	1276.55	4308.05	177.45	77911.19
金属冶炼和延加工品	1275127.45	639.00	7270.69	469.67	18.99	2.57	417.02	375.83	15.29	34.77	12571.17	312.63	64.81
金属制品	2617475.77	27710.41	21409.29	15727.41	50530.08	1257.30	70579.20	1352766.50	1656317.91	5400494.68	101574.69	160918.69	26333.34
通用设备	247431.80	3144.17	55343.05	7175.23	62883.82	27028.32	40174.15	44410.79	35281.29	8528.42	3017.00	5379.66	22652.03
专用设备	177234.52	65.07	34472.92	4485.63	8761.32	101412.93	176.78	3422.56	298.01	2406.11	320.82	139.75	958.93
交通运输设备	14658.16	184.73	951796.22	8141.52	12434.79	28159.94	3340.34	17898.74	8190.29	22331.65	116047.36	3449.49	507.57
电气机械和器材	3645972.82	591477.65	69544.39	9657.20	266573.69	3712.27	4317.92	313670.74	507734.10	372834.48	132393.98	2051.02	917.67
通信设备、计算机和其他电子设备	348115.71	1204817.39	56177.33	16777.47	9299154.12	129041.21	57964.91	449722.29	237964.59	4363604.47	4091.46	724724.68	16929.94
仪器仪表	137543.57	132.53	4074.27	311.85	5870.43	15.53	568.02	84418.78	1049362.39	2857103.21	48734.21	12388.71	57262.63
其他制造产品和废品废料	217.20	6.91	616.08	661.32	13.37	3.96	4638.44	68588.94	136027.46	361164.14	4942.48	63570.99	253.37
金属制品、机械和设备修理服务	16719.42	29096.48	665343.64	1503.57	39374.54	7985.72	8798.00	188755.45	44431.91	32272.25	19158.77	4733.04	18.64

续表

项目	建筑	批发和零售	交通运输、仓储和邮政	住宿和餐饮	信息传输、软件和信息技术服务	金融	房地产	租赁和商务服务	研究和试验发展	综合技术服务	水利、环境和公共设施服务	居民服务、修理和其他服务	教育
电力、热力的生产和供应	527362.65	329456.82	1427850.51	399247.51	733101.08	416442.23	682961.06	297593.18	406757.57	347287.01	229602.54	73868.20	343293.90
燃气生产和供应	0	19735.13	134753.30	199872.47	31451.04	24030.42	173698.77	87027.46	113339.72	22081.13	21161.25	20073.79	90481.94
水的生产和供应	108402.81	22584.40	64629.13	58326.20	28845.85	31293.48	62173.59	22037.01	55225.35	23577.38	61522.52	22148.25	92315.14
建筑	2378073.98	65652.50	179036.33	54423.90	80232.35	237933.13	139537.51	129082.81	59353.99	74664.27	185943.48	115891.37	352540.83
批发和零售	4778334.17	3387249.65	989646.52	839361.46	1095637.89	164977.49	55511.90	295305.74	539567.70	1328450.45	94546.97	84171.02	99518.60
交通运输、仓储和邮政	2962028.31	2944854.90	15444597.87	185630.00	1359309.50	406843.97	74467.29	1612898.76	587738.70	5086734.58	99344.44	93808.16	169541.63
住宿和餐饮	228471.90	291718.98	247146.08	19171.13	872323.64	832061.95	98441.72	1850068.23	499459.30	1726580.93	39204.18	44032.43	126050.35
信息传输、软件和信息技术服务	35706.33	537155.63	340876.62	112757.55	2176805.36	1850127.59	65533.72	249342.30	69530.50	910021.71	10143.60	90751.66	49204.87
金融	2553660.19	5468892.68	2876743.56	168161.74	2272589.25	16736722.52	2098193.50	1673672.52	378546.45	3935782.17	499691.15	51806.80	129124.59
房地产	79413.81	17827772.79	675685.46	1400508.86	1583041.15	4506863.25	2291290.85	1759017.16	683332.03	1607609.72	93976.99	673676.89	625315.14
租赁和商务服务	2059828.18	8860607.89	2100931.59	1207386.97	1316986 8.03	7247654.61	1489800.27	3895 2805.52	816392.14	10367732.32	757398.80	674101.35	1101768.57
研究和试验发展	0	0	0	0	0	0	0	0	95563.23	0	0	0	0

续表

项目	建筑	批发和零售	交通运输、仓储和邮政	住宿和餐饮	信息传输、软件和信息技术服务	金融	房地产	租赁和商务服务	研究和试验发展	综合技术服务	水利、环境和公共设施服务	居民服务、修理和其他服务	教育
综合技术服务	3799653.04	399674.57	977517.46	11260.14	304947.01	132922.18	30644.72	13214.25	2445994.80	12355998.99	114587.63	1502.33	26706.51
水利、环境和公共设施管理	34178.04	12186.10	72521.08	5576.74	19142.88	19489.89	3430.93	22594.89	30969.15	31476.22	385036.36	1575.66	1863.48
居民服务、修理和其他服务	126045.14	146483.20	401380.68	103948.32	73694.08	162683.49	48178.49	346760.66	461960.84	145068.83	783258.18	297645.10	633757.39
教育	35038.80	65151.42	186520.35	7097.28	58097.56	367066.90	12218.72	248416.92	57223.37	97390.04	7930.58	4191.49	2001598.05
卫生和社会工作	0	1463.08	578.84	320.20	0	0	0	0	0	0	0	0	0
文化、体育和娱乐	25898.01	41754.08	37375.45	17367.10	104978.63	147058.34	27104.23	55181.29	21341.81	112178.40	4602.02	9775.72	56737.69
公共管理、社会保障和社会组织	11557.41	10003.36	4184.79	3112.28	72626.38	32696.18	8711.10	40521.04	13705.20	23022.75	1421.57	3230.42	1170.70
增加值	11243700.00	23683459.88	12202001.25	4282586.84	30943581.19	47333343.18	18312684.22	19252448.36	1298255837	18476813.55	2338003.52	2680056.46	11841807.89
总投入	6568204734	50638115.97	44836405.12	12570030.49	8851471532	82874169.92	26557086.66	75730793.82	2706262213	73762461.46	7331148.03	6659201.96	18695857.81
能源消耗	5189.23	9373.52	121788.95	9373.52	0	0	0	0	0	0	0	15638.46	41.23

续上表

项目	卫生和社会工作	文化、体育和娱乐	公共管理、社会保障和社会组织	最终使用	进口	国内省外流入	总产出
农林牧渔产品和服务	2286.80	161.69	0	14567819	7284906	9202224	3081256
煤炭采选产品	3752.15	3379.77	7662.07	26359336	1938665	24418013	246359
石油和天然气开采产品	0	0	0	68167377	66910119	6045343	311236
金属矿采选产品	0	0	0	14199196	8469838	5114408	1017190
非金属矿和其他矿采选产品	1.32	63.37	0	1459947	274939	1557874	1307484
食品和烟草	9032.07	31830.10	16243.58	32602886	3834586	24272421	9992798
纺织品	4034.28	3098.35	50331.59	3963438	490144	4386894	177112
纺织服装鞋帽皮革羽绒及其制品	10421.33	654830.72	24501.29	8084984	550337	7790256	1496051
木材加工品和家具	17562.04	5176.59	2299.55	4102125	631795	5107711	1375483
造纸印刷和文教体育用品	49097.14	263820.71	337557.07	13498396	1207234	25989862	2556866
石油、炼焦产品和核燃料加工品	6056.51	56352.84	7882.29	36055417	4475297	35706582	4396873
化学产品	8145583.83	339453.69	66397.59	62233463	10735926	63938760	16749951
非金属矿物制品	8347.43	83.26	4.17	4486870	395104	10998751	4982074
金属冶炼和压延加工品	26.64	1.55	0.49	38575618	16436241	40169945	2822872
金属制品	4443.53	5459.37	284.17	25301693	485384	36702870	3407331
通用设备	2190.34	4719.98	2655.77	16545574	5007319	9944307	6579718
专用设备	392625.72	477.99	3127.90	11542242	4821626	2703646	5848910

续表

项目	卫生和社会工作	文化、体育和娱乐	公共管理、社会保障和社会组织	最终使用	进口	国内省外流入	总产出
交通运输设备	729.30	6969.62	9647.06	79886641	21027458	26331017	50001333
电气机械和器材	617.69	1075.89	69.67	13738815	3180708	14570822	7760400
通信设备、计算机和其他电子设备	4735.15	83841.95	126717.97	36853786	4654474	39368646	22176105
仪器仪表	9086.52	3111.49	234.47	5457499	4388800	4238932	2959426
其他制造产品和废品废料	200.16	23262.04	170.60	469615	63241	384921	727393
金属制品、机械和设备修理服务	1146.61	13505.19	49645.68	233403	0	1671103	1073785
电力、热力的生产和供应	125449.47	201664.54	356327.63	31854459	0	28619650	45977866
燃气生产和供应	8389.82	15160.46	22631.74	481374	0	11534	3853408
水的生产和供应	31086.81	21142.07	48243.87	265056	0	38825	1165178
建筑	104595.06	153347.42	663362.58	62731321	2220504	0	65682047
批发和零售	696787.64	330839.06	64194.37	65935568	0	45480080	50638116
交通运输、仓储和邮政	68862.88	591138.27	746274.34	51766691	13543397	29450111	44836405
住宿和餐饮	9123.26	918867.01	3011406.07	9568219	3844750	4791506	12570030
信息传输、软件和信息技术服务	8226.18	237178.35	2140131.39	78490392	4957793	13669716	88514715

续表

项目	卫生和社会工作	文化、体育和娱乐	公共管理、社会保障和社会组织	最终使用	进口	国内省外流入	总产出
金融	24004.54	278406.62	1338024.32	47847688	6015435	5408163	82874170
房地产	214106.62	480283.96	841387.59	23137210	0	16159385	26557087
租赁和商务服务	135342.17	2020572.92	2034883.33	48361782	5398818	66566734	75730794
研究和试验发展	0	0	0	28572666	1605421	186.00	27062622
综合技术服务	13579.08	3169.52	62499.57	68807049	1022447	15672827	73762461
水利、环境和公共设施管理	5689.90	5862.86	126936.73	8091679	258958	1487041	7331148
居民服务、修理和其他服务	99349.98	632063.72	736301.60	4530837	359129	3505531	6659202
教育	22618.19	49363.92	500077.40	17940999	417806	2618450	18695858
卫生和社会工作	96025.62	91.89	191199.13	17164739	0	106139	17348279
文化、体育和娱乐	5175.53	1726157.21	648463.33	17580304	2197207	1167710	17307353
公共管理、社会保障和社会组织	2111.97	2801.46	1406893.89	23133932	0	0	24787666
增加值	7005777.33	576178.87	9072094.40	—	—	—	—
总投入	17348278.62	17307353.27	24787666.27	—	—	—	—
能源消耗	109.52	41.23	0	—	—	—	—